레전드
독일어
회화사전

NEW 레전드
독일어 회화사전

개정2판 1쇄 **발행** 2025년 11월 20일
개정2판 1쇄 **인쇄** 2025년 11월 10일

저자	김보형
감수	Johanna Schmidt
기획	김은경
편집	이지영, Margarine
디자인	IndigoBlue
성우	김현정
녹음·영상	브릿지코드

발행인	조경아
총괄	강신갑
발행처	랭귀지북스
등록번호	101-90-85278
등록일자	2008년 7월 10일
주소	서울시 마포구 포은로2나길 31 벨라비스타 208호
전화	02.406.0047
팩스	02.406.0042
이메일	languagebooks@hanmail.net
MP3 다운로드	blog.naver.com/languagebook

ISBN 979-11-5635-251-8 (13750)
값 22,000원

ⓒLanguagebooks, 2025

이 책은 저작권법에 따라 보호받는 저작물이므로 무단 전재와 무단 복제를 금지하며,
이 책 내용의 전부 또는 일부를 이용하려면 반드시 저작권자와 랭귀지북스의 서면 동의를 받아야 합니다.
잘못된 책은 구입처에서 바꿔 드립니다.

레전드
독일어
회화사전

랭귀지북스

Das Vorwort 머리말

EU 유럽 연합의 가장 많은 사람들이 모국어로 사용하는 '독일어'

독일은 유럽 연합 강국 중 하나이자 핵심 국가이기도 합니다. 그래서일까요? 독일어는 유럽 연합의 공용어로 쓰이고 있죠. 또한 한국과 독일과의 관계는 생각보다 끈끈합니다. 우리나라의 교육, 경제, 복지와 중소기업 육성 비전 등은 독일의 연구 결과와 여러 사례를 바탕으로 구체화되었고 앞으로도 대북 정책 등 다양한 분야에서 협력은 강화될 것입니다. 이뿐만이 아니죠.

독일, 그리고 독일어는 우리 일상생활에도 너무나 가까이 다가와 있어요. 사람들이 즐겨 신는 '**닥터마틴 Dr. Martens**', 인류가 가장 많이 먹는 약 '**아스피린 Aspirin**', 세계 최고의 자동차 '**벤츠 Benz, 아우디 Audi, BMW** 베엠브에' 등, 이 모든 제품이 독일에서 생산되었어요.

그리고 우리가 사용하는 한국어에 독일어가 있다면 믿으시겠어요? 우리가 자주 쓰는 단어 '**아르바이트**'는 독일의 '일'을 의미하는 '**die Arbeit** 디 아바일'에서 유래했답니다. 구급상자에 든 가제는 '**die Gaze** 디 가즈', 맥줏집 간판에 쓰인 호프도 '마당이 있는 건물'을 의미하는 '**der Hof** 데어 호프흐'라는 독일어에서 유래했지요.

이렇듯 우리는 독일과 독일어를 이미 우리 삶 곳곳에서 익숙하게 접해왔어요. 하지만 독일어를 어려워하고 멀게 느끼는 이유는 바로 문법 때문일 것입니다. 언어도 생소한데 성은 또 뭐가 이렇게 복잡한지. 청소년기를 해외에서 거주하며 영어, 프랑스어, 독일어를 배워본 결과 언어는 문법이 아니라 회화와 듣기로 배워야 한다는 거예요. 문법은 그 후에 해당 언어의 특성을 알고 싶을 때 배우면 전혀 복잡하지 않고 쉽게 이해가 되죠. 이런 독일어의 재미를 공유하고 싶어 이 책을 쓰기 시작했습니다.

이 책에는 복잡한 문법보다는 실생활에서 쓸 수 있는 '가장 독일인다운 구어' 부터 상황에 꼭 맞는 맞춤 표현까지 실용성 있는 문장들을 담았어요.

또한 이 책의 특징은 독일어를 배우고자 하는 분들이 누굴까 고민하여 독자에게 필요한 다양한 내용으로 챕터(Kapitel 카피틀)를 구성했다는 점이에요. 처음에는 기본적인 회화를 배우고 그다음은 여행을 가는 분들, 이어서 독일에서 살게 된 분들을 위한 모든 상황의 회화를 배울 수 있죠. 학생과 직장인, 그리고 일상생활 회화까지 세분된 표현들이 이어집니다.

발음 때문에 고민인 분들을 위해서는 한글로 발음을 표기하였어요. 독일어 발음을 한글로 옮긴다는 것이 불가능한 일이지만 최대한 독일어의 소리에 가깝게 옮겼기 때문에, 원어민이 녹음한 MP3를 들으며 함께 본다면 혼동하기 쉬운 발음이나 어려웠던 발음들을 쉽게 따라 할 수 있을 거예요.

끝으로 이 책의 작업을 맡을 수 있도록 추천해 준 친구 정성은, 독일 Freiburg 프흐아이부억에서 감수해 준 Johanna Schmidt 요한나 슈밑, 그리고 항상 옆에서 응원해 주신 사랑하는 분들께 감사드리며, 험난하지만 신나는 독일어로의 여행을 출발하는 여러분들께 응원을 보냅니다.

Toi, toi, toi! 토이, 토이, 토이! 행운이 있기를!

저자 김보형

Eigenschaften des Buches 이 책의 특징

독일 현지에서 가장 많이 쓰는 기본 회화를 엄선해 담았습니다. 학습을 통해 자기소개와 취미 말하기부터 직업 소개, 감정 표현까지 다양한 주제의 기본 회화를 쉽게 구사해 보세요.

1. 독일어 최신 표현 적용!

왕초보부터 초·중급 수준의 독일어 학습자를 위한 어휘·표현집으로, ZD A1~B2 수준의 필수 어휘를 기본으로 하여 일상생활에서 자주 접하게 되는 상황을 10개의 챕터에서 큰 주제로 묶고, 다시 500개 이상의 작은 주제로 나눠 3,500여 개의 표현을 제시했습니다.

2. 눈에 쏙 들어오는 그림으로 기본 어휘 다지기!

500여 컷 이상의 일러스트와 함께 기본 어휘를 쉽게 익힐 수 있습니다. 자기소개, 직장생활 등 일상생활에 필요한 기본 단어부터 취미, 감정 등 주제별 주요 단어, 동작 관련 어휘에 이르기까지 꼭 알아야 할 다양한 주제의 필수 어휘를 생생한 그림과 함께 담았습니다.

3. 바로 찾아 바로 말할 수 있는 한글 발음 표기!

기초가 부족한 초보 학습자가 독일어를 읽을 수 있는 가장 쉬운 방법은 바로 한글로 발음을 표기해 두는 것입니다. 독일어 발음이 우리말과 일대일로 대응하지 않지만, 여러분의 학습에 편의를 드리고자 독일에서 사용하는 표준 발음과 가까운 소리로 한글 발음을 표기하였습니다. 초보자도 언제 어디서나 필요한 표현을 바로 찾아 다양한 문장을 구사할 수 있습니다. 각 표현의 하단에는 사전 없이 바로 이해할 수 있도록 참고 어휘를 정리해 뒀습니다.

4. 꼭! 짚고 가기 & 여기서 잠깐!

수년간 현지에서 실제 생활한 경험과 정확한 자료 조사를 바탕으로 사회, 문화, 교육 전반에 걸친 다양한 독일 관련 정보를 알차게 담았습니다. 우리와 다른 그들의 문화를 접하며 더욱 재미있게 배울 수 있습니다.

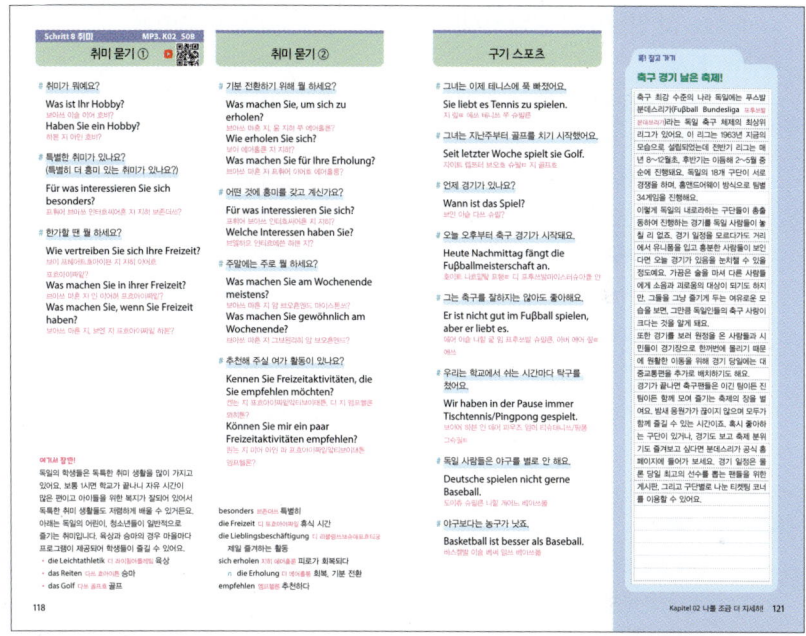

5. 말하기 집중 훈련 유튜브 영상 & MP3!

이 책에는 독일어 알파벳부터 기본 단어, 본문의 모든 회화 표현까지 독일 원어민의 정확한 발음으로 녹음한 MP3 파일과 본문 영상을 제공합니다. Schritt마다 QR코드를 스캔하여 영상 자료를 쉽게 찾아볼 수 있습니다. 자주 듣고 큰 소리로 따라 말하며 학습 효과를 높여 보세요.

Inhalt 차례

기초 다지기

Schritt 1 독일어 알파벳 · 20
Schritt 2 독일어의 특징 · 25

Kapitel 01. 첫 만남부터 당당하게!

Schritt 1 인사
- 처음 만났을 때 ① · 42
- 처음 만났을 때 ② · 42
- 때에 따른 인사 · 43
- 오랜만에 만났을 때 ① · 44
- 오랜만에 만났을 때 ② · 44
- 안부를 묻는 인사 · 45
- 안부 인사에 대한 대답 · 45
- 헤어질 때 인사 · 46
- 환영할 때 · 46
- 말 걸기 · 47
- 화제를 바꿀 때 · 47

Schritt 2 소개
- 상대방에 대해 묻기 · 48
- 자기에 대해 말하기 · 48
- 신상 정보에 대해 말하기 · 49
- 타인에게 소개하기 · 49

Schritt 3 감사
- 감사하다 ① · 50
- 감사하다 ② · 50
- 감사 인사에 응답할 때 · 51

Schritt 4 사과
- 사과하다 · 52
- 잘못 & 실수했을 때 ① · 52
- 잘못 & 실수했을 때 ② · 53
- 사과 인사에 응답할 때 · 53

Schritt 5 대답
- 잘 알아듣지 못했을 때 ① · 54
- 잘 알아듣지 못했을 때 ② · 54
- 실례 & 양해를 구할 때 · 55
- 긍정적으로 대답할 때 · 55
- 부정적으로 대답할 때 · 56
- 완곡히 거절할 때 · 56
- 기타 대답 · 57
- 맞장구칠 때 · 58
- 맞장구치지 않을 때 · 58
- 반대할 때 · 59

Schritt 6 주의 & 충고
- 주의를 줄 때 ① · 60
- 주의를 줄 때 ② · 60
- 충고할 때 ① · 61
- 충고할 때 ② · 61

Schritt 7 의견
- 존경하다 · 62
- 칭찬하다 · 62
- 격려하다 · 63
- 부탁하다 · 64
- 재촉하다 · 64
- 긍정적 추측 · 65
- 부정적 추측 · 65
- 동정하다 · 66
- 비난하다 ① · 66
- 비난하다 ② · 67

Schritt 8 좋은 감정
- 기쁘다 ① · 68
- 기쁘다 ② · 68
- 행복하다 ① · 69
- 행복하다 ② · 69
- 안심하다 ① · 70

안심하다 ②	70
만족하다 ①	71
만족하다 ②	71
충분하다	72
재미있다 ①	72
재미있다 ②	73

Schritt 9 좋지 않은 감정

슬프다 ①	74
슬프다 ②	74
실망하다 ①	75
실망하다 ②	75
화내다 ①	76
화내다 ②	76
화내다 ③	77
밉다	78
억울하다	78
후회하다	79
부끄럽다	79
걱정하다	80
무섭다	80
놀라다 ①	81
놀라다 ②	81
지겹다	82
귀찮다	82
짜증 나다	83
아쉽다	83
긴장하다	84
불평하다	84
신경질적이다	85

Schritt 10 성격

낙천적이다	86
착하다	86
진취적이다	87
순진하다	88
내성적이다	88
우유부단하다	89
비관적이다	89
이기적이다	90

Schritt 11 기호

좋아하다	90
싫어하다	91

Kapitel 02. 나를 조금 더 자세히!

Schritt 1 신체

신체 특징	100
체중	100
체격 & 기타	101

Schritt 2 얼굴 & 피부

용모	102
얼굴형	102
피부	103
피부 상태	103

Schritt 3 이목구비

눈 ①	104
눈 ②	104
시력	105
코의 생김새	106
코 관련 증상	106
귀	107
입 & 입술	108
입 관련 동작	108
구강	109
치아 관련	109

Schritt 4 헤어스타일 & 수염		
헤어스타일 ①	110	
헤어스타일 ②	110	
수염	111	
Schritt 5 스타일		
스타일 ①	112	
스타일 ②	112	
닮았다고 말할 때	113	
Schritt 6 옷		
옷 취향	114	
옷차림 ①	114	
옷차림 ②	115	
옷차림 ③	115	
Schritt 7 화장		
화장 ①	116	
화장 ②	116	
화장 ③	117	
Schritt 8 취미		
취미 묻기 ①	118	
취미 묻기 ②	118	
취미 대답하기	119	
사진	119	
스포츠	120	
계절 스포츠	120	
구기 스포츠	121	
음악 감상	122	
악기 연주	122	
영화 감상 ①	123	
영화 감상 ②	123	
영화관 가기	124	
독서 ①	124	
독서 ②	125	
독서 ③	125	

Schritt 9 음주
- 주량 126
- 술에 취함 126
- 술에 대한 충고 127
- 술에 대한 기호 128
- 금주 128
- 술 기타 129

Schritt 10 흡연
- 흡연 ① 130
- 흡연 ② 130
- 금연 ① 131
- 금연 ② 131

Schritt 11 반려동물
- 반려동물 ① 132
- 반려동물 ② 132
- 개 ① 133
- 개 ② 134
- 개 ③ 134
- 고양이 135
- 반려동물 - 기타 ① 136
- 반려동물 - 기타 ② 136

Schritt 12 식물 가꾸기
- 식물 가꾸기 ① 137
- 식물 가꾸기 ② 137

Kapitel 03. 사소한 일상에서도!

Schritt 1 하루 생활
- 일어나기 ① 146
- 일어나기 ② 146
- 씻기 147
- 식사 148
- 옷 입기 & 화장하기 148

TV 보기	149	**Schritt 5** 운전 & 교통	
잠자리	150	운전하기	166
잠버릇	150	주차	166
숙면	151	교통 체증	167
꿈	151	교통 규정 위반	167
Schritt 2 집		**Schritt 6** 집 구하기	
화장실 사용	152	집 알아보기	168
화장실 에티켓	152	집 조건 보기	168
욕실에서	153	집 계약하기	169
거실에서	153	이사 계획	170
부엌에서	154	짐 싸기	170
식탁에서 ①	154	이사 비용	171
식탁에서 ②	155	**Schritt 7** 날씨	
식사 예절	155	날씨 묻기	172
요리 준비	156	일기예보	172
요리하기	156	맑은 날	173
냉장고	157	흐린 날	174
설거지	158	비 오는 날	174
위생	158	천둥	175
청소	159	번개	175
분리수거	160	봄 날씨	176
세탁	160	여름 날씨	176
집 꾸미기	161	장마	177
Schritt 3 초대 & 방문		태풍	178
초대하기 ①	162	가뭄	178
초대하기 ②	162	홍수	179
방문하기	163	가을 날씨	179
Schritt 4 친구 만나기		단풍	180
약속 잡기	164	겨울 날씨	180
안부 묻기	164	눈	181
일상 대화	165	계절	181
헤어질 때	165		

Schritt 8 전화

전화를 걸 때(일반 상황)	182
전화를 걸 때(회사에서)	182
전화를 받을 때(일반 상황)	183
전화를 받을 때(회사에서)	183
전화를 바꿔 줄 때	184
다시 전화한다고 할 때	184
전화를 받을 수 없을 때	185
통화 상태가 안 좋을 때	185
전화 메시지	186
잘못 걸려 온 전화	186
전화를 끊을 때	187
전화 기타	187

Schritt 9 명절 & 기념일

설날	188
추석 & 추수감사절	188
부활절	189
크리스마스 ①	190
크리스마스 ②	190
카니발	191
생일 ①	192
생일 ②	192
축하	193

Kapitel 04. 독일 여행도 문제없어!

Schritt 1 출발 전

항공권 예약	200
예약 확인 & 변경	200
여권	201
비자	201

Schritt 2 공항에서

공항 이용	202
티켓팅	202
탑승	203
세관	203
면세점 이용	204
출국 심사	204
입국 심사 ①	205
입국 심사 ②	205
짐을 찾을 때	206
마중	206
공항 기타	207

Schritt 3 기내에서

기내 좌석 찾기 & 이륙 준비	208
기내에서	208
기내식	209

Schritt 4 기차에서

기차표 구입	210
기차 타기	210
객차에서	211
목적지에 내리기	211

Schritt 5 숙박

숙박 시설 예약 ①	212
숙박 시설 예약 ②	212
체크인	213
체크아웃	213
부대 서비스 이용	214
숙박 시설 트러블	214

Schritt 6 관광

관광 안내소	215
투어	215
입장권을 살 때	216
축구 관람 시	216
관람	217

길 묻기 ①	218
길 묻기 ②	218

Schritt 7 교통

기차	219
지하철	219
버스	220
택시	220
선박	221

Kapitel 05. 어디서든 당당하게!

Schritt 1 음식점

음식점 추천	228
음식점 예약	228
예약 없이 갔을 때	229
메뉴 보기	230
주문하기 - 음료	230
주문하기 - 메인 요리	231
주문하기 - 선택 사항	232
주문하기 - 디저트	232
주문하기 - 요청 사항	233
웨이터와 대화	234
음식 맛 평가	234
계산	235
카페	236
패스트푸드	236

Schritt 2 시장

시장	237
벼룩시장	237

Schritt 3 대형 마트 & 슈퍼마켓

물건 찾기	238
구매하기	238
지불하기	239

Schritt 4 옷 가게

쇼핑	240
쇼핑몰	240
옷 가게	241
옷 구입 조건	241
옷 구입 결정	242
할인 기간	242
할인 품목 & 할인율	243
할인 구입 조건	244
계산하기	244
할부 구매	245
환불 & 교환	245

Schritt 5 병원 & 약국

예약 & 접수	246
진찰실	246
외과	247
내과 – 감기	248
내과 – 열	248
내과 – 소화기 ①	249
내과 – 소화기 ②	249
치과 – 치통	250
치과 – 충치	250
진료 기타	251
입원 & 퇴원	252
수술	252
병원비 & 보험	253
문병	254
처방전	254
약국	255

Schritt 6 은행 & 우체국

은행 – 계좌	256
입출금	256
송금	257

현금 자동 인출기 사용	257
신용카드	258
환전	258
환율	259
은행 기타	259
편지 발송	260
소포 발송	260
우체국 기타	261

Schritt 7 미용실

미용실 상담	262
커트 ①	262
커트 ②	263
파마	263
염색	264
네일	264
미용실 기타	265

Schritt 8 세탁소

세탁물 맡기기	265
세탁물 찾기	266
세탁물 확인	266
얼룩 제거	267
수선	267

Schritt 9 렌터카 & 주유소

렌터카 - 대여 & 차종	268
렌터카 - 정산 & 반납	268
주유소 ①	269
주유소 ②	270
세차 & 정비	270

Schritt 10 서점

서점	271
책 찾기 ①	271
책 찾기 ②	272
책 찾기 ③	272
도서 구입	273
인터넷 서점	273

Schritt 11 도서관 & 미술관 & 박물관

도서관 ①	274
도서관 ②	274
도서 대출	275
도서 반납	276
도서 연체 & 대출 연장	276
미술관 & 박물관	277

Schritt 12 놀이동산 & 운동 클럽

놀이동산	278
운동 클럽 등록	278
운동 클럽 이용	279

Schritt 13 영화관 & 공연장

영화관	280
영화표	280
영화관 에티켓	281
콘서트	282
기타 공연	282

Schritt 14 술집 & 클럽

술집	283
술 약속 잡기	283
술 권하기	284
술 고르기	284
클럽	285

Schritt 15 파티

파티 전	286
파티 초대	286
파티 후	287
다양한 파티	287

Kapitel 06. 즐거운 학교생활!

Schritt 1 등·하교
등교 ①	294
등교 ②	294
하교	295

Schritt 2 입학 & 졸업
입학 ①	296
입학 ②	296
진학	297
신입생	298
졸업	298
졸업 성적	299
기타	299

Schritt 3 학교생활
학교생활	300
수업 전후	300
수업 시간표	301
수업 난이도	302
수업 태도	302
수업 기타	303

Schritt 4 과제
과제하기	304
과제 평가	304
과제를 마친 후	305
과제 기타	305

Schritt 5 시험
시험을 앞두고	306
시험 후	306
시험 결과	307
성적표	308
우수한 성적 ①	308
우수한 성적 ②	309
나쁜 성적	310
성적 기타	310

Schritt 6 기타
방학 전	311
방학 기대 & 계획	311
개학 후	312
소풍	312
수학여행	313

Schritt 7 대학에서
대학 공통	314
음악 계열 ①	314
음악 계열 ②	315
공학 & 인문학 계열	315

Kapitel 07. 조금은 즐거운 출근!

Schritt 1 출·퇴근
출근	322
정시 출근이 힘들 때	322
출근 기타	323
퇴근(일반)	324
즐거운 퇴근 시간 ①	324
즐거운 퇴근 시간 ②	325
조퇴 관련	325

Schritt 2 업무
담당 업무 ①	326
담당 업무 ②	326
너무 바쁜 업무	327
업무 지시 & 체크 ①	328
업무 지시 & 체크 ②	328
업무 지시에 대한 대답	329
외근 & 기타	329
근무 조건	330
급여 ①	330

급여 ②	331	
수당 & 상여금	331	
출장	332	
스트레스 & 불만	332	
회사 동료에 대해 말할 때	333	
승진	333	
회의 시작	334	
회의 진행	334	
회의 마무리	335	

Schritt 3 휴가

휴가 ①	336
휴가 ②	336
기타 휴가	337

Schritt 4 비즈니스

거래처 방문	338
홍보	338
상품 소개	339
상담	339
주문	340
협상	340
납품 & 배송	341
클레임	341

Schritt 5 해고 & 퇴직

해고	342
퇴직	342
기타	343

Schritt 6 구직

구직	344
이력서	344
면접 예상 질문 ①	345
면접 예상 질문 ②	345

Kapitel 08. 지금은 사랑 중!

Schritt 1 데이트 & 연애

소개팅	352
소개팅 후 평가	352
데이트 ①	353
데이트 ②	353
데이트 ③	354
연애 충고 ①	354
연애 충고 ②	355

Schritt 2 사랑

사랑 ①	356
사랑 ②	356

Schritt 3 갈등 & 이별

질투 & 배신	357
갈등	357
이별 ①	358
이별 ②	358
기타 ①	359
기타 ②	359

Schritt 4 가족 & 결혼

가족 소개	360
청혼	360
결혼 준비	361
결혼식 초대	362
결혼식	362
결혼 생활	363
별거 & 이혼 & 재혼	363

Schritt 5 임신 & 육아

임신	364
육아 ①	364
육아 ②	365

Kapitel 09. 응급 상황 이렇게 대처하자!

Schritt 1 응급 상황
응급 상황 ①	372
응급 상황 ②	372
구급차 ①	373
구급차 ②	373

Schritt 2 길을 잃음
길을 잃음	374
미아	374

Schritt 3 사건 & 사고
분실 사고 ①	375
분실 사고 ②	375
분실 신고 & 분실물 센터	376
도난	376
소매치기	377
사기	377
경찰 신고	378
교통사고 ①	378
교통사고 ②	379
안전사고	380
화재	380
자연 재해	381

Schritt 4 장례
장례	382
조문 인사 ①	382
조문 인사 ②	383

Kapitel 10. 디지털 시대에는 필수!

Schritt 1 컴퓨터
컴퓨터 ①	390
컴퓨터 ②	390
모니터	391
키보드 & 마우스	391
프린터 & 복사기	392
컴퓨터 사양	392
문서 작업	393
파일 저장 & 관리	393

Schritt 2 인터넷
인터넷 ①	394
인터넷 ②	394
이메일	395
SNS & 블로그	395

Schritt 3 휴대전화
휴대전화	396
휴대전화 문제	396
휴대전화 기능	397
문자 메시지	398
벨 소리	398

Schritt 4 기타 기기
디지털카메라	399
사진 찍기	399
MP3	400
기타 전자 제품	400

독일에 관하여

- ✓ **국명** 독일 연방 공화국(Bundesrepublik Deutschland 분데스흐에푸블릭 도이츄란트)
- ✓ **위치** 중부 유럽
- ✓ **수도** 베를린(Berlin 베얼린)
- ✓ **언어** 독일어(Deutsch 도이츄)
- ✓ **면적** 35만 7,580㎢ (유럽에서 4번째로 넓은 나라, 한반도의 1.6배)
- ✓ **인구** 약 8,460만 명 (2024년 기준)
- ✓ **GDP** 4조 6,600억$ (2024년 기준)
- ✓ **화폐** 유로 (Euro 오이흐오)
- ✓ **국가번호** +49
- ✓ **지리적 특징** 9개국과 국경을 접하고 북해 및 발트해와 맞닿아 있음
  (인접국: 프랑스, 스위스, 네덜란드, 벨기에, 체코, 룩셈부르크, 덴마크, 오스트리아, 폴란드)

*출처: 외교부

Schritt 1　　**독일어 알파벳**
Schritt 2　　**독일어의 특징**

Schritt 1
독일어 알파벳

MP3. K00_S01

Alphabet 알파벳

독일어는 26개의 기본 알파벳으로 구성되어 있으며, 여기에 Umlaut 움믈라웉이라는 철자 부호 ' ¨ '가 붙은 변모음 3개가 더 있고, [쓰] 소리가 나는 독일어 특유의 자음 ß 에쓰쩰이 있어요.
독일어의 가장 큰 특징은 알파벳을 '규칙에 따라 그대로' 읽으면 된다는 거예요. ei 아이, eu 오이 같은 몇 가지 예외를 제외하면 아주 간단 명료하죠. 지금부터 쉽고 자세하게 알려 드릴게요.

1. **모음** das Vokal　5개 + 3개

A/a 아	E/e 에	I/i 이	O/o 오	U/u 우
Apfel 앞프흘 사과	**E**ssen 에쓴 식사	**I**dee 이데 아이디어	**O**pa 오파 할아버지	**U**-Bahn 우반 지하철
Ä/ä 애			**Ö/ö** 외	**Ü/ü** 위
Ärger 에어거 불만, 화			**Ö**l 욀 기름	**Ü**bung 위붕 연습

2. **자음** der Konsonant　21개 + 1개

A/a 아	B/b 베	C/c 체	D/d 데	E/e 에
	Bier 비어 맥주	**C**ent 쎈트 센트	**D**ame 다므 귀부인, 숙녀	
F/f 에프	G/g 게	H/h 하	I/i 이	J/j 요트
Frau 프흐아우 여자; 아내	**G**abel 가블 포크	**H**aus 하우쓰 집		**J**acke 약크 재킷

20

K/k 카	L/l 엘	M/m 엠	N/n 엔	O/o 오	P/p 페
Karte 카트 카드	Liebe 리브 사랑	Mutter 뭍터 엄마	Nase 나즈 코		Palast 팔라스트 궁전
Q/q 쿠	R/r 에흐	S/s 에스	T/t 테	U/u 우	V/v 파우
Qualität 크브알리탤 품질	Regen 흐에근 비	Saft 자플 주스	Tisch 티슈 책상, 식탁		Vater 프하터 아빠
W/w 브에	X/x 엑쓰	Y/y 윕실론	Z/z 쩨트		ß 에스쩨트
Wetter 브엘터 날씨	Xylophon 쉴로프혼 실로폰	Yacht 야흩 요트	Zebra 쩨브흐아 얼룩말		Fuß 프후쓰 발

3. 발음

(1) **A/a** 아는 '아'로 [ㅏ] 소리예요. 이중 모음 **Ä/ä** 애는 [ㅐ] 소리예요.

- **äu** 오이는 예외이며, ä 애와 u 우가 함께 äu 오이로 쓰일 때의 발음은 [오이]예요.

  예 **A**pfel 압프흘 사과/ **Ä**rger 에어거 불만, 화/ B**äu**me 보이므 나무들

(2) **B/b** 베는 '베'로 [ㅂ] 소리예요. 단, 단어의 마지막 글자일 경우 [ㅍ]로 발음돼요.

(3) **C/c** 체는 '체'라고 읽지만 함께하는 철자에 따라 발음이 달라집니다.

c 체가 e 에, i 이 앞에 올 경우에는 [ㅆ] 발음이며, a 아, o 오, u 우 앞에 올 경우에는 k 카와 같은 [ㅋ] 소리가 나요. 하지만 독일어에서 c 체로 시작하는 단어는 대부분 외래어예요. 독일어 c 체는 대부분 h 하와 함께 **ch** 형태를 취하며 'su**ch**en 주흔 (찾다)'처럼 모음 뒤에 와요(en 은 동사의 어미이니 ch 히 앞의 u 우를 기준으로 발음해요). ch 히의 경우 e 에, i 이 뒤에 오면 [히] 소리가 나고, a 아, o 오, u 우 뒤에 올 경우 [흐] 소리가 나요.

  예 **C**ent 쎈트 센트/ **C**abrio 카브흐이오 오픈카/ **C**ousine 쿠지느 사촌/ su**ch**en 주흔 찾다/ Si**ch**t 지흩 시야, 관점/ Na**ch**t 나흩 밤

(4) **D/d** 데는 '데'로 [ㄷ] 소리예요. 단, 음절 끝에 오면 [ㅌ]로 발음돼요.

예 **D**ame 다므 부인/ **D**eutschland 도이츄란ㅌ 독일/ **A**bend 아븐ㅌ 저녁, 밤

(5) **E/e** 에는 '에'로, 위치에 따라 단어의 첫 글자 또는 첫 모음으로 쓰일 때는 [ㅔ]로 발음되고, 단어의 마지막 음절에 올 때는 [ㅡ]로 발음돼요. e 에와 r 에르가 결합해 **er** 에어로 올 때, 음절의 맨 앞에 쓰이면 [에어]로 읽고 중간이나 마지막에 쓰이면 [ㅓ]로 읽어요.

- 예외로 e 에와 i 이가 함께 **ei** 아이로 쓰일 땐 [아이]라고 발음하고,
  e 에와 u 우가 함께 **eu** 오이로 쓰일 땐 [오이]라고 발음해요.

예 **E**ssen 에쓴 음식/ **Er**innerung 에어인너훙 기억, 추억/
Eis 아이쓰 얼음, 아이스크림/ **Ei**ns 아인쓰 하나, 1/
Eule 오일르 부엉이/ **Eu**ro 오이호오 유로/ L**eu**te 로이트 사람들

(6) **F/f** 에프는 '에프'로 [ㅍ]와 [ㅎ] 중간 소리예요. 그래서 이 책에서는 [프ㅎ]로 표기했어요.

예 **F**abel 프ㅎ불 우화

(7) **G/g** 게는 '게'로 [ㄱ] 소리예요. 단, 음절 끝에 오면 [ㅋ]로 발음되기도 해요.

- 예외로 i 이와 g 게가 함께 **ig** 이히로 쓰일 때 [이히]라고 발음해요.
  그리고 '모음+ng 응'은 [응] 소리가 나요.

예 **G**abel 가블 포크/ mö**g**lich 뫼클리히 가능한/
ferti**g** 프헤어티히 완성된/ **G**an**g** 강 걸음, 진행/ **Z**ahlun**g** 짤룽 지불

(8) **H/h** 하는 맨 앞에 올 때는 [ㅎ] 소리가 나지만, 그외 자리에 위치할 땐 묵음이 되면서 h 하 앞의 모음을 길게 늘려 발음해요.

예 **H**aus 하우쓰 집/ **Z**ehn 체-엔 열, 10/ se**h**r 제-어 매우

(9) **I/i** 이는 [l] 소리예요. 그리고 ie 이- 또는 ih 이-일 경우 발음을 길게 늘려 줘요.

예 **I**dee 이데 아이디어/ S**ie**ben 지-븐 일곱, 7/ **I**hnen 이-는 당신(들)에게

(10) **J/j** 요트는 단독으로는 발음되지 않고, j 요트가 e 에와 결합하여 이중 모음 **je** 예로 되듯 뒤에 오는 모음을 이중 모음으로 바꿔 줘요. 단, 외래어일 경우 [ㅈ] 발음을 내기도 해요.

모음	a	e	o	u
j	ja 야	je 예	jo 요	ju 유

예 **Ja**cke 약크 재킷/ Ob**je**kt 옵예클 사물/ **Je**sus 예주쓰 예수/
Journalist 저날리스트 저널리스트

⑾ **K/k** 카는 '카'로 [ㅋ] 소리예요.

⑿ **L/l** 엘는 '엘'로 [ㄹ] 소리가 나요.

⒀ **M/m** 엠은 '엠'으로 [ㅁ] 소리를 내요.

⒁ **N/n** 엔은 '엔'으로 [ㄴ] 발음이지요.

⒂ **O/o** 오는 [ㅗ] 발음이에요. 이중 모음 **Ö/ö** 외는 입술 모양은 [ㅗ] 발음하듯 동그랗게, 입안은 [ㅔ]를 발음하듯 좌우로 조금 길게 만들어 발음해요. Ö/ö 외는 정확한 발음을 한글로 표기하기 어려우니 이 책에서는 편의상 [외]로 표기할게요.

　　예 **O**pa 오파 할아버지/ **Ö**l 욀 기름

⒃ **P/p** 페는 '페'로 [ㅍ] 소리가 나요.

⒄ **Q/q** 쿠는 대부분 u 우와 결합하여 **qu** 크브 형태로 오며 [크브] 소리가 나요.

⒅ **R/r** 에흐는 독일어에서 어려운 발음에 속하는데, 연구개라고 부르는 입천장 깊숙한 곳, 목 뒷부분에 공기를 마찰시키며 긁는 소리로 이 책에서는 편의상 [흐]라고 표기할게요.
- 예외로 묵음이 되거나 [ㅓ] 발음이 나는 경우가 있는데, 이는 r 에흐가 음절 내에서 모음 뒤에 오는 경우예요.

　　예 **R**egen 흐에근 비/ **gr**oβ 그흐오쓰 큰/
　　　 Märchen 매어히흔 동화/ **K**arte 카트 카드/ **Ur**laub 우얼라웁 휴가

⒆ **S/s** 에쓰는 음절 맨 앞에 오는 경우 [ㅈ]에 가까운 소리가 나며, 음절 마지막에 올 경우 이 사이로 흘려보내며 [ㅆ] 소리를 내요. 그리고 독일어에는 sch 슈, st 슈트, sp 슈프가 많이 쓰이는데, 이 경우 발음은 [슈, 슈트, 슈프]예요.
- β 에쓰쩰은 독일어 특유의 자음으로 발음은 ss 덮플에쓰와 동일하게 [ㅆ]예요. 다만 s와 β, ss의 차이라면 s 앞의 모음은 길게 소리내고, β, ss 앞의 모음은 짧게 소리낸다는 거예요.

　　예 au**s**gehen 아우-쓰게흔 외출하다, 작동하지 않다/ drau**β**en 드흐아우쓴 밖에/
　　　 Spaβ 슈파쓰 재미, 즐거움/
　　　 Schmerz 슈메어쯔 고통/ **St**ock 슈톡크 지팡이/ **Sp**iel 슈필 게임

⒇ **T/t** 테는 '테'로 [ㅌ] 소리예요.

(21) **U/u** 우는 [ㅜ] 소리예요. 이중 모음 **Ü/ü** 위는 입술 모양은 [ㅜ] 발음하듯 u 우로, 입안은 [I]를 발음하듯 [위] 소리를 내려고 하면 비슷해요. 이 책에서는 편의상 [위]라고 표기할게요.

   예 **U**-Bahn 우반 지하철/ **Ü**bung 위붕 연습

(22) **V/v** 파우는 '파우'라고 읽으며 [ㅍ]과 [ㅎ]의 중간인 F 에프의 [프ㅎ]와 비슷하게 발음해요.
   - 단, 외래어에서 온 몇몇 단어들은 [ㅂ]와 같이 발음해요.

   예 **V**erein 프헤어아인 협회/ akti**v** 악티프흐 활발한/
   inklusi**v**e 인클루지브 ~을 포함하여

(23) **W/w** 브에는 '브에'라고 읽으며 [ㅂ]에 가깝게 발음해요.

(24) **X/x** 엑쓰는 '엑쓰'라고 읽으며 [익쓰]에 가깝게 발음해요. 단, 맨 앞에 올 때는 [ㅆ] 소리가 나요.

   예 Ta**x**i 탁씨 택시/ **X**ylophon 쵤로프흔 실로폰

(25) **Y/y** 웹실론은 독일어 고유어보다는 외래어에서 많이 나타나는데 [ㅟ] 소리가 나요. 맨 앞에 올 때는 j 요트와 동일하게 뒤에 오는 모음을 이중 모음으로 바꿔 줘요.

(26) **Z/z** 쩨트는 '쩨트'라고 읽히듯 된소리 [ㅉ]와 같은 발음이에요.

4. 발음 표기상의 주의

① 독일어는 단어와 단어가 붙어 새로운 합성어가 되고 접두사나 접미사 등이 붙어 새로운 단어가 되는 경우가 많아요. 그렇기 때문에 발음할 때도 단어를 구성하는 음절 단위에 따라요. 물론 마지막 음절에 위치한 첫 소리는 아래와 같이 묵음이 되었던 앞 음절의 마지막 소리와 연음되어 발음이 다시 살아나기도 해요.

   예 Versicherung 프헤어지히어흐웅 보험
   = Ver 프헤어 + sicher 지히어 + ung 웅
   (접두사) + 안전한 + (접미사)

② 우리말 표기법에 의하면 받침은 [ㄱ, ㄴ, ㄷ, ㄹ, ㅁ, ㅂ, ㅇ]으로 통일하고 1음운은 1기호로 쓰게 되어 있지만, 최대한 원어민 발음과 가까운 소리로 한글 발음을 표기하기 위해 알파벳과 같은 글자로 받침을 표기하고 f, v, w의 경우 2기호로 적었어요. 그러니 2기호로 표기된 내용의 경우 빠르게 이어서 발음하면 되요. 정확한 발음은 원어민 성우의 MP3를 참고하여 자주 듣고 따라 해 자기 것으로 만드세요.

Schritt 2

독일어의 특징

다른 언어와 가장 구별되는 여섯 가지 차이점

독일어가 다른 언어와 구별되는 가장 큰 차이점은 무엇일까요? 크게 여섯 가지로 정리해 보았어요. 이 고유의 규칙을 잘 익히면 회화문 구성은 물론, 문법 학습에도 확실한 길잡이가 되어 줄 거예요.

1. 동사는 무조건 두 번째 자리를 지킨다!

동사만 주어에 이어 문장에서 두 번째 자리에 두면 다른 요소들은 어떻게 배열해도 문장이 완성돼요. 독일어에서는 주어뿐 아니라 자신이 강조하고 싶은 모든 요소가 맨 앞에 올 수 있어요.

• 문장의 기본 구조

tip. 독일어의 명사는 문장 내에서 4가지 의미로 쓰이며 그에 따른 4가지 격인 '1격 **주격**(~은(는)/~이(가)), 2격 **소유격**(~의), 3격 **간접목적격**(~에게), 4격 **직접목적격**(~을(를))'이 있습니다.

예 Ich / schenke / meinem Kind / ein Fahrrad.
이히 슈엥크 마이늠 킨트 아인 프흐흐알
나는 내 아이에게 자전거를 선물한다.

첫 번째 자리	두 번째 자리			마지막 자리
Ich	schenke	meinem Kind	ein Fahrrad.	
Meinem Kind	schenke	ich	ein Fahrrad.	
Ein Fahrrad	schenke	ich	meinem Kind.	

Meine Freundin / ist / heute / um 6 Uhr / angekommen.
마이느 프흐오인딘 이슷 호이트 움 제흐쓰 우어 안그콤으
내 여자 친구는 오늘 6시에 도착했다.

첫 번째 자리	두 번째 자리			마지막 자리
Meine Freundin	ist	heute	um 6 Uhr	angekommen.
Heute	ist	meine Freundin	um 6 Uhr	angekommen.
Um 6 Uhr	ist	meine Freundin	heute	angekommen.

다양한 요소들이 첫 번째 자리에 올 수 있지만, 두 번째 자리와 마지막 자리는 모두 동사에게 내줬죠? 물론 접두어가 분리되지 않거나 문장에 동사가 하나면 마지막 자리는 비어 있어요. 그리고 다른 요소가 첫 번째 자리를 차지했다면 주어는 항상 주동사 다음에 바로 와요. 이러한 원칙을 잘 기억해 두도록 해요.

기초 다지기 25

2. 단어를 조합하여 새로운 단어를 만든다!

독일어의 가장 큰 특징 중 하나는 이미 있는 단어들을 조합하여 새로운 단어를 만든다는 거예요. 한 단어의 길이가 너무 길다고 당황하지 말고 그 안에 아는 단어가 들어 있는지 찾아보고 뜻을 가늠해 본다면 금방 뜻을 파악할 수도 있어요. 이러한 방식은 모든 단어에서 나타나고, 명사 두 개가 조합된 명사의 성은 뒤에 오는 명사의 성을 따라요.

kühl 퀼 시원한	+	der Schrank 데어 슈흐앙ㅋ 장롱	=	der Kühlschrank 데어 퀼슈흐앙ㅋ 냉장고
die Hand 디 한ㅌ 손	+	der Schuh 데어 슈 신발	=	der Handschuh 데어 한ㅌ슈 장갑
zurück 쭈흐윜 뒤로	+	gehen 게흔 가다	=	zurückgehen 쭈흐윜게흔 돌아가다

3. 모든 명사는 성(性)을 가지고 있다!

독일어의 모든 명사는 남성과 여성, 그리고 중성으로 나뉘어요. 명사의 성별은 단어 끝의 어미 형태를 보면 어느 정도 예측할 수 있죠. '문'을 뜻하는 das Tor 다쓰 토어 같이 어미가 따로 없는 단어는 일반적인 규칙에 따라 성을 판단할 순 없어요.

• 일반적인 규칙

남성 m.	여성 f.		중성 n.
-ling –링	-heit –하잍	-keit –카잍	-chen –히은
der Liebling 데어 리블링 애인, 자기야	die Freiheit 디 프흐아이하잍 자유	die Müdigkeit 디 뮈디히카잍 피로	das Brötchen 다쓰 브흐욑히은 작은 빵
-or –오어	-ung –웅	-schaft –슈아픝	-lein –라인
der Motor 데어 모토어 모터, 엔진	die Bedeutung 디 브도이퉁 의미	die Freundschaft 디 프흐오인ㅌ슈아픝 우정	das Kindlein 다쓰 킨틀라인 아기(귀여운 표현)
-us –우쓰	-ik –잌	-tät –탵	-ment –멘ㅌ
der Rassismus 데어 흐아씨쓰무쓰 순혈주의, 인종 차별주의	die Musik 디 무짘 음악	die Universität 디 우니브에어지탵 대학교	das Instrument 다쓰 인스트흐우멘ㅌ 악기
-er –어	-ur –우어	-ion –이온	-nis –니쓰
der Koffer 데어 코프허 여행용 가방	die Kultur 디 쿨투어 문화	die Station 디 슈타찌온 정거장	das Zeugnis 다쓰 쪼이ㄱ니쓰 성적표

날짜, 시간	-e —으	-ei —아이	-um —움
계절, 방위	die Katze 디 캍쯔 고양이	die Bäckerei 디 백커흐아이 빵집	das Museum 다쓰 무제움 박물관
남성인 사람, 동물	여성인 사람, 동물		부정사

- -er 어, -e 으, -um 움, -ment 멘트는 대부분 일반적인 규칙을 따르지만 예외도 있어요.
  예 **der** Käse 데어 캐즈 치즈

- 중성의 '부정사'란 동사 그대로의 형태로 명사가 된 단어를 말해요.
  예 essen 에쓴 먹다 → das Essen 다쓰 에쓴 식사

4. 모든 명사는 수를 셀 수 있다!

독일어의 모든 명사는 수를 셀 수 있기에 단수와 복수를 구분해서 사용해야 해요. 독일어 단어의 복수형을 만드는 방법은 6가지가 있어요. 정해진 규칙은 없지만 많은 경우 아래 규칙이 적용되니 처음 단어를 공부할 때 확실히 알아 두세요.

단수형	복수형		규칙
der Koffer 데어 코프허 여행용 가방	die Koffer 디 코프허 여행용 가방들	-	-er, -en, -el, -chen, -lein으로 끝나는 명사 (a, o, u는 대부분 복수형일 때 ä, ö, ü로 바뀌어요.)
der Apfel 데어 앞프흘 사과	die Äpfel 디 앺프흘 사과들	¨	
der Hund 데어 훈트 개	die Hunde 디 훈드 개들	-e	대부분의 남성 명사
die Maus 디 마우쓰 쥐	die Mäuse 디 모이즈 쥐들	¨e	한 음절인 여성 & 중성 명사
das Ei 다쓰 아이 달걀	die Eier 디 아이어 달걀들	-er	한 음절인 중성 명사
der Mann 데어 만 남자	die Männer 디 맨너 남자들	¨er	몇몇 남성 명사

단수형	복수형		규칙
die Lampe 디 람프 전등	die Lampen 디 람픈 전등들	-n	대부분의 여성 명사
die Uhr 디 우어 시계	die Uhren 디 우어흔 시계들	-en	
das Auto 다쓰 아우토 자동차	die Autos 디 아우토쓰 자동차들	-s	-a, -i, -o로 끝나는 명사와 외래어
die Lehrerin 디 레어흐어힌 여자 선생님	die Lehrerinnen 디 레어흐어힌는 여자 선생님들	-nen	여자의 직업을 나타내는 명사

이렇듯 독일어에서 모든 명사는 셀 수 있기 때문에 관사 역시 정확하게 사용해야 해요.
독일어의 관사는 정관사와 부정 관사로 나눌 수 있어요.

- 정관사

    이미 문맥에서 언급되었거나 대체 불가능한 유일한 대상을 가리킴

    예 Ich möchte **das** Buch kaufen. 이히 뫼히트 다쓰 부흐 카우프흔
    저는 그 책이 사고 싶어요.

- 부정 관사

    처음 언급되었거나 대체 가능한 것으로 어떤 막연한 사물이나 사람을 가리킴

    예 Ich möchte **ein** Buch kaufen. 이히 뫼히트 아인 부흐 카우프흔
    저는 책을 한 권 사고 싶어요.

관사	남성 m.	여성 f.	중성 n.	복수형 pl.
정관사	der 데어	die 디	das 다쓰	die 디
부정 관사	ein 아인	eine 아이느	ein 아인	

5. 독일어 동사는 분리가 된다!

독일어 동사들은 어떤 접두어와 결합이 되었는지에 따라 분리가 되기도 하고 안 되기도 해요. 그렇다면 동사가 분리된다는 건 무슨 뜻일까요? 예문으로 확인해 볼게요.

- 분리 동사
  - 예 **an**fangen 안프항은 시작하다
    - Ich <u>fange</u> **an**. 이히 프항으 안 나 시작할게.
- 비분리 동사
  - 예 **be**ginnen 브긴는 시작하다
    - Ich **be**<u>ginne</u>. 이히 브긴느 나 시작할게.

어떻게 분리되는지 이해가 되나요? 그렇다면 어떤 동사의 접두어들이 분리가 되고, 어떤 것이 안 되는지 알아볼게요.

- 비분리 접두어
  - 예 be- 브/ ent- 엔트/ ge- 그/ ver- 프헤어/ emp- 엠프/ er- 에어/ miss- 미쓰/ zer- 쩨어
- 분리되는 접두어
  - 예 ab- 압/ bei- 바이/ hin- 힌/ weg- 브엑/ an- 안/ ein- 아인/ los- 로쓰/ zu- 쭈/ auf- 아우프흐/ fest- 프헤슽/ mit- 밑/ zurück- 쭈흐윅/ aus- 아우쓰/ her- 헤어/ vor- 프호어/ zusammen- 쭈잠믄
- 분리와 비분리 모두 가능한 접두어
  - 예 durch- 두어히/ über- 위버/ unter- 운터/ wider- 브이더/ hinter- 힌터/ um- 움/ voll- 프홀/ wieder- 브이더

6. 동사 변형에도 규칙이 있다!

독일어를 처음 접한 학습자들은 여러 가지 예외 문법 사항에 겁먹기도 해요. 어떤 문법책을 보더라도 동사 변형에 있어 시제별로 규칙적으로 변하는 동사와 불규칙하게 변하는 동사로 나뉘어 있으니까요. 하지만 sein 자인, haben 하븐, wollen 브올른 같은 완전 불규칙 동사 몇 가지만 따로 암기하면, 불규칙하게 변하는 동사라도 대부분 일정한 패턴이 있답니다.

- 불규칙인 경우

  ① 동사의 모음 e 에가 2·3인칭 단수에서 -i 이 또는 -ie 이-로 바뀌는 경우
  ② 동사의 모음 a 아가 2·3인칭 단수에서 ä 애로 바뀌는 경우
  단, 두 가지 모두 어미 변화는 규칙적인 동사 변화와 같아요.

주격 인칭 대명사	규칙 동사	불규칙 동사		
	fragen 프흐아근 묻다	lesen 레즌 읽다	geben 게븐 주다	schlafen 슐라프흔 자다
ich 이히 나	frage 프흐아그	lese 레즈	gebe 게브	schlafe 슐라프흐
du 두 너	fragst 프흐악슽	liest 리-슽	gibst 깁슽	schläfst 슐래프흐슽
er 에어 그 / sie 지- 그녀 / es 에쓰 그것	fragt 프흐아클	liest 리-슽	gibt 깁트	schläft 슐래플
wir 브이어 우리	fragen 프흐아근	lesen 레즌	geben 게븐	schlafen 슐라프흔
ihr 이어 너희들	fragt 프흐아클	lest 레슽	gebt 겝트	schlaft 슐라플
sie 지- 그들 / Sie 지- 당신	fragen 프흐아근	lesen 레즌	geben 게븐	schlafen 슐라프흔

- 특이 사항

  ① 동사의 어간이 t 테로 끝나는 경우 2·3인칭 단수와 2인칭 복수 어미 앞에 e 에를 삽입해요.

    예 arbeiten 아바이튼
    - ich arbeite 이히 아바이트 / du arbeitest 두 아바이트슽 / er arbeitet 에어 아바이틀 /
    wir arbeiten 브이어 아바이튼 / ihr arbeitet 이어 아바이틀 / Sie arbeiten 지 아바이튼

  ② 동사의 어간이 s 에쓰로 끝나는 경우 2인칭 단수에 s를 붙이지 않아 3인칭 단수와 형태가 같아요.

    예 reisen 흐아이즌
    - ich reise 이히 흐아이즈 / du reist 두 흐아이슽 / er reist 에어 흐아이슽 /
    wir reisen 브이어 흐아이즌 / ihr reist 이어 흐아이슽 / Sie reisen 지 흐아이즌

• 자주 쓰는 완전 불규칙 동사

주격 인칭 대명사	완전 불규칙 동사		
	sein 자인 ~이다	haben 하븐 가지고 있다	wollen 브올른 원하다
ich 이히 나	bin 빈	habe 하브	will 브일
du 두 너	bist 비슽	hast 하슽	willst 브일슽
er 에어 그 / sie 지- 그녀 / es 에쓰 그것	ist 이슽	hat 핱	will 브일
wir 브이어 우리	sind 진트	haben 하븐	wollen 브올른
ihr 이어 너희들	seid 자잍	habt 핲트	wollt 브올트
sie 지- 그들 / Sie 지- 당신	sind 진트	haben 하븐	wollen 브올른

예 **Ich bin** Koreaner. 이히 빈 코흐에아너
나는 한국인이다.

Du bist Koreaner. 두 비슽 코흐에아너
너는 한국인이다.

Er ist Koreaner. 에어 이슽 코흐에아너
그는 한국인이다.

Wir sind Koreaner. 브이어 진트 코흐에아너
우리는 한국인이다.

Ihr seid Koreaner. 이어 자잍 코흐에아너
너희들은 한국인이다.

Sie sind Koreaner. 지- 진트 코흐에아너
당신은 한국인이다.

표기법

독일어의 모든 명사는 성별 구분이 있어요. '**m.**'은 'maskulin 마스쿨린(남성형)'의 약자, '**f.**'는 'feminin 프헤미닌(여성형)'의 약자, '**n.**'은 'neutral 노이트호알(중성형)'의 약자예요. 하지만 이 중성형의 '**n.**'이 명사(**n.**)와 헷갈릴 수 있으므로 본 책에서는 관사를 따로 표기하지 않고, 단어 앞에 'der 데어(남성형), die 디(여성형), das 다쓰(중성형)'로 붙였어요. 본 책에서 사용된 품사 표기법을 참고하세요.

| n. | 명사 | v. | 동사 | adj. | 형용사 | adv. | 부사 |

Kapitel 01

첫 만남부터 당당하게!

Kapitel 01.

Schritt 1   인사
Schritt 2   소개
Schritt 3   감사
Schritt 4   사과
Schritt 5   대답
Schritt 6   주의 & 충고
Schritt 7   의견
Schritt 8   좋은 감정
Schritt 9   좋지 않은 감정
Schritt 10   성격
Schritt 11   기호

Das Vorstellen 소개
다쓰 프호어슈텔른

der Name 데어 나므 n. 이름	der Nachname 데어 나흐나므 n. 성	der Vorname 데어 프호어나므 n. (성 앞의) 이름
	die Visitenkarte 디 브이지튼카트 n. 명함	sich begrüßen 지히 브그흐위쓴 v. 인사하다
das Geschlecht 다쓰 그슐레힡 n. 성별 	der Mann 데어 만 n. 남자 	der Herr 데어 헤어 n. ~씨
		der Junge 데어 융으 n. 남자아이
	die Frau 디 프호아우 n. 여자, ~부인 	die Dame 디 다므 n. 귀부인, 숙녀
		das Mädchen 다쓰 맽히은 n. 여자아이
das Alter 다쓰 알터 n. 나이 	alt 알ㅌ adj. 나이 든 	der Erwachsene 데어 에어브아흐쓰느 n. 성인 erwachsen werden 에어브아흐쓴 브에어든 v. 성인이 되다
	jung 융 adj. 젊은 der Jugendliche 데어 유근틀리히으 n. 젊은이 	das Kind 다쓰 킨ㅌ n. 아이
		das Baby 다쓰 베이비, der Säugling 데어 조이글링 n. 아기
die Heirat 디 하이흐앝, die Ehe 디 에으 n. 결혼 	die Hochzeit 디 호흐짜일 n. 결혼식 	heiraten 하이흐아튼 v. 결혼하다
		ledig 레디히 adj. 미혼
	die Witwe 디 브잍브 n. 과부 der Witwer 데어 브잍브어 n. 홀아비	verwitwet 프헤어브잍븥 adj. 과부(홀아비)가 된

Die Begrüßung 인사
디 브그흐위쑹

MP3. Wort_K01_2

begrüßen 브그흐위쓴 v. 인사하다 	Hallo. 할로 Guten Tag. 구튼 탁 안녕하세요. 	Tschüss. 츄쓰 Auf Wiedersehen. 아우프흐 브이더제흔 안녕히 가세요. 
	Willkommen. 브일콤믄 환영합니다. 	Freut mich. 프흐오잍 미히 반갑습니다. 
	Wie geht es dir? 브이 겥 에쓰 디어? 어떻게 지내요? 	Bis bald. 비쓰 발ㅌ 곧 봐요. 
sich bedanken 지히 브당큰 v. 감사하다 	Danke schön. 당크 슈왼 Vielen Dank. 프힐른 당ㅋ 정말 감사합니다. 	Bitte schön. 비트 슈왼 Nichts zu danken. 니힡츠 쭈 당큰 천만에요. 
	der Dank 데어 당ㅋ n. 감사 	die Bitte 디 비트 n. 부탁 
sich entschuldigen 지히 엔ㅌ슐디근 v. 사과하다 	Es tut mir leid. 에쓰 퉅 미어 라잍 죄송합니다. 	Entschuldigung. 엔ㅌ슐디궁 실례합니다. (죄송합니다.) 
entschuldigen 엔ㅌ슐디근 v. 용서하다 	einen Fehler machen 아이는 프헬러 마흔 v. 잘못하다 der Fehler 데어 프헬러 n. 잘못 	verzeihen 프헤어짜이은, vergeben 프헤어게븐 v. 용서하다 die Verzeihung 디 프헤어짜이훙 n. 용서

Kapitel 01 첫 만남부터 당당하게!

Der Beruf 직업
데어 브호우프흐

MP3. Wort_K01_3

das Unternehmen 다쓰 운터네믄, die Firma 디 프히어마 n. 회사 	das Büro 다쓰 뷔흐오 n. 사무실 	arbeiten 아바이튼 v. 일하다 
	der Arbeitnehmer 데어 아바일네머/ die Arbeitnehmerin 디 아바일네머호인 n. 피고용인	der Angestellte 데어 앙그슈텔트/ die Angestellte 디 안그슈텔트 n. 직원 
der (Staats)Beamte 데어 (슈탈츠)브암트/ die (Staats)Beamtin 디 (슈탈츠) 브암틴 n. 공무원	die Polizei 디 폴리짜이 n. 경찰 der Polizist 데어 폴리찌슽/ die Polizistin 디 폴리찌스틴 n. 경찰관 	die Feuerwehr 디 프호이어브에어 n. 소방대 der Feuerwehrmann 데어 프호이어브에어만/ die Feuerwehrfrau 디 프호이어브에어프흐아우 n. 소방관 
die Schule 디 슐르 n. 학교	der Lehrer 데어 레어허/ die Lehrerin 디 레어허인 n. 선생님 	unterrichten 운터흐이히튼, lehren 레어흔 v. 가르치다 
der Schüler 데어 슈월러/ die Schülerin 디 슈윌러호인 n. 학생 	der Student 데어 슈투덴트/ die Studentin 디 슈투덴틴 n. 대학생, 고등학생 	lernen 레어는 v. 배우다 
der Arzt 데어 아쯭/ die Ärztin 디 애어쯔틴 n. 의사	der Koch 데어 코흐/ die Köchin 디 쾨힌 n. 요리사 	der Kellner 데어 켈너/ die Kellnerin 디 켈너호인 n. 웨이터 
der Kaufmann 데어 카우프만/ die Kauffrau 디 카우프흐프흐아우 n. 상인, 판매인	der Bauer 데어 바우어/ die Bäuerin 디 보이어호인 n. 농부 	der Hausmann 데어 하우쓰만/ die Hausfrau 디 하우쓰프흐아우 n. 주부

Die Zeit 시간

MP3. Wort_K01_4

디 짜일

das Datum 다쓰 다툼 n. 날짜	das Jahr 다쓰 야 n. 연, 연도	der Monat 데어 모낱 n. 월, 달	der Kalender 데어 칼렌더 n. 달력
	die Woche 디 브오흐 n. 주, 일주일	der Tag 데어 탁 n. 요일, 일	das Wochenende 다쓰 브오흔엔드 n. 주말

- der Montag
  데어 몬탁
  n. 월요일
- der Dienstag
  데어 딘스탁
  n. 화요일
- der Mittwoch
  데어 밑브오흐
  n. 수요일
- der Donnerstag
  데어 도너스탁
  n. 목요일
- der Freitag
  데어 프흐아이탁
  n. 금요일
- der Samstag
  데어 잠스탁
  n. 토요일
- der Sonntag
  데어 존탁
  n. 일요일

- vorgestern
  프호어게스턴
  adv. 그저께
- gestern
  게스턴
  adv. 어제
- heute
  호이트
  adv. 오늘
- morgen
  모어근
  adv. 내일
- übermorgen
  위버모어근
  adv. 모레

Das Gefühl 감정
다쓰 그프휠

positiv 포지티프흐 adj. 긍정적인	**gut gelaunt** 굳 그라운ㅌ adj. 기분 좋은 	**zufrieden** 쭈프흐이든 adj. 만족한 
	fröhlich 프흐욀리히 adj. 기쁜 	**die Freude** 디 프흐오이드 n. 기쁨 
	amüsant 아뮈잔ㅌ, **unterhaltsam** 운터할ㅌ잠 adj. 즐거운, 재미있는 	**der Spaß** 데어 슈파쓰 n. 재미 
	sorglos 조어글로쓰 adj. 근심 없는	**spannend** 슈판트ㅌ, **interessant** 인터흐싼ㅌ adj. 흥미 있는 
	glücklich 글뤼클리히 adj. 행복한 	**das Glück** 다쓰 글뤽 n. 행복 
	das Lächeln 다쓰 래히을ㄴ n. 미소	**die Begeisterung** 디 브가이스터흐웅 n. 환희, 열광 
	lächeln 래히을ㄴ v. 미소짓다 	**lachen** 라흔 v. 웃다 
	gemütlich 그뮈틀리히 adj. 편안한 	**beruhigend** 브흐우이근ㅌ, **erleichternd** 에어라이히턴ㅌ adj. 안심되는

negativ 네가티프흐 adj. 부정적인	traurig 트흐아우흐이히 adj. 슬픈 	die Trauer 디 트흐아우어 n. 슬픔
	melancholisch 멜랑콜리슈 adj. 괴로운 	enttäuschend 엔ㅌ토이슈ㅌ adj. 실망한 
	zornig 쪼어니히, wütend 브위튼ㅌ, ärgerlich 애어걸리히 adj. 화난 	nervig 네어프히히 adj. 신경질이 나는 
	gespannt 그슈판ㅌ, nervös 네어브외쓰 adj. 긴장되는 	furchtbar 프후어힡바, grausam 그흐아우잠 adj. 무서운 
	leiden 라이든 v. 고통받다	der Schmerz 데어 슈메어쯔, das Leiden 다쓰 라이든 n. 고통 
	weinen 브아이는 v. 울다 	die Träne 디 트흐애느 n. 눈물
	schlecht 슐레힡 adj. 나쁜 	unruhig 운흐우이히, besorgt 브조어클ㅌ, verängstigt 프헤어앵스티킅 adj. 불안한 

Der Charakter 성격
데어 카흐알터

nett 넷 adj. 좋은, 착한 	**freundlich** 프흐오인틀리히 adj. 친절한 	**offen** 오프흔 adj. 솔직한
	zurückhaltend 쭈흐윅할튼ㅌ, **bescheiden** 브슈아이든 adj. 겸손한	**ehrlich** 에얼리히 adj. 정직한 
aktiv 알티프흐 adj. 활발한 	**spontan** 슈폰탄 adj. 즉흥적인	**extrovertiert** 엑쓰트흐오브어티얼 adj. 외향적인
	zugänglich 쮸갱리히 adj. 붙임성 있는 	**eitel** 아이틀 adj. 잘난 척하는 
introvertiert 인트흐오브어티얼 adj. 내성적인 	**zurückhaltend** 쭈흐윅할튼ㅌ, **schüchtern** 슈위히턴 adj. 소심한	**vorsichtig** 프흐어지히티히 adj. 신중한
	schamhaft 슈암하픝, **beschämt** 브슈앰ㅌ adj. 부끄러워하는, 수줍은 	**schweigsam** 슈브아익잠 adj. 과묵한 
pessimistisch 페씨미스티슈 adj. 비관적인 	**tragisch** 트흐아기슈 adj. 비극적인	**trübselig** 트흐윕젤리히 adj. 슬픈, 비참한, 음울한
	verzweifelt 프헤어쯔브아이프홀ㅌ adj. 절망한 	**der Komplex** 데어 콤플렉쓰 n. 콤플렉스, 열등감

Der Geschmack 기호
데어 그슈막

mögen 뫼근 v. 좋아하다	lieben 리븐 v. 매우 좋아하다, 사랑하다	vorziehen 프호어찌흔, bevorzugen 브프호어쭈근 v. 선호하다
	wollen 브올른, wünschen 브윈슌 v. 원하다	der Wunsch 데어 브운슈 n. 소원
	sich in jemanden verlieben 지히 인 예만든 프헤어리븐 v. 열애하다, 몹시 좋아하다	bewundern 브브운든 v. 반하다, 감탄하다
nicht mögen 니힡 뫼근 v. 싫어하다	hassen 하쓴 v. 증오하다	fürchten 프휘어히튼, Angst haben 앙슽 하븐 v. 두려워하다
	verabscheuen 프헤어압슈오이은 v. 혐오하다	zittern 찓턴 v. 떨다
	anwidern 안브이던 v. 혐오감을 주다	gruselig 그흐우즐리히 adj. 기분 나쁜, 무서운

Schritt 1 인사 　　MP3. K01_S01

처음 만났을 때 ①

안녕하세요, 만나서 반갑습니다.
Guten Tag, freut mich Sie kennen zu lernen.
구튼 탁, 프흐오잍 미히 지 켄느 쭈 레어느

안녕, 만나서 반가워.
Hallo, schön dich kennen zu lernen.
할로, 슈왼 디히 켄느 쭈 레어느

제 이름은 김수진입니다.
Ich heiße Sujin Kim.
이히 하이쓰 수진 김
Mein Name ist Sujin Kim.
마인 나므 이슽 수진 김

이름이 뭐니?
Wie heißt du?
브이 하이쓷 두?
Wie ist dein Name?
브이 이슽 다인 나므?

이야기 많이 들었습니다.
Ich habe schon viel von Ihnen gehört.
이히 하브 슈온 프힐 프혼 이느 그회얼트

마이어 씨가 당신 이야기를 많이 했습니다.
Herr Meier hat mir bereits viel über Sie erzählt.
헤어 마이어 핱 미어 브흐아잍츠 프힐 우버 지 에어짤트

처음 만났을 때 ②

만나 뵙게 되어 정말 영광입니다.
Es ist mir eine Ehre Sie kennen zu lernen.
에쓰 이슽 미어 아이느 에어흐 지 켄느 쭈 레어느

마이어 씨, 뮐러 부인을 아세요?
Herr Meier, kennen Sie schon Frau Müller?
헤어 마이어, 켄는 지 슈온 프흐아우 뮐러?
Herr Meier, haben Sie schon Frau Müller kennen gelernt?
헤어 마이어, 하븐 지 슈온 프흐아우 뮐러 켄는 그레언트?

우리 전에 만난 적 있나요?
Kennen wir uns nicht irgendwoher?
켄는 브이어 운쓰 니힡 이어근트브오헤어?
Haben wir uns nicht schon mal getroffen?
하븐 브이어 운쓰 니힡 슈온 말 그트흐오프흔?

명함 한 장 주시겠어요?
Könnten Sie mir Ihre Visitenkarte geben?
쿈튼 지 미어 이어흐 브이지튼카트 게븐?

여기, 제 명함입니다.
Hier, das ist meine Visitenkarte.
히어, 다쓰 이슽 마이느 브이지튼카트

여기서 잠깐!

'아는 사이가 되다'라는 뜻의 kennenlernen 켄는레어는은 붙여서 쓰기도 하고 띄어서 쓰기도 해요. 즉, kennenlernen과 kennen lernen는 모두 문법적으로 옳기 때문에 과거분사나 zu 쭈-부정사를 붙여서 쓸 수도 있고 각각 띄어서 쓸 수도 있어요.

• kennen zu lernen = kennenzulernen

freuen 프흐오이은 기쁘다
kennen lernen 켄는 레어는 알게 되다, 아는 사이가 되다
heißen 하이쓴 부르다
(etwas) über jemanden hören (엩브아쓰) 우버 예만든 회어흔 ~에 대해 듣다
die Ehre 디 에어흐 명예, 존경
v. ehren 에어흔 존경하다
treffen 트흐에프흔 만나다
geben 게븐 주다

때에 따른 인사

안녕하세요.

Guten Morgen. (아침에 만났을 때)
구튼 모어근
Guten Tag. (점심에 만났을 때)
구튼 탁
Guten Abend. (저녁에 만났을 때)
구튼 아븐트

안녕.

Hallo. (만났을 때)
할로
Tschüss. (헤어질 때, 친한 사이)
츄쓰

잘 자요.

Gute Nacht.
구트 나흩
Schlaf gut.
슐라프흐 굳

der Morgen 데어 모어근 아침
der Tag 데어 탁 낮, 하루
der Abend 데어 아븐트 저녁
die Nacht 디 나흩 밤
schlafen 슐라프흔 자다

여기서 잠깐!
독일어는 영어와 마찬가지로 문장의 첫 글자를 대문자로 시작하는데, 독일어는 명사의 첫 글자도 대문자로 표기합니다.

꼭! 짚고 가기

독일에서 인사의 기본은 눈맞춤

세상에는 참 다양한 인사법들이 있어요. 독일 사람들은 반가운 친구를 만나면 서로 포옹하고, 사업 파트너거나 처음 보는 사람과 인사할 땐 악수를 하는 것이 일반적이죠. 하지만 가장 중요한 것은 바로 악수할 때 상대의 눈을 마주 보는 것이에요. 독일 사람과의 첫인사에서 당신이 상대의 눈을 바라보지 않는다면 상대는 당신에 대해 안 좋은 인상을 받고 관계를 시작하게 돼요. 왜냐하면 독일 사람들은 대화를 나누는 상대와 눈이 마주 보지 않을 경우 상대가 나에게 속이는 것이 있거나 자신을 무시한다고 생각하기 때문이죠. 이것은 술자리에서도 마찬가지예요.
예전에 독일인 친구와 함께 술을 마시고 있는데 친구가 갑자기 계속해서 다시 건배를 요청하는 것이 아니겠어요? 이유를 모르고 그저 즐거워 계속해서 건배를 했는데 그 요청은 끊이지 않았어요. 그래서 왜 그러냐고 물었더니 제가 자신의 눈을 바라보지 않아서였다는 거예요.
술잔을 바라보며 건배를 하는 한국과 달리, 독일에서는 자신과 잔을 부딪치고 있는 상대의 눈을 바라봐야 한다는 것을 배웠어요. 이처럼 진심을 담아 반가움과 존경을 표시하고 싶다면, 독일에서는 반드시 상대의 눈을 바라보아야 한다는 점을 잊지 말아요.

오랜만에 만났을 때 ①

오랜만이네!
Lange nicht gesehen!
랑으 니힡 그제흔!
Es freut mich dich wieder zu sehen!
에쓰 프흐오읻 미히 디히 브이더 쭈 제흔!

오랫동안 뵙지 못했네요.
Es ist ja schon lange her, dass wir uns gesehen haben.
에쓰 이슽 야 슈온 랑으 헤어, 다쓰 브이어 운쓰 그제흔 하븐

요즘 보기 힘드네.
Zurzeit ist es schwierig dich zu sehen.
쭈어짜일 이슽 에쓰 슈브이어흐이히 디히 쭈 제흔

아니, 이게 누구야!
Nein, wen haben wir denn da!
나인, 브엔 하븐 브이어 덴 다!

그간 연락 못 해서 미안해.
Es tut mir leid, dass ich mich so lange nicht gemeldet habe.
에쓰 툳 미어 라읻, 다쓰 이히 미히 조 랑으 니힡 그멜듵 하브

그간 뭐 하고 지냈어?
Wie geht es dir?
브이 겓 에쓰 디어?
Was hast du in der Zwischenzeit gemacht?
브아쓰 하슽 두 인 데어 쯔브이슌짜일 그마흗?
Wie ist es dir so ergangen?
브이 이슽 에쓰 디어 조 에어강은?

오랜만에 만났을 때 ②

하나도 안 변했네.
Du hast dich ja gar nicht verändert.
두 하슽 디히 야 가 니힡 프헤어앤덭
Du bist ja noch ganz der Alte.
두 비슽 야 노흐 간쯔 데어 알트

세월 참 빠르네.
Die Zeit verfliegt wie im Flug.
디 짜읻 프헤어프흘리긑 브이 임 프흘뤀
Die Zeit vergeht so schnell.
디 짜읻 프헤어겓 조 슈넬

세상 참 좁네요!
Die Welt ist ein Dorf!
디 브엘ㅌ 이슽 아인 도어프흐!
Die Welt ist klein!
디 브엘ㅌ 이슽 클라인!

verändern 프헤어앤던 변하다
fliegen 프흘리근 날다
vergehen 프헤어게흔 지나가다, 상하다, 실수를 저지르다
wirklich 브이어클리히 진짜

여기서 잠깐!
독일어에도 상대방에 대한 존칭 표현이 있어요.
바로 대명사 'Sie 지'예요.
- Du hast dich ja gar nicht verändert.
  두 하슽 디히 야 가 니힡 프헤어앤덭
  (너) 하나도 안 변했네. (반말)
- Sie haben sich ja gar nicht verändert.
  지 하븐 지히 야 가 니힡 프헤어앤덭
  (당신) 하나도 안 변하셨어요. (존댓말)

그래서 독일에서 반말은 'duzen 두쯘', 존댓말은 'siezen 지쯘'이라고 해요. 그렇기 때문에 'Duzen wir. 두쯘 브이어'는 '우리 말 편하게 하자.'라는 의미가 된답니다.

안부를 묻는 인사

잘 지내니?

Wie geht's?
브이 겥츠?
Wie geht es dir?
브이 겥 에쓰 디어?

어떻게 지내세요?

Wie geht es Ihnen?
브이 겥 에쓰 이는?

주말 어떻게 보냈어?

Wie war dein Wochenende?
브이 브아 다인 브오흔엔드?
Was hast du am Wochenende gemacht?
브아쓰 하슽 두 암 브오흔엔드 그마흩?

가족은 어때?

Wie geht es deiner Familie?
브이 겥 에쓰 다이너 프하밀리으?

어디 안 좋아?

Geht es dir nicht gut?
겥 에쓰 디어 니힡 긑?

너 아파 보여.

Du siehst krank aus.
두 지슽 크흐앙ㅋ 아우쓰

별일 없어요?

Gibt es etwas Neues?
깁ㅌ 에쓰 엩브아쓰 노이으쓰?

안부 인사에 대한 대답

난 잘 지내.

Mir geht es gut.
미어 겥 에쓰 긑
Ganz gut.
간쯔 긑
Super.
주퍼

그럭저럭 지내.

Nicht schlecht.
니힡 슐레힡

별일 없어요.

Es gibt nichts Neues.
에쓰 깁ㅌ 니힡츠 노이으쓰

늘 비슷해요.

Wie immer.
브이 임머

오늘은 기분이 별로네요.

Ich bin heute schlecht gelaunt.
이히 빈 호이트 슐레힡 그라운트
Ich bin heute nicht so gut drauf.
이히 빈 호이트 니힡 조 긑 드흐아우프흐
Heute fühle ich mich nicht so gut.
호이트 프휠르 이히 미히 니힡 조 긑

여기서 잠깐!

일상생활 속 구어에서는
'지내다'라는 뜻의 geht es 겥 에쓰는 geht's 겥츠로,
'있다'라는 뜻의 gibt es 깁ㅌ 에쓰는 gibt's 깁ㅌ츠로
줄여 말하기도 해요.

헤어질 때 인사

좋은 하루 보내요!
Einen schönen Tag noch!
아이는 슈외는 탁 노흐

즐거운 주말 보내세요.
Ich wünsche Ihnen ein schönes Wochenende.
이히 브윈슈 이는 아인 슈외느쓰 브오흔엔드

내일 봐요.
Bis morgen.
비쓰 모어근

이따 봐요.
Bis gleich.
비쓰 글라이히

조만간 다시 만나요.
Auf Wiedersehen.
아우프흐 브이더제흔
Bis bald.
비쓰 발ㅌ
Demnächst.
뎀내흐슽
Wir sehen uns bald wieder.
브이어 제흔운쓰 발ㅌ 브이더

전 곧 가야 해요.
Ich muss gleich los.
이히 무쓰 글라이히 로쓰

당신 부모님께 안부 전해 줘요.
Grüß deine Eltern von mir.
그흐위쓰 다이느 엘턴 프혼 미어
Liebe Grüße an deine Eltern.
리브 그흐위쓰 안 다이느 엘턴

환영할 때

베를린에 오신 걸 환영합니다.
Willkommen in Berlin.
브일콤믄 인 베얼린

우리 집에 오신 것을 환영합니다.
Willkommen bei mir zu Hause.
(혼자 살 경우)
브일콤믄 바이 미어 쭈 하우즈
Willkommen bei uns zu Hause.
브일콤믄 바이 운쓰 쭈 하우즈

환영합니다.
Herzlich Willkommen.
헤어쯜리히 브일콤믄

이곳이 마음에 드셨으면 합니다.
Ich hoffe, es gefällt Ihnen hier.
이히 홒흐, 에쓰 그프핼ㅌ 이는 히어

편하게 계세요.
Machen Sie es sich bequem.
마흔 지 에쓰 지히 브크브엠
Fühlen Sie sich wie zu Hause.
프휠른 지 지히 브이 쭈 하우즈

함께 일하게 되어 반갑습니다.
Es freut mich mit Ihnen arbeiten zu können.
에쓰 프흐오읻 미히 믿 이는 아바이튼 쭈 쾬느

여기서 잠깐!
주로 집 밖에서 만나고 놀다가 헤어지는 한국과 달리, 독일 사람들은 대부분 초대를 받아 상대의 집으로 가서 시간을 보내요. 독일은 밖에서 늦게까지 즐길 거리가 별로 없고 외식을 하게 되면 식비가 많이 들기 때문일 거예요. 그래서 어린이들도 집 창고나 거실에서 파티를 열어 함께 노는 경우가 많아요.

말 걸기

실례합니다.
Entschuldigung.
엔트슐디궁

잠깐 (그) 이야기 좀 할 수 있을까요?
Können wir kurz darüber sprechen?
퀸는 브이어 쿠어쯔 다흐위버 슈프흐에히은?
Können wir uns kurz darüber unterhalten?
퀸는 브이어 운쓰 쿠어쯔 다흐위버 운터할튼?

제게 시간 좀 내 주실 수 있으세요?
Haben Sie kurz Zeit für mich?
하븐 지 쿠어쯔 짜일 프휘어 미히?
Könnten Sie sich kurz Zeit für mich nehmen?
퀸튼 지 지히 쿠어쯔 짜일 프휘어 미히 네믄?

말씀 중 죄송합니다.
Entschuldigen Sie, dass ich Sie unterbreche.
엔트슐디근 지, 다쓰 이히 지 운터브흐에히으

제게 잠시 집중해 주시겠어요?
Dürfte ich kurz Ihre Aufmerksamkeit beanspruchen/ in Anspruch nehmen?
뒤어프흐트 이히 쿠어쯔 이어흐 아우프흐메억잠카일 브안슈프흐우흔/인 안슈프흐우흐 네믄?

제가 한 말씀 드려도 될까요?
Dürfte ich dazu etwas sagen?
뒤어프흐트 이히 다쭈 엩브아쓰 자근?

화제를 바꿀 때

다른 얘기를 하죠.
Lass uns über anderes sprechen.
라쓰 운쓰 위버 안더흐쓰 슈프흐에히은

새로운 주제로 넘어가죠.
Lass uns das Thema wechseln.
라쓰 운쓰 다쓰 테마 브에흐쓸ㄴ
Wechseln wir das Thema.
브에흐쓸ㄴ 브이어 다쓰 테마

여러분 의견은 뭔가요?
(서로의 의견을 말해 봅시다.)
Was ist eure Meinung?
브아쓰 이슽 오이흐 마이눙?

또 다른 게 뭐가 있나요?
Gibt es noch was anderes?
깁트 에쓰 노흐 브아쓰 안더흐쓰?
Gibt es noch was?
깁트 에쓰 노흐 브아쓰?

그건 그렇고, 뮐러 씨 소식 들었어요?
Ach ja, habt ihr die Nachricht von Herrn Müller gehört?
아흐 야, 핲트 이어 디 나흐이힡 프흔 헤언 뮐러 그회얼?

뭐 새로운 소식 있나요?
Gibt es Neuigkeiten?
깁트 에쓰 노이히카이튼?

sich unterhalten 지히 운터할튼 대화를 나누다
unterbrechen 운터브흐에히은 방해하다, 끊다
die Aufmerksamkeit 디 아우프흐메억잠카일 주의
beanspruchen 브안슈프흐우흔 요구하다, 필요로 하다
wechseln 브에흐쓸ㄴ 바꾸다
die Meinug 디 마이눙 의견
die Nachricht 디 나흐이힡 소식
die Neuigkeit 디 노이히카일 새로운 사건/소식

Kapitel 01 첫 만남부터 당당하게!

Schritt 2 소개   MP3. K01_S02

상대방에 대해 묻기

이름이 뭐예요?
Wie heißt du? (반말)
브이 하이쓷 두?
Wie heißen Sie? (존댓말)
브이 하이쓴 지?
Wie ist dein Name? (반말)
브이 이슽 다인 나므?

이름 철자가 어떻게 되나요?
Wie buchstabiert man Ihren Namen?
브이 부흐슈타비얼 만 이어흔 나믄?

직업이 뭐니?
Was machst du beruflich?
브아쓰 마흐슽 두 브흐우프흘리히?

어디에서 왔어?
Woher kommst du?
브오헤어 콤슽 두?

몇 개 국어 하시나요?
Wie viele Sprachen sprechen Sie?
브이 프힐르 슈프흐아흔 슈프흐에흔 지?

전공이 뭐예요?
Was studieren Sie?
브아쓰 슈투디어흔 지?

자기에 대해 말하기

제 이름은 사라 하우프트만입니다.
Ich heiße Sahra Hauptmann.
이히 하이쓰 자흐아 하우퓥만
Mein Name ist Sahra Hauptmann.
마인 나므 이슽 자흐아 하우퓥만

제 성은 '김'이고 이름은 '유나'입니다.
Mein Nachname ist ‚Kim' und mein Vorname ist ‚Yuna'.
마인 나흐나므 이슽 '김' 운ㅌ 마인 프호어나므 이슽 '유나'

저는 한국에서 선생님으로 일하고 있습니다.
Ich arbeite als Lehrer_in in Korea.
이히 아바이트 알쓰 레어허_흐인 인 코흐에아

저는 쾰른대학교 학생입니다.
Ich studiere an der Universität Köln.
이히 슈투디어흐 안 데어 우니브에지탵 쾰른
Ich bin Student_in an der Kölner Universität.
이히 빈 슈투덴트_인 안 데어 쾰르너 우니브에지탵

저는 독어독문학을 전공하고 있습니다.
Ich studiere Germanistik.
이히 슈투디어흐 게어마니스틱
Mein Hauptfach ist Germanistik.
마인 하우플트프하흐 이슽 게어마니스틱

여기서 잠깐!

독일에서는 직업이나 신분을 나타낼 때 남성과 여성을 구분하는데, 여성일 경우 대부분 뒤에 'in 인'이 붙어요. 남·여를 동시에 표기할 때는 '_in 흐인'을 붙입니다.

- Ich arbeite als Lehrer in Korea. (남)
이히 아바이트 알쓰 레어허 인 코흐에아
- Ich arbeite als Lehrerin in Korea. (여)
이히 아바이트 알쓰 레어허흐인 인 코흐에아
- Ich arbeite als Lehrer_in in Korea.
이히 아바이트 알쓰 레어허_흐인 인 코흐에아

여기서 잠깐!

독일어의 문장 부호 중 따옴표의 경우, 반드시 앞쪽 따옴표는 하단에 위치하고 모양은 [‚ / „]와 같이, 뒤쪽 따옴표는 상단에 위치하고 모양은 [' / "]와 같이 표시해야 해요.

- Mein Vorname ist ‚ Yuna '.
마인 프호어나므 이슽 '유나'
- „ Ich studiere Germanistik. "
"이히 슈투디어흐 게어마니스틱"

신상 정보에 대해 말하기

\# 저는 한국인이에요.

Ich bin Koreaner_in.
이히 빈 코흐에아너_흐인

\# 저는 미혼입니다.

Ich bin ledig.
이히 빈 레디히
Ich bin noch nicht verheiratet.
이히 빈 노흐 니힡 프헤어하이흐아틑

\# 저는 혼자 살고 있어요.

Ich lebe alleine.
이히 레브 알라이느

\# 그는 결혼했어요.

Er ist verheiratet.
에어 이슽 프헤어하이흐아틑

\# 몇 살입니까?

Wie alt sind Sie?
브이 알ㅌ 진ㅌ 지?

\# 저는 26살입니다.

Ich bin 26 (Jahre alt).
이히 빈 제흐쓰운ㅌ쯔브안찌히 (야흐 알ㅌ)

\# 그는 나이가 어떻게 되나요?

Wie alt ist er?
브이 알ㅌ 이슽 에어?

\# 그는 32살입니다.

Er ist 32 (Jahre alt).
에어 이슽 쯔브아이 운ㅌ 드흐아이씨히 (야흐 알ㅌ)

여기서 잠깐!

verwitwet 프헤어브잍븥 과부가 된
- Ich bin verwitwet. 이히 빈 프헤어브잍븥
 전 과부입니다.

sich trennen 지히 트흐엔으 이혼하다
- Wir haben uns getrennt. 브이어 하븐 운쓰 그트흐엔ㅌ
 우린 이혼했어요.

타인에게 소개하기

\# 제 소개를 해도 될까요?

Darf ich mich vorstellen?
닾흐 이히 미히 프호어슈텔른?

\# 미카엘, 슈테파니를 아니?

Michael, kennst du Stefani?
미히아엘, 켄슽 두 슈테프하니?

\# 당신에게 뮐러 부인을 소개해도 될까요?

Darf ich Ihnen Frau Müller vorstellen?
닾흐 이히 이느 프흐아우 뮐로 프호어슈텔른?

\# 그는 제 오랜 친구예요.

Er ist ein alter Freund von mir.
에어 이슽 아인 알터 프호인ㅌ 프혼 미어
Wir kennen uns schon sehr lange.
브이어 켄느 운쓰 슈온 제어 랑으
Wir sind seit langem Freunde.
브이어 진ㅌ 자잍 랑음 프흐오인드

\# 모두들 그를 그냥 '토니'라고 불러요.

Alle nennen ihn einfach ,Toni'.
알르 넨느 인 아인프하흐 '토니'
Er wird einfach ,Toni' genannt.
에어 브이엍 아인프하흐 '토니' 그난ㅌ

여기서 잠깐!

독일어에는 분리 동사와 비분리 동사가 있어요. 문장에서 항상 두 번째 위치에 있는 본동사에서 접두어를 떼어 맨 뒤에 붙일 수 있으면 분리 동사이며, 나눌 수 없으면 비분리 동사예요. 그리고 같은 단어도 분리 여부에 따라 다른 의미를 가질 수 있어요. 예를 들어, 분리 동사인 'vor I stellen 프호어ㅣ슈텔른'은 '소개하다'와 '생각하다'의 두 가지 의미가 있고, 비분리 동사인 'vorstellen 프호어슈텔른'은 '~을 앞세우다'라는 의미가 있어요.

Schritt 3 감사   MP3. K01_S03

감사하다 ①

감사합니다.
Danke.
당크

정말 감사합니다.
Danke schön.
당크 슈왼
Vielen Dank.
프힐른 당ㅋ
Herzlichen Dank.
헤어쯜리히은 당ㅋ
Danke sehr.
당크 제어

여러모로 감사합니다.
Danke für alles.
당크 프휘어 알르쓰

그렇게 말씀해 주시니 감사합니다.
Danke, nett von dir mir das zu sagen.
당크, 넽 프혼 디어 미어 다쓰 쭈 자근

당신의 은혜를 잊지 않겠습니다.
Ich werde Ihre Freundlichkeit nicht vergessen.
이히 브에어드 이어흐 프오인틀리히카일 니힡 프헤어게쓴

와 주셔서 감사합니다.
Danke für das Kommen.
당크 프휘어 다쓰 콤믄
Ich danke Ihnen für Ihren Besuch.
이히 당크 이는 프휘어 이어흔 브주흐

도와주셔서 대단히 감사합니다.
Ich danke Ihnen für Ihre Hilfe.
이히 당크 이는 프휘어 이어흐 힐프에
Danke, dass Sie mir geholfen haben.
당크, 다쓰 지 미어 그홀프흔 하븐

감사하다 ②

배려해 줘서 고마워요.
Danke, dass Sie mich berücksichtigt haben.
당크, 다쓰 지 미히 브흐윅지히티클 하븐

초대해 주셔서 감사합니다.
Danke für die Einladung.
당크 프휘어 디 아인라둥
Danke, dass Sie mich eingeladen haben.
당크, 다쓰 지 미히 아인그라든 하븐

제게 기회를 주셔서 감사합니다.
Vielen Dank für diese Gelegenheit.
프힐른 당ㅋ 프휘어 디즈 그레근하잍
Danke, dass Sie mir diese Gelegenheit gegeben haben.
당크, 다쓰 지 미어 디즈 그레근하잍 그게븐 하븐

시간 내 주셔서 감사합니다.
Danke, dass Sie für mich Zeit genommen haben.
당크, 다쓰 지 프휘어 미히 짜일 그놈믄 하븐

기다려 줘서 고마워요.
Danke, dass Sie auf mich gewartet haben.
당크, 다쓰 지 아우프흐 미히 그브아틑 하븐
Danke für das Warten.
당크 프휘어 다쓰 브아튼

길을 알려 주셔서 고마워요.
Danke, dass Sie mir den Weg erklärt haben.
당크, 다쓰 지 미어 덴 브엑 에어클래얼 하븐

감사 인사에 응답할 때

천만에요.

Bitte schön.
비트 슈왼
Gern geschehen.
게언 그슈에흔
Nichts zu Danken.
니힡츠 쭈 당큰

오히려 제가 감사드리지요.

Ich bedanke mich bei Ihnen.
이히 브당크 미히 바이 이는
Vielen Dank auch von meiner Seite.
프힐른 당ㅋ 아우흐 프혼 마이너 자이트

대단한 일도 아닌걸요.

War nichts Besonderes.
브아 니힡츠 브존더흐쓰

주저하지 말고 저에게 도움을 청하세요.

Stets zu Diensten.
슈텥츠 쭈 딘스튼
Ich bin immer für dich da.
이히 빈 임머 프휘어 디히 다
Du kannst immer auf mich zählen.
두 칸슽 임머 아우프흐 미히 짤른
Ich stehe dir stets zur Verfügung.
이히 슈테흐 디어 슈텥츠 쭈어 프헤어프휘궁

도움이 될 수 있어 기뻐요.

Es war mir eine Freude.
에쓰 브아 미어 아이느 프호오이드
Es freut mich, dass ich helfen konnte.
에쓰 프흐오읱 미히, 다쓰 이히 헬프흔 콘트

besonders 브존더쓰 특별한
da sein für jemanden 다 자인 프휘어 예만든
　～을 위해 준비되어 있다
die Freude 디 프흐오이드 기쁨

꼭! 짚고 가기

형용사의 성(性)과 수(數) ①

독일어가 어렵다고 느껴지는 이유 중 하나는 3가지 성(남성·여성·중성)이 존재한다는 것, 성과 수(단·복수)에 맞춰 모든 부사와 형용사의 어미가 변한다는 것이에요. 독일어의 형용사에는 '명사 뒤에서 수식하는 형용사'와 '명사 앞에서 수식하는 형용사' 두 가지가 있어요. 'Danke schön 당크 슈왼'처럼 명사 뒤에 위치하는 형용사는 단어 그대로 두면 되지만, 'Herzlichen Dank 헤어쯜리흔 당ㅋ'처럼 명사 앞에 오는 형용사는 형용사 'herzlich 헤어쯜리히' 뒤에 붙는 어미 때문에 간단하지 않아요. 아래 표와 예문으로 자세히 살펴봐요.

▶ 부정 관사나 관사가 없을 때 오는 형용사의 어미 변화

	남성	여성	중성	복수
1격	-er	-e	-es	-en
2격	-en	-en	-en	-en
3격	-en	-en	-en	-en
4격	-en	-e	-es	-en

• Meine kleine Schwester ist groß.
마이느 클라이느 슈브에스터 이슽 그호오쓰
내 여동생은 키가 커요.

여기에서 '내 여동생'이라는 의미의 'meine kleine Schwester 마이느 클라이느 슈브에스터'는 주어로 쓰여 1격이에요. 그리고 부정 관사와 같이 인정되는 'meine'라는 대명사를 쓴 여성 명사죠. 그래서 '작다'라는 의미의 형용사인 'klein 클라인'에 '-e'가 붙은 거예요. 다음은 어떨까요?

• Ich schenke meinem kleinen Schwester ein Fahrrad. 이히 슈엥크 마이늠 클라이는 슈브에스터 아인 프하흐앝
나는 내 여동생에게 자전거를 선물한다.

여기에서는 '여동생'이 '3격 목적어(~에게)'로 쓰였어요. 즉, 표에서 여성 3격을 찾아보면 '-en'이 붙죠.

Schritt 4 사과

사과하다

잘못 & 실수했을 때 ①

미안합니다.

Entschuldigung.
엔트슐디궁
(Es) Tut mir leid.
(에쓰) 툿 미어 라잍

그 일에 대해서는 정말 미안해요.

Ich entschuldige mich dafür.
이히 엔트슐디그 미히 다프휘어

오래 기다리시게 해서 죄송합니다.

Entschuldige die lange Wartezeit.
엔트슐디그 디 랑으 브아트짜잍
Entschuldigung, dass ich dich lange habe warten lassen.
엔트슐디궁, 다쓰 이히 디히 랑으 하브 브아튼 라쓴

방해해서 죄송해요.

Entschuldige die Störung.
엔트슐디그 디 슈퇴어훙
Entschuldigung, ich wollte Sie nicht stören.
엔트슐디궁, 이히 브올테 지 니힡 슈퇴어흔
Tut mir leid, ich wollte nicht stören.
툿 미어 라잍, 이히 브올테 니힡 슈퇴어흔

다시는 이런 일 없을 겁니다.

Es wird nicht wieder passieren.
에쓰 브이얻 니힡 브이더 파씨어흔
Das wird nicht noch einmal vorkommen.
다쓰 브이얻 니힡 노흐 아인말 프오어콤믄

기분 나빴다면 미안해.

Es tut mir leid, wenn ich dich beleidigt habe.
에쓰 툿 미어 라잍, 브엔 이히 디히 브라이디클 하브

미안하다는 말을 하고 싶어요.

Ich möchte mich entschuldigen.
이히 뫼히테 미히 엔트슐디근

제 잘못이었어요.

Ich bin schuld.
이히 빈 슐트
(Es ist) Mein Fehler.
(에쓰 이슽) 마인 프헬러
Das war mein Fehler.
다쓰 브아 마인 프헬러

제가 망쳐서 죄송합니다.

Entschuldigung, ich habe es verdorben.
엔트슐디궁, 이히 하브 에쓰 프헤어도어븐
Tut mir leid, dass ich es vermasselt habe.
툿 미어 라잍, 다쓰 이히 에쓰 프헤어마쓸트 하브

고의가 아니었습니다.

Es war nicht absichtlich.
에쓰 브아 니힡 압지히틀리히
Es war keine böse Absicht.
에쓰 브아 카이느 뵈즈 압지힡
Das war nicht mit Absicht.
다쓰 브아 니힡 밑 압지힡

제가 말을 실수했어요.

Ich habe mich versprochen.
이히 하브 미히 프헤어슈프흐오흔

제가 실수했어요.

Ich habe mich vertan.
이히 하브 미히 프헤어탄

제가 잘못 짚었어요.
(제가 잘못 생각했어요.)

Ich lag falsch.
이히 락 프할슈
Ich habe mich geirrt.
이히 하브 미히 그이얼

단지 제 탓이에요.

Das ist meine Schuld.
다쓰 이슽 마이느 슐트

잘못 & 실수했을 때 ②

죄송해요, 어쩔 수 없었습니다.

Entschuldigung, ich hatte keine andere Wahl.
엔트슐디궁, 이히 핱트 카이느 안더흐 브알
Entschuldigung, ich kann nichts dafür.
엔트슐디궁, 이히 칸 니힡츠 다프휘어
Entschuldigung, ich konnte daran nichts ändern.
엔트슐디궁, 이히 콘트 다흐안 니힡츠 앤던

미안해요, 깜빡 잊었어요.

Entschuldigung, ich habe es völlig vergessen.
엔트슐디궁, 이히 하브 에쓰 프휠리히 프헤어게쓴
Tut mir leid, dass habe ich ganz vergessen.
툩 미어 라일, 다스 하브 이히 간쯔 프헤어게쓴

문제가 되리라고는 생각하지 못했어요.

Ich wusste nicht, dass das ein Problem sein wird.
이히 브우스트 니힡, 다쓰 다쓰 아인 프흐오블램 자인 브이얻
Damit habe ich gar nicht gerechnet.
다밑 하브 이히 가 니힡 그흐에히늩

다시 한번 기회를 주세요.

Bitte geben Sie mir noch einmal eine Chance.
비트 게븐 지 미어 노흐 아인말 아이느 슈앙쓰
Bitte geben Sie mir eine zweite Chance.
비트 게븐 지 미어 아이느 쯔바이트 슈앙쓰

die Wahl 디 브알 선택권
ändern 앤던 바꾸다
vergessen 프헤어게쓴 잊다
wissen 브이쓴 알다
damit rechnen 다밑 흐에히는 ~을 예상하다

사과 인사에 응답할 때

괜찮습니다.

Kein Problem.
카인 프흐오블램
Keine Ursache.
카이느 우어자흐
Alles in Ordnung.
알르쓰 인 오얻눙

용서할게.

Ich verzeihe dir.
이히 프헤어짜이흐 디어

이미 용서했어.

Schon verziehen.
슈온 프헤어찌흔
Nicht der Rede wert.
니힡 데어 흐에드 브에얻

이미 용서하고 잊어버렸어.

Vergeben und vergessen.
프헤어게븐 운트 프헤어게쓴

걱정 마, 우린 친구잖아.

Kein Problem, wir sind ja Freunde.
카인 프흐오블램, 브이어 진트 야 프흐오인드

저야말로 사과를 드려야죠.

Ich bin es, der sich entschuldigen muss.
이히 빈 에쓰, 데어 지히 엔트슐디근 무쓰

걱정하지 마.

Mach dir keine Sorgen.
마흐 디어 카이느 조어근
Keine Bange.
카이느 방으

사과를 받아들일게.

Ich nehme die Entschuldigung an.
이히 네므 디 엔트슐디궁 안

Schritt 5 대답

잘 알아듣지 못했을 때 ①

뭐라고요?

Wie bitte?
브이 비트?
Ich verstehe nicht.
이히 프헤어슈테흐 니힡

죄송한데, 잘 안 들려요.

Entschuldigung, aber ich habe Schwierigkeiten Sie zu verstehen.
엔트슐디궁, 아버 이히 하브 슈브이흐이히카이튼 지 쭈 프헤어슈테흔
Entschuldigung, man hört es nicht richtig.
엔트슐디궁, 만 회얼 에쓰 니힡 흐이히티히

말이 너무 빨라요.

Sie sprechen zu schnell.
지 슈프흐에히은 쭈 슈넬

잘 모르겠네요.

Ich weiß es nicht.
이히 브아이쓰 에쓰 니힡
Ich bin mir nicht sicher.
이히 빈 미어 니힡 지히어
Keine Ahnung.
카이느 아눙

당신이 하는 말을 알아듣지 못했어요.

Ich habe Sie nicht verstanden.
이히 하브 지 니힡 프헤어슈탄든
Ich habe nicht ganz verstanden, was Sie gesagt haben.
이히 하브 니힡 간쯔 프헤어슈탄든, 브아쓰 지 그자크트 하븐

무슨 뜻이죠?

Was bedeutet das?
브아쓰 브도이틑 다쓰?
Was meinst du? (사람의 의도를 물을 때)
브아쓰 마인슽 두?

잘 알아듣지 못했을 때 ②

한번 더 말해 주세요.

Noch einmal bitte.
노흐 아인말 비트
Können Sie das wiederholen?
쾬는 지 다쓰 브이더홀른?

조금 더 천천히 말해 주세요.

Langsamer bitte.
랑자머 비트
Können Sie noch langsamer sprechen?
쾬는 지 노흐 랑자머 슈프흐에히은?

조금 더 크게 말해 주세요.

Lauter bitte.
라우터 비트
Können Sie ein bisschen lauter sprechen?
쾬는 지 아인 비쓰히은 라우터 슈프흐에히은?

철자가 어떻게 되죠?

Wie buchstabiert man das?
브이 부흐슈타비얼 만 다쓰?
Können Sie mir das buchstabieren?
쾬는 지 미어 다쓰 부흐슈타비어흔?

---

verstehen 프헤어슈테흔 이해하다
bedeuten 브도이튼 의미하다
meinen 마이는 생각하다, 느끼다, ~한 의견이다
wiederholen 브이더홀른 반복하다
schnell 슈넬 빠른
langsam 랑잠 느린
laut 라욷 (소리가) 큰
buchstabieren 부흐슈타비어흔 철자가 ~이다

실례 & 양해를 구할 때

실례지만, 지나가도 될까요?

Entschuldigung, darf ich kurz vorbei?
엔트슐디궁, 닾흐 이히 쿠어쯔 프호어바이?
Entschuldigung, darf ich durch?
엔트슐디궁, 닾흐 이히 두어히?

잠시 실례하겠습니다.
  곧 돌아오겠습니다.

Einen Moment bitte.
Ich bin gleich zurück.
아이는 모멘트 비트. 이히 빈 글라이히 쭈흐윅
Entschuldige mich einen Moment.
Ich komme gleich zurück.
엔트슐디그 미히 아이는 모멘트. 이히 콤므 글라이히 쭈흐윅
Einen Moment bitte.
Ich bin gleich wieder da.
아이는 모멘트 비트. 이히 빈 글라이히 브이더 다

죄송하지만, 이만 가 봐야겠어요.

Entschuldigung, ich muss jetzt los.
엔트슐디궁, 이히 무쓰 옡쯭 로쓰

제 가방 좀 봐 줄래요?
  화장실 좀 다녀올게요.

Könnten Sie kurz auf meine Tasche aufpassen?
Ich muss mal auf die Toilette.
퀸튼 지 쿠어쯔 아우프흐 마이느 타슈 아우프흐파쓴?
이히 무쓰 말 아우프흐 디 토일렡트

죄송하지만 조금 늦게 도착할 것 같아요.

Entschuldigung, ich verspäte mich ein bisschen.
엔트슐디궁, 이히 프헤어슈패트 미히 아인 비쓰히은
Tut mir leid, ich werde etwas später kommen.
툳 미어 라잍, 이히 브에어드 엩브아쓰 슈패터 콤믄

긍정적으로 대답할 때

물론이죠!

Natürlich!
나튀얼리히!
Sicher!
지히어!
Ganz bestimmt!
간쯔 브슈팀트!

알겠습니다.

Einverstanden.
아인프헤어슈탄든
Ja.
야
Alles Klar.
알르쓰 클라

문제없습니다.

Kein Problem.
카인 프호오블램

기꺼이 하죠.

Mit Vergnügen.
밑 프헤어그뉘근
Sehr gerne.
제어 게어느
Mit ganzem Herzen.
밑 간쯤 헤어쯘

좋아요.

Gut.
굳
Fein.
프하인
Ausgezeichnet.
아우쓰그짜이히늩

맞아요.

Genau.
그나우
Bestimmt.
브슈팀트

부정적으로 대답할 때

전혀 모르겠어요.

Ich verstehe (es) nicht.
이히 프헤어슈테흐 (에쓰) 니힡

해결할 수 없어요.

Ich kann das Problem nicht lösen.
이히 칸 다쓰 프흐오블램 니힡 뢰즌
Ich habe keine Lösung für das Problem.
이히 하브 카이느 뢰중 프휘어 다쓰 프흐오블램

아무것도 아니에요.

Nichts.
니힡츠
Ist nichts Besonderes.
이슽 니힡츠 브존더흐쓰

아직이요.

Noch nicht.
노흐 니힡

물론 아니죠.

Natürlich nicht.
나튀얼리히 니힡
Bestimmt nicht.
브슈팀트 니힡
Sicher nicht.
지히어 니힡

말도 안 돼요.

Das ist unmöglich.
다쓰 이슽 운뫼클리히
Das kann doch wohl nicht wahr sein.
다쓰 칸 도흐 브올 니힡 브아 자인
Das ist doch lächerlich.
다쓰 이슽 도흐 래히얼리히

완곡히 거절할 때

싫어.

Nein danke.
나인 당크

죄송하지만, 전 못하겠어요.

Entschuldigung, ich kann das leider nicht.
엔트슐디궁, 이히 칸 다쓰 라이더 니힡

아니요, 제가 할 수 없을 것 같군요.

Nein, ich kann das nicht machen.
나인, 이히 칸 다쓰 니힡 마흔

미안해요, 지금은 무리예요.

Entschuldigung, ich habe gerade keine Zeit.
엔트슐디궁, 이히 하브 그흐아드 카이느 짜잍
Entschuldigung, ich bin gerade zu beschäftigt.
엔트슐디궁, 이히 빈 그흐아드 쭈 브슈애프흐티클

아무래도 안될 것 같습니다.

Ich glaube, ich werde es nicht schaffen.
이히 글라우브, 이히 브에어드 에쓰 니힡 슈아프흔
Ich werde es nicht hinbekommen.
이히 브에어드 에쓰 니힡 힌브콤믄

안 하겠습니다.

Ich verzichte darauf.
이히 프헤어찌히트 다흐아우프흐

기타 대답

아마도.

Vielleicht.
프힐라이힡

Vermutlich.
프헤어무틀리히

Möglicherweise.
뫼클리히어브아이즈

경우에 따라 다르지.

Es kommt darauf an.
에쓰 콤ㅌ 다흐아우프흐 안

Es hängt davon ab.
에쓰 행ㅌ 다프혼 압

믿기 어려운데.

Schwer zu glauben.
슈브에어 쭈 글라우븐

이해했지?

Verstanden?
프헤어슈탄든?

Du weißt, was ich meine.
두 브아이쓷, 브아쓰 이히 마이느

제게 시간을 좀 주세요.

Gib mir ein bisschen Zeit.
깁ㅌ 미어 아인 비쓰히은 짜잍

잠시 생각 좀 해 볼게요.

Lass mich kurz nachdenken.
라쓰 미히 쿠어쯔 나흐뎅큰

장난치지 마!

Mach keine Witze!
마흐 카이느 브잍쯰

Das soll wohl ein Witz sein!
다쓰 졸 브올 아인 브잍쯔 자인!

Das glaubt man ja nicht!
다쓰 글라웊ㅌ 만 야 니힡!

꼭! 짚고 가기

부정 의문문에 답할 때 유의할 점

한국어의 경우 부정 의문문에 긍정형으로 대답하면 의문문에서 부정형으로 물은 내용에 대한 긍정을 나타내고, 부정형으로 대답하면 물은 내용에 대한 부정, 즉 긍정이 되는 체계예요.

Q 오늘 숙제 안 했지? (부정형 의문)
A1 응, 안 했어.
(긍정형 답변, 부정형 질문에 대한 긍정)
A2 아니, 했어.
(부정형 답변, 부정형 질문 내용에 대한 부정)

하지만 독일어의 경우 부정 의문문의 내용에 대해 답변이 긍정인가 부정인가에 따라서 우리말과는 반대 체계로 답해야 한답니다. 부정 의문문이나 부정 서술문에 대한 부정의 의미로 답할 때는 '예'를 뜻하는 'ja 야'를 사용하지 않고 'doch 도흐'라고 해야 한다는 것도 기억해야 해요.

Q Du hast deine Hausaufgaben nicht gemacht, stimmts?
두 하슽 다이느 하우쓰아우프흐가븐 니힡 그마흍, 슈팀ㅌ츠?
오늘 숙제 안 했지? (부정형 의문)
A1 Doch ich habe sie gamacht.
도흐 이히 하브 지 그마흍
아니, 했어.
(긍정형 답변, 부정형 질문에 대한 부정)
A2 Nein, leider konnte ich sie nicht machen.
나인, 라이더 콘트 이히 지 니힡 마흔
응, 못 했어.
(부정형 답변, 부정형 질문 내용에 대한 긍정)
즉 부정형 의문문에 대한, 긍정은 'Doch. 도흐'로 부정은 'Nein. 나인'으로 대답해요.

맞장구칠 때

맞아요.
Richtig.
흐이히티히

저도요.
Ich auch.
이히 아우흐

그게 바로 제가 말하려던 거예요.
Ich bin der gleichen Meinung.
이히 빈 데어 글라이히은 마이눙
Das wollte ich auch sagen.
다쓰 브올트 이히 아우흐 자근

좋은 생각이에요.
Super Idee.
주퍼 이데
Eine gute Idee.
아이느 구트 이데

네, 그렇고 말고요!
Klar!
클라!
Aber ja!
아버 야!

동의합니다.
Ich bin dafür.
이히 빈 다프휘어

그럴 거라고 생각해요.
Ich vermute es (so).
이히 프헤어무트 에쓰 (조)
Ich nehme es (so) an.
이히 네므 에쓰 (조) 안

맞장구치지 않을 때

그래요?
Wirklich?
브이어클리히?
Echt?
에힡?

그럴 리가요.
Auf keinen Fall.
아우프흐 카이는 프할
Niemals.
니말쓰
Nicht möglich.
니힡 뫼클리히
Das kann nicht wahr sein.
다쓰 칸 니힡 브아 자인

그럴지도 모르죠.
Kann sein.
칸 자인
Möglicherweise.
뫼클리히어브아이즈

잘 모르겠어요.
Weiβ ich nicht genau.
브아이쓰 이히 니힡 그나우

꼭 그렇지는 않아요.
Das ist nicht immer so.
다쓰 이슽 니힡 임머 조
Das stimmt nicht immer.
다쓰 슈팀트 니힡 임머

저는 좀 생각이 달라요.
Ich bin anderer Meinung.
이히 빈 안더허 마이눙
Ich denke anders.
이히 뎅크 안더쓰

너도 그렇게 생각해?
Bist du dafür?
비슽 두 다프휘어?
Glaubst du, dass ist richtig?
글라움슽 두, 다쓰 이슽 흐이히티히?

반대할 때

반대합니다.

Ich bin dagegen.
이히 빈 다게근
Ich widerspreche.
이히 브이더슈프흐에히으

말도 안 되는 소리하지 마.

Ach Quatsch.
아흐 크브앝츄
Rede keinen Unsinn.
흐에드 카이는 운진

네 의견에 동의하지 않아.

Ich bin nicht deiner Meinung.
이히 빈 니힡 다이너 마이눙
Ich stimme dir nicht zu.
이히 슈팀으 디어 니힡 쭈

그 계획에 반대합니다.

Ich bin gegen diesen Plan.
이히 빈 게근 디즌 플란
Ich kann diesem Plan nicht zustimmen.
이히 칸 디즘 플란 니힡 쭈슈팀믄

너도? 나도 아니야.

Bist du auch dagegen? Ich auch.
비슽 두 아우흐 다게근? 이히 아우흐
Du auch? Ich bin auch dagegen.
두 아우흐? 이히 빈 아우흐 다게근

여기서 잠깐!

독일어에는 'wieder- 브이더'와 'wider- 브이더'라는 접두사가 있어요. 발음은 같지만 'wieder-'에 'e 에'가 있어서 조금 더 길게 읽혀요. 철자 하나의 차이지만 어떤 단어의 앞에 위치하여 다른 단어와 연결되었을 때 완전히 다른 의미를 갖게 되는데요. 'wieder-'는 '다시'라는 의미를, 'wider-'는 '반대하여, 대립하여'의 의미를 더합니다.

- <u>wieder</u>holen 브이더홀른 <u>다시</u> 하다, 되찾다
- <u>wider</u>sprechen 브이더슈프흐에히은
  <u>반대</u> 의견을 말하다, <u>이의</u>를 제기하다

꼭! 짚고 가기

형용사의 성(性)과 수(數)②

51쪽에서 [부정 관사와 함께 오는 형용사의 어미 변화]에 대한 표를 이해했다면 아래 정관사와 함께 오는 형용사의 어미 변화는 쉽게 이해할 수 있을 거예요. 왜냐하면 부정관사 뒤에 오는 형용사의 경우 남성 '-er 어', 여성 '-e 으', 중성 '-es 으쓰'로 다 다르지만 정관사 뒤에 오는 형용사의 경우 모두 '-e'로 동일하거든요.

▶ 정관사와 함께 오는 형용사의 어미 변화

	남성	여성	중성	복수
1격	-e	-e	-e	-en
2격	-en	-en	-en	-en
3격	-en	-en	-en	-en
4격	-en	-e	-e	-en

- Der große Hund sitzt dort.
  데어 그흐오쓰 훈ㅌ 짙쯭 도얼
  그 큰 개가 저기 앉아 있어요.
  (이미 모두가 아는 개)
- Ein großer Hund sitzt dort.
  아인 그흐오써 훈ㅌ 짙쯭 도얼
  큰 개 한 마리가 저기 앉아 있어요.

이 두 예문에서 개는 주어로 1격이에요. 정관사 'der 데어'와 부정 관사 'ein 아인'을 통해 남성인 것을 알 수 있죠. 그래서 정관사 뒤에 온 '크다'라는 의미의 'groß 그흐오쓰' 뒤에는 '-e 으'가 붙었고 부정 관사 뒤에 온 형용사 뒤에는 '-er 어'가 붙은 거예요.

Schritt 6 주의 & 충고   MP3. K01_S06

주의를 줄 때 ①

조심해!
Vorsicht!
프호어지힡!
Pass auf!
파쓰 아우프흐!

차 조심해.
Pass auf die Autos auf.
파쓰 아우프흐 디 아우토쓰 아우프흐
Achten Sie auf die Autos.
아흐튼 지 아우프흐 디 아우토쓰

말 조심해.
Sei vorsichtig, was du sagst.
자이 프호어지히티호, 브아쓰 두 작슽
Pass auf, was du sagst.
파쓰 아우프흐, 브아쓰 도 작슽

마음대로 좀 하지 마라.
Sei doch nicht so egoistisch.
자이 도흐 니힡 조 에고이스티슈

예의에 맞게 행동하세요.
Verhalten Sie sich bitte angemessen. (존댓말)
프헤어할튼 지 지히 비트 안그메쓴
Benimm dich bitte. (반말)
브님 디히 비트

거짓말하지 마!
Lüg nicht!
륔 니힡!
Lüg mich nicht an!
륔 미히 니힡 안!

비밀 지켜.
Behalte das Geheimnis für dich.
브할트 다쓰 그하임니쓰 프휘어 디히
Nicht weitersagen.
니힡 브아이터자근

주의를 줄 때 ②

조용히 해!
(Sei) Ruhig!
(자이) 흐우이히!
(Sei) Leise!
(자이) 라이즈!

날 귀찮게 하지 마.
Lass mich in Ruhe.
라쓰 미히 인 흐우흐
Ärgere mich nicht.
애어거흐 미히 니힡

들어오기 전에 노크해라.
Klopf bitte an, bevor du reinkommst. (반말)
클로프흐 비트 안, 브프호어 두 흐아인콤슽
Bitte anklopfen, bevor Sie eintreten. (존댓말)
비트 안클로프흔, 브프호어 지 아인트흐에튼

입에 가득 넣고 말하지 마.
Spreche nicht mit vollem Mund.
슈프흐에히으 니힡 밑 프홀름 문ㅌ

이곳은 촬영금지입니다.
Fotografieren verboten.
프호토그흐아프히어흔 프헤어보튼
Bitte nicht fotografieren.
비트 니힡 프호토그흐아프히어흔

반려견은 출입금지입니다.
Hunde verboten.
훈드 프헤어보튼
Hier sind keine Hunde erlaubt.
히어 진ㅌ 카이느 훈드 에어라웊ㅌ

역에서 소매치기를 조심하세요.
Achten Sie auf Ihr Gepäck.
아흐튼 지 아우프흐 이어 그팩
Achten Sie auf Taschendiebe.
아흐튼 지 아우프흐 타슌디브

충고할 때 ①

날 실망시키지 마.
Enttäusche mich nicht.
엔토이슈 미히 니힡

명심해라.
Merk dir das. (반말)
메억 디어 다쓰
Denken Sie daran. (존댓말)
뎅큰 지 다흐안
Schreib dir das hinter die Ohren.
(어린 아이들에게 말할 때)
슈흐아입 디어 다쓰 힌터 디 오어흔

최선을 다해라.
Tu dein Bestes.
투 다인 베스트쓰
Gib alles.
깁 알르쓰

심각하게 받아들이지 마.
Nimm das nicht so ernst.
님 다쓰 니힡 조 에언슽

절대 포기하지 마.
Gib niemals auf.
깁 니말쓰 아우프흐

시간을 아껴 써라.
Zeit ist Geld.
짜일 이슽 겔트
Spar dir die Zeit.
슈파 디어 디 짜일

무엇이든 꾸준히 하는 게 중요해.
Es ist wichtig etwas regelmäßig zu machen.
에쓰 이슽 브이히티히 엩브아쓰 흐에글매씨히 쭈 마흔

충고할 때 ②

문제에 맞서 봐.
Du musst dich dem Problem stellen.
두 무슽 디히 뎀 프흐오블램 슈텔른

내숭 떨지 마.
Guck nicht so unschuldig.
쿡 니힡 조 운슐디히

너무 기대하지 마.
Erwarte nicht zu viel.
에어브아트 니힡 쭈 프힐

실수를 두려워하지 마라.
Hab keine Angst vor Fehlern.
합 카이느 앙슽 프호어 프헬런
Aus Fehlern lernt man.
아우쓰 프헬런 레언ㅌ 만

노력하라.
Bemühe dich.
브뮈흐 디히
Gib dir Mühe.
깁 디어 뮈흐

앞으로 더 좋은 기회가 있을 거야.
Es wird bessere Gelegenheiten geben.
에쓰 브이얼 베써흐 글레근하이튼 게븐

은혜를 원수로 갚지 마라.
(자기가 앉아 있는 가지를 자르지 마라.)
Man sollte nicht den Ast absägen, auf dem man sitzt.
만 졸ㅌ 니힡 덴 아슽 압재근, 아우프흐 뎀 만 짙쯭

Schritt 7 의견

존경하다

\# 저는 우리 부모님을 존경해요.

Ich respektiere meine Eltern.
이히 흐에스펙티어흐 마이느 엘턴

\# 많은 사람들이 그를 존경해요.

Viele Menschen respektieren ihn.
프힐르 멘슈 흐에스펙티어흔 인
Er wird von vielen Menschen respektiert.
에어 브이얼 프혼 프힐른 멘슈 흐에스펙티얼

\# 당신 같은 대단한 사람을 알게 되어 영광입니다.

Es ist mir eine Ehre jemanden wie Sie kennen zu lernen.
에쓰 이슽 미어 아이느 에어흐 예만든 브이 지 켄는 쭈 레어느

\# 그 사람처럼 되고 싶어요.

Ich möchte genau so sein wie er.
이히 뫼히트 그나우 조 자인 브이 에어

\# 우린 그에게 배울 점이 많아요.

Wir können viel von ihm lernen.
브이어 쾬느 프힐 프혼 임 레어는

\# 당신의 재능을 높이 평가해요.

Ich schätze Ihr Talent sehr.
이히 슈앹쯔 이어 탈렌트 제어

여기서 잠깐!

독일어에서 '재능'이란 단어는 영어 단어를 그대로 차용한 'Talent 탈렌트'를 흔하게 사용하지만, 'die Begabung 디 브가붕'이나 'die Fähigkeit 디 프해이히카잍' 도 동일한 뜻으로 쓰여요.

- Er ist talentiert. 에어 이슽 탈렌티얼
= Er ist begabt. 에어 이슽 브갑트
= Er ist fähig~zu machen. 에어 이슽 프해이히~쭈 마흔
  그는 재능이 있다.

칭찬하다

\# 정말 훌륭해!

Perfekt!
페어프헤클!
Wunderbar!
브운더바!
Bravo!
브흐아브오!
Fantastisch!
프한타스티슈!

\# 잘했어요.

(Das hast du) Gut gemacht.
(다쓰 하슽 두) 귙 그마흍

\# 잘하네!

Du bist gut darin!
두 비슽 귙 다흐인!

\# 수영을 잘 하네요.

Sie sind gut im Schwimmen.
지 진트 귙 임 슈브임믄

\# (옷·소품 등이) 너한테 정말 잘 어울려.

Es passt gut zu dir. ('잘 맞는다'라는 뜻도 됨)
에쓰 파슽 귙 쭈 디어
(Es) Steht dir gut.
(에쓰) 슈텥 디어 귙
Du siehst gut darin aus.
두 지슽 귙 다흐인 아우쓰

\# 정말 예쁘다!

Sehr schön!
제어 슈왼!

\# 비교할 수 없어.

Man kann das nicht vergleichen.
만 칸 다쓰 니힡 프헤어글라이히은
Es ist nicht vergleichbar.
에쓰 이슽 니힡 프헤어글라이히바

격려하다

힘내!
Nur Mut!
누어 뭍!
Kopf hoch!
콮흐 호흐!

행운을 빌어.
Viel Glück.
프힐 글륔
Toi toi toi.
토이 토이 토이
Ich drücke dir die Daumen.
이히 드흐윀크 디어 디 다우믄

포기하지 마.
Nicht aufgeben.
니힡 아우프흐게븐
Gib nicht auf.
깁 니힡 아우프흐

다음번에는 나아질 거야.
Es wird jedes Mal besser.
에쓰 브이엍 예드쓰 말 베써
Beim nächsten Mal wird es besser.
바임 내흐스튼 말 브이엍 에쓰 베써

잘할 수 있을 거야.
Du schaffst das.
두 슈아프흐슽 다쓰
Du kannst es schaffen.
두 칸슽 에쓰 슈아프흔

나는 네 편이야.
Ich bin auf deiner Seite.
이히 빈 아우프흐 다이너 자이트
Ich stehe hinter dir.
이히 슈테흐 힌터 디어

자신감을 가져. (자신을 믿어.)
Hab Vertrauen zu dir.
합 프헤어트흐아우은 쭈 디어
Sei stolz auf dich.
자이 슈톨쯔 아우프흐 디히

꼭! 짚고 가기

짧지만 유용한 한마디

독일인과 대화를 나누며 간단하게 호응을 해 주고 싶은 순간들이 있죠. 하지만 길고 복잡한 문장을 생각하다 보면 상대방의 이야기에 맞장구칠 타이밍을 놓칠 수 있는데요. 간단한 단어를 사용한 호응 표현으로 더 쉽고 명확하게 전달할 수 있어요. 간단하지만 대화에 자연스러운 흐름을 더하는 표현들을 알아보아요.

▶ 이어지는 내용이 궁금할 때
- Also? 알조? 그래서?
= Und dann? 운트 단?

▶ 이어지는 내용이 궁금한데 상대가 뜸을 들일 때
- Wirklich? 브이어클리히? 진짜?
- Komm schon! 콤 슈온! 어서 말해 봐!

▶ 동의할 때
- Oh ja! 오 야! 물론이지!
= Natürlich! 나튜얼리히!
- Schön! 슈왼! 좋아!
= Gut! 굳!

▶ 놀랄 때
- Achso! 아흐조! 그렇구나!
- Ach! 아흐! 세상에! 정말?
- Nanu? 나누? 이게 뭐지? 어머?

부탁하다

도와주세요!

Hilfe!
힐프흐!
Hilf mir!
힐프흐 미어!

부탁 하나 해도 될까?

Darf ich dich um einen Gefallen bitten?
닾흐 이히 디히 움 아이는 그프할른 비튼?
Kannst du mir einen Gefallen tun?
칸슽 두 미어 아이는 그프할른 툰?

당신 걸 좀 빌려줄래요?

Kann ich mir kurz etwas leihen?
칸 이히 미어 쿠어쯔 엩브아쓰 라이흔?
Darf ich das kurz benutzen?
닾흐 이히 다쓰 쿠어쯔 브눝쯘?

전화 좀 써도 될까?

Darf ich dein Telefon benutzen?
닾흐 이히 다인 텔레프혼 브눝쯘?

통화 좀 하고 와도 될까요?

Darf ich kurz telefonieren?
닾흐 이히 쿠어쯔 텔레프호니어흔?

저와 함께 갈래요?

Wollen Sie mitkommen?
브올른 지 밑콤믄?
Kommen Sie mit?
콤믄 지 밑?

좀 태워다 주실래요?

Können Sie mich mitnehmen?
쾬는 지 미히 밑네믄?

제 가방 잠시 좀 들어 주실래요?

Könnten Sie kurz meine Tasche halten?
쾬튼 지 쿠어쯔 마이느 타슈 할튼?

재촉하다

서둘러!

Schnell!
슈넬!
Beeil dich!
브아일 디히!

어서 출발합시다.

Lass uns losfahren.
라쓰 운쓰 로쓰프하흔

제가 지금 좀 급합니다.

Ich muss mich beeilen.
이히 무쓰 미히 브아일른
Ich bin in Eile.
이히 빈 인 아일르

기한이 내일까지예요.

Die Frist ist bis morgen.
디 프흐이슽 이슽 비쓰 모어근
Es muss bis morgen fertig werden.
에쓰 무쓰 비쓰 모어근 프헤어티히 브에어든

우린 시간이 없어요.

Wir haben keine Zeit.
브이어 하븐 카이느 짜잍
Wir sind schon spät dran.
브이어 진트 슈온 슈퍁 드흐안

빨리 올 수 있어?

Kannst du schnell kommen?
칸슽 두 슈넬 콤믄?

재촉하지 마.

Hetze mich nicht (so).
헽쯔 미히 니힡 (조)
Mach keinen Stress.
마흐 카이는 슈트흐에쓰
Treib mich nicht zur Eile.
트흐아잎 미히 니힡 쭈어 아일르

긍정적 추측	부정적 추측

아마도.

Vielleicht.
프힐라이힡
(Es) Kann sein.
(에쓰) 칸 자인

그럴 줄 알았어.

Ich habe es gewusst.
이히 하브 에쓰 그브우슽
Wie gedacht.
브이 그다흩
Ich habe es doch gesagt.
이히 하브 에쓰 도흐 그자큳

네 추측이 맞았어.

Du hattest Recht.
두 핱트슽 흐에힡
Deine Vermutung war richtig.
다이느 프헤어무퉁 브아 흐이히티히

충분히 가능해요.

Mag sein.
맠 자인
Es ist gut möglich.
에쓰 이슽 굳 뫼클리히

그냥 내 멋대로 추측했어요.

Es war nur eine Vermutung.
에쓰 브아 누어 아이느 프헤어무퉁

그는 잘할 수 있을 거예요.

Er wird es schaffen.
에어 브이얼 에쓰 슈아프흔
Er wird es erfolgreich erledigen.
에어 브이얼 에쓰 에어프홀크흐아이히 에어레디근
Er wird das packen.
에어 브이얼 다쓰 팤큰

가능성이 희박해요.

Die Chancen sind gering.
디 슈앙쓴 진ㅌ 그흐잉
Die Chancen stehen schlecht.
디 슈앙쓴 슈테흔 슐레힡
Es gibt kaum Möglichkeiten.
에쓰 깁ㅌ 카움 뫼클리히카이튼

당신이 오리라고는 전혀 생각 못 했어.

Ich hätte nicht gedacht, dass du kommst.
이히 핱트 니힡 그다흩, 다쓰 두 콤슽
Ich habe nicht damit gerechnet, dass du kommst.
이히 하브 니힡 다밑 그흐에히늩, 다쓰 두 콤슽

그가 집에 아직 없을 것 같은데요.

Es sieht so aus, als wäre er noch nicht zu Hause.
에쓰 짙 조 아우쓰, 알쓰 브애어흐 에어 노흐 니힡 쭈 하우즈
Ich glaube, er ist noch nicht zu Hause.
이히 글라우브, 에어 이슽 노흐 니힡 쭈 하우즈

거의 불가능해요.

Es ist fast unmöglich.
에쓰 이슽 프하슽 운뫼클리히
Es gibt kaum Alternativen.
에쓰 깁ㅌ 카움 알터나티븐

너 정말 성공할 거라고 생각해?

Glaubst du wirklich, dass das klappt?
글라웊슽 두 브이어클리히, 다쓰 다쓰 클라픝?
Glaubst du wirklich, dass das gelingen wird?
글라웊슽 두 브이어클리히, 다쓰 다쓰 그링은 브이얼?
Glaubst du, dass du da Erfolg haben wirst?
글라웊슽 두, 다쓰 두 다 에어프홀ㅋ 하븐 브이어슽?

동정하다

안됐네.
Was für ein Pech.
브아쓰 프휘어 아인 페히

유감이네요.
Es tut mir leid.
에쓰 툩 미어 라잍

너무 실망하지 마세요.
Sei nicht (so) enttäuscht.
자이 니힡 (조) 엔ㅌ토이슅

흔히 있는 일이에요.
Das passiert allen mal.
다쓰 파씨엍 알른 말
Das ist völlig normal.
다쓰 이슽 프휠리히 노어말

운이 없었네요.
Pech gehabt.
페히 그핲ㅌ
Was für ein Unglück.
브아쓰 프휘어 아인 운글륔

불쌍한 것.
Du Ärmster.
두 애엄스터
Ach, du Arme.
아흐, 두 아므

비난하다 ①

창피한 줄 알아라!
Schäm dich!
슈앰 디히!
Was für eine Schande!
브아쓰 프휘어 아이느 슈안드!

바보 같아!
Du Dummkopf!
두 둠콮흐!
Wie blöd!
브이 블뢭!
Wie dumm!
브이 둠!

너 미쳤구나!
Bist du verrückt?
비슽 두 프헤어흐위큩?
Bist du wahnsinnig?
비슽 두 브안진니히?
Spinnst du?
슈핀슽 두?
Geht's noch?
겥츠 노흐?

구역질 나!
Ekelhaft!
에켈핲ㅌ!
Das ist eklig!
다쓰 이슽 에클리히!
Das ist widerlich!
다쓰 이슽 브이더리히!

정말 뻔뻔하군.
Du bist ja ganz schön unverschämt.
두 비슽 야 간쯔 슈왼 운프헤어슈앰ㅌ

---

das Pech 다쓰 페히 불운, 곤경, 궁지
tut jemandem leid 퉅 예만듬 라잍 유감스럽다
enttäuschen 엔ㅌ토이슌 실망시키다
sich enttäuschen 지히 엔ㅌ토이슌 실망하다
völlig 프휠리히 완전한, 전적인
arm 암 불쌍한, 가엾은, 가난한

비난하다 ②

\# 정말 모르겠어?

Das weißt du nicht?
다쓰 브아이쓷 두 니힡?

Du weißt das echt nicht?
두 브아이쓷 다쓰 에힡 니힡?

\# 왜 이러는 거야?

Was soll das?
브아쓰 졸 다쓰?

Warum benimmst du dich so?
브아후움 브님슽 두 디히 조?

\# 어떻게 내게 감히 그렇게 말할 수 있어!

Wie können Sie es wagen, so mit mir zu sprechen! (존댓말)
브이 퀸는 지 에쓰 브아근, 조 밑 미어 쭈 슈프흐에히은!

Was fällt dir ein, so mit mir zu sprechen! (반말)
브아쓰 프핼트 디어 아인, 조 밑 미어 쭈 슈프흐에히은!

\# 진짜 유치해.

Du benimmst dich kindisch.
두 브님슽 디히 킨디슈

Du bist so kindisch.
두 비슽 조 킨디슈

\# 철 좀 들어라!

Werde erwachsen!
브에어드 에어브아흐쓴!

Benimm dich wie ein Erwachsener!
브님 디히 브이 아인 에어브아흐쓰너!

\# 바보짓 하지 마!

Mach keinen Quatsch!
마흐 카이는 크브앝츄!

Sei kein Kasper!
자이 카인 카스퍼!

Mach keine Faxen!
마흐 카이느 프학쓴!

꼭! 짚고 가기

Ossis und Wessis!

독일은 1990년 통일됐지만 아직도 동독 출신과 서독 출신을 구분해요. 가치관이나 다양한 면에서 두 지역 사람들은 아직도 여러 차이를 보이기 때문이죠. 서독 사람들은 동독 사람들을 비하할 때 Ossis 오씨쓰라고 부르고, 동독 사람들은 서독 사람들을 비하할 때 Wessis 브에씨쓰라고 해요. 그리고 서로에 대한 편견들을 가지고 있죠. 예를 들어 Wessis는 Ossis가 게으르다고 생각하고, Ossis는 Wessis가 건방지다고 생각해요. 이런 내용을 담고 있는 다음과 같은 기사가 있어요.

독일 신문 Die Welt 디 브엘트의 2015년 10월 2일자 기사를 보면 통일 25년이 지난 시점에도 동독과 서독에 살던 사람들간의 차이가 있는지 연구한 내용들이 담겨 있어요. 통일 5년 후에 발표된 결과에 따르면 동독 사람들이 겸손함, 사회정의, 협조심을 중요시했다면 서독 사람들은 복지, 명예, 자유를 중요시했다고 해요. 삶의 행복에 대한 가치도 달랐어요. 동독 사람들은 배우자, 친구, 가족을 통해 행복을 얻는다고 답한 반면에 서독 사람들은 물질적인 것에서 행복을 찾았거든요. 기사의 핵심은 25년이 지난 후에도 그럴 것인가였는데, 분단을 전혀 경험하지 않은 세대에서는 동서간 차이점들이 좁혀졌음이 밝혀졌어요. 그래서 더 이상은 이 차이에 대한 연구가 무의미해졌다는 연구자들도 나타나기 시작했죠. 지속적으로 동독과 서독 간의 갈등에 대한 기사들이 쓰이는 것을 보면, 통일이 얼마나 길게 보고 준비해야 하는 일인지 생각해 보게 돼요.

Schritt 8 좋은 감정   MP3. K01_S08
기쁘다 ①

몹시 기뻐요.
Ich freue mich sehr.
이히 프호이으 미히 제어
Ich bin sehr froh.
이히 빈 제어 프호

정말 기분이 좋아요!
Ich bin gut gelaunt!
이히 빈 굴ㅌ 그라운ㅌ!
Ich bin gut drauf!
이히 빈 굴ㅌ 드흐아우프흐!
Ich fühle mich gut!
이히 프휠르 미히 굴ㅌ!

날아갈 듯이 기뻤어요.
Ich bin vor Freude an die Decke gesprungen.
이히 빈 프호어 프흐오이드 안 디 덱크 그슈프흐웅은

너무 기뻐서 말이 안 나와요.
Ich kann gar nicht beschreiben, wie glücklich ich bin.
이히 칸 가 니힡 브슈흐아이븐, 브이 글뤼크리히 이히 빈

내 평생 최고의 하루였어요.
Heute war der beste Tag meines Lebens.
호이트 브아 데어 베스ㅌ 탁 마이느쓰 레븐쓰

기쁘다 ②

제 기쁨입니다.   (상대가 고마움을 표시하자 오히려 자신이 기쁘다고 할 때)
Es ist mir eine Freude.
에쓰 이슫 미어 아이느 프흐오이드
Die Freude ist ganz meinerseits.
디 프흐오이드 이슫 간쯔 마이너자잍츠
Es war mir ein Vergnügen.
에쓰 브아 미어 아인 프헤어그뉘근

그 말을 들으니 기뻐요.
Das freut mich zu hören.
다쓰 프흐오읻 미히 쭈 회어흔
Es freut mich sehr das zu hören.
에쓰 프흐오읻 미히 제어 다쓰 쭈 회어흔

당신과 함께해서 즐거웠어요.
Es war mir eine Freude mit Ihnen.
에쓰 브아 미어 아이느 프흐오이드 밑 이는

그들은 아주 들떠 있어요.
Sie sprudeln ja vor Freude.
지 슈프흐우들ㄴ 야 프호어 프흐오이드
Sie sind ja ganz aus dem Häuschen.
지 진ㅌ 야 간쯔 아우쓰 뎀 호이쓰히은

난 정말 행운아야.
Ich fühle mich, wie Hans im Glück.
이히 프휠르 미히, 브이 한쓰 임 글륔
Mensch, bin ich ein Glückspilz.
멘슈, 빈 이히 아인 글뤽쓰필쯔
Ich bin vielleicht ein Glückskind.
이히 빈 프힐리이휱 아인 글뤽쓰킨ㅌ

제 마음에 들어요.
Das gefällt mir sehr gut.
다쓰 그프핼ㅌ 미어 제어 굳

행복하다 ①

저는 행복해요.
Ich bin glücklich.
이히 빈 글뤼클리히

더 이상 행복할 수 없어요.
Es könnte nicht besser sein.
에쓰 쿤트 니힡 베써 자인
Es könnte nicht besser laufen.
에쓰 쿤트 니힡 베써 라우프흔

내 인생에 이보다 더 행복했던 적은 없었어요.
Ich war noch nie so glücklich in meinem Leben.
이히 브아 노흐 니 조 글뤼클리히 인 마이늠 레븐
Ich war noch nie so glücklich wie jetzt.
이히 브아 노흐 니 조 글뤼클리히 브이 옡쯭

하느님 감사합니다!
Gott sei Dank!
곹 자이 당ㅋ!
Zum Glück!
쭘 글륔!

꿈만 같아요.
Das ist zu schön um wahr zu sein.
다쓰 이슽 쭈 슈왼 움 브아 쭈 자인
Es ist wie im Traum.
에쓰 이슽 브이 임 트흐아움

꿈이 이루어졌어요.
Meine Wünsche sind in Erfüllung gegangen.
마이느 브윈슈 진ㅌ 인 에어프휠룽 그강은
Ich habe meinen Traum verwirklicht.
이히 하브 마이느 트흐아움 프헤어브이어클리힡
Ich habe mein Ziel erreicht.
이히 하브 마인 찔 에어흐아이힡

행복하다 ②

당신은 행복한가요?
Sind Sie glücklich?
진 지 글뤼클리히?
Geht es Ihnen gut?
겥 에쓰 이는 귙?

대성공이에요.
Das war ein voller Erfolg.
다쓰 브아 아인 프홀러 에어프홀ㅋ
Das war ein Volltreffer.
다쓰 브아 아인 프홀트흐에프허

네가 있어 아주 행복해.
Ich bin sehr glücklich mit dir.
이히 빈 제어 글뤼클리히 밑 디어

내가 그 순간 얼마나 행복했는지 말로 표현할 수 없어요.
Ich kann nicht sagen, wie glücklich ich damals war.
이히 칸 니힡 자근, 브이 글뤼클리히 이히 다말쓰 브아

여기서 잠깐!
행운과 행복은 항상 함께인 걸까요?
독일어로 '행복'은 마치 '행운 같은 것'이라는 의미예요. 행운과 행복을 독일어로 살펴볼게요.
- das Glück 다쓰 글륔 행운
- glücklich 글뤼클리히 행복한
  = glück + lich
  (-lich 리히 : ~스러운, ~같은 등의 성질을 나타냄)
- die Glücklichkeit 글뤼클리히카읻 행복
  = glücklich + keit
  (-keit 카읻 : 형용사 뒤에 결합해 명사화)

안심하다 ①

정말 안심했어요!

Das beruhigt mich!
다쓰 브흐우이클 미히!
Ich bin erleichtert!
이히 빈 에어라이히털!

마음이 놓이네요.

Ich fühle mich erleichtert.
이히 프휠르 미히 에어라이히털
Mir ist ein Stein vom Herzen gefallen.
미어 이슽 아인 슈타인 프홈 헤어쯘 그프할른

진정해!

Beruhige dich!
브흐우이그 디히!

걱정 마!

Keine Sorge!
카이느 조어그!

그 문제는 안심하셔도 돼요.

Mach dir keine Sorgen darüber.
마흐 디어 카이느 조어근 다흐위버

그 소식을 들으니 안심이 돼요.

Diese Nachricht erleichtert mich.
디즈 나흐이힡 에어라이히털 미히
Das ist beruhigend zu wissen.
다쓰 이슽 브흐우이근ㅌ 쭈 브이쓴

안심하다 ②

제 남편은 제게 믿음을 줘요.

Ich vertraue meinem Mann.
이히 프헤어트흐아우으 마이늠 만
Ich kann meinem Mann vertrauen.
이히 칸 마이늠 만 프헤어트흐아우은

분명 당신은 방법을 찾을 거예요.

Sie werden eine Lösung für das Problem finden.
지 브에어든 아이느 뢰중 프휘어 다쓰 프흐오블램 프힌든
Sicherlich werden Sie einen Weg finden.
지히얼리히 브에어든 지 아이느 브엑 프힌든

너와 있으면 편해.

Mit dir fühle ich mich sicher.
밑 디어 프휠르 이히 미히 지히어
Du gibst mir Halt.
두 깁슽 미어 할ㅌ

너무 안심하지 마.

Fühlen Sie sich nicht zu sicher. (존댓말)
프휠른 지 지히 니힡 쭈 지히어
Fühle dich nicht zu sicher. (반말)
프휠르 디히 니힡 쭈 지히어
Sei deiner Sache nicht zu gewiss. (존댓말)
자이 다이너 자흐 니힡 쭈 그브이쓰

beruhigen 브흐우이근 달래다, 안심시키다, 안심하다
erleichtern 에어라이히턴
　덜어 주다, 가벼워지다, 안심시키다, 안심하다
die Sorge 디 조어그 근심, 걱정, 불안
vertrauen 프헤어트흐아우은 신뢰하다
die Lösung 디 뢰중 해결책, 해답
sicher 지히어 틀림없이, 꼭; 안전한
fühlen 프휠른 느끼다, 예감하다
gewiss 그브이쓰 확신하다

만족하다 ①

정말 만족스러워요.
Ich bin sehr zufrieden.
이히 빈 제어 쭈프흐이든

내 삶에 대만족이에요.
Ich bin sehr zufrieden mit meinem Leben.
이히 빈 제어 쭈프흐이든 밑 마이늠 레븐

나는 그것에 만족해요.
Das reicht mir.
다쓰 흐아이힡 미어
Es genügt mir.
에쓰 그뉘큳 미어
Es ist genug für mich.
에쓰 이슽 그눅 프휘어 미히

만족스러운 결과였어요.
Das Ergebnis war befriedigend.
다쓰 에어겝니쓰 브아 브프흐이디근ㅌ
Es war ein zufriedenstellendes Ergebnis.
에쓰 브아 아인 쭈프흐이든슈텔른드쓰 에어겝니쓰
Das Ergebnis ist gut genug.
다쓰 에어겝니쓰 이슽 굳 그눅

만족하다 ②

그는 그 생각에 매우 만족했어요.
Er fand die Idee sehr gut.
에어 프한ㅌ 디 이데 제어 굳
Die Idee hat ihm sehr gefallen.
디 이데 핱 임 제어 그프할른

그는 스스로를 자랑스러워하고 있다.
Er ist zufrieden mit sich selbst.
에어 이슽 쭈프흐이든 밑 지히 젤ㅍ슽
Er ist stolz auf sich.
에어 이슽 슈톨쯔 아우프흐 지히

하루 두 끼 식사면 돼요.
Zwei Mahlzeiten am Tag reichen mir.
쯔브아이 말짜이튼 암 탁 흐아이흔 미어
Zweimal am Tag zu essen reicht mir.
쯔브아이말 암 탁 쭈 에쓴 흐아이힡 미어

그것을 읽어 볼 수 있어 기뻐요.
Es freut mich, das lesen zu dürfen.
에쓰 프흐오잍 미히, 다쓰 레즌 쭈 뒤어프흔

여기서 잠깐!
유럽을 여행하는 많은 사람들은 독일에 도착하자마자 놀라는 경우가 많아요. 프랑스, 영국, 이탈리아에서 보지 못한 깨끗한 도로와 도시 경관 때문이에요. 그렇다고 너무 안심하면 안 돼요. 치안이 아무리 좋아도 유럽 관광지라면 어디나 그렇듯 소매치기가 있거든요. 기차역에서는 항상 소매치기를 조심하라는 방송이 나오죠. 라이터를 빌려달라며 지갑을 털어 가는 경우도 있어요. 너무 의식해서 불안해할 필요는 없지만, 항상 가방을 조심하세요.

ausreichen 아우쓰흐아이히은, genügen 그뉘근 충분하다
zufrieden (sein) 쭈프흐이든 (자인) 만족하다
das Ergebnis 다쓰 에어겝니쓰 결과
gefallen 그프할른 마음에 들다
loben 로븐 칭찬하다
die Mahlzeit 디 말짜잍 식사
die Gelegenheit 디 글레근하잍 기회

충분하다

그만하면 충분해요.

(Es ist) Genug.
(에쓰 이슽) 그눅
Es reicht.
에쓰 흐아이힡

전 자유 시간이 충분해요.

Ich habe ausreichend Freizeit.
이히 하브 아우쓰흐아이히읻 프흐아이짜읻
Ich habe genug Freizeit.
이히 하브 그눅 프흐아이짜읻

이 나라는 돈이 넘쳐 나요.

Das Land ist reich genug.
다쓰 란트 이슽 흐아이히 그눅

한 아이를 치료하는 데 5유로면 충분해요.

Fünf Euro reichen, um einem Kind zu helfen.
프휜프흐 오이호오 흐아이히은, 움 아이늠 킨트 쭈 헬프흔
Um einem Kind zu helfen, brauchen Sie nur fünf Euro.
움 아이늠 킨트 쭈 헬프흔, 브흐아우흔 지 누어 프휜프흐 오이호오

카페에서 조금만 시간을 보내면 돼요.

Ich vertreibe mir die Zeit etwas im Café.
이히 프헤어트흐아이브 미어 디 짜읻 엩브아쓰 임 카프헤
Ich muss mir meine Zeit im Café nicht lange vertreiben.
이히 무쓰 미어 아이느 짜읻 임 카프헤 니힡 랑으 프헤어트흐아이븐

한마디면 돼.

Ein Wort reicht.
아인 브오얻 흐아이힡
Ein Wort genügt.
아인 브오얻 그뉘큳

재미있다 ①

아주 재미있었어요!

Es war aufregend!
에쓰 브아 아우프흐에근트!
Es hat sehr viel Spaß gemacht!
에쓰 핱 제어 프힐 슈파쓰 그마흩!
Es war spannend!
에쓰 브아 슈판늗트!
Es hat Spaß gemacht!
에쓰 핱 슈파쓰 그마흩!

정말 웃겨요!

Das ist sehr komisch!
다쓰 이슽 제어 코미슈!
Das ist wirklich witzig!
다쓰 이슽 브이어클리히 브잍찌히!

정말 즐거워요.

Es macht Spaß.
에쓰 마흩 슈파쓰
Es ist unterhaltsam.
에쓰 이슽 운터할트잠

멋진 생각이에요!

Eine gute Idee!
아이느 구트 이데!
Es hört sich gut an!
에쓰 회얼 지히 굳 안!
Die Idee ist fantastisch!
디 이데 이슽 프한타스티슈!
Das ist eine großartige Idee!
다쓰 이슽 아이느 그흐오쓰아티그 이데!

재미있다 ②

\# 즐거운 시간 보냈어요.

Ich hatte eine schöne Zeit.
이히 핱트 아이느 슈외느 짜잍

Es war eine wundervolle Zeit.
에쓰 브아 아이느 브운더프홀르 짜잍

\# 잊지 못할 거예요.

Ich werde es nie vergessen.
이히 브에어드 에쓰 니 프헤어게쎈

\# 너무 재미있어서 웃음이 멈추질 않아요.

Ich kann nicht aufhören zu lachen.
이히 칸 니힡 아우프흐회어흔 쭈 라흔

Es ist so lustig, dass ich nicht aufhören kann zu lachen.
에쓰 이슽 조 루스티히, 다쓰 이히 니힡 아우프흐회어흔 칸 쭈 라흔

\# 배꼽 빠지는 줄 알았어.

Ich habe mich halb totgelacht.
이히 하브 미히 할ㅂ 톹그라흩

\# 웃기는 얘기네요.

Es ist eine lustige Geschichte.
에쓰 이슽 아이느 루스티그 그슈이히트

Die Geschichte ist sehr lustig.
디 그슈이히트 이슽 제어 루스티히

\# 그는 우스꽝스러운 표정을 지었어요.

Er macht lustige Gesichtsausdrücke.
에어 마흩 루스티그 그지힡츠아우쓰드흐위크

Er macht lustige Grimassen.
에어 마흩 루스티그 그흐이마쓴

꼭! 짚고 가기

같은 문장 다른 쓰임

독일에서는 'Ich bin satt! 이히 빈 잩!(배불러!)'과 'Es reicht. 에쓰 흐아이힡(충분합니다.)'라는 문장을 참 다양한 상황에서 사용해요. 첫 번째 문장은 '정말 잘 먹었다'라는 의미로 자주 쓰여요. 두 문장 모두 먹을 것을 권유하는 데 거절하기 위해서 쓸 수도 있지요. 'satt 잩'에는 '배부른'이란 뜻 외에 'reichen 흐아이히은'처럼 '충분한'이라는 의미도 있어서 '이제 더 이상 견딜 수 없는 상황'에서도 쓸 수 있어요.

예를 들어, 말을 계속 반복하는 친구가 있어요. 이미 수백 번은 들은 이야기를 다시 한다면, 이렇게 말할 수 있죠.

- Ich bin satt, es wieder anzuhören!
  이히 빈 잩, 에쓰 브이더 안쭈회어흔!
  다시 들어 주기에는 지쳤어!
- Es reicht, hör auf die gleichen Geschichten zu wiederholen.
  에쓰 흐아이힡, 회어 아우프흐 디 글라이히은 그슈이히튼 쭈 브이더홀른
  충분해, 같은 이야기 좀 그만 되풀이해.

화가 머리끝까지 차올랐을 때, 이렇게 말할 수도 있어요.

- Ich bin satt mit dir weiter zu streiten!
  이히 빈 잩 밑 디어 브아이터 쭈 슈트흐아이튼!
  너랑 계속 싸우기 지쳤어!
- Es reicht, hören wir hier auf.
  에쓰 흐아이힡, 회어흔 브이어 히어 아우프흐
  충분해, 우리 여기서 끝내자.

같은 문장이라도 상황과 말투에 따라 다양하게 해석될 수 있다는 점 알아 두세요.

Schritt 9 좋지 않은 감정 MP3. K01_S09

슬프다 ①

\# 슬퍼요.

Ich bin traurig.
이히 빈 트흐아우흐이히

\# 우울해요.

Ich bin deprimiert.
이히 빈 데프흐이미얼
Ich bin unglücklich.
이히 빈 운글뤼클리히
Ich habe schlechte Laune.
이히 하브 슐레히트 라우느

\# 너무 괴로워요.

Ich bin sehr verzweifelt.
이히 빈 제어 프헤어쯔브아이프흘ㅌ
Ich leide sehr.
이히 라이드 제어
Ich weiβ nicht was ich noch machen soll.
이히 브아이쓰 니힡 브아쓰 이히 노흐 마흔 졸

\# 마음이 아파요.

Es bricht mir das Herz.
에쓰 브흐이힡 미어 다쓰 헤어쯔
Es schmerzt mich.
에쓰 슈메어쯭 미히
Es zerreiβt mir das Herz.
에쓰 쩨어흐아이쓭 미어 다쓰 헤어쯔

\# 세상이 끝나는 것 같아요.

Für mich geht die Welt unter.
프휘어 미히 겓 디 브엘트 운터

슬프다 ②

\# 절망적이에요. (저는 희망이 없어요.)

Es ist hoffnungslos.
에쓰 이슽 호프흐눙쓰로쓰
Ich habe keine Hoffnung.
이히 하브 카이느 호프흐눙

\# 저는 지금 출구가 없는 상황이에요.

Ich sehe keinen Ausweg.
이히 제흐 카이느 아우쓰벡
Ich befinde mich in einer ausweglosen Lage.
이히 브프힌드 미히 인 아이너 아우쓰벡로즌 라그

\# 가슴이 찢어지는 것 같았어요.

Es brach mir das Herz.
에쓰 브흐아흐 미어 다쓰 헤어쯔

\# 지금 농담할 기분이 아니에요.

Mir ist nicht nach Scherzen zumute.
미어 이슽 니힡 나흐 슈에어쯘 쭈무트
Ich bin nicht in der Stimmung zu scherzen.
이히 빈 니힡 인 데어 슈팀뭉 쭈 슈에어쯘
Ich habe keine Lust auf Scherze.
이히 하브 카이느 루슽 아우프흐 슈에어쯔

\# 사랑의 슬픔은 오래가요.

Liebeskummer dauert lang.
리브쓰쿰머 다우얼ㅌ 랑
Liebeskummer dauert seine Weile.
리브쓰쿰머 다우얼ㅌ 자이느 브아일르

\# 그를 돕지 못해 상심이 커요.

Es tut mir leid, dass ich ihm nicht helfen konnte.
에쓰 툳 미어 라읻, 다쓰 이히 임 니힡 헬프흔 콘트

\# 고향이 그리워요.

Ich habe Heimweh.
이히 하브 하임브에

실망하다 ①

실망이야!

Was für eine Enttäuschung!
브아쓰 프휘어 아이느 엔ㅌ토이슝!

그거 실망인데.

Ich bin enttäuscht.
이히 빈 엔ㅌ토이슈ㅌ
Das ist ja enttäuschend.
다쓰 이슫 야 엔ㅌ토이슈ㄴㅌ
Das entspricht nicht meiner Erwartung.
다쓰 엔ㅌ슈프ㅎ이힡 니힡 마이너 에어브아퉁

모두 허사라니.

Es ist nichts daraus geworden.
에쓰 이슫 니힡ㅊ 다흐아우쓰 그브오어든
Es hat sich in Rauch aufgelöst.
에쓰 핱 지히 인 흐아우흐 아우프흐그뢰슫

시간 낭비였어.

Es war eine Zeitverschwendung.
에쓰 브아 아이느 짜잍프헤어슈브엔둥
Wir haben die Zeit verschwendet.
브이어 하븐 디 짜잍 프헤어슈브엔듵

노력이 허사가 되어 버렸어.

Unsere Bemühung war umsonst.
운저흐 브뮈훙 브아 움존슽
Die vielen Mühen waren umsonst.
디 프힐른 뮈흔 브아흔 움존슽
Unsere Anstrengungen haben sich nicht gelohnt.
운저흐 안슈트흐엥웅은 하븐 지히 니힡 그론ㅌ
Unsere Anstrengungen haben nichts genutzt.
운저흐 안슈트흐엥웅은 하븐 니힡ㅊ 그눝쯭

실망하다 ②

나를 실망시키지 마.

Enttäusche mich nicht.
엔ㅌ토이슈 미히 니힡

정말 유감입니다.

Es ist wirklich schade.
에쓰 이슫 브이어클리히 슈아드
Es tut mir sehr leid.
에쓰 퉅 미어 제어 라잍

웃기지 마.

Unsinn.
운진
Dass ich nicht lache.
다쓰 이히 니힡 라흐

난 이제 망했어.

Ich bin ruiniert.
이히 빈 흐우이니얼
Ich bin fertig.
이히 빈 프헤어티히

너한테 실망했어.

Du hast mich enttäuscht.
두 하슽 미히 엔ㅌ토이슈ㅌ

너를 더 이상 믿지 못하겠어.

Ich kann dir nicht mehr vertrauen.
이히 칸 디어 니힡 메어 프헤어트흐아우은
Ich glaube dir nicht mehr.
이히 글라우브 디어 니힡 메어

화내다 ①

젠장!

Verdammt!
프헤어담트!
Scheiße! (심한 욕설이니 주의하세요.)
슈아이쓰!
Mist!
미슽!

끔찍해.

Schrecklich.
슈흐엑클리히
Furchtbar.
프후어흽바
Entsetzlich.
엔트젤쯜리히

정말 불쾌해요.

Es ist wirklich unangenehm.
에쓰 이슽 브이어클리히 운안그넴
Das ist nicht sehr angenehm.
다쓰 이슽 니힡 제어 안그넴

닥쳐!

Halt den Mund!
할트 덴 문트!
Halt die Klappe!
할트 디 클랖프!

내 말 끊지 마!

Unterbrich mich nicht!
운터브흐이히 미히 니힡!

너무 화가 나요.

Es macht mich wütend.
에쓰 마흩 미히 브위튼트
Mir platzt der Kragen.
미어 플랕쯭 데어 크흐아근

그 때문에 열 받았어.

Er macht mich wütend.
에어 마흩 미히 브위튼트
Er macht mich zornig.
에어 마흩 미히 쪼어니히

화내다 ②

꺼져!

Geh weg!
게 브엨!

너 때문에 화나서 미치겠어.

Du machst mich wahnsinnig.
두 마흐슽 미히 브안진니히
Du treibst mich in den Wahnsinn.
두 트흐아잎슽 미히 인 덴 브안진
Du bringst mich noch auf die Palme.
두 브힁슽 미히 노흐 아우프흐 디 팔므

적당히 해 둬!

Es reicht!
에쓰 흐아이힡!

이제 제발 그만둬!

Hör jetzt auf!
회어 옡쯭 아우프흐!

내버려둬!

Lass mich in Ruhe!
라쓰 미히 인 흐우흐!
Lass mich!
라쓰 미히!

네가 알 바 아니잖아.

Das geht dich nichts an.
다쓰 겥 디히 니힡츠 안
Kümmere dich um deine eigenen Angelegenheiten!
큄머흐 디히 움 다이느 아이그는 안글레근하이튼!
Kümmere dich um deinen eigenen Kram!
큄머흐 디히 움 다이는 아이그는 크흐암!

화내다 ③

참는 것도 한계가 있어.

Es reicht mir.
에쓰 흐아이힡 미어
Meine Geduld hat Grenzen.
마이느 그둘ㅌ 핱 그흐엔쯘

말이 너무 지나친 거 아니야!

Du gehst zu weit!
두 게슽 쭈 브아잍!
Übertreib es nicht!
위버트흐아잎 에쓰 니힡!

대체 뭐 하자는 거야?

Was soll das?
브아쓰 졸 다쓰?
Was willst du damit sagen?
브아쓰 브일슽 두 다밑 자근?

나를 뭘로 보는 거야?

Wofür hälst du mich?
브오프휘어 핼슽 두 미히?
Was denkst du denn von mir?
브아쓰 뎅크슽 두 덴 프혼 미어?

바보 취급하지 마.

Mach dich nicht über mich lustig.
마흐 디히 니힡 위버 미히 루스티히
Verkauf mich nicht für dumm.
프헤어카우프흐 미히 니힡 프휘어 둠

꼭! 짚고 가기

화난 사람을 진정시킬 때

감정이 격해진 화난 친구가 눈앞에 있다면 생각만 해도 난감해요. 이런 상황을 위해 아래의 표현을 준비해 봤어요. 기억해 두면, 어떤 상황이든 침착하게 대처할 수 있어요.

▶ 진정해!
- Beruhig dich! 브흐우이히 디히!
- Ganz ruhig! 간쯔 흐우이히!
- Reg dich ab! 흐엑 디히 압!

▶ 무슨 일이야?
- Was ist (mit dir) los?
  브아쓰 이슽 (밑 디어) 로쓰?

▶ 별일도 아니잖아.
- Das ist doch nichts.
  다쓰 이슽 도흐 니힡츠
- (Es ist doch) Keine große Sache.
  (에쓰 이슽 도흐) 카이느 그흐오쓰 자흐

▶ 뭐 때문에 화가 난 거예요?
- Warum bist du so verärgert?
  브아흐움 비슽 두 조 프헤어애어걭?
- Was ärgert dich so?
  브아쓰 애어겉 디히 조?
- Was hat dich so ärgerlich gemacht?
  브아쓰 핱 디히 조 애어걸리히 그마흩?

▶ 화내지 마세요.
- Ärgere dich nicht so.
  애어그흐 디히 니힡 조

▶ 그렇게 화낼 이유 없잖아요.
- Es gibt keinen Grund sich zu ärgern.
  에쓰 깁ㅌ 카이는 그흐운ㅌ 지히 쭈 애어건

밉다

네가 미워.

Ich hasse dich.
이히 하쓰 디히

나는 그에게 미움을 샀어요.

Ich habe mich bei ihm sehr unbeliebt gemacht.
이히 하브 미히 바이 임 제어 운브맆트 그마흐트

제 인생이 싫어요.

Ich mag mein Leben nicht.
이히 막 마인 레븐 니힡
Ich hasse mein Leben.
이 하쓰 마인 레븐

그가 저를 들볶아요.

Er belästigt mich.
에어 블래스티클 미히
Er nervt mich.
에어 네어프흩 미히
Er stört mich.
에어 슈퇻얼 미히

그는 증오의 눈으로 나를 보았어요.

Er schaut mich voller Hass an.
에어 슈아욷 미히 프홀러 하쓰 안
Er blickt mich hasserfüllt an.
에어 블릭클 미히 하쓰에어프휠ㅌ 안

그를 견딜 수가 없어요.

Ich kann ihn nicht ausstehen.
이히 칸 인 니힡 아우쓰슈테흔
Ich ertrage ihn nicht.
이히 에어트흐아그 인 니힡

죄는 미워하되 사람은 미워하지 마라.

Man soll zwar die Sünde verdammen, aber sich des Sünders erbarmen.
만 졸 쯔브아 디 쥔드 프헤어담믄, 아버 지히 데쓰 쥔더쓰 에어바믄

억울하다

저는 억울해요.

Ich bin unschuldig.
이히 빈 운슐디히
Ich habe keine Schuld.
이히 하브 카이느 슐ㅌ

멀쩡한 사람 잡지 마세요.

Beschuldigen Sie nicht die Falschen.
브슐디근 지 니힡 디 프할슌

나는 억울함에 눈물을 흘렸다.

Die Demütigung hat mich traurig gemacht.
디 데뮈티궁 핱 미히 트흐아우흐이히 그마흩

나는 그 소식을 듣고 억울해서 어쩔 줄 몰랐다.

Diese Nachricht hat mich empört.
디즈 나흐이힡 핱 미히 엠푀얼

그는 억울하게 체포됐다.

Er wurde unschuldig verhaftet.
에어 브우어드 운슐디히 프헤어하프흐튵

그는 3년 동안 무죄를 호소했어요.

Er beteuerte seine Unschuld für drei Jahre.
에어 브토이어트 자이느 운슐ㅌ 프휘어 드흐아이 야흐

제 억울함을 증명해 보이겠어요.

Ich werde meine Unschuld beweisen.
이히 브에어드 마이느 운슐ㅌ 브브아이즌

왜 그렇게 분개하는 거야?

Was ärgert dich so?
브아쓰 애어겥 디히 조?
Was macht dich so wütend?
브아쓰 마흩 디히 조 브위튼ㅌ?

후회하다

후회막심이에요.

Ich bereue es.
이히 브흐오이으 에쓰

그에게 사과했어야 하는 건데.

Ich hätte mich bei ihm entschuldigen müssen.
이히 핼트 미히 바이 임 엔ㅌ슐디근 뮈쓴

내가 왜 그랬는지 후회가 돼요.

Ich weiβ nicht, warum ich das getan habe.
이히 브아이쓰 니힡, 브아흐움 이히 다쓰 그탄 하브
Ich bereue, was ich getan habe.
이히 브흐오이으, 브아쓰 이히 그탄 하브

전혀 후회하지 않아요.

Ich bedauere es nicht.
이히 브다우어흐 에쓰 니힡

후회하지 않으실 거예요.

Sie werden es nicht bereuen.
지 브에어든 에쓰 니힡 브흐오이은
Sie werden nicht enttäuscht sein.
지 브에어든 니힡 엔토이슡 자인

너 나중에 후회하게 될 거야.

Du wirst es bereuen.
두 브이어슽 에쓰 브흐오이은
Du wirst es bedauern.
두 브이어슽 에쓰 브다우언

부끄럽다

제 자신이 부끄러워요.

Ich schäme mich.
이히 슈애므 미히

당신이 한 일이 부끄럽지도 않아요?

Schämt ihr euch nicht?
슈앰ㅌ 이어 오이히 니힡?

부끄러운 줄 알아!

Schämt euch!
슈앰ㅌ 오이히!
Das ist eine Schande!
다쓰 이슽 아이느 슈안드!

전 천성적으로 수줍음을 잘 타요.

Ich bin schon immer schüchtern.
이히 빈 슈온 임머 슈위히턴

그녀는 부끄러움에 얼굴을 붉혔어요.

Sie wurde rot vor Scham.
지 브우어드 흐옽 프호어 슈암

부끄러움에 귀가 화끈거려요.

Das war mir furchtbar peinlich.
다쓰 브아 미어 프후어힡바 파인리히

할 수만 있다면 땅 파고 들어가고 싶어.

Ich wäre am liebsten im Boden versunken.
이히 브애어흐 암 맆스튼 임 보든 프헤어중큰

그는 저를 부끄럽게 여겨요.

Ich bin ihm peinlich.
이히 빈 임 파인리히
Er findet mich peinlich.
에어 프힌듵 미히 파인리히

걱정하다

무슨 일 있어?

Ist was los?
이슽 브아쓰 로쓰?
Was hast du?
브아쓰 하슽 두?

걱정거리가 있어?

Hast du Sorgen?
하슽 두 조어근?
Kümmert dich etwas?
큄멑 디히 엩브아쓰?

긴장했니?

Bist du nervös?
비스트 두 네어브외쓰?

어디 아프니?

Alles in Ordnung?
알르쓰 인 오얻눙?
Geht es dir nicht gut?
겥 에쓰 디어 니힡 궅?
Was ist mit dir?
브아쓰 이슽 밑 디어?

오늘 몸이 안 좋아 보여.

Du siehst nicht gut aus.
두 지슽 니힡 궅 아우쓰
Du siehst krank aus.
두 지슽 크호앙ㅋ 아우쓰

걱정하지 마.

(Mach dir) Keine Sorgen.
(마흐 디어) 카이느 조어근

다 잘 될 거야.

Alles wird gut.
알르쓰 브이얻 궅

무섭다

무서워요.

Ich habe Angst.
이히 하브 앙슽
Es macht mir Angst.
에쓰 마흩 미어 앙슽

무서워 죽는 줄 알았어요.

Ich sterbe vor Angst.
이히 슈테어브 프오어 앙슽
Ich fürchte mich zu Tode.
이히 프휘어히트 미히 쭈 토드

소름 끼쳐. (닭살 돋았어.)

Ich habe Gänsehaut bekommen.
이히 하브 갠즈하욷 브콤믄
Es gruselt mich.
에쓰 그흐우즐ㅌ 미히
Es läuft mir eiskalt den Rücken herunter.
에쓰 로이픝 미어 아이쓰칼ㅌ 덴 흐윆큰 헤어흐운터

무서워서 아무것도 할 수 없었어.

Es war so furchtbar, dass ich nichts machen konnte.
에쓰 브아 조 프후어힡바, 다쓰 이히 니힡츠 마흔 콘트
Ich konnte nichts machen, weil ich zu sehr Angst hatte.
이히 콘트 니힡츠 마흔, 브아일 이히 쭈 제어 앙슽 핱트

간 떨어질 뻔했어요. (심장마비 걸릴 뻔했어요.)

Ich habe fast einen Herzanfall bekommen.
이히 하브 프하슽 아이는 헤어쯔안프할 브콤믄

당신의 남자에게서 버림받는 것이 두려우세요?

Haben Sie Angst von Ihrem Mann verlassen zu werden?
하븐 지 앙슽 프혼 이어흠 만 프헤어라쓴 쭈 브에어든?

놀라다 ①

맙소사!

Oh, mein Gott!
오, 마인 곹!
Oh, Gott!
오, 곹!
(Du) Meine Güte!
(두) 마이느 귀트!
Du lieber Himmel! (아이고, 하늘이시여!)
두 리버 힘믈!
Um Gottes Willen! (주님의 뜻이오니!)
움 곹트쓰 브일른!
→ 주로 나이 많은 사람이 사용

놀라운걸!

Was für eine Überraschung!
브아쓰 프휘어 아이느 위버흐아슝!
Das ist ja erstaunlich!
다쓰 이슽 야 에어슈타운리히!

굉장해!

Wahnsinn!
브안진!
Hervorragend!
헤어프호어흐아근ㅌ!

믿을 수 없어!

Unglaublich!
운글라우플리히!
Nicht zu fassen!
니힡 쭈 프하쓴!
Nicht zu glauben!
니힡 쭈 글라우븐!

말도 안 돼!

Auf keinen Fall!
아우프흐 카이느 프할!
Kann doch nicht wahr sein!
칸 도흐 니힡 브아 자인!
Wie bitte!
브이 비트!

놀라다 ②

설마! (그럴 리가?)

Niemals!
니말쓰!
Unmöglich!
운뫼클리히!
Tatsächlich!
탙재히리히!

농담이지?

Mach keine Witze?
마흐 카이느 브잍쯔!

그런 농담은 하지 마.

Darüber macht man keine Witze.
다흐위버 마흩 만 카이느 브잍쯔

진심이야?

Meinst du das ernst?
마인슽 두 다쓰 에언슽?
Ist das dein Ernst?
이슽 다쓰 다인 에언슽?
Bist du dir sicher?
비슽 두 디어 지히어?
Ernsthaft?
엔슽하픝?

내 눈을 믿을 수가 없어.

Ich kann meinen Augen nicht trauen.
이히 칸 마이느 아우근 니힡 트흐아우은
Ich traue meinen Augen nicht.
이히 트흐아우드 마이느 아우근 니힡

금시초문이야.

Das höre ich zum ersten Mal.
다쓰 회흐 이히 쭘 에어스튼 말
Das ist mir neu.
다쓸 이슽 미어 노이

전혀 예상 밖이야.

Das habe ich nicht erwartet.
다쓰 하브 이히 니힡 에어브앝튿

Kapitel 01 첫 만남부터 당당하게! 81

지겹다

\# 정말 지루했어.

Es war langweilig.
에쓰 브아 랑브아일리히

\# 지루해서 죽을 뻔했어.

Es war todlangweilig.
에쓰 브아 톹랑브아일리히
Ich bin fast vor Langeweile gestorben.
이히 빈 프하슽 프호어 랑으브아일르 그슈토어븐

\# 이젠 질렸어.

Ich habe es satt.
이히 하브 에쓰 잩
Das hängt mir zum Hals raus.
다쓰 행ㅌ 미어 쭘 할쓰 흐아우쓰
Ich bin bedient. (더는 못 먹겠어.)
이히 빈 브딘ㅌ

\# 그런 말은 이제 듣기에도 지겨워.

Ich kann es nicht mehr hören.
이히 칸 에쓰 니힡 메어 회어흔

\# 생각만 해도 지긋지긋해.

Das kotzt mich an.
다쓰 콭쯭 미히 안
Der Gedanke stößt mich ab.
데어 그당크 슈퇴쓷 미히 압

\# 오늘 하루는 지겹게도 길었어.

Der Tag war unheimlich lang.
데어 탘 브아 운하임믈리히 랑
Der Tag ging so langsam vorbei.
데어 탘 깅 조 랑잠 프호어바이

\# 더 이상은 하고 싶지 않아.

Ich habe keine Lust mehr.
이히 하브 카이느 루슽 메어
Ich will nicht mehr.
이히 브일 니힡 메어

귀찮다

\# 정말 귀찮아!

Wie ärgerlich!
브이 애어걸리히!

\# 넌 날 귀찮게 해.

Du nervst mich.
두 네어프흐슽 미히

\# 좀 내버려둬.

Lass mich in Ruhe.
라쓰 미히 인 흐우흐
Lass mich in Frieden.
라쓰 미히 인 프흐이든

\# 귀찮아 죽을 것 같아.

Es nervt mich zu arg.
에쓰 네어프흩 미히 쭈 앜

\# 또 시작이야!

Jetzt geht das schon wieder los!
옡쯭 겥 다쓰 슈온 브이더 로씨!
Du fängst ja schon wieder damit an!
두 프행슽 야 슈온 브이더 다밑 안!

\# 제발 좀 비켜.

Geh mir aus dem Weg.
게 미어 아우쓰 뎀 브엨
Mach dich aus dem Staub.
마흐 디히 아우쓰 뎀 슈타웊

\# 전혀 관심 없어.

Ich bin nicht interessiert.
이히 빈 니힡 인터흐씨엍
Ich habe keine Interesse.
이히 하브 카이느 인터흐에쓰

짜증 나다

정말 짜증 나.
Wie lästig.
브이 래스티히
Es nervt.
에쓰 네어프흩

걔 때문에 너무 짜증 나.
Er nervt mich sehr.
에어 네어프흩 미히 제어

너 때문에 짜증 나기 시작했어.
Du fängst an mich zu nerven.
두 프행슽 안 미히 쭈 네어프흔
Du nervst mich langsam.
두 네어프흐슽 미히 랑잠

너랑 같이 있으면 짜증 나.
Ich finde es anstrengend mit dir zusammen zu sein.
이히 프힌드 에스 안슈트흐엥은ㅌ 밑 디어 쭈잠믄 쭈 자인

정말 스트레스 쌓여.
Es ist wirklich stressig.
에쓰 이슽 브이어클리히 슈트흐에씨히
Es ist sehr anstrengend.
에쓰 이슽 제어 안슈트흐엥은ㅌ

당장 그만둬! 넌 정말 짜증 나.
Lass es! Du nervst mich echt.
라쓰 에씨! 두 네어프흐슽 미히 에힡
Hör auf! Das ärgert mich.
회어 아우프흐! 다쓰 애어겉 미히

아쉽다

아쉽네요!
Schade!
슈아드!

그건 꼭 봤어야 했는데.
Das hätte man sehen müssen.
다쓰 핼트 만 제흔 뮈쓴

그건 피할 수 있었을 텐데.
Das wäre zu vermeiden gewesen.
다쓰 브애어흐 쭈 프헤어마이든 그브에즌

아쉽지만 이만 가야겠어요.
Schade, aber ich muss jetzt gehen.
슈아드, 아버 이히 무쓰 옡쯭 게흔
Leider muss ich langsam los.
라이더 무쓰 이히 랑잠 로쓰

아쉽게도 그를 만날 수 없었어요.
Leider konnte ich ihn nicht treffen.
라이더 콘트 이히 인 니힡 트흐에프흔
Ich habe ihn leider nicht gesehen.
이히 하브 인 라이더 니힡 그제흔

나는 전 남자 친구를 아직도 잊지 못하겠어.
Ich kann meinen ehemaligen Freund immer noch nicht vergessen.
이히 칸 마이는 에흐말리근 프흐오인ㅌ 임머 노흐 니힡 프헤어게쓴
Ich muss noch an meinen Exfreund denken.
이히 무쓰 노흐 안 마이는 엑쓰프흐오인ㅌ 뎅큰

긴장하다

\# 긴장하고 있어요.

Ich bin nervös.
이히 빈 네어브외쓰
Ich bin aufgeregt.
이히 빈 아우프흐그흐에클

\# 너무 초조해요.

Ich bin so nervös.
이히 빈 조 네어브외쓰
Ich bin viel zu aufgeregt.
이히 빈 프힐 쭈 아우프흐그흐에클
Es macht mich unruhig.
에쓰 마흩 미히 운흐우이히

\# 안절부절못하겠어요.

Ich bin unruhig.
이히 빈 운흐우이히

\# 무릎이 덜덜 떨려요.

Mir zittern die Knie.
미어 찓턴 디 크니으

\# 손이 땀으로 흠뻑 젖었어.

Meine Hände sind nass vor Nervosität.
마이느 핸드 진트 나쓰 프호어 네어브오지탵

\# 그렇게 긴장하지 마.

Sei nicht so nervös.
자이 니힡 조 네어브외쓰
Entspann dich.
엔트슈판 디히

\# 긴장된 분위기네요.

Die Stimmung ist gereizt.
디 슈팀뭉 이슽 그흐아이쫕
Es herrscht eine angespannte Atmosphäre.
에쓰 헤어슡 아이느 안그슈판트 앝모쓰프해어흐

불평하다

\# 불평 좀 그만해.

Beschwere dich nicht so.
브슈브에어흐 디히 니힡 조
Klag nicht so.
클락 니힡 조

\# 또 불평이야.

Beschwerst du dich schon wieder.
브슈브에어슽 두 디히 슈온 브이더
Du beschwerst dich immer.
두 브슈브에어슽 디히 임머

\# 그렇게 투덜거리지 마.

Beschwere dich doch nicht so.
브슈브에어흐 디히 도흐 니힡 조
Sei nicht so mürrisch.
자이 니힡 조 뮈어흐이슈

\# 너무 그러지 마.

Sei (doch) nicht so.
자이 (도흐) 니힡 조

\# 나한테 불만 있어?

Hast du was?
하슽 두 브아쓰?
Bist du unzufrieden mit mir?
비슽 두 운쭈프흐이든 밑 미어?

\# 뭐가 그렇게 불만이야?

Was hast du denn?
브아쓰 하슽 두 덴?
Was ist dein Problem?
브아쓰 이슽 다인 프흐오블램?
Was gefällt dir nicht?
브아쓰 그프핼트 디어 니힡?

\# 우린 아무 불만 없어요.

Wir haben keine Probleme.
브이어 하븐 카이느 프흐오블래므
Wir sind mit allem zufrieden.
브이어 진드 밑 알름 쭈프흐이든

신경질적이다

그는 나를 신경질나게 해.

Er macht mich wütend.
에어 마흐 미히 브위튼ㅌ
Er regt mich auf.
에어 흐에클 미히 아우프흐

그녀는 다혈질이다.

Sie ist sehr leidenschaftlich.
지 이슽 제어 라이든슈아프틀리히
Sie ist sehr temperamentvoll.
지 이슽 제어 템퍼흐아멘ㅌ프홀

나는 사소한 일에 때때로 쉽게 화가 나요.

Ich rege mich manchmal wegen/
über Kleinigkeiten auf.
이히 흐에그 미히 만히말 브에근/위버
클라이니히카이튼 아우프흐
Ich werde manchmal wegen
kleinen Dingen wütend.
이히 브에어드 만히말 브에근 클라이는 딩은 브위튼ㅌ

임신 중인 여성들은 예민해요.

Schwangere Frauen sind
empfindlich.
슈브앙어흐 프흐아우은 진ㅌ 엠프힌틀리히

임신한 여성들은 신경이 극도로 예민해져요.

In der Schwangerschaft werden
Frauen empfindlich.
인 데어 슈브앙어슈아프트 브에어든 프흐아우은
엠프힌틀리히

그녀는 아주 신경질적인 사람이에요.

Sie ist eine empfindliche Person.
지 이슽 아이느 엠프힌틀리히으 페어존
Sie ist ein Nervenbündel.
지 이슽 아인 네어프흔뷘들

꼭! 짚고 가기

유용한 접두어 un- 활용하기

독일어 형용사에서 un-을 붙이면 반대의 의미를 갖게 돼요.

- zufrieden 쭈프흐이든 만족한
↔ unzufrieden 운쭈프흐이든 불만족한

- ruhig 흐우이히 고요한, 조용한, 평온한
↔ unruhig 운흐우이히 소란한, 불안한, 안절부절못하는

- erträglich 에어트흐애클리히 참을 수 있는
↔ unerträglich 운에어트흐애클리히
참을 수 없는

- scharf 슈아프흐 날카로운, 매운
↔ unscharf 운슈아프흐 날카롭지 않은, 맵지 않은

- möglich 뫼클리히 가능한
↔ unmöglich 운뫼클리히 불가능한

- bekannt 브칸ㅌ 알려진, 유명한
↔ unbekannt 운브칸ㅌ 알려지지 않은, 무명의

- bequem 브크브엠 편리한, 쾌적한
↔ unbequem 운브크브엠 불편한, 불쾌한

Schritt 10 성격   MP3. K01_S10

낙천적이다

내 딸은 긍정적이에요.

Meine Tochter ist optimistisch.
마이느 토흐터 이슫 옵티미쓰티슈
Meine Tochter ist positiv gestimmt.
마이느 토흐터 이슫 포지티프흐 그슈팀트

저는 매사에 낙천적입니다.

Ich sehe alles optimistisch.
이히 제흐 알르쓰 옾티미쓰티슈
Ich sehe das positiv.
이히 제흐 다쓰 포지티프흐
Ich bin da optimistisch.
이히 빈 다 옾티미쓰티슈

그는 낙천적인 인생 철학을 가지고 있어요.

Er hat eine optimistische Lebensphilosophie.
에어 핱 아이느 옾티미쓰티슈 레븐쓰필로조퓌

제 아내는 미래를 낙관하네요.

Meine Frau sieht die Zukunft positiv.
마이느 프하우 짙 디 쭈쿤플 포지티프흐

당신은 긍정적인 사람인가요?

Sind Sie ein positiver Mensch?
진트 지 아인 포지티브어 멘슈?

어머니께서 긍정적으로 대답하셨어요.

Die Mutter hat positiv geantwortet.
디 뭍터 핱 포지티프흐 그안트보어틑
Die Mutter hat bejahend geantwortet.
디 뭍터 핱 브야흔트 그안트보어틑

착하다

아이 착해!

Ach wie nett!
아흐 브이 넽!

잘했어!

Gut gemacht!
궅 그마흩!

그녀는 마음이 착해요.

Sie ist warmherzig.
지 이슫 브암헤어찌히
Sie hat eine gute Seele.
지 핱 아이느 구트 제르

그는 인정 많은 사람이에요.

Er ist ein mitfühlender Mensch.
에어 이슫 아인 밑프휠른더 멘슈
Er ist eine menschenfreundliche Person.
에어 이슫 아이느 멘슌프흐오인틀리히으 페어존

내 남편은 태도가 거칠지만 천성은 착해요.

Mein Mann ist etwas wild, aber in seinem Inneren ist er ganz brav.
마인 만 이슫 엩브아쓰 브일트, 아버 인 자이늠 인너흔 이슫 에어 간쯔 브흐아프흐

이리 온, 착하지. (반려동물에게)

Komm her, gut gemacht.
콤 헤어, 궅 그마흩

진취적이다

저는 진취적이고 외향적인 성격이에요.

Ich bin unternehmungslustig und kontaktfreudig.
이히 빈 운터네뭉쓰루스티히 운ㅌ 콘타클프흐오이디히
Ich bin abenteuerlustig und extrovertiert.
이히 빈 아븐토이어루스티히 운 엑쓰트흐오브어티얼

그는 항상 적극적이에요.

Er ist ein tatkräftiger Mensch.
에어 이슽 아인 탙크흐애프흐티거 멘슈
Er ist ein aktiver Typ.
에어 이슽 아인 앜티프허 튚

그녀는 쾌활하고 사교적이에요.

Sie ist munter und gesellig.
지 이슽 문터 운ㅌ 그젤리히
Sie ist eine heitere und kontaktfreudige Person.
지 이슽 아이느 하이터흐 운ㅌ 콘타클프흐오이디그 페어존

그는 의욕적이에요.

Er ist ein aktiver Mensch.
에어 이슽 아인 앜티브어 멘슈

그녀는 붙임성이 매우 좋아요.

Sie ist ein freundlicher Mensch.
지 이슽 아인 프흐오인틀리히어 멘슈
Sie ist sehr wohlwollend.
지 이슽 제어 브올브올른ㅌ
Sie ist eine zugängliche Person.
지 이슽 아이느 쭈갱리히오 페어존

그는 지나치게 활동적이야.

Er ist zu energisch.
에어 이슽 쭈 에너기슈

꼭! 짚고 가기

독일 사람의 성격

독일 사람들은 전반적으로 '나는 남에게 피해를 안 주고 나 역시 남에게서 피해를 안 받겠다'라는 주의예요. 그래서 약간은 남에게 관심이 없어 보이기도 해요. 하지만 도움을 요청하면 그 누구보다 열심히 도와주는 사람이 독일인이죠. 그러다 보니 사람에 대한 마음을 여는 데 시간이 오래 걸리는 편이에요. 하지만 오랜 시간 서로 신뢰를 쌓아 마음을 열어 한번 친구가 되면 평생 친구로 남게 되죠.
독일에 대한 사람들의 생각 중 하나가 원칙주의가 강하다는 것이에요. 독일 사람들은 지킬 수 없는 약속은 절대 하지 않고, 그냥 인사치레로 하는 말도 별로 없어요. 약속 시간을 정했다면 늦게 가는 건 당연히 안 되지만 미리 가는 것도 좋지 않아요. 정각에 도착해야 하죠.
단, 사람에 따라 다를 수 있기 때문에 융통성 있게 행동하되 전반적인 사항들을 염두에 두는 것이 좋아요.

순진하다

그녀는 정말 순진해요.
Sie ist sehr naiv.
지 이슽 제어 나이프흐
Sie ist noch sehr kindlich.
지 이슽 노흐 제어 킨틀리히

그를 믿다니 너도 참 순진하구나.
Du warst so naiv ihm zu glauben?
두 브아슽 조 나이프흐 임 쭈 글라우븐?

넌 어쩌면 그렇게 순진하니?
Glaubst du etwa noch an den Klapperstorch?
글라웊슽 두 엩브아 노흐 안 덴 클랖퍼슈토어히?

이 순진한 사람아. (아무것도 모르는)
Ach, du hast ja keine Ahnung.
아흐, 두 하슽 야 카이느 아눙
Was weiβt du schon.
브아쓰 브아이쓷 두 슈온

순진한 척 내숭 떨지 마.
Tu nicht so, als wüsstest du nichts.
툳 니힡 조, 알쓰 브위쓰트슽 두 니힡츠
Tu nicht so ahnungslos.
툳 니힡 조 아눙쓰로쓰
Tu nicht so unschuldig.
툳 니힡 조 운슐디히

사람 다루는 면에 있어서 그는 너무 순진해.
Er kann noch nicht so gut mit Menschen umgehen.
에어 칸 노흐 니힡 조 굳 밑 멘슌 움게흔

제 친구들 말로는 제가 순진하대요.
Meine Freunde glauben, ich sei naiv.
마이느 프흐오인드 글라우븐, 이히 자이 나이프흐

내성적이다

우리 아들은 내성적이에요.
Mein Sohn ist schüchtern.
마인 존 이슽 슈위히턴

너는 겁쟁이야.
Du bist ein Feigling.
두 비슽 아인 프하이클링
Du bist ein Angsthase.
두 비슽 아인 앙슽하즈

전 내성적이고 눈에 띄지 않아요.
Ich bin schüchtern und falle nicht gerne auf.
이히 빈 슈위히턴 운트 프할르 니힡 게어느 아우프흐

그녀는 소극적인 편이에요.
Sie ist meistens sehr zurückhaltend.
지 이슽 마이스튼쓰 제어 쭈흐윁할튼트

그는 감정을 잘 드러내지 않는 사람이야.
Er zeigt seine Gefühle nicht gerne.
에어 짜이큳 자이느 그프휠르 니힡 게어느
Er ist ein Mensch, der seine Gefühle nicht gerne zeigt.
에어 이슽 아인 멘슈, 데어 자이느 그프휠르 니힡 게어느 짜이큳

그는 과묵해.
Er ist schweigsam.
에어 이슽 슈브아일잠

전 낯을 가리는 편이에요.
Ich fürchte mich vor Fremden.
이히 프휘어히트 미히 프호어 프흐엠든

독일 사람들은 마음을 여는 데 시간이 걸려요.
Die Deutschen öffnen sich nur langsam.
디 도이츈 외프흐는 지히 누어 랑잠

우유부단하다

당신은 우유부단한 사람입니다.

Sie sind eine unentschlossene Person.
지 진트 아이느 운엔트슐로쓰느 페어존
Dieser Mensch verhält sich zögerlich.
디저 멘슈 프헤어핼트 지히 쬐걸리히
Sie sind eine unschlüssige Person.
지 진트 아이느 운슐뤼씨그 페어존

내 딸은 정말 우유부단한 성격이야.

Meine Tochter ist sehr unentschlossen.
마이느 토흐터 이슽 제어 운엔트슐로쓴

그는 의지가 약한 사람이야.

Er ist ein willensschwacher Mensch.
에어 이슽 아인 브일른쓰슈브아흐어 멘슈
Er hat kein Rückgrat.
에어 핱 카인 흐윅그핱

너는 그 문제에 대해 너무 우유부단해!

Du zögerst immer bei diesem Problem!
두 쬐거슽 임머 바이 디즘 프흐오블램!
Du kannst dich bei diesem Problem nie entscheiden!
두 칸슽 디히 바이 디즘 프흐오블램 니 엔트슈아이든!

그녀는 항상 결정을 내리는 데 주저해.

Entscheidungen zu treffen fällt ihr schwer.
엔트슈아이둥은 쭈 트흐에프흔 프핼트 이어 슈브에어
Bei Entscheidungen ist sie zurückhaltend.
바이 엔트슈아이둥은 이슽 지 쭈흐윜핱튼트

우유부단한 태도를 버리고 결정을 해.

Vergiss deine Unentschlossenheit und entscheide dich.
프헤어기쓰 다이느 운엔트슐로쓴하잍 운트 엔트슈아이드 디히

비관적이다

제 남편은 비관적이에요.

Mein Mann ist pessimistisch.
마인 만 이슽 페씨미쓰티슈
Mein Mann ist immer negativ gestimmt.
마인 만 이슽 임머 네가티프흐 그슈팀트
Mein Mann sieht die Dinge immer schwarz.
마인 만 짙 디 딩으 임머 슈브아쯔

너는 왜 매사를 비관적으로 생각해?

Warum bist du immer so pessimistisch?
브아흐움 비슽 두 임머 조 페씨미쓰티슈?
Warum bist du immer so negativ?
브아흐움 비슽 두 임머 조 네가티프흐?
Warum befürchtest du immer das Schlimmste?
브아흐움 브프휘어히트슽 두 임머 다쓰 슐림스트?

그는 비관적인 인생관을 가지고 있어요.

Er hat eine pessimistische Lebensauffassung.
에어 핱 아이느 페씨미쓰티슈 레븐쓰아우프흐아쑹
Er denkt negativ über das Leben.
에어 뎅킅 네가티프흐 위버 다쓰 레븐

너무 그렇게 비관적으로만 보지 마.

Sieh doch nicht alles so pessimistisch.
지 도흐 니힡 알르쓰 조 페씨미쓰티슈
Sieh doch nicht nur die schlechten Seiten.
지 도흐 니힡 누어 디 슐레히튼 자이튼
Sieh es doch mal posotiv.
지 에쓰 도흐 말 포지티프흐

Kapitel 01 첫 만남부터 당당하게! 89

이기적이다

너는 너무 이기적이야.

Du bist so egoistisch.
두 비슫 조 에고이스티슈
Du bist zu selbstsüchtig.
두 비슫 쭈 젤ㅍ슫쥐히티히

그는 그밖에 모르는 사람이다.

Er denkt nur an sich.
에어 뎅큳 누어 안 지히
Er kennt nur sich selbst.
에어 켄ㅌ 누어 지히 젤ㅍ슫
Er ist nur auf seinen eigenen Vorteil bedacht.
에어 이슫 누어 아우프흐 자이는 아이그는 프호어타일 브다흩

그렇게 이기적으로 굴지 마.

Sei doch nicht so egoistisch.
자이 도흐 니힡 조 에고이스티슈

그녀는 이기적인 경향이 있다.

Sie neigt dazu Egoistin zu sein.
지 나이큳 다쭈 에고이스틴 쭈 자인
Sie tendiert dazu ein selbstsüchtiger Mensch zu sein.
지 텐디얼 다쭈 아인 젤ㅍ슫쥐히티거 멘슈 쭈 자인

너 내 감정은 생각해 봤어?

Hast du dabei mal an mich gedacht?
하슫 두 다바이 말 안 미히 그다흩?
Weißt du wie es mir dabei geht?
브아이슫 두 브이 에쓰 미어 다바이 겥?

Schritt 11 기호   MP3. K01_S11

좋아하다

나는 음악을 좋아해요.

Ich liebe Musik.
이히 리브 무짂
Ich mag Musik.
이히 맠 무짂

그는 축구하는 것을 무척 좋아해요.

Er liebt es Fußball zu spielen.
에어 맆ㅌ 에쓰 프후쓰발 쭈 슈필른

커피보다는 차를 좋아해요.

Ich mag Tee mehr als Kaffee.
이히 맠 테 메어 알쓰 카프헤
Ich finde Tee besser als Kaffee.
이히 프힌드 테 베써 알쓰 카프헤

그녀는 티비 보는 것에 미쳤어요.

Sie ist fernsehsüchtig.
지 이슫 프헤언제쥐히티히

제 남편은 와인을 제일 좋아해요.

Wein ist das Lieblingsgetränk meines Mannes.
브아인 이슫 다쓰 리블링쓰그트흐앵ㅋ 마이느쓰 만느쓰

그는 와인 마시는 것을 제일 좋아해요.

Er trinkt am liebsten Wein.
에어 트흐잉큳 암 맆스튼 브아인

당신이 바다에 함께 가 줬으면 좋겠어요.

Es wäre schön, wenn Sie mit mir ans Meer fahren würden.
에쓰 브애흐 슈왼, 브엔 지 밑 미어 안쓰 메어 프하흔 브위어든

싫어하다

(감사하지만,) 싫습니다.

Nein, danke.
나인, 당크

그다지 좋아하지는 않아요.

Ich mag es nicht wirklich.
이히 막 에쓰 니힡 브이어클리히

나는 그게 제일 싫어요.

Ich hasse das.
이히 하쓰 다쓰
Das hasse ich am meisten.
다쓰 하쓰 이히 암 마이스튼

나는 이런 종류의 음식을 싫어해요.

Ich mag diese Art von Essen nicht.
이히 막 디즈 앝 프혼 에쓴 니힡
Ich hasse solche Speisen.
이히 하쓰 졸히으 슈파이즌

그녀는 대중 앞에 나서는 걸 아주 싫어해요.

Sie hasst es vor Publikum zu stehen.
지 하쓷 에쓰 프오어 푸블리쿰 쭈 슈테흔
Sie hasst es im Rampenlicht zu stehen.
지 하쓷 에쓰 임 흐암픈리힡 쭈 슈테흔

그는 내 친구들을 별로 좋아하지 않아요.

Er mag meine Freunde nicht sehr.
에어 막 마이느 프흐오인드 니힡 제어
Er kann meine Freunde nicht leiden.
에어 칸 마이느 프흐오인드 니힡 라이든

저는 과일도 싫고, 채소도 싫어요.

Ich mag weder Obst noch Gemüse.
이히 막 브에더 옵슽 노흐 그뮈즈
Ich mag sowohl kein Obst als auch kein Gemüse.
이히 막 조브올 카인 옵슽 알쓰 아우흐 카인 그뮈즈

꼭! 짚고 가기

불규칙 동사 mögen

'좋아하다'라는 의미의 mögen 외근은 불규칙 동사예요. 주어가 1~3인칭 단수일 때, 특이하게 변해요. 기호, 선호에 대한 이야기를 할 때 많이 쓰는 동사이니 알아 두세요.

주격 인칭 대명사		mögen 외근
나	ich 이히	mag 막
너	du 두	magst 막슽
그	er 에어	
그녀	sie 지	magt 마큳
그것	es 에쓰	
우리	wir 브이어	mögen 외근
너희들	ihr 이어	mögt 외큳
그들	sie 지	mögen 외근
당신	Sie 지	

Kapitel 02

나를 조금 더 자세히!

Kapitel 02.

Schritt 1   신체
Schritt 2   얼굴 & 피부
Schritt 3   이목구비
Schritt 4   헤어스타일 & 수염
Schritt 5   스타일
Schritt 6   옷
Schritt 7   화장
Schritt 8   취미
Schritt 9   음주
Schritt 10   흡연
Schritt 11   반려동물
Schritt 12   식물 가꾸기

Der Körper 신체
데어 쾨어퍼

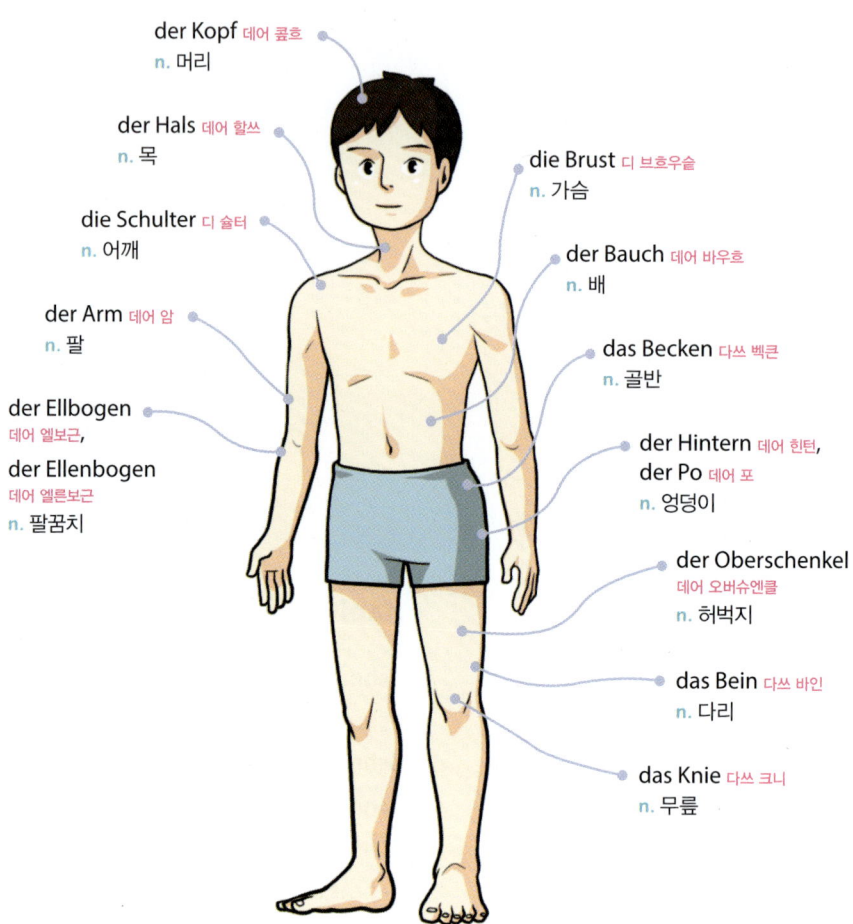

Das Gesicht 얼굴
다쓰 그지힡

die Augenbrauen
디 아우근브흐아우은
n. 눈썹

das Auge
다쓰 아우그
n. 눈

die Nase 디 나즈
n. 코

der Mund 데어 문트
n. 입

die Stirn 디 슈티언
n. 이마

das Ohr 다쓰 오어
n. 귀

die Backe 디 박크,
die Wange 디 브앙으
n. 볼

das Kinn 다쓰 킨
n. 턱

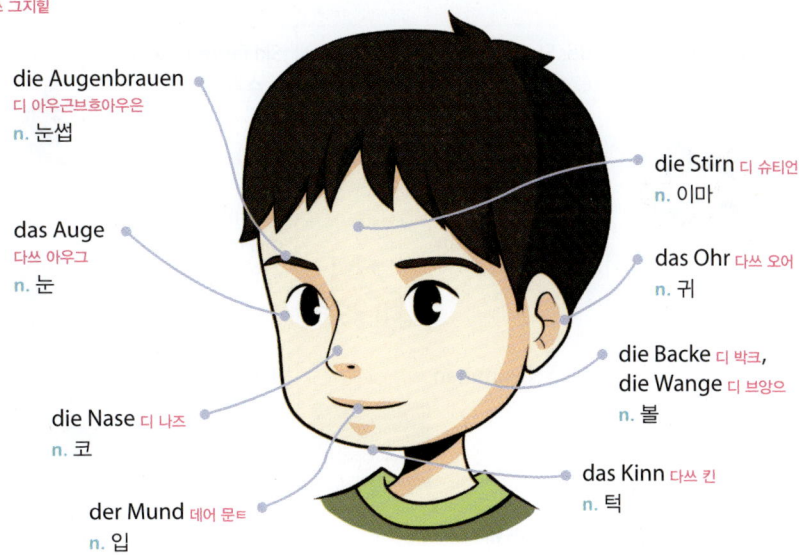

Die Hand 손
디 한트

der Finger 데어 프힝어
n. 손가락

das Handgelenk 다쓰 한트그렝크
n. 손목

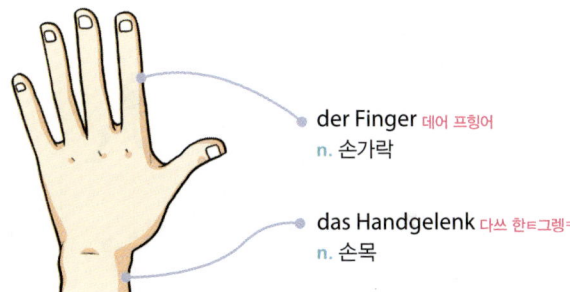

Der Fuß 발
데어 프후쓰

das Fußgelenk 다쓰 프후쓰그렝크
n. 발목

der Zeh 데어 쩨
n. 발가락

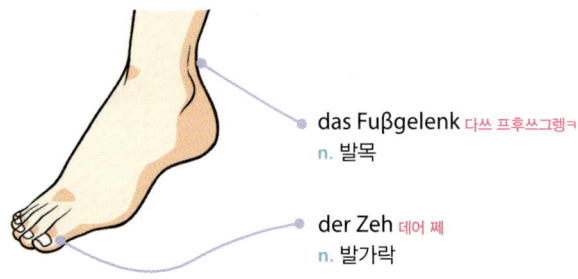

Kapitel 02 나를 조금 더 자세히!

Das Hobby 취미
다쓰 호비

MP3. Wort_K02_2

Sport treiben 슈포얼 트흐아이븐 v. 운동하다 	der Ski 데어 쉬 n. 스키	Ski fahren 쉬 프하흔 v. 스키 타다 
	der Schlittschuh 데어 슐릿슈 n. (아이스)스케이트 	der Inlineskater 데어 인라인스케이터, das Inliner 다쓰 인라이너 n. 인라인스케이트 
	das Schwimmen 다쓰 슈브임믄 n. 수영 	das Schwimmbad 다쓰 슈브임밭 n. 수영장 
	der Fußball 데어 프후쓰발 n. 축구 	der Basketball 데어 바스켙발 n. 농구 
	der Baseball 데어 베이쓰볼 n. 야구 	der Federball 데어 프헤더발 n. 배드민턴 
	das Tennis 다쓰 테니쓰 n. 테니스 	das Golf 다쓰 골프흐 n. 골프 
	das Tischtennis 다쓰 티슈테니쓰 n. 탁구 	das Taekwondo 다쓰 탴원도 n. 태권도 
	das Yoga 다쓰 요가 n. 요가 	das Tanzen 다쓰 탄쯘 n. 춤 

ein Instrument spielen 아인 인스트후우멘트 슈필흔 v. 악기를 연주하다 	die Gitarre 디 기타흐 n. 기타 	die Trommel 디 트흐옴믈 n. 드럼 
	das Klavier 다쓰 클라브이어 n. 피아노 	die Geige 디 가이그 n. 바이올린 
	singen 징은 v. 노래하다 	der Sänger 데어 쟁어/ die Sängerin 디 쟁어흐인 n. 가수 
	das Konzert 다쓰 콘쩨얼 n. 콘서트 	das Musical 다쓰 뮤지컬 n. 뮤지컬 
ins Kino gehen 인쓰 키노 게흔, einen Film sehen 아이는 프힐ㅁ 제흔 v. 영화를 보다 	das Kino 다쓰 키노 n. 영화관 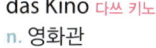	die Uraufführung 디 우어아우프흐프휘어흐웅 n. 초연, 개봉 uraufführen 우어아우프흐프휘어흔 v. 초연하다, 개봉하다
	der Filmregisseur 데어 프힐ㅁ흐에쥐어 n. 영화감독 	der Schauspieler 데어 슈아우슈필러/ die Schauspielerin 디 슈아우슈필러흐인 n. 배우 
ein Buch lesen 아인 부흐 레즌 v. 책을 읽다 	der Roman 데어 흐오만 n. 소설	das Gedicht 다쓰 그디힡 n. 시
	der Buchladen 데어 부흐라든, die Buchhandlung 디 부흐한들룽 n. 서점 	der Schriftsteller 데어 슈흐이프트슈텔러/ die Schriftstellerin 디 슈흐이프트슈텔러흐인 n. 작가

Im Brauhaus 술집에서
임 브흐아우하우쓰

MP3. Wort_K02_3

trinken 트흐잉큰 v. 마시다 	der Wein 데어 브아인 n. 와인 	der Eiswein 데어 아이쓰브아인 n. 차가운 와인, 아이스 와인
	das Bier 다쓰 비어 n. 맥주	alkoholfrei 알코홀프흐아이 adj. 무알콜의
	betrinken 브트흐잉큰, besaufen 브자우프흔 v. 취하다	der Besoffene 데어 브조프흐느, der Betrunkene 데어 브트흐웅크느 n. 취한 사람
	blau 블라우 adj. 술에 취한; 푸른	heiter 하이터 adj. 얼큰히 취한
essen 에쓴 v. 먹다 	die Haxe 디 학쓰 n. 학세(돼지 무릎 관절 요리) 	die Wurst 디 브우어슽 n. 소시지
	der Käse 데어 케즈 n. 치즈	satt sein 잩 자인 v. 배부르다
der Katzenjammer 데어 캍쯘얌머, der Brummschädel 데어 브흐움슈애들 n. 숙취 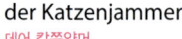	kotzen 콭쯘 v. 토하다 	der Kopfschmerz 데어 콮흐슈메어쯔 n. 두통 
	krank 크흐앙크 adj. 아픈 	der Patient 데어 파찌엔트, der Kranke 데어 크흐앙크 n. 환자 

Das Haustier 반려동물
다쓰 하우쓰티어

MP3. Wort_K02_4

ein Tier züchten 아인 티어 쮜히튼, ein Tier aufziehen 아인 티어 아우프흐찌흔 v. 동물을 기르다	der Hund 데어 훈ㅌ/ die Hündin 디 휜딘 n. 개	der Kater 데어 카터/ die Katze 디 캍쯔 n. 고양이
	das Hündchen 다쓰 휜트히은, der Welpe 데어 브엘프 n. 강아지	das Kätzchen 다쓰 캩쯔히은, das Junge 다쓰 융으 n. 새끼 고양이
benennen 브넨는 v. 이름을 붙이다, 명명하다	beißen 바이쓴 v. 물다	miauen 미아우은 v. (고양이가) 야옹거리다 kratzen 크흐앝쯘 v. 할퀴다
der Hamster 데어 함스터 n. 햄스터	die Schildkröte 디 슈일ㅌ크흐외ㅌ n. 거북	die Schlange 디 슐랑으 n. 뱀
zähmen 째믄, dressieren 드흐에씨어흔 v. 길들이다, 훈련시키다	spazieren 슈파찌어흔 v. 산책하다	füttern 프휱턴 v. 먹이를 주다
gezähmt 그쨈ㅌ, zutraulich 쭈트흐아울리히 adj. 길들여진, 익숙한	zahm 짬 adj. 온순한	wild 브일ㅌ adj. 사나운
bewachen 브브아흔 v. 경계하다, 감시하다	süß 쒸쓰, niedlich 니틀리히 adj. 귀여운	lieblich 리블리히, liebenswürdig 리븐쓰브위어디히 adj. 사랑스러운
bellen 벨른 v. 짖다	gemischt 그미슅 adj. 잡종의	reinrassig 흐아인흐아씨히, vollblütig 프홀블뤼티히 adj. 순종의
aufwachsen 아우프흐브아흐즌 v. 성장하다	der Tierarzt 데어 티어아쯭/ die Tierärztin 디 티어애어쯔틴 n. 수의사 	die Schutzimpfung 디 슡쯔임프훙 n. 예방 접종 

Kapitel 02 나를 조금 더 자세히! 99

Schritt 1 신체 MP3. K02_S01

신체 특징

\# 그는 어깨가 넓어요.
Er hat breite Schultern.
에어 핫 브흐아이트 슐턴

\# 제 여동생은 다리가 길어요.
Meine kleine Schwester hat lange Beine.
마이느 클라이느 슈브에스터 핫 랑으 바이느

\# 아기 엉덩이가 동그랗네요.
Der Popo des Babys ist rund.
데어 포포 데쓰 베이비쓰 이슽 흐운ㅌ
Das Baby hat einen runden Popo.
다쓰 베이비 핫 아이는 흐운든 포포

\# 제 딸은 오른손잡이예요.
Meine Tochter ist Rechtshänderin.
마이느 토흐터 이슽 흐에힡츠핸더흐인

\# 그녀는 키가 조금 작아요.
Sie ist ein bisschen klein.
지 이슽 아인 비쓰히은 클라인

\# 그는 1.8m예요. (그는 180cm예요.)
Er ist 1,80 Meter groβ.
(Er ist 1 Meter 80 groβ.)
에어 이슽 아인 메터 아흘찌히 그흐오쓰

\# 그는 평발이에요.
Er hat Plattfüβe.
에어 핫 플랕휘쓰
Er ist plattfüβig.
에어 이슽 플랕휘씨히

여기서 잠깐!
반의어
- breit 브흐아잍 넓은 ↔ eng 엥/schmal 슈말 좁은
- lang 랑 긴 ↔ kurz 쿠어쯔 짧은
- rund 흐운ㅌ 둥근 ↔ eckig 엨키히 각진
- der Rechtshänder 데어 흐에힡츠핸더 오른손잡이
  ↔ der Linkshänder 데어 링ㅋ쓰핸더 왼손잡이

체중

\# 체중이 얼마입니까?
Wie viel wiegen Sie?
브이 프힐 브이근 지?
Was wiegen Sie?
브아쓰 브이근 지?

\# 요즘 체중이 늘었어요.
Ich habe in letzter Zeit zugenommen.
이히 하브 인 렡쯔터 짜잍 쭈그놈믄
Mein Gewicht hat zugenommen.
마인 그브이힡 핫 쭈그놈믄

\# 저는 뚱뚱해요.
Ich bin dick.
이히 빈 딕
Ich bin fett. (부정적으로만 쓰임)
이히 빈 프휃

\# 그는 날씬해요.
Er ist schlank.
에어 이슽 슈랑ㅋ

\# 너 살이 좀 빠졌네, 그렇지?
Du hast abgenommen, nicht wahr?
두 하슽 압그놈믄, 니힡 브아?

\# 그녀는 뼈가 보일 만큼 말랐어요.
Sie ist so mager, dass man ihre Knochen sehen kann.
지 이슽 조 마거, 다쓰 만 이어흐 크노흔 제흔 칸

\# 그의 체중은 키에 비해 적당해요.
Sein Gewicht entspricht seiner Größe.
자인 그브이힡 엔ㅌ슈프흐이힡 자이너 그흐외쓰

\# 저는 몸무게를 줄이려고 다이어트 중이에요.
Ich mache Diät, um abzunehmen.
이히 마흐 디앹, 움 압쭈네믄

체격 & 기타

 # 그의 체격은 표준이다.

Sein Körperbau ist durchschnittlich.
자인 쾨어퍼바우 이슽 두어히슈니틀리히
Er hat einen durchschnittlichen Körperbau.
에어 핱 아이는 두어히슈니틀리히은 쾨어퍼바우

 # 그는 체격이 좋다.

Er hat einen kräftigen Körperbau.
에어 핱 아이는 크흐애프흐티근 쾨어퍼바우

 # 건강해 보이네요.

Sie sehen gesund aus.
지 제흔 그준트 아우쓰

 # 키가 어떻게 되세요?

Wie groß sind Sie?
브이 그흐오쓰 진트 지?

 # 그는 통통하다.

Er ist ein bisschen dicker.
에어 이슽 아인 비쓰히은 딕커
Er ist mollig.
데어 이슽 몰리히

 # 그는 배만 나왔어요.

Er hat einen Bierbauch.
에어 핱 아이는 비어바우흐

 # 사람은 외형만으로는 판단할 수 없어요.

Einen Mensch kann man nicht nach Äußerlichkeiten beurteilen.
아이는 멘슈 칸 만 니힡 나흐 오이써리히카이튼 브우어타일른

 # 외모에 속지 말아요.

Lassen Sie sich nicht vom Aussehen täuschen.
라쓴 지 지히 니힡 프홈 아우쓰제흔 토이슌

꼭! 짚고 가기

독일인의 평균 키

보통 독일인하면 키가 크고 코가 높고 금발인 사람들을 떠올리죠. 실제로 독일에서는 신장이 190cm 정도인 사람들을 흔히 볼 수 있어요. 그렇다면 통계적으로도 우리가 생각하는 것처럼 독일인들의 키가 클지 알아볼게요.

〈World Population Review〉가 발표한 2025년 국가별 평균신장 통계에 따르면 19세 독일 남성의 평균 키는 180cm, 여성의 경우 166cm라고 해요.

그렇다면 한국인과 비교해 어느 정도의 차이를 보일까요? 같은 자료에 의하면 최근 한국의 평균신장이 남성은 175cm, 여성은 163cm예요. 이렇게 비교해 보면 독일인이 한국인보다 4~5cm 더 큰 것을 알 수 있어요.

Schritt 2 얼굴 & 피부 — MP3. K02_S02

용모

그녀는 동안이야.
Sie hat ein jugendliches Gesicht.
지 핫 아인 유근틀리히으쓰 그지힡
Sie hat ein mädchenhaftes Gesicht.
지 핫 아인 맽히은하프트쓰 그지힡

나는 나이보다 어려 보여요.
Ich sehe jünger aus als ich bin.
이히 제흐 유웡어 아우쓰 알쓰 이히 빈

그는 나이보다 들어 보인다.
Er sieht älter aus als sein Alter vermuten lässt.
에어 짙 앨터 아우쓰 알쓰 자인 알터 프헤어무튼 래슽

나는 양쪽 볼에 보조개가 있어요.
Ich habe Wangengrübchen.
이히 하브 브앙은그흐윕히은

넌 웃을 때가 예뻐.
Du bist schön, wenn du lächelst.
두 비슽 슈왼, 브엔 두 래히을슽

내 얼굴은 늘 부어 있어.
Mein Gesicht sieht immer angeschwollen aus.
마인 그지힡 짙 임머 안그슈볼른 아우쓰

그는 이마가 넓습니다.
Er hat eine breite Stirn.
에어 핱 아이느 브흐아이트 슈티언
Seine Stirn ist breit.
자이느 슈티언 이슽 브흐아잍

얼굴형

내 얼굴은 동그랗다.
Ich habe ein rundes Gesicht.
이히 하브 아인 흐운드쓰 그지힡
Mein Gesicht ist rund.
마인 그지힡 이슽 흐운ㅌ
Ich habe ein Mondgesicht.
이히 하브 아인 몬ㅌ그지힡

그녀는 얼굴이 좀 둥근 편입니다.
Ihr Gesicht ist etwas rundlich.
이어 그지힡 이슽 엩브아쓰 흐운틀리히
Sie hat ein rundliches Gesicht.
지 핟 아인 흐운틀리히으쓰 그지힡

난 달걀형 얼굴이야.
Ich habe ein ovales Gesicht.
이히 하브 아인 오브알르쓰 그지힡
Mein Gesicht ist eiförmig.
마인 그지힡 이슽 아이프회어미히

그는 얼굴이 길어.
Er hat ein langes Gesicht.
에어 핱 아인 랑으쓰 그지힡
Sein Gesicht ist lang.
자인 그지힡 이슽 랑

그녀는 사각턱이야.
Sie hat ein eckiges Kinn.
지 핟 아인 엨키그쓰 킨
Ihr Kinn ist eckig.
이어 킨 이슽 엨키히

나는 얼굴이 여윈 편이야. (부정적 어감, 아파 보일 때)
Mein Gesicht sieht mager aus.
마인 그지힡 지힡 마거 아우쓰

달걀형은 어떤 헤어스타일이든 잘 어울려요.
Zu einem ovalen Gesicht passen alle Frisuren.
쭈 아이늠 오브알른 그지힡 파쓴 알르 프흐이주어흔

Gesicht 그지힡 얼굴
Wangengrübchen 브앙은그흐윕히은 보조개
Stirn 슈티언 이마

피부

그녀는 피부색이 희다.

Sie hat eine helle Hautfarbe.
지 핫 아이느 헬르 하웉프하브
Ihre Hautfarbe ist hell.
이어흐 하웉프하브 이슽 헬

사람들은 구릿빛 피부를 꿈꾸죠.

Menschen wünschen sich eine braune Hautfarbe.
멘슌 브윈슌 지히 아이느 브흐아우느 하웉프하브

피부가 텄어.

Die Haut wird rissig.
디 하웉 브이얼 흐이씨히

피부가 거칠어요.

Ich habe trockene Haut.
이히 하브 트흐오크느 하웉
Ich habe eine spröde Haut.
이히 하브 아이느 슈프흐외드 하웉
Die Haut ist rau.
디 하웉 이슽 흐아우

그녀의 피부는 탄력이 있어요.

Sie hat eine glatte Haut.
지 핫 아이느 글라트 하웉
Ihre Haut ist glatt.
이어흐 하웉 이슽 글랕

피부가 지성이군요.

Sie haben eine fettige Haut.
지 하븐 아이느 프헽티그 하웉
Sie haben eine ölige Haut.
지 하븐 아이느 욀리그 하웉

저는 피부가 너무 예민해요.

Meine Haut ist zu empfindlich.
마이느 하웉 이슽 쭈 엠프힌틀리히
Ich habe eine zu empfindliche Haut.
이히 하브 아이느 쭈 엠프힌틀리히으 하웉

피부 상태

어떻게 하면 여드름 없는 피부를 가질 수 있나요?

Wie bekomme ich meine Pickel weg?
브이 브콤므 이히 마이느 픽클 브엨?

왼뺨에 아주 큰 여드름이 났어요.

Auf meiner linken Wange habe ich einen großen Pickel bekommen.
아우프흐 마이너 링큰 브앙으 하브 이히 아이는 그흐오쓴 픽클 브콤믄

주근깨를 없앨 효과적인 방법을 찾았어요.

Ich habe einen effektiven Weg gefunden, Sommersprossen zu entfernen.
이히 하브 아이는 에프헼티븐 브엨 그프훈든, 좀머슈프흐오쓴 쭈 엔트프헤어는

주근깨 예쁜데 왜 없애려고 해?

Sommersprossen sind doch schön, warum möchtest du sie entfernen?
좀머슈프흐오쓴 진트 도흐 슈왼, 브아흐움 뫼히트슽 두 지 엔트프헤어는?

전 눈가에 주름이 있어요.

Ich habe Lachfalten an meinen Augen.
이히 하브 라흐프할튼 안 마이는 아우근

요즘 피부가 많이 탔어요.

Ich bin braun geworden.
이히 빈 브흐아운 그브오어든

여기서 잠깐!

말괄량이 삐삐의 트레이드마크인 주근깨. 독일인들은 그 주근깨를 예쁘다고 생각해요. 여름이면 공원에서 일광욕을 하는 사람들을 쉽게 볼 수 있어요. 건강하게 그을린 피부를 위해 일부러 햇빛 아래 누워 있는 독일인들이 주근깨를 무서워하면 말이 안 되겠죠.

Schritt 3 이목구비 MP3. K02_S03

눈 ①

네 눈은 파란색이구나.

Deine Augen sind blau.
다이느 아우근 진ㅌ 블라우
Du hast blaue Augen.
두 하슽 블라우으 아우근

그는 눈이 초롱초롱해요.

Er hat klare Augen.
에어 핱 클라흐 아우근

그녀는 크고 아름다운 눈을 가졌어요.

Sie hat schöne, große Augen.
지 핱 슈외느, 그흐오쓰 아우근

잠 못 잤니? 너 눈이 충혈됐어.

Konntest du nicht gut schlafen? Du hast gerötete Augen.
콘트슽 두 니힡 궅 슐라프흔? 두 하슽 그흐외트트 아우근
Hast du schlecht geschlafen? Deine Augen sind gerötet.
하슽 두 슐레힡 그슐라프흔? 다이느 아우근 진ㅌ 그흐외튵

난 쌍꺼풀이 있어.

Ich habe ein doppeltes Augenlid.
이히 하브 아인 돞플트쓰 아우근맅

쌍꺼풀이 있는 사람들의 눈이 더 커 보여요.

Die Augen von Menschen mit einem doppelten Lid sehen größer aus.
디 아우근 프혼 멘슌 밑 아이늠 돞플튼 맅 제흔 그흐외써 아우쓰

난 긴 속눈썹을 가졌어.

Ich habe lange Wimpern.
이히 하브 랑으 브임펀

눈 ②

당신 눈은 움푹 들어갔어요.

Sie hat tiefliegende Augen.
지 핱 티프흐리근드 아우근

그의 눈은 가까이 몰려 있어요.

Er hat eng stehende Augen.
에어 핱 엥 슈테흔드 아우근
Seine Augen stehen nah beieinander.
자이느 아우근 슈테흔 나 바이아인안더

내 눈은 가느다랗다.

Meine Augen sind schlitzäugig.
마이느 아우근 진ㅌ 슐맅쯔오이기히

녹색은 가장 드문 눈 색상이지요.

Grüne Augen sind besonders selten.
그흐위느 아우근 진ㅌ 브존더쓰 젤튼
Die grüne Augenfarbe ist sehr selten.
디 그흐위느 아우근프하브 이슽 제어 젤튼

제가 보기에 제 눈은 너무 작아요.

Ich finde meine Augen zu klein.
이히 프힌드 마이느 아우근 쭈 클라인
Ich denke, dass meine Augen zu klein sind.
이히 뎅크, 다쓰 마이느 아우근 쭈 클라인 진ㅌ

눈을 감아 보세요.

Machen Sie die Augen zu.
마흔 지 디 아우근 쭈
Schließen Sie die Augen.
슐리쓴 지 디 아우근

시력

\# 시력이 어떻게 되세요?

Wie ist Ihre Sehkraft?
브이 이슽 이어흐 제크흐아픝?

\# 시력이 좋으신가요?

Haben Sie gute Augen?
하븐 지 구트 아우근?

\# 저는 시력이 좋지 않아요. 그래서 안경을 쓰는 거예요.

Ich habe schlechte Augen. Deshalb trage ich eine Brille.
이히 하브 슐레히트 아우근. 데쓰할ㅍ 트흐아그 이히 아이느 브흐일르

\# 약간 근시가 있어요.

Ich bin etwas kurzsichtig.
이히 빈 엩브아쓰 쿠어쯔지히티히

\# 그는 색맹이에요.

Er ist farbenblind.
에어 이슽 프하븐블린ㅌ

\# 컴퓨터를 너무 오래 해 시력이 나빠졌어요.

Ich habe schlechte Augen bekommen, weil ich zu viel mit dem Computer gearbeitet habe.
이히 하브 슐레히트 아우근 브콤믄, 브아일 이히 쭈 프힐 밑 뎀 컴퓨터 그아바이틑 하브

\# 그는 눈이 보이지 않아요.

Er ist blind.
에어 이슽 블린ㅌ

\# 그녀는 시력을 되찾았어요.

Sie hat ihr Augenlicht zurückbekommen.
지 핱 이어 아우근리힡 주흐윅브콤믄

꼭! 짚고 가기

눈과 관련된 관용어와 속담

독일어에는 눈과 관련된 많은 관용어와 속담들이 있어요. 적절한 상황에 활용해 보도록 해요.

- Aus den Augen, aus dem Sinn.
  아우쓰 덴 아우근, 아우쓰 뎀 진
  눈에서 멀어지면 마음에서도 멀어진다.
- Das Feld hat Augen, der Wald Ohren.
  다쓰 프헬ㅌ 핱 아우근, 데어 브알ㅌ 오어흔
  낮말은 새가 듣고 밤말은 쥐가 듣는다.
  (들은 눈을 가지고 있고 숲은 귀를 가지고 있다.)
- Böse Augen sehen nie nichts Gutes.
  뵈즈 아우근 제흔 니 니힡츠 구트쓰
  뭐 눈에는 뭐만 보인다.
  (나쁜 눈을 가진 사람은 좋은 것을 보지 못 한다.)
- Die Augen sind der Spiegel der Seele. 디 아우근 진ㅌ 데어 슈피글 데어 젤르
  눈을 보면 사람을 알 수 있다.
  (눈은 영혼의 거울이다.)
- Vier Augen sehen mehr als zwei.
  프히어 아우근 제흔 메어 알쓰 쯔브아이
  두 사람이 한 사람보다 낫다.
  (네 개의 눈이 두 개의 눈보다 많은 것을 본다.)
- Ein Auge zudrücken 아인 아우그 쭈드흐윅큰 눈감아 주다(한쪽 눈을 감다)
- Aus den Augen verlieren
  아우쓰 덴 아우근 프헤어리어흔
  (시야에서) 놓치다(시야에서 잃어버리다)
- Darf ich mit dir unter vier Augen sprechen? 닿흐 이히 밑 디어 운터 프히어 아우근 슈프흐에히은?
  우리끼리 얘기할 수 있을까?
  (네 개의 눈 아래에서 얘기해도 될까?)
- Ein Auge auf jemanden werfen
  아인 아우그 아우프흐 예만든 브에어프흔
  ~을 주시하다(~에게 시선을 던지다)

Kapitel 02 나를 조금 더 자세히!

코의 생김새

그는 매부리코예요.

Er hat eine Hakennase.
에어 핱 아이느 하큰나즈
Er hat eine Adlernase.
에어 핱 아이느 아들러나즈

나는 코가 납작해요.

Ich habe eine flache Nase.
이히 하브 아이느 프흘라흐 나즈
Meine Nase ist platt.
마이느 나즈 이스 플랕

네 코는 뾰족하구나.

Du hast eine spitze Nase.
두 하슽 아이느 슈핕쯔 나즈
Deine Nase ist spitz.
다이느 나즈 이슽 슈핕쯔
Du hast eine Stupsnase.
두 하슽 아이느 슈툪쓰나즈

그는 코가 커요.

Er hat eine große Nase.
에어 핱 아이느 그흐오쓰 나즈

여기서 잠깐!
독일에서는 서로 외모에 관한 이야기를 거의 하지 않아요. 독일인들은 외모에 큰 관심이 없을 뿐만 아니라 외모에 대해 이야기하는 것을 불편해하며 무례한 행동이라고 여겨요. 다양한 표현들을 알고 자신을 표현하기 위해 여러 문장들을 알려 드렸지만, 자신 외에 다른 사람의 외모를 평가하거나 언급하는 데에는 쓰지 않는 것이 좋답니다.

코 관련 증상

그는 자주 코감기에 걸려요.

Er hat oft Schnupfen.
에어 핱 오픝 슈눞흔
Er fängt sich oft einen Schnupfen ein.
에어 프행ㅌ 지히 오픝 아이느 슈눞흔 아인
Er holt sich oft den Schnupfen.
에어 홀ㅌ 지히 오픝 덴 슈눞프흔

콧물이 나온다.

Mir läuft die Nase.
미어 로이픝 디 나즈
Meine Nase läuft.
마이느 나즈 로이픝

어릴 때 자주 코피가 났어요.

Ich hatte oft Nasenbluten, als ich klein war.
이히 핱트 오픝 나즌블루튼, 알쓰 이히 클라인 브아
Als ich klein war, blutete meine Nase oft.
알쓰 이히 클라인 브아, 블루트트 마이느 나즈 오픝

코가 막혔다.

Meine Nase ist verstopft.
마이느 나즈 이슽 프헤어슈톺흘
Meine Nase ist zu.
마이느 나즈 이슽 쭈

코 좀 훌쩍이지 마.

Zieh die Nase nicht hoch.
찌 디 나즈 니힡 호흐

코를 풀어.

Schnäuz dir die Nase.
슈노이쯔 디어 디 나즈
Putz dir die Nase.
풀쯔 디어 디 나즈

귀

그는 귀가 밝아요.

Er hat ein feines Gehör.
에어 핟 아인 프하이느쓰 그회어

Er hat ein scharfes Ohr.
에어 핟 아인 슈아프흐쓰 오어

저는 귀가 어두워요.

Ich habe schlechte Ohren.
이히 하브 슐레히트 오어흔

Ich höre nicht gut.
이히 회어흐 니힡 굳

귀 좀 빌려줘.

Leihe mir kurz dein Ohr.
라이흐 미어 쿠어쯔 다이느 오어

내 말 잘 들어.

Höre mir kurz zu.
회어흐 미어 쿠어쯔 쭈

그는 보청기를 끼고 있다.

Er hat ein Hörgerät.
에어 핟 아인 회어그ह앹

우리는 열심히 귀를 기울였다.

Wir haben fleiβig zugehört.
브이어 하븐 프흘라이쓰히 쭈그회엍

Wir haben unsere Ohren gespitzt.
브이어 하븐 운저흐 오어흔 그슈핕쯭

그는 좋은 음감을 가지고 있다.
(그는 절대 음감을 가지고 있다.)

Er hat ein musikalisches Gehör.
에어 핟 아인 무지칼리슈으쓰 그회어

Er hat eine gute Tonempfindung.
에어 핟 아이느 구트 톤엠프힌둥

귀를 뚫었어요.

Ich bin am Ohr gepierct.
이히 빈 암 오어 그피어쓷

Ich trage Ohrringe.
이히 트흐아그 오어흐잉으

꼭! 짚고 가기

코와 관련된 관용어

독일어 단어 중 코와 관련한 다양한 관용어들이 일상에서 활용되고 있어요. 한국에서 '콧대가 높다'고 하면 '까다롭다, 잘난 척하다'라는 의미인 것처럼 독일에서도 'Nase hoch halten. 나즈 호흐 할튼(코를 높게 들다)'이 '잘난 척하다'라는 의미로 쓰여요. 코와 관련된 관용어를 익혀 봐요.

- auf die Nase fallen 아우프흐 디 나즈 프할른
  실패하다, 좌절하다 (코로 넘어지다)
- der Konkurrenz immer eine Nasenlänge voraus sein
  데어 콘쿠흐엔쯔 임머 아이느 나즌랭으 프호어흐아우쓰 자인
  경쟁자보다 항상 앞서다
  (경쟁자보다 항상 코 길이만큼 앞서다)
- der Nase nachgehen 데어 나즈 나흐게흔
  직관을 따르다(코만 따라가다)
- die Nase in Dinge stecken, die einen nichts angehen
  디 나즈 인 딩으 슈텍큰, 디 아이느 니힡츠 안게흔
  상관없는 일에 참견하다
  (상관없는 일에 코를 박다)
- die Nase voll haben 디 나즈 프홀 하븐
  진저리 치다, 무엇에 싫증이 나다
  (코가 가득 차다)
- direkt vor der Nase sein
  디흐에클 프호어 데어 나즈 자인
  코앞에 있다(코 바로 앞에 있다)
- eins auf die Nase bekommen
  아인쓰 아우프흐 디 나즈 브콤믄
  꾸중을 듣다(코를 한 대 맞다)
- jemandem auf der Nase herumtanzen
  예만듬 아우프흐 데어 나즈 헤어흐움탄쯘
  누군가를 내 마음대로 조종하다
  (누군가의 코 위에서 춤을 추다)
- jemandem die Tür vor der Nase zuknallen 예만듬 디 튀어 프호어 데어 나즈 쭈크날른
  문전에서 내쫓다(코앞에서 문을 닫다)

Kapitel 02 나를 조금 더 자세히!

입 & 입술

그들은 입이 커요.

Sie haben einen breiten Mund.
지 하븐 아이는 브흐아이튼 문트
Sie haben einen großen Mund.
지 하븐 아이는 그흐오쓴 문트

그녀는 입매가 예뻐요.

Sie hat einen hübschen Mund.
지 핱 아이는 휩슌 문트
Ihr Mund ist schön.
이어 문트 이슽 슈왼

그녀의 입술이 촉촉해 보여요.

Ihre Lippen glänzen.
이어흐 맆픈 글랜쯘

그의 입술은 두꺼워요.

Er hat volle Lippen.
에어 핱 프홀르 맆픈
Seine Lippen sind voll.
자이느 맆픈 진트 프홀

그는 입냄새가 심해요.

Er hat einen starken Mundgeruch.
에어 핱 아이는 슈타큰 문트그흐우흐
Er riecht aus dem Mund.
에어 흐이힡 아우쓰 뎀 문트

저는 이 립스틱을 세 가지 색상으로 가지고 있어요.

Ich habe diesen Lippenstift in drei Farben.
이히 하브 디즌 맆픈슈티픝 인 트흐아이 프하븐

저는 부드러운 입술이 좋아요.

Ich mag weiche Lippen.
이히 막 브아이히으 맆픈

입 관련 동작

입 크게 벌려 봐.

Den Mund weit öffnen.
덴 문트 브아잍 외프흐는

그 꼬마는 언 손에 입김을 불었어요.

Das Kind hauchte in seine frierenden Hände.
다쓰 킨트 하우흐테 인 자이느 프흐이어흔든 핸드

그녀가 입가에 미소를 띠며 저기 앉아 있었어요.

Sie saß dort mit einem lächelnden Mund.
지 자쓰 도엍 밑 아이늼 래히읠든 문트
Ihr Mund lächelte, als sie dort saß.
이어 문트 래히엍트, 알쓰 지 도엍 자쓰

그들은 입맞춤을 해요.

Sie haben sich geküsst.
지 하븐 지히 그퀴슽

그는 입을 열려고 하지 않아요.

Er schwieg.
에어 슈브익
Er wollte nichts sagen.
에어 브올트 니힡츠 자근

혀를 내밀어 보세요.

Strecken Sie bitte die Zunge heraus.
슈트흐엨큰 지 비트 디 쭝으 헤어흐아우쓰

혀를 깨물었어요.

Ich habe mich auf die Zunge gebissen.
이히 하브 미히 아우프흐 디 쭝으 그비쓴

강아지가 혀로 밥그릇을 깨끗이 핥았어요.

Der Hund hat sein Näpfchen sauber ausgeleckt.
데어 훈트 핱 자인 냎히흔 자우버 아우쓰그렠킅

구강

\# 잇몸이 부어 있네요.

Das Zahnfleisch ist angeschwollen.
다쓰 짠프흘라이슈 이슽 안그슈브올른

\# 전 웃을 때 잇몸이 보여요.

Wenn ich lache, kann man mein Zahnfleisch sehen.
붼엔 이히 라흐, 칸 만 마인 짠프흘라이슈 제흔
Beim Lachen sieht man mein Zahnfleisch.
바임 라흔 짙 만 마인 짠프흘라이슈

\# 가글로 박테리아를 제거해요.

Mit Mundwasser entfernt man Bakterien.
밑 문트브아써 엔트프헤어언트 만 박테흐이은
Bakterien kann man durch Gurgeln entfernen.
박테흐이은 칸 만 두어히 구어글ㄴ 엔트프헤어는

\# 식사 후에 양치는 필수죠.

Nach dem Essen muss man die Zähne putzen.
나흐 뎀 에쓴 무쓰 만 디 째느 풀쯘
Nach der Mahlzeit sollte man seine Zähne putzen.
나흐 데어 말짜일 졸트 만 자이느 째느 풀쯘

\# 치실 사용해요?

Benutzen Sie Zahnseide?
브눝쯘 지 짠자이드?

\# 저는 녹차로 입가심해요.

Ich trinke grünen Tee, um den Nachgeschmack loszuwerden.
이히 트흐잉크 그흐위는 테, 움 덴 나흐그슈막 로쓰쭈브에어든
Den Nachgeschmack werde ich durch grünen Tee los.
덴 나흐그슈막 브에어드 이히 두어히 그흐위는 테 로쓰

치아 관련

\# 유치는 몇 살쯤 되면 빠지나요?

Wann fallen die Milchzähne aus?
브안 프할른 디 밀히째느 아우쓰?

\# 이가 고르게 났네요.

Die Zähne sind gerade gewachsen.
디 째느 진트 그흐아드 그브아흐쓴
Schöne gerade Zähne haben Sie.
슈외느 그흐아드 째느 하븐 지

\# 그녀는 덧니가 있어요.

Sie hat einen hervorstehenden Zahn.
지 핱 아이는 헤어프호어슈테흔든 짠
Ihr Zahn steht hervor.
이어 짠 슈텥 헤어프호어

\# 내 여동생의 이는 하얗다.

Meine Schwester hat weiße Zähne.
마이느 슈브에스터 핱 브아이쓰 째느

\# 사랑니를 뽑아야만 할까요?

Muss man den Weisheitszahn ziehen lassen?
무쓰 만 덴 브아이쓰하잍츠짠 찌흔 라쓴?

\# 이가 아파요.

Ich habe Zahnschmerzen.
이히 하브 짠슈메어쯘
Der Zahn schmerzt.
데어 짠 슈메어쯭

\# 앞니가 흔들려요.

Der Vorderzahn wackelt.
데어 프호어더짠 브아클트

\# 어금니에 충치가 있어요.

Ich habe Karies am Backenzahn.
이히 하브 카흐이으쓰 암 박큰짠
Der Backenzahn hat Karies.
데어 박큰짠 핱 카흐이으쓰

Schritt 4 헤어스타일 & 수염 MP3. K02_S04

헤어스타일 ①

저는 머리가 짧아요.

Ich habe kurze Haare.
이히 하브 쿠어쯔 하흐
Meine Haare sind kurz.
마이느 하흐 진트 쿠어쯔

그녀는 단발머리예요.

Sie trägt einen Bubikopf.
지 트흐애클 아이는 부비콥흐

그녀의 머리는 엄청 길어요.

Sie hat sehr lange Haare.
지 핱 제어 랑으 하흐

그녀는 항상 머리를 뒤로 묶어요.

Sie trägt immer einen Zopf.
지 트흐애클 임머 아이는 쫖흐
Sie bindet ihre Haare immer zusammen.
지 빈듵 이어흐 하흐 임머 쭈잠믄

파스칼은 곱슬머리예요.

Pascal hat Locken.
파스칼 핱 록큰

그는 대머리예요.

Er hat eine Glatze.
에어 핱 아이느 글랕쯔
Er hat einen kahlen Kopf.
에어 핱 아이는 카른 콮흐

그녀는 최신 유행하는 헤어스타일을 하고 있어요.

Sie hat eine modische Frisur.
지 핱 아이느 모디슈 프흐이쥬어

엄마는 내 머리를 땋는 것을 좋아해요.

Meine Mutter liebt es meine Haare zu flechten.
마이느 뭍터 맆트 에쓰 마이느 하흐 쭈 프흘레히튼

헤어스타일 ②

당신의 머리는 무슨 색인가요?

Welche Haarfarbe haben Sie?
브엘히으 하프하브 하븐 지?

저는 금발이에요.

Ich bin blond.
이히 빈 블론트
Ich bin Blondine. → 여자일 때
이히 빈 블론디느
Ich habe blonde Haare.
이히 하브 블론드 하흐

요즘 한국에서는 염색이 유행이에요.

Der Trend in Korea ist heutzutage die Haare zu färben.
데어 트흐엔트 인 코흐에아 이슽 호읻쭈타그 디 하흐 쭈 프해어븐

아빠 머리에 흰머리가 나기 시작했어요.

Mein Vater bekommt langsam weiße Haare.
마인 프하터 브콤트 랑잠 브아이쓰 하흐

제 머리결이 상했어요.

Meine Haare sind kaputt.
마이느 하흐 진트 카풑

고데기 없이 웨이브 머리를 만드는 방법이 있나요?

Gibt es eine Möglichkeit sich ohne Lockenstab gewellte Haare zu machen?
깊트 에쓰 아이느 뫼클리히카잍 지히 오느 록큰슈탚 그브엘트 하흐 쭈 마흔?

전 머리카락이 뻣뻣해서 빗을 수가 없어요.

Meine Haare sind so widerspenstig, dass man sie kaum kämmen kann.
마이느 하흐 진트 조 브이더슈펜스티히, 다쓰 만 지 카움 캠믄 칸

수염

그의 콧수염이 삐져나왔어요.

Sein Schnurrbart ragt heraus.
자인 슈누어밭 흐아클 헤어흐아우쓰

콧수염 정리 좀 해.

Rasiere deinen Schnurrbart ordentlich.
흐아지어흐 다이느 슈누어밭 오어든틀리히

그는 구레나룻이 있어요.

Er hat Koteletten.
에어 핱 코틀렡튼

그는 턱밑 수염을 길러요.

Er lässt sich einen Kinnbart wachsen.
에어 래슽 지히 아이는 킨밭 브아흐즌

그는 매일 아침 수염을 깎아요.

Er rasiert sich jeden Morgen.
에어 흐아지엍 지히 예든 모어근

Er rasiert sich den Bart jeden Morgen.
에어 흐아지엍 지히 덴 밭 예든 모어근

그는 털이 참 많아요.

Er ist sehr behaart.
에어 이슽 제어 브핱

꼭! 짚고 가기

헤어스타일 관련 표현

독일에서 미용실을 가고 싶다면 정확한 단어를 알고 구체적으로 설명할 수 있어야 해요. 한국과 달리 헤어스타일 관련 단어들이 세부적이진 않기 때문이죠. 그렇다면 어떤 단어들을 알아야 할까요?

- kurz 쿠어쯔 짧은
- lang 랑 긴
- schneiden 슈나이든 자르다
- der Friseur 데어 프흐이죠어 미용사(남자)
- die Friseurin 디 프흐이죠어흐인 미용사(여자)
- die Locken 디 록큰 곱슬머리
- die welliges Haar 디 브엘리그쓰 하 웨이브
- die Haarfarbe 디 하프하브 머리 색
- färben 프해어븐 염색하다
- flechten 프흘레히튼 (머리를) 땋다
- der Pony 데어 포니 앞머리
- der Haarschnitt 데어 하슈닡 헤어스타일
- der Stufenschnitt 데어 슈투프흔슈닡 층을 낸 머리
- glätten 글랱튼 (곱슬머리를) 곧게 펴다

Schritt 5 스타일   MP3. K02_S05

스타일 ①

그녀는 귀여워.

Sie ist süβ.
지 이슽 쥐쓰
Sie ist niedlich. (주로 어린이나 동물에 쓰임)
지 이슽 니틀리히
Sie sieht süβ aus. (외모에만 한정됨)
지 짙 쥐쓰 아우쓰

그는 아주 세련되게 생겼어.

Er sieht sehr elegant aus.
에어 짙 제어 엘레간트 아우쓰

그는 잘생겼어.

Er sieht sehr gut aus.
에어 짙 제어 굴 아우쓰

그녀는 예쁘고 섹시해.

Sie ist hübsch und sexy.
지 이슽 휩슈 운 섹씨
Sie ist schön und aufreizend.
지 이슽 슈왼 운 아우프흐아이쫀트

저 남자 섹시한데.

Der Junge ist sexy.
데어 융으 이슽 섹씨
Er sieht heiß aus.
에어 짙 하이쓰 아우쓰

가까이에서 보니 훨씬 미인이신데요.

Sie sehen aus der Nähe noch viel schöner aus.
지 제흔 아우쓰 데어 내흐 노흐 프힐 슈외너 아우쓰

그는 참 지적이야.

Er ist sehr intellektuell.
에어 이슽 제어 인텔렉투엘
Er sieht sehr intelligent aus. (외모를 말할 때)
에어 짙 제어 인텔리겐트 아우쓰

intellektuell 인텔렉투엘 지적인
= intelligent 인텔리겐트

스타일 ②

너 오늘 멋져 보이는데.

Du siehst heute schick aus.
두 지슽 호이트 슈잌 아우쓰

그는 멋을 아는 남자다.

Der Mann hat Geschmack.
데어 만 핱 그슈맠
Der Mann weiß, was gut aussieht.
데어 만 브아이쓰, 브아쓰 굴 아우쓰짙
Der Mann versteht, wie man sich schick kleidet.
데어 만 프헤어슈텓, 브이 만 지히 슈잌 클라이들

난 그의 외모가 마음에 들어요.

Mir gefällt sein Aussehen.
미어 그프핼트 자인 아우쓰제흔
Sein Gesicht gefällt mir.
자인 그지힡 그프핼트 미어

제 여자 친구는 몸매가 좋아요.

Meine Freundin hat eine gute Figur.
마이느 프흐오인딘 핱 아이느 구트 프히구어

그는 옷을 참 세련되게 잘 입어요.

Er kleidet sich sehr elegant.
에어 클라이듵 지히 제어 엘레간트
Er ist sehr schick gekleidet.
에어 이슽 제어 슈잌 그클라이들

그녀는 항상 수수하게 옷을 입어요.

Sie ist immer schlicht gekleidet.
지 이슽 임머 슐리힡 그클라이들
Sie hat immer einfache Kleider an.
지 핱 임머 아인프하흐 클라이더 안

전 말괄량이였어요.

Ich war ein wildes Mädchen.
이히 브아 아인 브일드쓰 맬히은
Ich war eine kleine Hexe.
이히 브아 아이느 클라이느 헼쓰

닮았다고 말할 때

\# 엘리자벳은 자기 어머니를 닮았어요.

Elisabeth sieht ihrer Mutter ähnlich.
엘리자벨 짙 이어허 묻터 애늘리히

\# 부부는 결국 닮아요.

Ehepaare ähneln sich sehr.
에흐파흐 애늘ㄴ 지히 제어

\# 오빠는 엄마의 눈을 닮고 나는 아빠의 코를 닮았어요.

Mein Bruder hat die Augen der Mutter, und ich habe die Nase des Vaters.
마인 브흐우더 핱 디 아우근 데어 묻터, 운ㅌ 이히 하브 디 나즈 데쓰 프하터쓰

\# 연예인 닮았다는 얘기 자주 듣지 않아요?

Hören Sie nicht häufig, dass Sie dem einen Schauspieler so ähneln?
회어흔 지 니힡 호이프히히, 다쓰 지 뎀 아이는 슈아우슈필러 조 애늘ㄴ?

\# 누구 닮았다는 얘기 많이 듣죠?

Bekommen Sie nicht oft zu hören, dass Sie jemandem wie aus dem Gesicht geschnitten sind?
브콤믄 지 니힡 오픝 쭈 회어흔, 다쓰 지 예만뎀 브이 아우쓰 뎀 그지힡 그슈닡튼 진ㅌ?

\# 제가 아는 사람이랑 닮았네요.

Sie sehen jemandem ähnlich, den ich kenne.
지 제흔 예만듬 애늘리히, 덴 이히 켄느

\# 너희는 구별이 안 될 만큼 닮았어.

Ihr ähnelt euch wie ein Ei dem anderen.
이어 애늘ㅌ 오이히 브이 아인 아이 뎀 안더흔

꼭! 짚고 가기

독일의 천연 화장품 ①

누구나 피부 고민을 하죠. 그리고 되도록 피부에 좋은 화장품을 사용하고 싶어해요. 특히 합성보존료를 줄이고 천연 성분을 원료로 사용하는 천연 화장품은 인기가 높죠. 그런데 독일이 천연 화장품 강국이었다는 사실 알고 있었나요? 지금부터 독일의 천연 화장품 브랜드들과 독일에서 이 제품들을 살 수 있는 방법을 알려 드릴게요.

천연 화장품 브랜드
- 닥터하우쉬카 Dr. Hauschka 독토어 하우슈카
- 로고나 Logona 로고나
- 라베라 Lavera 라브에흐아
- 비오텀 Bioturm 비오투엄
- 타우트로픈 Tautropfen 타우트흐오프픈
- 산타베르데 Santa Verde 잔타 브에어드
- 마르티나 겝하르트 Martina Gebhardt 마흐티나 겝하흘
- 벨레다 Weleda 브엘레다
- 프리마베라 Primavera 프흐이마브에흐아
- 아이 운트 엠 I und M 이 운ㅌ 엠
- 알바 Alva 알브아
- 루보스 Luvos 루브오쓰
- 씨엠디 CMD 체엠데
- 에코 코스메틱 Eco Cosmetics 에코 코스메틱쓰
- 울테크람 Urtekram 우어테크흐암
- 카디 Khadi 카디
- 비오코스마 Biokosma 비오코쓰마
- 아만 프라나 Aman Prana 아만 프흐아나
- 베르크란드 Bergland 베억란ㅌ
- 아리에스 Aries 아흐이에쓰
- 베네코스 Benecos 베네코쓰
- 알베르드 Alverde 알브에어드 등

Kapitel 02 나를 조금 더 자세히!

Schritt 6 옷

옷 취향

\# 난 원피스를 즐겨 입어요.

Ich ziehe gerne Kleider an.
이히 찌흐 게어느 클라이더 안

\# 그는 항상 검정색 옷만 입어요.

Er kleidet sich immer schwarz.
에어 클라이듵 지히 임머 슈브아쯔
Er zieht nur schwarze Kleider an.
에어 찔 누어 슈브아쯔 클라이더 안

\# 그녀는 옷을 화려하게 입는 편이에요.

Sie trägt gerne knallige Farben.
지 트흐애큳 게어느 크날리그 프하븐
Sie hat meistens sehr bunte Kleidung an.
지 핱 마이스튼쓰 제어 붇트 클라이둥 안

\# 그는 항상 정장을 입어요.

Er hat immer einen Anzug an.
에어 핱 임머 아이는 안쭉 안

\# 제게 어울리는 스타일을 찾고 싶어요.

Ich möchte eine Mode finden, die zu mir passt.
이히 뫼히트 아이느 모드 프힌든, 디 쭈 미어 파슽

\# 저는 바지보다는 치마를 선호해요.

Ich mag Röcke mehr als Hosen.
이히 맠 흐욐크 메어 알쓰 호즌

\# 요즘 젊은이들은 줄무늬 옷을 자주 입어요.

Jüngeren Leute tragen gerne gestreifte Kleider.
유윙어흔 로이트 트흐아근 게어느 그슈트흐아이프흐트 클라이더

\# 나이 있으신 분들은 밝고 단정한 옷을 좋아해요.

Ältere Menschen tragen helle, dezente Farben.
앨터흐 멘슌 트흐아근 헬르, 데쯘트 프하븐

옷차림 ①

\# 이거 지금 유행이야.

Das ist in.
다쓰 이슽 인
Das ist modisch.
다쓰 이슽 모디슈
Das ist trendig.
다쓰 이슽 트흐엔디히
Das ist heutige Mode.
다쓰 이슽 호이티그 모드
Das trägt man heute (so).
다쓰 트흐애큳 만 호이트 (조)

\# 그녀는 최신 유행 옷만 입어.

Sie geht mit der Mode.
지 겥 밑 데어 모드
Sie geht mit dem Trend.
지 겥 밑 뎀 트흐엔트

\# 그는 유행을 앞서가요.

Er ist Trendsetter.
에어 이슽 트흐엔트쎝터
Er ist ein modisches Vorbild.
에어 이슽 아인 모디슈쓰 프호어빌트

\# 너는 아무거나 잘 어울려.

Dir steht alles gut.
디어 슈텥 알르쓰 굩

\# 나는 유행을 잘 안 따라가요.

Ich folge nicht immer dem Trend.
이히 프홀그 니힡 임머 뎀 트흐엔트
Ich gehe nicht immer mit der Mode.
이히 게흐 니힡 임머 밑 데어 모드

\# 그는 옷차림에 별로 신경을 쓰지 않아.

Er interessiert sich nicht für Mode.
에어 인터흐씨얼 지히 니힡 프휘어 모드

\# 그녀는 촌스러운 사람이야.
(그녀는 결코 유행을 따라가지 못 해.)

Sie kleidet sich nicht modisch.
지 클라이듵 지히 니힡 모디슈

옷차림 ②

스타일 멋있는데!

Steht dir!
슈텔 디어!
(Du) Siehst gut aus!
(두) 지슽 굳 아우쓰!
Schick!
슈잌!

그 옷 입으니까 세련되어 보여.

In dem Kleid siehst du elegant aus.
인 뎀 클라잍 지슽 두 엘레간트 아우쓰

이 바지는 네게 너무 꽉 끼어.

Die Hose passt dir nicht.
디 호즈 파슽 디어 니힡
Die Hose ist zu klein für dich.
디 호즈 이슽 쭈 클라인 프휘어 디히

이 색이 네게 더 잘 어울려.

Diese Farbe steht dir besser.
디즈 프하브 슈텥 디어 베써
Diese Farbe passt besser zu dir.
디즈 프하브 파슽 베써 쭈 디어

요즘은 크게 입는 게 유행이야.

Zurzeit sind weite Kleider in Mode.
쭈어짜잍 진트 브아이트 클라이더 인 모드
Heutzutage trägt man gerne Übergrößen.
호읻쭈타그 트흐애클 만 게어느 위버그흐외쎈

여름에 그녀는 민소매를 즐겨 입어.

Im Sommer zieht sie gerne ärmellose Kleider an.
임 좀머 찥 지 게어느 애어믈로즈 클라이더 안
Im Sommer trägt sie gerne schulterfreie Kleider.
임 좀머 트흐애클 지 게어느 슐터프흐아이으 클라이더

옷차림 ③

저는 항상 상황에 맞는 옷을 입어요.

Ich kleide mich immer dem Anlass entsprechend.
이히 클라이드 미히 임머 뎀 안라쓰 엔트슈프흐에히은트

졸업식 때 입을 드레스 좀 골라 줄래?

Kannst du mir helfen, ein Kleid für die Abschlussparty auszusuchen?
칸슽 두 미어 헬프흔, 아인 클라잍 프휘어 디 압슐루쓰파티 아우쓰쭈주흔?

이번 파티의 드레스 코드가 뭐예요?

Was gibt es für einen Dresscode für diese Party?
브아쓰 깁트 에쓰 프휘어 아이는 드흐에쓰코드 프휘어 디즈 파티?

그녀는 디자이너 옷만 입어요.

Sie trägt nur Designer-Mode.
지 트흐애클 누어 디자이너-모드

이 스웨터는 따뜻해서 좋아요.

Ich mag diesen Pullover, weil er so warm ist.
이히 말 디즌 풀로브어, 브아일 에어 조 브암 이슽

짧은 치마를 입기에는 너무 추워요.

Es ist zu kalt, um diesen Rock zu tragen.
에쓰 이슽 쭈 칼트, 움 디즌 흐옥 쭈 트흐아근

일할 때는 유니폼을 입어야 해요.

Beim Arbeiten muss man Uniform tragen.
바임 아바이튼 무쓰 만 우니프홈 트흐아근

Schritt 7 화장　MP3. K02_S07

화장 ①

화장이 잘 먹었다.

Das Make-up sieht gut aus.
다쓰 메이크-업 짙 굳 아우쓰
Ich habe mich gut geschminkt.
이히 하브 미히 굳 그슈밍클

오늘 화장이 떴네.

Die Schminke geht ab.
디 슈밍크 겓 압

그녀는 화장이 너무 짙어요.

Sie schminkt sich zu stark.
지 슈밍클 지히 쭈 슈탈

안 한 듯한 화장을 원해요.

Ich möchte ein natürliches Make-up.
이히 뫼히트 아인 나튀얼리히쓰 메이크-업

화장 거의 끝났어요.

Ich bin fast fertig mit dem Schminken.
이히 빈 프하슽 프헤어티히 밑 뎀 슈밍큰

여기서 잠깐!
화장품 관련 용어

- die fettige Haut 디 프헽티그 하울 지성 피부
- die Mischhaut 디 미슈 하울 복합성 피부
- die sensible Haut 디 젠지블르 하울 민감성 피부
- die trockene Haut 디 트흐옥크느 하울 건성 피부
- der Pickel 데어 픽클 여드름
- die Fältchen 디 프핼ㅌ히은 주름
- der Reinigungsschaum 데어 흐아이니궁쓰슈아움 클렌징폼
- das Anti-Pickel Waschgel 다쓰 안티-픽클 브아슈겔 여드름피부용 클렌징젤
- die Maske 디 마스크 마스크
- die Augenpflege 디 아우근프흘레그 눈가 케어
- die Feuchtigkeit 디 프호이히틱카읻 수분
- ausgleichend 아우쓰글라이히은ㅌ 밸런싱

화장 ②

눈 화장이 다 번졌어.

Die Schminke ist verschmiert.
디 슈밍크 이슽 프헤어슈미얼

립스틱 바르는 거 잊지 마.

Vergiss nicht den Lippenstift aufzutragen.
프헤어기쓰 니힡 덴 맆픈슈티픝 아우프흐쭈트흐아근

립스틱 색이 너무 어두운데.

Die Farbe des Lippenstifts ist zu dunkel.
디 프하브 데쓰 맆픈슈티픝츠 이슽 쭈 둥클

네게는 빨간색보다는 오렌지색 립스틱이 어울려.

Der orangene Lippenstift steht dir besser als der rote.
데어 오흐앙즈느 맆픈슈티픝 슈텥 디어 베써 알쓰 데어 흐오트

그녀는 화장을 안 해도 예뻐.

Sie ist auch ohne Schminke schön.
지 이슽 아우흐 오느 슈밍크 슈왼
Sie sieht auch ungeschminkt schön aus.
지 짙 아우흐 운그슈밍클 슈왼 아우쓰

화장은 쉬워요.

Schminken ist leicht.
슈밍큰 이슽 라이힡
Schminken ist einfach.
슈밍큰 이슽 아인프하흐

저는 화장이 쉽게 지워져서 짜증이 나요.

Ich ärgere mich, weil meine Schminke leicht verschmiert.
이히 애어게흐으 미히, 브아일 마이느 슈밍크 라이힡 프헤어슈미얼

화장 ③

무슨 브랜드의 화장품을 쓰나요?

Welche Kosmetik-Marke verwenden Sie?
브엘히으 코스메틱-마크 프헤어브엔든 지?

Welche Marke hat Ihre Schminke?
브엘히으 마크 핱 이어흐 슈밍크?

무슨 향수 뿌렸어요?

Welches Parfüm benutzen Sie?
브엘히으쓰 파퓜 브눝쯘 지?

향수도 뿌리고 손톱에 매니큐어도 발랐어요.

Ich habe mich parfümiert und die Nägel lackiert.
이히 하브 미히 파퓌미얼 운ㅌ 디 내글 라키얼

화장 지웠어요?

Hast du dich abgeschminkt?
하슽 두 디히 압그슈밍킅?

어제 화장을 지우기에는 너무 피곤했어.

Gestern war ich zu müde, um mich abzuschminken.
게스턴 브아 이히 쭈 뮈드, 움 미히 압쭈슈밍큰

화장을 지우는 것은 중요해요.

Abschminken ist wichtig.
압슈밍큰 이슽 브이히티히

이건 물 없이도 화장을 지우는 데 사용할 수 있어요.

Damit kann man sich auch ohne Wasser abschminken.
다밑 칸 만 지히 아우흐 오느 브아써 압슈밍큰

나는 올리브유로 화장을 지워요.

Ich schminke mich mit Olivenöl ab.
이히 슈밍크 미히 밑 올리븐욀 압

꼭! 짚고 가기

독일의 천연 화장품②

요즘은 인터넷으로 다양한 브랜드의 화장품들을 구입할 수 있지만 현지에서 산다면 조금 더 좋은 가격에 같은 제품들을 살 수 있겠죠. 그렇다면 독일에서는 어디서 천연 화장품을 구입할 수 있을까요?

- dm 데엠
  dm은 드럭스토어 개념의 매장으로 치약, 샴푸, 주방 세제 등등 다양한 생필품들을 저렴하게 구매할 수 있는 잡화점입니다. 또한 동네에 하나씩은 있을 만큼 매장도 많아서 슈퍼만큼이나 자주 가서 손쉽게 구입할 수 있어요.

- 유기농 매장
  (Reformhaus 흐에프호엄하우쓰)
  친환경 유기농 매장을 표방하며 주로 다양한 건강 식품과 천연 유기농 화장품, 건강 보조제 등을 취급해요. 확실히 dm보다 화장품 종류가 많아 여러 가지를 비교하고 싶다면 이곳으로 가는 것을 추천해요. Reformhaus 외에도 Alnatura-Supermarkt 알나투흐아-주퍼마킅이라는 곳이 있어요.

- 약국(Apotheke 아포테크)
  마지막으로 유럽 약국의 특징 중 하나가 바로 약국에서 화장품을 판다는 것! 약국에서 판매하는 제품은 품질과 신뢰도가 좀더 높으며 체계적으로 관리된다고 해요.

독일에서 인증된 천연 화장품은 인증 표시가 있으니 의심이 간다면 zertifizierte Naturkosmetik 쩨어티프히찌어트 나투어코스메틱(인증 받은 천연 화장품)이라고 적혀 있는지 꼭 확인해 보세요.

Schritt 8 취미   MP3. K02_S08

취미 묻기 ①

\# 취미가 뭐예요?
  Was ist Ihr Hobby?
  브아쓰 이슽 이어 호비?
  Haben Sie ein Hobby?
  하븐 지 아인 호비?

\# 특별한 취미가 있나요?
  (특별히 더 흥미 있는 취미가 있나요?)
  Für was interessieren Sie sich besonders?
  프휘어 브아쓰 인터흐씨어흔 지 지히 브존더쓰?

\# 한가할 땐 뭘 하세요?
  Wie vertreiben Sie sich Ihre Freizeit?
  브이 프헤어트흐아이븐 지 지히 이어흐 프흐아이짜잍?
  Was machen Sie in ihrer Freizeit?
  브아쓰 마흔 지 인 이어허 프흐아이짜잍?
  Was machen Sie, wenn Sie Freizeit haben?
  브아쓰 마흔 지, 브엔 지 프흐아이짜잍 하븐?

취미 묻기 ②

\# 기분 전환하기 위해 뭘 하세요?
  Was machen Sie, um sich zu erholen?
  브아쓰 마흔 지, 움 지히 쭈 에어홀른?
  Wie erholen Sie sich?
  브이 에어홀른 지 지히?
  Was machen Sie für Ihre Erholung?
  브아쓰 마흔 지 프휘어 이어흐 에어홀룽?

\# 어떤 것에 흥미를 갖고 계신가요?
  Für was interessieren Sie sich?
  프휘어 브아쓰 인터흐씨어흔 지 지히?
  Welche Interessen haben Sie?
  브엘히으 인터에쓴 하븐 지?

\# 주말에는 주로 뭘 하세요?
  Was machen Sie am Wochenende meistens?
  브아쓰 마흔 지 암 브오흔엔드 마이스튼쓰?
  Was machen Sie gewöhnlich am Wochenende?
  브아쓰 마흔 지 그브왼리히 암 브오흔엔드?

\# 추천해 주실 여가 활동이 있나요?
  Kennen Sie Freizeitaktivitäten, die Sie empfehlen möchten?
  켄는 지 프흐아이짜잍앜티브이태튼, 디 지 엠프헬른 뫼히튼?
  Können Sie mir ein paar Freizeitaktivitäten empfehlen?
  쾬느 지 미어 아인 파 프흐아이짜잍앜티브이태튼 엠프헬른?

여기서 잠깐!

독일의 학생들은 독특한 취미 생활을 많이 가지고 있어요. 보통 1시면 학교가 끝나니 자유 시간이 많은 편이고 아이들을 위한 복지가 잘되어 있어서 독특한 취미 생활들도 저렴하게 배울 수 있거든요. 아래는 독일의 어린이, 청소년들이 일반적으로 즐기는 취미입니다. 육상과 승마의 경우 마을마다 프로그램이 제공되어 학생들이 즐길 수 있어요.

- die Leichtathletik 디 라이힡아틀레팈 육상
- das Reiten 다쓰 흐아이튼 승마
- das Golf 다쓰 골프흐 골프

besonders 브존더쓰 특별히
die Freizeit 디 프흐아이짜잍 휴식 시간
die Lieblingsbeschäftigung 디 리블링쓰브슈애프흐티궁
  제일 즐겨하는 활동
sich erholen 지히 에어홀른 피로가 회복되다
  n. die Erholung 디 에어홀룽 회복, 기분 전환
empfehlen 엠프헬른 추천하다

취미 대답하기

저는 취미가 다양해요.

Ich habe viele Hobbys.
이히 하브 프힐르 호비쓰
Ich gehe mehreren Hobbys nach.
이히 게흐 메어허흔 호비쓰 나흐

시간이 있을 때는 이것저것 하죠.

Wenn ich Zeit habe, mache/
unternehme ich Verschiedenes.
브엔 이히 짜일 하브, 마흐/운터네므 이히
프헤어슈이드느쓰

우리 아빠는 특별한 취미는 없어요.

Mein Vater hat kein besonderes
Hobby.
마인 프하터 핱 카인 브존더흐쓰 호비

저는 그런 쪽으로는 취미가 없어요.

Dafür interessiere ich mich nicht.
다프휘어 인터흐씨어흐 이히 미히 니힡

그녀는 집에 있는 걸 좋아해요.

Sie bleibt gerne zu Hause.
지 블라이픋 게어느 쭈 하우즈

우리는 취미에 공통점이 많네요.

Wir haben viele ähnliche Hobbys.
브이어 하븐 프힐르 애늘리히으 호비쓰

그는 왠지 무엇을 해도 오래 지속하지를 못해요.

Er kann sich irgendwie nicht lang
für etwas begeistern.
에어 칸 지히 이어근ㄷ브이 니힡 랑으 프휘어 엩브아쓰
브가이스턴

그들은 별난 취미를 가졌어요.

Sie interessieren sich für
außergewöhnliche Hobbys.
지 인터흐씨어흔 지히 프휘어 아우쓰어그브왼리히으
호비쓰

사진

사진 촬영은 제 취미 중 하나예요.

Fotografieren ist eines meiner
Hobbys.
프호토그흐아프히어흔 이슽 아이느쓰 마이너 호비쓰

최근 인물 사진 찍기에 흥미를 가지기 시작했어요.

Seit kurzem interessiere ich
mich für das Fotografieren von
Menschen.
자읻 쿠어쯤 인터흐씨어흐 이히 미히 프휘어 다쓰
프호토그흐아프히어흔 프혼 멘슌

저는 디지털카메라보다는 필름 카메라를 좋아해요.

Ich mag Analogkameras mehr als
Digitalkameras.
이히 막 아나록카메흐아쓰 메어 알쓰 디기탈카메흐아쓰

흑백으로 인화한 사진이 더 마음에 들어요.

Ich mag Schwarzweiß-Fotografie.
이히 막 슈브아쯔브아이쓰–프호토그흐아프히

제가 사진 찍어 드릴까요?

Soll ich Sie fotografieren?
졸 이히 지 프호토그흐아프히어흔?
Möchten Sie, dass ich ein Foto von
Ihnen mache?
뫼히튼 지, 다쓰 이히 아인 프호토 프혼 이는 마흐?

지나가는 사람한테 우리 사진 찍어 달라고 부탁해 볼게.

Ich frage mal, ob sie ein Foto von
uns machen.
이히 프흐아그 말, 옾 지 아인 프호토 프혼 운쓰 마흔

Kapitel 02 나를 조금 더 자세히! 119

스포츠

\# 무슨 스포츠를 좋아하세요?

Welchen Sport mögen Sie?
브엘히은 슈포얼 뫼근 지?
Welchen Sport machen Sie gerne?
브엘히은 슈포얼 마흔 지 게어느?

\# 스포츠라면 어떤 종류든 좋아해요.

Ich liebe alle Sportarten.
이히 리브 알르 슈포얼아튼
Ich mag jeden Sport.
이히 막 예든 슈포얼

\# 저는 구기 종목을 더 좋아해요.

Mir gefällt Ballspiel besser.
미어 그프핼트 발슈필 베써
Ich habe Ballspiel lieber.
이히 하브 발슈필 리버

\# 저는 스포츠광이에요.

Ich bin ein Sportliebhaber.
이히 빈 아인 슈포얼립하버
Ich bin ein Sportfanatiker.
이히 빈 아인 슈포얼프하나티커

\# 저는 운동에는 자신이 없어요.

Ich bin nicht sehr sportlich.
이히 빈 니힡 제어 슈포어틀리히
Ich bin nicht gut in Sport.
이히 빈 니힡 굳 인 슈포얼

\# 저는 TV로 스포츠를 보는 것보다 직접 하는 것을 좋아해요.

Ich treibe lieber selbst Sport als ihn im Fernsehen zu sehen.
이히 트흐아이브 리버 젤프슽 슈포얼 알쓰 인 임 프헤언제흔 쭈 제흔

\# 한국에서 가장 인기 있는 스포츠 중 하나는 야구예요.

Eine beliebte Sportart in Korea ist Baseball.
아이느 브립트 슈포얼앝 인 코흐에아 이슽 베이쓰볼

계절 스포츠

\# 우리는 매년 여름이면 바다에서 수영을 즐겨요.

Jeden Sommer gehen wir ans Meer schwimmen.
예든 좀머 게흔 브이어 안쓰 메어 슈브임믄

\# 특기는 배영이에요.

Ich bin besonders gut im Rückenschwimmen.
이히 빈 브존더쓰 굳 임 흐윅큰슈브임믄

\# 우리 가족 중에 자유형은 내가 제일 빨라요.

Im Freistilschwimmen bin ich die schnellste in meiner Familie.
임 프흐아이슈틸슈브임믄 빈 이히 디 슈넬스트 인 마이너 프하밀리으

\# 겨울에는 스키를 꼭 타러 갑니다.

Im Winter gehen wir immer Ski fahren.
임 브인터 게흔 브이어 임머 쉬 프하흔

\# 우리는 작년에 거의 매주 스키를 탔어요.

Letztes Jahr sind wir fast jede Woche Ski fahren gegangen.
렡쯔트쓰 야 진트 브이어 프하슽 예드 브오흐 쉬 프하흔 그강은

\# 저는 스키보다는 스노보드를 타요.

Ich fahre lieber Snowboard als Ski.
이히 프하흐 리버 스노우보어드 알쓰 쉬

\# 저는 가을에 공원에서 배드민턴 치는 것을 제일 좋아해요.

Im Herbst gehe ich am liebsten in den Park Federball spielen.
임 헤업슽 게흐 이히 암 맆스튼 인 덴 팤 프헤더발 슈필른

구기 스포츠

그녀는 이제 테니스에 푹 빠졌어요.

Sie liebt es Tennis zu spielen.
지 맆트 에쓰 테니쓰 쭈 슈필른

그녀는 지난주부터 골프를 치기 시작했어요.

Seit letzter Woche spielt sie Golf.
자이트 렢쯔터 브오흐 슈필트 지 골프흐

언제 경기가 있나요?

Wann ist das Spiel?
브안 이슽 다쓰 슈필?

오늘 오후부터 축구 경기가 시작돼요.

Heute Nachmittag fängt die Fußballmeisterschaft an.
호이트 나흐밑탘 프행트 디 프후쓰발마이스터슈아픝 안

그는 축구를 잘하지는 않아도 좋아해요.

Er ist nicht gut im Fußball spielen, aber er liebt es.
에어 이슽 니흩 굳 임 프후쓰발 슈필른, 아버 에어 맆트 에쓰

우리는 학교에서 쉬는 시간마다 탁구를 쳤어요.

Wir haben in der Pause immer Tischtennis/Pingpong gespielt.
브이어 하븐 인 데어 파우즈 임머 티슈테니쓰/핑퐁 그슈필트

독일 사람들은 야구를 별로 안 해요.

Deutsche spielen nicht gerne Baseball.
도이츄 슈필른 니흩 게어느 베이쓰볼

야구보다는 농구가 낫죠.

Basketball ist besser als Baseball.
바스켙발 이슽 베써 알쓰 베이쓰볼

꼭! 짚고 가기

축구 경기 날은 축제!

축구 최강 수준의 나라 독일에는 푸스발 분데스리가(Fußball Bundesliga 프후쓰발 분데쓰리가)라는 독일 축구 체제의 최상위 리그가 있어요. 이 리그는 1963년 지금의 모습으로 설립되었는데 전반기 리그는 매년 8~12월초, 후반기는 이듬해 2~5월 중순에 진행돼요. 독일의 18개 구단이 서로 경쟁을 하며, 홈앤드어웨이 방식으로 팀별 34게임을 진행해요.

이렇게 독일의 내로라하는 구단들이 총출동하여 진행하는 경기를 독일 사람들이 놓칠 리 없죠. 경기 일정을 모르다가도 거리에서 유니폼을 입고 흥분한 사람들이 보인다면 오늘 경기가 있음을 눈치챌 수 있을 정도예요. 가끔은 술을 마셔 다른 사람들에게 소음과 괴로움의 대상이 되기도 하지만, 그들을 그냥 즐기게 두는 여유로운 모습을 보면, 그만큼 독일인들의 축구 사랑이 크다는 것을 알게 돼요.

또한 경기를 보러 원정을 온 사람들과 시민들이 경기장으로 한꺼번에 몰리기 때문에 원활한 이동을 위해 경기 당일에는 대중교통편을 추가로 배치하기도 해요.

경기가 끝나면 축구팬들은 이긴 팀이든 진 팀이든 함께 모여 즐기는 축제의 장을 벌여요. 밤새 응원가가 끊이지 않으며 모두가 함께 즐길 수 있는 시간이죠. 혹시 좋아하는 구단이 있거나, 경기도 보고 축제 분위기도 즐겨보고 싶다면 분데스리가 공식 홈페이지에 들어가 보세요. 경기 일정은 물론 당일 최고의 선수를 뽑는 팬들을 위한 게시판, 그리고 구단별로 나눈 티켓팅 코너를 이용할 수 있어요.

음악 감상

음악 듣는 것을 좋아해요.

Ich höre gern Musik.
이히 회어흐 게언 무직

어떤 음악을 좋아하니?

Was für Musik magst/hörst du?
브아쓰 프휘어 무직 막슽/회어슽 두?

좋아하는 가수는 누구야?

Hast du einen Lieblingssänger?
하슽 두 아이는 리블링쓰쟁어?

최근에 클래식 음악을 즐겨 듣기 시작했어요.

Ich habe vor kurzem angefangen Klassik zu hören.
이히 하브 프호어 쿠어쯤 안그프항은 클라씩 쭈 회어흔

나는 음악을 들으면 저절로 춤이 춰져.

Wenn ich Musik höre, tanze ich automatisch.
브엔 이히 무직 회어흐, 탄쯔 이히 아우토마티슈

적어도 한 달에 한번은 콘서트에 가요.

Mindestens einmal im Monat gehe ich ins Konzert.
민드스튼쓰 아인말 임 모낱 게흐 이히 인쓰 콘쩨얼

요즘 케이팝이 전 세계적으로 많이 알려지고 있죠.

In letzter Zeit wurde K-Pop weltweit bekannt.
인 렡쯔터 짜잍 브우어드 케이팦 브엘ㅌ브아잍 브칸ㅌ

악기 연주

악기를 다룰 줄 아세요?

Können Sie ein Instrument spielen?
쾬는 지 아인 인스트흐우멘ㅌ 슈필른?

피아노를 치기 시작한 지 6년이 됐어요.

Ich spiele seit 6 Jahren Klavier.
이히 슈필르 자잍 제흐쓰 야흔 클라브이어

바이올린을 조금 켤 줄 알아요.

Ich kann ein bisschen Geige spielen.
이히 칸 아인 비쓰히은 가이그 슈필른

취미로 기타를 배우고 있어요.

Ich lerne gerade Gitarre als Hobby.
이히 레어느 그흐아드 기타흐 알쓰 호비

밴드에서 드러머를 맡고 있어요.

Ich bin der Schlagzeuger dieser Band.
이히 빈 데어 슐락쪼이거 디저 밴ㄷ

음악에는 재능이 있어요.

Ich bin gut im Instrumente spielen.
이히 빈 굳 임 인스트흐우멘ㅌ 슈필른

종종 노래방에 가서 노래를 불러요.

Ich gehe oft zum Karaoke und singe.
이히 게흐 오픝 쭘 카흐아오크 운ㅌ 징으

목소리가 최고의 악기 아닌가요?

Ist die Stimme nicht das beste Instrument?
이슽 디 슈팀므 니힡 다쓰 베스트 인스트흐우멘ㅌ?

음악은 제 삶의 활력소예요.

Musik ist die Energie meines Lebens.
무직 이슽 디 에너기 마이느쓰 레븐쓰

영화 감상 ①

\# 영화 보기를 좋아해요.

Ich liebe es Filme zu sehen.
이히 리브 에쓰 프힐므 쭈 제흔
Ich gehe gerne ins Kino.
이히 게흐 게어느 인쓰 키노

\# 나는 영화광이에요.

Ich bin ein Filmfan.
이히 빈 아인 프힐므프핸
Ich bin verrückt nach Filmen.
이히 빈 프헤어흐읰클 나흐 프힐믄

\# 어떤 종류의 영화를 좋아해요?

Welche Art von Filmen mögen Sie?
브엘히트 앝 프혼 프힐믄 뫼근 지?
Was für Filme sehen Sie gerne?
브아쓰 프휘어 프힐므 제흔 지 게어느?

\# 저는 액션 영화, 특히 히어로물을 좋아해요.

Ich mag Actionfilme, besonders Heldenfilme.
이히 막 액션프힐므, 브존더쓰 헬든프힐므

\# 공포 영화를 아주 싫어해요.

Ich hasse Horrorfilme.
이히 하쓰 호흐오프힐므

\# 외국 영화보다는 우리나라 영화를 더 좋아해요.

Ich sehe lieber unsere Filme als die aus dem Ausland.
이히 제흐 리버 운저흐 프힐므 알쓰 디 아우쓰 뎀 아우쓰란ㅌ

영화 감상 ②

\# 그녀가 제일 좋아하는 영화는 〈사운드 오브 뮤직〉이에요.

Ihr Lieblingsfilm ist <Sound of Music>.
이어 리블링쓰프힐ㅁ 이슽 〈사운드 오브 뮤직〉

\# 그 영화를 다섯 번 이상 봤어요.

Ich habe diesen Film mehr als fünf mal gesehen.
이히 하브 디즌 프힐ㅁ 메어 알쓰 프휜프흐 말 그제흔

\# 그 영화의 주연은 누구인가요?

Wer spielt die Hauptfigur in diesem Film?
브에어 슈필ㅌ 디 하우픝프히구어 인 디즘 프힐ㅁ?

\# 그녀가 주연인 영화는 모두 봤어요.

Ich habe alle Filme von ihr gesehen.
이히 하브 알르 프힐므 프혼 이어 그제흔

\# 독일의 유명한 감독은 누구인가요?

Wer ist ein berühmter Filmregisseur in Deutschland?
브에어 이슽 아인 브흐윔터 프힐ㅁ흐에쥐쐬어 인 도이츄란ㅌ?

\# 유명한 독일 배우가 있나요?

Gibt es einen bekannten Schauspieler in Deutschland?
깁ㅌ 에쓰 아이는 브칸튼 슈아우슈필러 인 도이츄란ㅌ?

\# 저는 〈타인의 삶〉을 참 재미있게 봤어요.

Ich habe den Film <Das Leben der Anderen> sehr spannend gefunden.
이히 하브 덴 프힐ㅁ 〈다쓰 레븐 데어 안더흔〉 제어 슈판는ㅌ 그프훈든

영화관 가기

\# 영화 보러 자주 가세요?

Gehen Sie oft ins Kino?
게흔 지 오픝 인쓰 키노?

\# 한 달에 두세 편은 봐요.

Ich sehe zwei bis drei Filme im Monat.
이히 제흐 쯔브아이 비쓰 드흐아이 프힐므 임 모낱

\# 한동안 바빠서 영화를 못 봤어요.

Ich konnte neulich nicht ins Kino, weil ich zu beschäftigt war.
이히 콘트 노일리히 니힡 인쓰 키노, 브아일 이히 쭈 브슈애프흐티클 브아

\# 오늘 오후에 영화 보러 갈래요?

Wollen wir heute Abend nicht ins Kino?
브올른 브이어 호이트 아븐ㅌ 니힡 인쓰 키노?

\# 요즘은 어떤 영화가 상영되고 있나요?

Was läuft gerade im Kino?
브아쓰 로이플 그흐아드 임 키노?
Was für einen Film kann man gerade im Kino anschauen?
브아쓰 프휘어 아이는 프힐므 칸 만 그흐아드 임 키노 안슈아우은?

\# 아빠는 영화관에 가기보다는 영화를 TV로 많이 봐요.

Mein Vater sieht Filme lieber im Fernsehen als im Kino.
마인 프하터 짙 프힐므 리버 임 프헤언제흔 알쓰 임 키노

여기서 잠깐!

한국과 달리 독일 영화관의 모든 외화는 독일어 더빙으로만 상영돼요. 관련 단어를 살펴 보세요.

- 더빙하다 synchronisieren 즈윈크흐오니지어흔
- 자막 der Untertitel 데어 운터티틀
- 특수 효과 die Spezialeffekte 디 슈페찌알에프헥트
- 러닝 타임 die Laufzeit 디 라우프흐짜잍

독서 ①

\# 저는 한가할 때 책을 읽어요.

Ich lese Bücher in der Freizeit.
이히 레즈 뷔혀 인 데어 프흐아이짜잍

\# 어릴 때는 동화도 많이 읽었죠.

Als ich klein war, habe ich auch viele Märchen gelesen.
알쓰 이히 클라인 브아, 하브 이히 아우흐 프힐르 매어히은 그래즌

\# 한 달에 몇 권이나 읽으세요?

Wie viele Bücher lesen Sie in einem Monat?
브이 프힐르 뷔혀 레즌 지 인 아이늠 모낱?

\# 저는 책벌레예요.

Ich bin eine Leseratte.
이히 빈 아이느 레즈흐앝트
Ich bin ein Bücherwurm.
이히 빈 아인 뷔혀브우엄

\# 매달 최소한 두 권 정도는 읽어요.

Ich lese mindestens zwei Bücher im Monat.
이히 레즈 민드스튼쓰 쯔브아이 뷔혀 임 모낱
Ich lese jeden Monat mindestens zwei Bücher.
이히 레즈 예든 모낱 민드스튼쓰 쯔브아이 뷔혀

\# 최근에는 바빠서 책 읽을 시간이 없었어요.

Ich war in letzter Zeit zu beschäftigt, um ein Buch zu lesen.
이히 브아 인 렙쯔터 짜잍 쭈 브슈애프흐티클, 움 아인 부흐 쭈 레즌

독서 ②

당신은 어떤 장르를 가장 좋아하나요?
Welche literarische Gattung mögen Sie am liebsten?
브엘히으 리터흐아흐이슈 갑퉁 뫼근 지 암 립스튼?

저는 시를 제일 좋아해요.
Ich lese am liebsten Gedichte.
이히 레즈 암 립스튼 그디히트

저는 소설을 즐겨 읽어요.
Ich lese gerne Romane.
이히 레즈 게어느 흐오마느

좋아하는 독일 작가가 있니?
Gibt es einen Schriftsteller, den du magst?
깁트 에쓰 아이는 슈흐이플슈텔러, 덴 두 말슽?

저는 괴테의 시를 좋아했어요.
Ich las die Gedichte von Goethe gerne.
이히 라쓰 디 그디히트 프혼 괴트 게어느

독일의 그림 형제가 유명하잖아요.
Die Gebrüder Grimm aus Deutschland sind sehr berühmt.
디 그브흐위더 그흐임 아우쓰 도이츄란트 진트 제어 브흐윔트

독서 ③

저는 독어독문학을 전공하면서 독일 문학을 많이 읽었어요.
Ich habe Germanistik studiert und konnte deshalb viel deutsche Literatur lesen.
이히 하브 게어마니스틱 슈투디얻 운트 콘트 데쓰할프 프힐 도이츄 리터흐아투어 레즌

이 책 재미있는데, 읽어 보세요.
Lies mal dieses Buch, es ist sehr spannend.
리쓰 말 디즈쓰 부흐, 에쓰 이슽 제어 슈판는트

Ich kann dir dieses Buch sehr empfehlen.
이히 칸 디어 디즈쓰 부흐 제어 엠프헬른

그 책은 어디에서 구할 수 있는데요?
Wo kann man das Buch denn kaufen?
브오 칸 만 다쓰 부흐 덴 카우프흔?

독일의 대형 서점 후겐두블에 가면 있을 거예요.
Im Hugendubel, dem größten Buchladen in Deutschland, wird man es finden.
임 후근두블, 뎀 그흐외스튼 부흐라든 인 도이츄란트, 브이얼 만 에쓰 프힌든

Schritt 9 음주

주량

\# 주량이 어떻게 되나요?

Wie viel können Sie trinken?
브이 필 쾬은 지 트흐잉큰?

\# 당신은 술이 센가요?

Vertragen Sie viel Alkohol?
프헤어트흐아근 지 피힐 알코홀?
Können Sie viel Alkohol vertragen?
쾬는 지 피힐 알코홀 프헤어트흐아근?
Sind Sie ein starker Trinker?
진ㅌ 지 아인 슈타커 트흐잉커?

\# 전 맥주에는 잘 안 취해요.

Bier macht mich nicht betrunken.
비어 마흩 미히 니힡 브트흐웅큰
Mit Bier werde ich nicht betrunken.
밑 비어 브에어드 이히 니힡 브트흐웅큰

\# 너 술고래구나.

Du bist ja ein Säufer. → 부정적 어감, 친한 사이만 사용
두 비슽 야 아인 조이프허
Du bist ja ein guter Trinker.
두 비슽 야 아인 구터 트흐잉커
Du bist ja ein Schluckspecht.
두 비슽 야 아인 슈룩슈페힡

\# 전 술이 약해요.

Ich kann nicht so viel trinken.
이히 칸 니힡 조 피힐 트흐잉큰
Ich vertrage nicht so viel Alkohol.
이히 프헤어트흐아그 니힡 조 피힐 알코홀

\# 그래도 점점 주량이 늘고 있죠.

Mit der Zeit kann ich mehr und mehr trinken.
밑 데어 짜잍 칸 이히 메어 운ㅌ 메어 트흐잉큰
Ich vertrage Alkohol immer besser.
이히 프헤어트흐아그 알코홀 임머 베써

술에 취함

\# 난 벌써 꽤 취했어요.

Ich bin schon sehr betrunken.
이히 빈 슈온 제어 브트흐웅큰

\# 술기운이 오르는데.

Langsam werde ich betrunken.
랑잠 브에어드 이히 브트흐웅큰

\# 그는 술이 취하면 더 마셔요.

Er trinkt weiter, wenn er betrunken ist.
에어 트흐잉킅 브아이터, 브엔 에어 브트흐웅큰 이슽
Er trinkt noch mehr unter dem Einfluss von Alkohol.
에어 트흐잉킅 노흐 메어 운터 뎀 아인프흘루쓰 프흐온 알코홀

\# 그는 지금 엄청 취한 거예요.

Er ist total dicht.
에어 이슽 토탈 디힡
Er ist total blau.
에어 이슽 토탈 블라우
Er hat sich die Hucke voll gesoffen.
에어 핱 지히 디 훜크 프홀 그조프흔
Er hat sich voll laufen lassen.
에어 핱 지히 프홀 라우프흔 라쓴

\# 도대체 얼마나 마신 거야?

Wie viel hast du denn getrunken?
브이 피힐 하슽 두 덴 그트흐웅큰?

\# 너무 많이 마셔 필름이 끊어졌어요.

Ich habe so viel getrunken, dass ich jetzt einen Filmriss habe.
이히 하브 조 피힐 그트흐웅큰, 다쓰 이히 옐쯭 아이는 프힐ㅁ흐이쓰 하브

술에 대한 충고

남자 친구는 그녀에게 술을 적당히 마시라고 충고했다.

Der Freund hat sie gewarnt, dass sie nicht zu viel trinken soll.
데어 프호오인ㅌ 핱 지 그브안ㅌ, 다쓰 지 니힡 쭈 프힐 트흐잉큰 졸

취하도록 마시지 마.

Trinke nicht zu viel.
트흐잉크 니힡 쭈 프힐

인생을 술로 허송세월하지 마.

Vergeude dein Leben nicht mit Alkohol.
프헤어고이드 다인 레븐 니힡 밑 알코홀

홧김에 술 마시지 마세요.

Trinken Sie nicht aus Wut/Zorn.
트흐잉큰 지 니힡 아우쓰 브욷/쪼언

슬픔을 술로 달래지 마세요.

Trösten Sie sich nicht mit Alkohol.
트흐외스튼 지 지히 니힡 밑 알코홀

술 마시고 운전하는 건 위험해.

Es ist gefährlich betrunken Auto zu fahren.
에쓰 이슽 그프해얼리히 브트흐웅큰 아우토 쭈 프하흔

술을 마시는 건 좋지만, 정도의 문제지.

Es ist okay, dass du trinkst, aber die Frage ist, wieviel du trinkst.
에쓰 이슽 오케이, 다쓰 두 트흐잉크슽, 아버 디 프흐아그 이슽, 브이프힐 두 트흐잉크슽

꼭! 짚고 가기

맥주의 본고장, 독일

독일이 오래전부터 맥주의 본고장으로 인정받고 있는 데에는 1516년에 바이에른의 빌헬름 4세가 공포한 '맥주 순수령(Reinheitsgebot 흐아인하일츠그봍)' 덕이 커요. 맥주의 조주와 비율에 관해 명시된 순수성이 보장되고 있으니까요.

또 다른 이유로는 지역별 독자적인 전통 맥주 제조 기술로 만들어진 다양한 맥주가 있다는 점이에요. 그럼 어떤 도시에 어떤 맥주가 있으며 어떤 점에서 유명한지도 확인해 볼까요?

수도 베를린에는 베를리너 바이세(Berliner Weisse 베어리너 브아이쓰)가 유명해요. 밀맥주로 도수가 낮고 과즙이 풍부하죠. 적색과 녹색 맥주 두 종류가 있어요.

뮌헨의 대표 맥주는 호프브로이(Hofbräu 호프흐브호이)예요. 바이에른 왕실의 지정 양조장이었다고 하니 그 명성은 알 만하죠. 이외에도 아구스티너 브로이(Augustiner Bräu 아우구스티너 브흐오이)에서 나오는 헬리스 라거비어(Helles Lagerbier 헬르쓰 라거비어)는 저온 발효 후 효모를 가라앉히는 방식으로 유명해요. 혹시 조금 더 도수가 높은 것을 원한다면 흑맥주(Dunkles Bier 둥클르쓰 비어)에 도전해 보세요.

쾰른에는 이 지역에서만 생산하도록 법으로 규정한 쾰쉬(Kölsch 쾰슈)가 있어요. 이 맥주는 200㎖짜리 작은 잔에 판매되며 알코올이 많이 느껴지지 않으면서 과일 향이 있어 여성들이 좀 더 찾는 맥주예요.

이외에도 각 도시의 특별한 맥주들이 많으니 독일 여행을 앞두고 있다면 맥주를 주제로 계획을 짜 보는 것도 좋겠어요.

술에 대한 기호

\# 한국인은 소주를 많이 마셔요.

In Korea trinkt man viel Soju.
인 코흐에아 트흐잉클 만 프힐 소주
Die Koreaner trinken viel Soju.
디 코흐에아너 트흐잉큰 프힐 소주

\# 소주보다는 맥주가 마시기에 부드러워요.

Bier ist angenehmer zu trinken als Soju.
비어 이슽 안그네머 쭈 트흐잉큰 알쓰 소주
Bier ist im Geschmack weicher als Soju.
비어 이슽 임 그슈막 브아이히어 알쓰 소주

\# 독일 하면 당연히 맥주를 떠올리죠.

Bei Deutschland, denkt man automatisch ans Bier.
바이 도이츄란트, 뎅클 만 아우토마티슈 안쓰 비어
Wenn man Deutschland sagt, denkt man natürlich an Bier.
브엔 만 도이츄란트 자클, 뎅클 만 나튀얼리히 안 비어

\# 독일 맥주는 맛있어요.

Deutsches Bier schmeckt gut.
도이츄쓰 비어 슈멕클 굳

\# 독일은 와인도 싸고 맛있어요.

In Deutschland ist auch der Wein sehr günstig und gut.
인 도이츄란트 이슽 아우흐 데어 브아인 제어 귄스티히 운 굳

\# 와인은 치즈와 잘 어울려요.

Wein muss man zusammen mit Käse genießen.
브아인 무쓰 만 쭈잠믄 밑 케즈 그니쓴
Wein passt sehr gut mit Käse zusammen.
브아인 파슽 제어 굳 밑 케즈 쭈잠믄

금주

\# 난 이제 술 끊을 거야.

Ich werde aufhören Alkohol zu trinken.
이히 브에어드 아우프흐회흔 알코홀 쭈 트흐잉큰

\# 그는 더 이상 술을 마시지 않아.

Er trinkt keinen Alkohol mehr.
에어 트흐잉클 카이는 알코홀 메어
Er hat aufgehört zu Trinken.
에어 핱 아우프흐그회엍 쭈 트흐잉큰
Er hat das Trinken aufgegeben.
에어 핱 다쓰 트흐잉큰 아우프흐그게븐

\# 전 금주 중이에요.

Ich höre auf zu Trinken.
이히 회어흐 아우프흐 쭈 트흐잉큰
Ich rühre keinen Tropfen mehr an.
이히 흐위어흐 카이는 트호프흔 메어 안
Ich bin abstinent geworden.
이히 빈 압스티넨트 그브오어든

\# 어떤 일이 있어도 술은 입에 대지 않아요.

Egal was kommt, ich verzichte auf Alkohol.
에갈 브아쓰 콤트, 이히 프헤어찌히트 아우프흐 알코홀
Was immer auch passiert, ich trinke keinen Alkohol.
브아쓰 임머 아우흐 파씨엍, 이히 트흐잉크 카이는 알코홀

\# 왜 네 남자 친구가 술 마시는 걸 막지 않니?

Warum hälst du deinen Freund nicht vom Trinken ab?
브아흐움 핼슽 두 다이는 프흐오인트 니힡 프홈 트흐잉큰 압?

\# 우리가 마지막으로 술 마시러 갔던 게 언제야?

Wann haben wir das letzte Mal getrunken?
브안 하븐 브이어 다쓰 렡쯔트 말 그트훙큰?

술 기타

\# 매일 와인 한 잔씩 마시는 것은 건강에 좋아요.

Ein Glas Wein pro Tag ist gut für die Gesundheit.
아인 글라쓰 브아인 프호 탁 이슷 굳 프휘어 디 그준트하일

\# 그는 오늘 아침 숙취로 고생했어요.

Heute Morgen hatte er einen schrecklichen Kater.
호이트 모어근 핱트 에어 아이는 슈흐엑클리히은 카터

\# 이 근처에 분위기 좋은 술집을 알아요.

Ich kenne eine gute Kneipe in der Nähe.
이히 켄느 아이느 굳트 크나이프 인 데어 내흐

\# 그건 그가 술김에 한 소리예요.

Das hat er unter dem Einfluss des Alkohols gesagt.
다쓰 핱 에어 운터 뎀 아인프흘루쓰 데쓰 알코홀쓰 그자클

\# 넌 분위기 망치는 데 뭐 있어.

Du bist ein Spaßverderber.
두 비슷 아인 슈파쓰프헤어데어버
Du bist so ein Langweiler.
두 비슷 조 아인 랑브아일러

\# 무슨 일 있어? 왜 이렇게 술을 많이 마셔?

Ist alles okay mit dir?
Warum trinkst du so viel?
이슷 알르쓰 오케이 밑 디어?
브아흐움 트흐잉크슷 두 조 프힐?

\# 빈속에는 술 마시지 마.

Trinke nicht auf leeren Magen.
트흐잉크 니힡 아우프흐 레어흔 마근

꼭! 짚고 가기

독일의 맥줏집 문화

독일은 식당에 갔을 때 물보다 맥주 가격이 저렴해서 낮이나 밤이나 맥주를 마시게 되는 곳이죠. 그리고 2유로 정도면 동네 마트에서 맛있는 맥주를 마음껏 살 수 있어요.
이런 맥주 천국에서 맥줏집(Biergarten 비어가튼/Kneipen 크나이픈)에 가게 된다면 꼭 기억할 점을 알려 줄게요. 보통 맥줏집에서는 잔 밑에 받침을 하나씩 줘요. 그리고 그 받침에 몇 번째 잔을 마시는 중인지 표시를 하죠.
특히 손님이 아주 많은 술집에서는 주문을 기다리지 않으며 종업원이 계속 돌아다니면서 빈 잔을 채워 주는 방식으로 마시기 때문에, 잔 받침 위의 표시가 꼭 필요해요. 그만 마시고 싶다면 잔 아래에 있던 받침을 잔 위에 올려 두면 돼요. 잔 위에 받침이 올라가 있으면 더 이상 새로 채워 주지 않아도 된다는 표시니까요.
받침에 잔의 수를 적어 두었으니 계산을 하러 갈 때는 꼭 받침을 들고 가야겠죠? 그러니 자기 받침은 스스로 꼭 챙기도록 해요.
단, 이는 도시별 큰 맥줏집들에서의 약속이며 일반적인 규모의 식당에서는 테이블마다 웨이터가 직접 와서 계산을 하기 때문에 술이 저절로 채워지는 일도 없고 직접 받침을 챙겨야 하는 일도 없을 거예요.

Schritt 10 흡연 MP3. K02_S10

흡연 ①

여기서 담배 피워도 되나요?

Darf man hier rauchen?
닦흐 만 히어 흐아우흔?
Ist es in Ordnung hier zu rauchen?
이슽 에쓰 인 오얻눙 히어 쭈 흐아우흔?

담배 한 대 피울까요?

Wollen Sie nicht eine rauchen?
브올른 지 니힡 아이느 흐아우흔?
Wollen Sie sich nicht eine Zigarette nehmen?
브올른 지 지히 니힡 아이느 찌가흐엩트 네믄?

불 좀 빌릴 수 있을까요?

Haben Sie Feuer für mich?
하븐 지 프호이어 프휘어 미히?
Können Sie mir Feuer geben?
쾬는 지 미어 프호이어 게븐?

그는 지독한 골초예요.

Er ist ein leidenschaftlicher Raucher.
에어 이슽 아인 라이든슈아프틀리히어 흐아우허

그는 하루에 한 갑은 피워요.

Er raucht eine Packung Zigaretten am Tag.
에어 흐아우흩 아이느 팍쿵 찌가흐틑엩튼 암 탉

그는 밥 먹고 피우는 담배가 제일 좋대요.

Er liebt es nach dem Essen eine zu rauchen.
에어 맆ㅌ 에쓰 나흐 뎀 에쓴 아이느 쭈 흐아우흔

담뱃값은 해마다 오르네요.

Jedes Jahr steigt der Preis für Zigaretten.
예드쓰 야 슈타이클 데어 프흐아이쓰 프휘어 찌가흐엩튼

흡연 ②

담배는 건강에 해로워요.

Rauchen ist ungesund.
흐아우흔 이슽 운그준ㅌ
Rauchen schadet der Gesundheit.
흐아우흔 슈아뎉 데어 그준ㅌ하읻

담배꽁초를 바닥에 버리지 마세요.

Werfen Sie die Zigarettenkippe nicht auf den Boden.
브에어프흔 지 디 찌가흐엩튼킾프 니힡 아우프흐 덴 보든

저는 세상에서 담배 연기를 가장 싫어해요.

Den Zigarettenrauch hasse ich am meisten.
덴 찌가흐엩튼흐아우흐 하쓰 이히 암 마이스튼

저는 제 앞에서 걸어가며 담배 피우는 사람이 제일 싫어요.

Ich hasse Menschen, die beim Laufen vor mir rauchen.
이히 하쓰 멘슌, 디 바임 라우프흔 프호어 미어 흐아우흔

최근에는 여성 흡연자 수가 남성 흡연자 수와 비슷해요.

In den letzten Jahren hat sich die Anzahl der Raucherinnen und Raucher angeglichen.
인 덴 렡쯔튼 야흔 핱 지히 디 안짤 데어 흐아우허흐인는 운ㅌ 흐아우허 안그글리히은

금연 ①

\# 담배 좀 꺼 주시겠어요?

Könnten Sie die Zigarette ausmachen?
퀸튼 지 디 찌가흐엘트 아우쓰마흔?

Könnten Sie die Zigarette ausdrücken?
퀸튼 지 디 찌가흐엘트 아우쓰드흐윅큰?

\# 여기서 담배 피우면 안 돼요.

Sie dürfen hier nicht rauchen.
지 뒤어프흔 히어 니힡 흐아우흔

\# 금연 구역!

Rauchen verboten!
흐아우흔 프헤어보튼!

\# 이 건물은 금연 빌딩이에요.

In diesem Gebäude ist Rauchen verboten.
인 디즘 그보이드 이슽 흐아우흔 프헤어보튼

\# 자기야, 담배 끊어야 돼.

Schatz/Liebling, du solltest das Rauchen bleiben lassen.
슈핱츠/리블링, 두 졸튿슽 다쓰 흐아우흔 블라이븐 라쓴

\# 그는 담배를 피우지 않아요.

Er raucht nicht.
에어 흐아우흩 니힡

\# 얼마 전에 완전히 끊었거든요.

Denn er hat vor Kurzem damit aufgehört.
덴 에어 핱 프호어 쿠어쯤 다밑 아우프흐그회엍

\# 나는 그를 설득해서 담배를 끊게 했어요.

Ich habe ihn überredet sich das Rauchen abzugewöhnen.
이히 하브 인 위버흐에듵 지히 다쓰 흐아우흔 압쭈그브외는

금연 ②

\# 담배를 끊기로 결심했어요.

Ich habe mich entschieden mit dem Rauchen aufzuhören.
이히 하브 미히 엔ㅌ슈이든 밑 뎀 흐아우흔 아우프흐쭈회어흔

\# 하루에 한 개비로 줄였어요.

Ich rauche nur noch eine Zigarette am Tag.
이히 흐아우흐 누어 노흐 아이느 찌가흐엘트 암 탘

\# 끊으려고 노력하는 중이에요.

Ich versuche mir das Rauchen abzugewöhnen.
이히 프헤어주흐 미어 다쓰 흐아우흔 압쭈그브외는

\# 담배를 끊기는 어려워요.

Es ist schwierig mit dem Rauchen aufzuhören.
에쓰 이슽 슈브이흐이히 밑 뎀 흐아우흔 아우프흐쭈회어흔

\# 담배는 일단 습관이 되면 끊기 어려워요.

Wenn man schon lange raucht, ist es schwierig es bleiben zu lassen.
브엔 만 슈온 랑으 흐아우흩, 이쓰 에쓰 슈브이어흐이히 에쓰 블라이븐 쭈 라쓴

\# 담배를 안 피운 지 6개월이 되었어요.

Ich habe seit sechs Monaten nicht mehr geraucht.
이히 하브 자읱 제흐쓰 모나튼 니힡 메어 그흐아우흩

\# 담배를 끊은 이후로 그는 몸이 훨씬 좋아졌어요.

Seit er nicht mehr raucht, geht es ihm viel besser.
자읱 에어 니힡 메어 흐아우흩, 겥 에쓰 임 프힐 베써

Schritt 11 반려동물 MP3. K02_S11

반려동물 ①

\# 저는 동물 기르는 것을 좋아해요.

Ich liebe es Haustiere zu haben.
이히 리브 에쓰 하우쓰티어흐 쭈 하븐

\# 반려동물 키우시나요?

Haben Sie ein Haustier?
하븐 지 아인 하우쓰티어?

\# 어떤 반려동물을 기르고 계세요?

Was für ein Haustier haben Sie?
브아쓰 프휘어 아인 하우쓰티어 하븐 지?

\# 8살 때부터 강아지를 키웠어요.

Ich habe einen Hund gehabt, seit ich acht Jahre alt war.
이히 하브 아이는 훈트 그합트, 자일 이히 아흘 야흐 알트 브아

\# 반려동물 키워 보고 싶지 않아요?

Möchten Sie nicht ein Haustier haben?
뫼히튼 지 니힡 아인 하우쓰티어 하븐?

\# 반려동물로 뭐가 좋을까, 강아지 아니면 고양이?

Was ist besser als Haustier, ein Hund oder eine Katze?
브아쓰 이슡 베써 알쓰 하우쓰티어, 아인 훈트 오더 아이느 캍쯔?
Welches von den beiden ist besser als Haustier, ein Hund oder eine Katze?
브엘히으쓰 프혼 덴 바이든 이슡 베써 알쓰 하우쓰티어, 아인 훈트 오더 아이느 캍쯔?

\# 동물 키우는 게 여간 힘든 일이 아니에요.

Es ist nicht einfach ein Haustier zu erziehen.
에쓰 이슡 니힡 아인프하흐 아인 하우쓰티어 쭈 에어찌흔

반려동물 ②

\# 오늘 공원에서 버려진 고양이를 발견했어요.

Ich habe heute im Park eine ausgesetzte Katze gefunden.
이히 하브 호이트 임 팤 아이느 아우쓰그젵쯔트 캍쯔 그프훈든

\# 부모님은 고양이 키우는 것을 허락하지 않아요.

Meine Eltern erlauben es mir nicht eine Katze zu haben.
마이느 엘턴 에어라우븐 에쓰 미어 니힡 아이느 캍쯔 쭈 하븐

\# 그들은 개를 키우고 싶어하지만, 아파트에 살고 있어서 키울 수가 없어요.

Sie möchten gerne einen Hund halten, doch sie können nicht, weil sie in einem Appartment leben.
지 뫼히튼 게어느 아이는 훈트 핱튼, 도흐 지 쾬느 니힡, 브아일 지 인 아이늠 앞팥믄트 레븐

\# 또 작은 동물을 키우는 것도 큰일이 돼요.

Außerdem wird es viel Mühe machen, auch ein kleines Tier zu versorgen.
아써뎀 브이엍 에쓰 프힐 뮈흐 마흔, 아우흐 아인 클라이느쓰 티어 쭈 프헤어조어근

\# 물론 반려동물은 아이들에게 책임감을 가르쳐 주죠.

Doch ein Haustier wird den Kindern Verantwortung beibringen.
도흐 아인 하우쓰티어 브이엍 덴 킨던 프헤어안트브오어퉁 바이브흐잉은

개 ①

개와 산책하는 건 참 즐거워요.
Es macht Spaß mit dem Hund spazieren zu gehen.
에쓰 마흐 슈파쓰 밑 뎀 훈트 슈파찌어흔 쭈 게흔

매일 저녁 개를 데리고 산책을 나가요.
Ich gehe jeden Abend mit dem Hund raus.
이히 게흐 예든 아븐트 밑 뎀 훈트 흐아우쓰

우리 강아지는 한 살이에요.
Unser Welpe ist ein Jahr alt.
운저 브엘프 이슽 아인 야 알트

우리 강아지는 공놀이를 좋아하죠.
Unser Welpe liebt es mit dem Ball zu spielen.
운저 브엘프 맆트 에쓰 밑 뎀 발 쭈 슈필른

아이들이 개와 잔디밭에서 뛰어놀아요.
Der Hund tobt sich mit den Kindern im Gras aus.
데어 훈트 톺트 지히 밑 덴 킨던 임 그흐아쓰 아우쓰

남동생이 강아지를 쓰다듬고 있어요.
Mein kleiner Bruder streichelt das Hündchen.
마인 클라이너 브흐우더 슈트흐아이힐트 다쓰 휜트히은

여기서 잠깐!
독일어에서는 어떤 대상의 작거나 어린 형태를 간단하게 표현할 수 있어요. 대부분 [원형의 모음+¨ 움믈라웉 + -chen 히은]을 이용합니다.

- 빵 → 작은 빵, 빵 조각
  das Brot 다쓰 브흐올 → das Brötchen 다쓰 브흐욀히은
- 개 → 강아지
  der Hund 데어 훈트 → das Hündchen 다쓰 휜트히은

'-chen'으로 끝나는 명사는 모두 중성이라 위와 같이 표현했을 때 성이 바뀌는 점에 주의하세요.

꼭! 짚고 가기

개와 관련된 표현들

독일에도 한국처럼 동물의 특성을 바탕으로 만들어진 속담이나 관용구들이 많아요. 우선 개를 활용해 어떤 표현을 하는지 알아볼까요?

▶ der Hund 데어 훈트 개

- Aufpassen wie ein Schießhund
  아우프흐파쓴 브이 아인 슈이쓰훈트
  철저하게 감시하다
  (사냥개처럼 감시하다)
- Bekannt sein wie ein bunter Hund
  브칸트 자인 브이 아인 분터 훈트
  모두가 아는, 유명한
  (알록달록한 개처럼 유명하다)
- Da wird der Hund in der Pfanne verrückt! 다 브이얼 데어 훈트 인 데어 프하느 프헤어흐윅클!
  말도 안 돼!
  (냄비 속 개가 미쳐 날뛰겠네!)
- Das ist ja ein dicker Hund!
  다쓰 이슽 야 아인 딕커 훈트!
  뻔뻔스럽구나!
  (이거 참 뚱뚱한 개네!)
- Die Hunde bellen, die Karawane zieht weiter.
  디 훈드 벨른, 디 카흐아브아느 찔 브아이터.
  그래 떠들어라, 우리는 우리 갈 길 간다.
  (개들은 짖고, 행렬은 계속 간다.)
- Hunde, die bellen, beißen nicht.
  훈드, 디 벨른, 베이쓴 니힡
  빈 수레가 요란하다.
  (짖는 개는 물지 않는다.)
- Wie Hund und Katze (leben)
  브이 훈트 운트 캍쯔 (레븐)
  만났다 하면 싸우는 사이
  (개와 고양이처럼 지내다)

Kapitel 02 나를 조금 더 자세히! 133

개 ②

조금 있다가 강아지에게 먹이를 주려고요.

Ich werde dem Welpen gleich das Futter geben.
이히 브에어드 뎀 브엘픈 글라이히 다쓰 프훝터 게븐

강아지에게 줄 먹이를 준비 중이에요.

Ich bereite das Futter für den Welpen vor.
이히 브흐아이트 다쓰 프훝터 프휘어 덴 브엘픈 프호어

엄마, 나도 강아지 기르게 해 주세요.

Mami, bekomme ich auch einen Hund?
마미, 브콤으 이히 아우흐 아이는 훈트?

나는 강아지에게 '플루토'라고 이름을 지어 주었다.

Ich habe meinem Hund den Namen ‚Pluto' gegeben.
이히 하브 마이늠 훈트 덴 남은 '플루토' 그게븐

'미카엘'이라는 이름의 개를 키우고 있어요.

Ich habe einen Hund namens ‚Michael'.
이히 하브 아이는 훈트 나믄쓰 '미히아엘'

우리 개는 하얀 바탕에 검정 얼룩이 있어요.

Unser Hund hat schwarze Flecken auf weißem Fell.
운저 훈트 핱 슈브아쯔 프흘렉큰 아우프흐 브아이씀 프헬

우리는 일곱 살 된 잡종 개를 키우고 있어요.

Wir haben einen Mischling, der sieben Jahre alt ist.
브이어 하븐 아이는 미슈링, 데어 지븐 야흐 알 이슽

개 ③

우리 개는 온순해요.

Unser Hund ist sehr lieb.
운저 훈트 이슽 제어 맆

우리 강아지는 잘 짖지만 안전해요.

Obwohl unser Hund viel bellt, ist er sehr friedlich.
옾브올 운저 훈트 프힐 벨트, 이슽 에어 제어 프흐이틀리히

개는 잘 길들여져 주인에게 충실해요.

Der Hund ist gut dressiert und seinem Herrchen treu.
데어 훈트 이슽 궅 드르씨얼 운트 자이늠 헤어히은 트흐오이

휴가 동안 제 강아지를 돌봐 줄 사람이 필요해요.

Im Urlaub brauche ich jemanden, der auf meinen Hund aufpassen kann.
임 우얼라웊 브흐아우흐 이히 예만든, 데어 아우프흐 마이는 훈트 아우프흐파쓴 칸

우리 강아지가 아픈 것 같아요.

Unser Welpe sieht krank aus.
운저 브엘프 짙 크흐앙ㅋ 아우쓰

수의사한테 데리고 가 봤니?

Warst du schon beim Tierarzt?
브아슽 두 슈온 바임 티어아쯭?

강아지 중성화 수술을 했어요.

Der Welpe wurde kastriert.
데어 브엘프 브우어드 카스트흐이얼

고양이

우리 집 고양이는 굉장히 도도하다.

Unsere Katze ist sehr stolz.
운저흐 캍쯔 이슽 제어 슈톨쯔

그의 고양이는 사나워 발톱으로 나를 할퀴었어요.

Seine Katze ist so wild, dass sie mich gekratzt hat.
자이느 캍쯔 이슽 조 브일ㅌ, 다쓰 지 미히 그크흐앝쯭 핱

고양이는 자기 꼬리를 가지고 장난을 쳐요.

Die Katze spielt mit ihrem Schwanz.
디 캍쯔 슈필ㅌ 밑 이어흠 슈브안쯔

새끼 고양이가 계속 울어요.

Das Kätzchen miaut die ganze Zeit.
다쓰 캩쯔히은 미아웉 디 간쯔 짜잍

우리 고양이가 어젯밤에 새끼를 세 마리 낳았어요.

Unsere Katze hat gestern Nacht drei Junge geworfen.
운저흐 캍쯔 핱 게스턴 나흩 드흐아이 융으 그브오어프흔

새끼 고양이가 장난감을 물어뜯었어요.

Das Kätzchen hat das Spielzeug zerbissen/zernagt.
다쓰 캩쯔히은 핱 다쓰 슈필쪼읔 쩨어비쓴/쩨어나큳

고양이들에게 밥 줄 시간이야.

Es ist Zeit die Katzen zu füttern.
에쓰 이슽 짜잍 디 캍쯘 쭈 프휱턴

고양이가 목을 그르렁거려요.

Der Kater röchelt.
데어 카터 흐외히읕ㅌ

꼭! 짚고 가기

고양이와 관련된 표현들

독일에서 고양이를 활용해 어떤 관용어 표현을 구사하는지도 알아 봐요.

▶ die Katze 디 캍쯔 고양이

- Bei Nacht sind alle Katzen grau.
  바이 나흩 진ㅌ 알르 캍쯘 그흐아우
  어둠 속에서는 특별한 것들이 잘 안 보인다.
  (밤에는 모든 고양이가 회색이다.)
- Die Katze aus dem Sack lassen.
  디 캍쯔 아우쓰 뎀 잨 라쓴
  비밀을 퍼뜨리다.
  (자루에서 고양이를 풀다.)
- Die Katze beißt sich in den Schwanz.
  디 캍쯔 바이쓷 지히 인 덴 슈브안쯔
  끊임없이 되풀이되는 상황이다.
  (고양이가 자신의 꼬리를 문다.)
- Die Katze im Sack kaufen.
  디 캍쯘 임 잨 카우프흔
  무엇인지 확인도 안 하고 사다.
  (자루에 든 고양이를 사다.)
- Die Katze lässt das Mausen nicht.
  디 캍쯔 래쓷 다쓰 마우즌 니힡
  세 살 버릇 여든까지 간다.
  (고양이가 쥐 잡는 버릇은 없어지지 않는다.)

반려동물 – 기타 ①

어떤 독특한 반려동물을 키워 봤나요?

Haben Sie mal ein besonderes/ außergewöhnliches Haustier gehabt?
하븐 지 말 아인 브존더흐쓰/아우써그브왼리히으쓰 하우쓰티어 그합ㅌ?

제 친구 중 한 명은 뱀을 키워요.

Einer meiner Freunde hat eine Schlange (zu Hause).
아이너 마이너 프흐오인드 핱 아이느 슐랑으 (쭈 하우즈)

저는 뱀이나 도마뱀 종류는 무서워요.

Ich habe Angst vor Schlangen und Eidechsen.
이히 하브 앙슽 프호어 슐랑은 운ㅌ 아이데흐즌

저는 거북이를 기르고 있어요.

Ich ziehe gerade eine Schildkröte auf.
이히 찌흐 그흐아드 아이느 슈일ㅌ크흐외트 아우프흐

제가 키우는 거북이는 희귀종이에요.

Meine Schildkröte ist kostbar.
마인스 슈일ㅌ크흐외트 이슽 코슽바
Meine Schildkrötenart gibt es selten.
마이느 슈일ㅌ크흐외튼아ㅌ 깁ㅌ 에쓰 젤튼

제 햄스터는 양배추를 제일 잘 먹어요.

Mein Hamster frisst am liebsten Kohl.
마인 함스터 프흐이쏱 암 맆스튼 콜
Kohl ist das Lieblingsfutter meines Hamsters.
콜 이슽 다쓰 리블링쓰프훝터 마이느쓰 함스터쓰

반려동물 – 기타 ②

그의 앵무새는 말을 엄청 잘 따라해요.

Sein Papagei kann sehr gut nachsprechen.
자인 파파가이 칸 제어 굳 나흐슈프흐에히은
Sein Papagei spricht erstaunlich gut nach.
자인 파파가이 슈프흐이힡 에어슈타운리히 굳 나흐

토끼는 무엇을 먹고 크나요?

Was frisst der Hase?
브아쓰 프흐이슽 데어 하즈?

금붕어 어항 청소하기 어렵지 않아요?

Ist es nicht schwer das Goldfischglas zu waschen?
이슽 에쓰 니힡 슈브에어 다쓰 골ㅌ프히슈글라쓰 쭈 브아슌?
Ist es nicht schwer das Goldfischglas zu putzen?
이슽 에쓰 니힡 슈브에어 다쓰 골ㅌ프히슈글라쓰 쭈 풀쯘?

도마뱀에게 일광욕은 아주 중요해요.

Es ist wichtig für die Eidechse viele Sonnenbäder zu bekommen.
에쓰 이슽 브이히티히 프휘어 디 아이데흐즈 프힐르 존느배더 쭈 브콤믄
Es ist wichtig für die Eidechse viel in der Sonne zu liegen.
에쓰 이슽 브이히티히 프휘어 디 아이데흐즈 프힐 인 데어 존느 쭈 리근

그녀는 병아리들이 죽어서 너무 슬퍼요.

Sie ist traurig, weil ihre Küken/ Hühnchen gestorben sind.
지 이슽 트흐아우흐이히, 브아일 이어흐 퀴큰/휜히은 그슈토어븐 진ㅌ

Schritt 12 식물 가꾸기　MP3. K02_S12

식물 가꾸기 ①

\# 독일 사람들은 대부분 마당에 정원이 있어요.

Die Deutschen haben meistens einen Garten zu Hause.
디 도이춴 하븐 마이스튼쓰 아이는 가튼 쭈 하우즈

\# 그녀는 정원을 가꾸며 시간을 보낼 때가 많아요.

Sie verbringt die meiste Zeit mit Gärtnern.
지 프헤어브흐잉트 디 마이스트 짜잍 밑 개어트넌

\# 안토니아가 꽃에 물을 주고 있어요.

Antonia gießt die Blume.
안토니아 기슽 디 블루므

\# 우리는 세 개의 화분에 콩을 심었어요.

Wir haben in drei Töpfen Bohnen gepflanzt.
브이어 하븐 인 드흐아이 툅프흔 보는 그프흘란쯭

\# 어제 식물을 정원에 옮겨 심었어요.

Gestern haben wir die Pflanze in den Garten umgepflanzt.
게스턴 하븐 브이어 디 프흘란쯔 인 덴 가튼 움그프흘란쯭

\# 이 꽃은 일주일에 한 번 이상 물을 주면 안 돼요.

Diese Blume darf man nicht mehr als einmal pro Woche wässern.
디즈 블루므 닾흐 만 니힡 메어 알쓰 아인말 프흐오 브오흐 브애썬

\# 네 화분이 햇빛을 잘 못 받아서 시든 거야.

Deine Blume ist verwelkt, weil sie nicht genug Sonne abbekommen hat.
다이느 블루므 이슽 프헤어브엘킅, 브아일 지 니힡 그눅 존느 앞브콤믄 핱

식물 가꾸기 ②

\# 그녀는 정원에 꽃을 심어서 예쁘게 꾸몄다.

Sie hat den Garten mit Blumen geschmückt.
지 핱 덴 가튼 밑 블루믄 그슈뮉킅

\# 우리는 정원에서 직접 기른 것을 먹어요.

Wir essen, was wir selbst im Garten gepflanzt haben.
브이어 에쓴, 브아쓰 브이어 젤프슽 임 가튼 그프흘란쯭 하븐

\# 저는 꽃 중에 난을 제일 좋아해요.

Ich liebe Orchideen am meisten.
이히 리브 오어히덴 암 마이스튼
Orchideen sind meine Lieblingsblumen.
오어히덴 진트 마이느 리블링쓰블루믄

\# 잡초들은 빨리 자라요.

Das Unkraut wächst schnell.
다쓰 운크흐아웉 브애흐슽 슈넬

\# 저는 틈틈이 정원의 잡초를 뽑아요.

Ich jäte das Unkraut oft.
이히 애트 다쓰 운크흐아웉 오픝
Ich reiße das Unkraut oft aus.
이히 흐아이쓰 다쓰 운크흐아웉 오픝 아우쓰

\# 정원에 튤립을 심었어요.

Ich habe im Garten Tulpen gepflanzt.
이히 하브 임 가튼 툴픈 그프흘란쯭

\# 장미는 특별히 보살핌이 필요해요.

Die Rose muss man besonders gut pflegen.
디 흐오즈 무쓰 만 브존더쓰 굳 프흘레근
Um die Rose muss man sich besonders viel kümmern.
움 디 흐오즈 무쓰 만 지히 브존더쓰 프힐 퀴먼

Kapitel 03

사소한 일상에서도!

Kapitel 03.

Schritt 1	하루 생활
Schritt 2	집
Schritt 3	초대 & 방문
Schritt 4	친구 만나기
Schritt 5	운전 & 교통
Schritt 6	집 구하기
Schritt 7	날씨
Schritt 8	전화
Schritt 9	명절 & 기념일

Zu Hause 집에서
쭈 하우즈

MP3. Wort_K03_1

Aufstehen! 아우프슈테흔! 일어나렴! 	aufstehen 아우프슈테흔 v. (침대에서) 일어나다 	aufwachen 아우프흐브아흔 v. 깨어나다 wach 브아흐 adj. 깨어 있는 
	der Wecker 데어 브엑커 n. 알람, 자명종 	aufwecken 아우프흐브엑큰 v. 깨우다
Guten Appetit! 구튼 아페팉! 맛있게 드세요! 	die Küche 디 퀴히으 n. 부엌 	das Esszimmer 다쓰 에쓰찜머, der Speisesaal 데어 슈파이즈잘 n. 식사하는 곳
	der Tisch 데어 티슈 n. 식탁 	die Spülmaschine 디 슈퓔마슈이느 n. 식기세척기
	der Löffel 데어 뢰프흘 n. 숟가락 	die Gabel 디 가블 n. 포크 
	das Messer 다쓰 메써 n. 칼 	das Stäbchen 다쓰 슈탶히은 n. 젓가락 
Dusch dich! 두슈 디히! 샤워해!	das Badezimmer 다쓰 바드찜머 n. 욕실 	die Toilette 디 토일레트, das Klo 다쓰 클로 n. 화장실 
die Badewanne 디 바드브안느 n. 욕조 	duschen 두슌 v. 샤워하다 	die Haare waschen 디 하흐 브아슌 v. 머리를 감다 

das Waschbecken 다쓰 브아슈브엑큰 n. 세면대	sich das Gesicht waschen 지히 다쓰 그지힡 브아슌 v. 세수하다	die Zähne putzen 디 쨰느 풀쯘 v. 이를 닦다 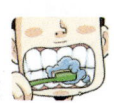
sich anziehen 지히 안찌흔 v. 옷을 입다 	das Hemd 다쓰 헴트 n. 와이셔츠 	die Bluse 디 블루즈 n. 블라우스 
	die Jacke 디 약크 n. 재킷 	die Hose 디 호즈 n. 바지 
	das Kleid 다쓰 클라읻 n. 원피스 	der Rock 데어 흐옥 n. 치마 
sich umziehen 지히 움찌흔 v. 갈아입다 	die Socke 디 족크 n. 양말	der Schuh 데어 슈 n. 신발 
putzen 풀쯘 v. 청소하다 	der Mülleimer 데어 뮐아이머 n. 휴지통	die Mülltrennung 디 뮐트흐엔눙 n. 분리수거 
	der Staubsauger 데어 슈타웊자우거 n. 청소기 	die Waschmaschine 디 브아슈마슈이느 n. 세탁기
	der Staub 데어 슈타웊 n. 먼지	fegen 프헤근 v. 쓸다, 털다 

Kapitel 03 사소한 일상에서도!

fernsehen 프헤언제흔 v. TV를 보다 	das Programm 다쓰 프호그흐암, die Sendung 디 젠둥 n. 프로그램	die Lautstärke 디 라울슈태어크 n. 소리 
	die Nachrichten 디 나흐이히튼 n. 뉴스	die Fernbedienung 디 프헤언베디눙 n. 리모콘
die Speise 디 슈파이즈 n. 음식, 요리	der Kühlschrank 데어퀼슈흐앙ㅋ n. 냉장고 	der Ofen 데어 오프흔 n. 오븐 
	das Gemüse 다쓰 그뮈즈 n. 채소 	das Obst 다쓰 옾슽 n. 과일 
	das Fleisch 다쓰 프흘라이슈 n. 고기 	der Fisch 데어 프히슈 n. 생선 
Zeit zum Schlafen! 짜잍 쭘 슐라프흔! 잘 시간이야!	das Bett 다쓰 벹 n. 침대 	das Kopfkissen 다쓰 콮흐키쓴 n. 베개
		die Bettdecke 디 벹덱크 n. 이불 
	der Schlaf 데어 슐라프흐 n. 잠 schlafen 슐라프흔 v. 자다 	der Traum 데어 트흐아움 n. 꿈 träumen 트흐오이믄 v. 꿈꾸다 

Das Wetter 날씨
다쓰 브엘터

gutes Wetter 구트쓰 브엘터, schönes Wetter 슈외느쓰 브엘터 n. 좋은 날씨	die Sonne 디 존느 n. 해 	scheinen 슈아이는 v. 빛나다
warm 브암 adj. 따뜻한 	die Hitze 디 힡쯔 n. 더위, 열기 heiß 하이쓰 adj. 더운 	erfrischend 에어프흐이슌ㅌ, kühl 퀼 adj. 시원한, 서늘한
schlechtes Wetter 슐레히트쓰 브엘터 n. 나쁜 날씨 	der Wind 데어 브인ㅌ n. 바람 windig 브인디히 adj. 바람이 부는 	die Wolke 디 브올크 n. 구름 wolkig 브올키히 adj. 구름이 낀
	der Nebel 데어 네블 n. 안개 	die Dürre 디 뒤어흐, die Trockenheit 디 트흐옥큰하잍 n. 가뭄 
regnen 흐에그는 v. 비가 오다 der Regen 데어 흐에근 n. 비	der Sturm 데어 슈투엄 n. 태풍 	die Überschwemmung 디 위버슈브엠뭉 n. 홍수 
	der Regenschirm 데어 흐에근슈이엄 n. 우산	der Hagel 데어 하글 n. 우박 hageln 하글ㄴ v. 우박이 내리다
kaltes Wetter 칼트쓰 브엘터 n. 추운 날씨 	kalt 칼ㅌ adj. 추운 die Kälte 디 캘트 n. 추위	das Eis 다쓰 아이쓰 n. 얼음 frieren 프흐이어흔 v. 얼다
	der Schnee 데어 슈네 n. 눈	der Schneemann 데어 슈네만 n. 눈사람

Kapitel 03 사소한 일상에서도!

die Jahreszeit 디 야흐쓰짜일 n. 계절	der Frühling 데어 프휘링 n. 봄		der Sommer 데어 좀머 n. 여름	
	der Herbst 데어 헤엎슽 n. 가을		der Winter 데어 브인터 n. 겨울	

Der Monat 달, 월
데어 모낱

MP3. Wort_K03_3

der Januar 데어 야누아 n. 1월	der Februar 데어 프헤브호우아 n. 2월	der März 데어 매어쯔 n. 3월	der April 데어 아프흐일 n. 4월
der Mai 데어 마이 n. 5월	der Juni 데어 유니 n. 6월	der Juli 데어 율리 n. 7월	der August 데어 아우구슽 n. 8월
der September 데어 젭템버 n. 9월	der Oktober 데어 옥토버 n. 10월	der November 데어 노브엠버 n. 11월	der Dezember 데어 데쩸버 n. 12월

Die Zahlen 숫자
디 짤른

MP3. Wort_K03_4

eins 아인쓰 1	zwei 쯔브아이 2	drei 드흐아이 3	vier 프히어 4	fünf 프휜프흐 5
sechs 제흐쓰 6	sieben 지븐 7	acht 아흩 8	neun 노인 9	zehn 첸 10
elf 엘프흐 11	zwölf 쯔브욀프흐 12	dreizehn 드흐아이첸 13	vierzehn 프히어첸 14	fünfzehn 프휜프흐첸 15
sechzehn 제히첸 16	siebzehn 짚첸 17	achtzehn 아흩첸 18	neunzehn 노인첸 19	zwanzig 쯔브안찌히 20

einundzwanzig 아인운트쯔브안찌히 21	zweiundzwanzig 쯔브아이운트쯔브안찌히 22	dreißig 드흐아이씨히 30	vierzig 프히어찌히 40	fünfzig 프휜프흐찌히 50
sechzig 제히찌히 60	siebzig 짚찌히 70	achtzig 아흘찌히 80	neunzig 노인찌히 90	hundert 훈덜 100

Der Feiertag 공휴일
데어 프하이어탁

MP3. Wort_K03_5

das Neujahr 다쓰 노이야 n. 새해, 설날	**der/das Silvester** 데어/다쓰 질브에스터 n. 12월 31일 밤	**der Wunsch** 데어 브운슈 n. 소원
	anstoßen 안슈토쓴, **toasten** 토스튼 v. 건배하다	**wünschen** 브윈슌, **hoffen** 호프흔 v. 바라다, 희망하다
das Weihnachten 다쓰 브아이나흐튼 n. 크리스마스	**der Weihnachtsabend** 데어 브아이나흐츠아븐트, **der Heiligabend** 데어 하일리히아븐트 n. 크리스마스이브	**der Weihnachtsbaum** 데어 브아이나흐츠바움 n. 크리스마스트리
	der Weihnachtsmann 데어 브아이나흐츠만 n. 산타클로스	**das Geschenk** 다쓰 그슈엥ㅋ n. 선물 **schenken** 슈엥큰 v. 선물하다
das Ostern 다쓰 오스턴 n. 부활절	**das Osterei** 다쓰 오스터아이 n. 부활절 달걀	**der Osterhase** 데어 오스터하즈 n. 부활절 토끼
	die Auferstehung 디 아우프흐에어슈테훙 n. 부활	**feiern** 프하이언 v. 축제를 벌이다, 기념하다

Schritt 1 하루 생활   MP3. K03_S01

일어나기 ①

\# 일어날 시간이야!

Es ist Zeit aufzustehen!
에쓰 이슽 짜잍 아우프흐쭈스테흔!
Es ist Zeit aufzuwachen!
에쓰 이슽 짜잍 아우프흐쭈브아흔!
Es ist Zeit zum Aufwachen!
에쓰 이슽 짜잍 쭘 아우프흐브아흔!

\# 조금만 더 자고 싶어요.

Ich will noch ein bisschen weiterschlafen.
이히 브일 노흐 아인 비쓰히읜 브아이터슐라프흔
Ich möchte noch einen kleinen Moment schlafen.
이히 뫼히트 노흐 아이는 클라이는 모멘ㅌ 슐라프흔

\# 일어나, 늦겠어.

Steh auf, sonst kommst du zu spät.
슈테 아우프흐, 존스트 콤슽 두 쭈 슈퍁
Wach auf, oder du wirst dich verspäten.
브아흐 아우프흐, 오더 두 브이어슽 디히 프헤어슈패튼

\# 너무 졸려.

Ich bin zu müde.
이히 빈 쭈 뮈드

\# 오늘 몇 시에 깼어?

Wann bist du heute aufgewacht?
브안 비슽 두 호이트 아우프흐그브아흩?

\# 이제 막 깼어.

Ich bin gerade aufgewacht.
이히 빈 그흐아드 아우프흐그브아흩

일어나기 ②

\# 내일 아침에 일찍 깨워 주세요.

Bitte wecken Sie mich morgen früh.
비트 브엨큰 지 미히 모어근 프흐위
Würden Sie mich morgen früh wecken?
브위어든 지 미히 모어근 프흐위 브엨큰?

\# 이런, 늦잠을 잤네.

Verdammt, ich habe verschlafen.
프헤어담ㅌ, 이히 하브 프헤어슐라프흔
Verdammt, ich bin zu spät aufgestanden.
프헤어담ㅌ, 이히 빈 쭈 슈퍁 아우프흐그슈탄든

\# 왜 안 깨웠어요?

Warum haben Sie mich nicht aufgeweckt?
브아흐움 하븐 지 미히 니힡 아우프흐그브에큹?

\# 미안, 나도 어제 밤을 새워 늦잠을 잤어.

Entschuldigung, ich habe gestern auch kein Auge zugemacht und habe verschlafen.
엔트슐디궁, 이히 하브 게스턴 아우흐 카인 아우그 쭈그마흩 운ㅌ 하브 프헤어슐라프흔

\# 전 보통 아침 일찍 일어나요.

Ich wache meistens sehr früh auf.
이히 브아흐 마이스튼쓰 제어 프흐위 아우프흐

\# 난 아침형 인간이야.

Ich bin ein Frühaufsteher.
이히 빈 아인 프흐위아우프흐슈테허

\# 알람을 맞춰 놨는데 일어나지 못했어요.
(알람 소리를 못 들었어요.)

Ich habe den Wecker nicht gehört.
이히 하브 덴 브엨커 니힡 그회엍

씻기

\# 잠을 깨려면 세수를 해야겠어.

Ich sollte mir das Gesicht waschen, um wach zu werden.
이히 졸트 미어 다쓰 그지힡 브아슌, 움 브아흐 쭈 브에어든

\# 오늘 아침에는 머리 감을 시간이 없네.

Heute habe ich keine Zeit meine Haare zu waschen.
호이트 하브 이히 카이느 짜일 마이느 하흐 쭈 브아슌

\# 매일 아침 조깅하고 난 후에 샤워를 해요.

Ich dusche (mich) jeden Morgen nach dem Joggen.
이히 두슈 (미히) 예든 모어근 나흐 뎀 조어근

\# 저는 매일 아침 머리를 감는 것을 습관으로 하고 있어요.

Ich habe die Angewohnheit mir jeden Morgen die Haare zu waschen.
이히 하브 디 안그본하잍 미어 예든 모어근 디 하흐 쭈 브아슌

\# 손부터 씻어야지.

Wasch dir zuerst die Hände.
브아슈 디어 쭈에어슽 디 핸드

\# 밥 먹고 나서 이는 닦았니?

Hast du nach dem Essen die Zähne geputzt?
하슽 두 나흐 뎀 에쓴 디 째느 그풀쯭?

\# 오늘은 정말 씻기 귀찮다.

Heute habe ich keine Lust mich zu waschen.
호이트 하브 이히 카이느 루슽 미히 쭈 브아슌

꼭! 짚고 가기

잠과 관련된 유용한 표현

aufstehen 아우프흐슈테흔과 aufwachen 아우프흐브아흔은 분명 둘 다 '일어나다'라는 뜻의 동사지만, aufstehen이 잠자리에서 일어나는 '동작'에 초점을 맞췄다면 aufwachen은 잠에서 깬 '상태'를 표현하죠. 아래와 같이 아침에 어머니와 자주 하게 되는 대화 아시죠?

엄마 : 일어나!
나   : 일어났어.
엄마 : 그게 깨기만 한 거지 일어난 거야?
      어서 일어나서 움직여!

어떤 차이인지 이해되죠? 이밖에 잠과 관련된 단어를 알아보아요.

- verschlafen 프헤어슐라프흔 / verpennen 프헤어펜느
  늦잠을 자다
- (die ganze Nacht) aufbleiben
  (디 간쯔 나흩) 아우프흐블라이븐 /
  durchmachen 두어히마흔
  밤을 새다
- gähnen 개느 하품하다
- sich strecken 지히 슈트흐엑큰 /
  dehnen 데느 / recken 흐엑큰
  기지개를 켜다
- sich die Augen reiben
  지히 디 아우근 흐아이븐
  눈을 비비다
- klingeln 클링을ㄴ (알람·종이) 울리다
- den Wecker ab- 덴 브엑커 압- /
  ausschalten 아우쓰슈알튼
  알람을 끄다
- den Wecker stellen 덴 브엑커 슈텔른
  알람을 맞추다
- der Alarm 데어 알람 자명종, 알람
- aus dem Bett kommen 아우쓰 뎀 벹 콤믄
  침대에서 나오다, 잠자리에서 일어나다

Kapitel 03 사소한 일상에서도!

식사

밥 먹자!

Lass uns essen!
라쓰 운쓰 에쓴!

난 아침은 안 먹어요.

Ich esse kein Frühstück.
이히 에쓰 카인 프흐위슈튐
Ich frühstücke nicht.
이히 프흐위슈튀크 니힡

독일에서는 아침에 보통 뭘 먹니?

Was isst man in Deutschland zum Frühstück?
브아쓰 이슽 만 인 도이츄란ㅌ 쭘 프흐위슈튐?

뭐 먹을까요?

Was möchten Sie essen?
브아쓰 뫼히튼 지 에쓴?

피자 시켜 먹을까요?

Soll ich eine Pizza bestellen?
졸 이히 아이느 피짜 브슈텔른?

지금은 식사하고 싶지 않아요.

Ich habe gerade keinen Appetit.
이히 하브 그흐아드 카이느 아페틷

다 먹었니?

Bist du satt?
비슽 두 잩?
Bist du fertig?
비슽 두 프헤어티히?

그렇게 음식을 가리면 안 돼.

Sei nicht so wählerisch beim Essen.
자이 니힡 조 브앨러흐이슈 바임 에쓴

남기지 말고 다 먹어.

Iss bitte auf.
이쓰 비트 아우프흐

옷 입기 & 화장하기

오늘 뭐 입지?

Was soll ich heute anziehen?
브아쓰 졸 이히 호이트 안찌흔?

저는 옷을 입고 나서 화장을 해요.

Ich schminke mich (erst), nachdem ich mich angezogen habe.
이히 슈밍크 미히 (에어슽), 나흐뎀 이히 미히 안그쪼근 하브

화장하는 데 시간이 얼마나 걸리세요?

Wie lange brauchen Sie, um sich zu schminken?
브이 랑으 브흐아우흔 지, 움 지히 쭈 슈밍큰?

오늘 어떤 색 넥타이를 맬까?

Welche Krawatte soll ich heute tragen?
브엘히으 크흐아브앝트 졸 이히 호이트 트흐아근?
Welche Farbe soll meine Krawatte heute haben?
브엘히으 프하브 졸 마이느 크흐아브앝트 호이트 하븐?

그 파티의 드레스 코드는 빨간색이에요.

Der Dresscode für die Party ist rot.
데어 드흐에쓰코드 프휘어 디 파티 이슽 흐옽

넌 아침에 거울 앞에서 보내는 시간이 너무 길어.

Du verbringst morgens zu viel Zeit vor dem Spiegel.
두 프헤어브흐잉슽 모어근쓰 쭈 프힐 짜잍 프호어 뎀 슈피글

그녀는 화장하는 데 보통 1시간이 걸려요.

Sie braucht ungefähr eine Stunde, um sich zu schminken.
지 브흐아우흩 운그프해어 아이느 슈툰드, 움 지히 쭈 슈밍큰

TV 보기

\# 오늘 밤 TV에서 뭐 하지?

Was kommt heute Abend im Fernsehen?
브아쓰 콤트 호이트 아븐트 임 프헤언제흔?

\# 독일에서는 어떤 채널에 좋은 프로그램들이 많아?

Welcher Kanal in Deutschland hat gute Programme/Sendungen?
브엘히어 카날 인 도이츄란트 핱 구트
프흐오그함므/젠둥은?

\# 텔레비전 좀 켜 봐.

Mach mal den Fernseher an.
마흐 말 덴 프헤언제허 안

\# 채널 좀 바꿀게.

Ich schalte mal um.
이히 슈알트 말 움

\# 리모콘 좀 갖다줘.

Kannst du mir die Fernbedienung geben?
칸슽 두 미어 디 프헤언브디눙 게븐?

\# TV 소리 좀 줄일게.

Ich mache den Fernseher leiser.
이히 마흐 덴 프헤언제허 라이저

\# 채널 좀 그만 돌려.

Schalte nicht so viel durch die Programme.
슈알트 니힡 조 프힐 두어히 디 프흐오그함므

\# 벌써 3시간째야, TV 좀 꺼라.

Drei Stunden sind schon vorbei, mache/schalte jetzt den Fernseher aus.
드흐아이 슈툰든 진 슈온 프호어바이, 마흐/슈알트 옡쯭 덴 프헤언제허 아우쓰

꼭! 짚고 가기

독일의 아침 식사

독일에서 고요한 아침 시간에 유일하게 바쁘게 돌아가는 곳이 바로 빵집이에요. 독일 사람들은 아침과 저녁에 빵을 주식으로 많이 먹는데요. 그렇기 때문에 많은 사람들이 아침부터 따뜻한 빵을 사기 위해 빵집으로 향하죠. 그렇다면 독일 사람들은 어떤 빵을 좋아할까요?
우선 그들은 호밀빵 등 여러 가지 곡식이 들어간 빵을 더 선호해요. 매일 먹는 빵이니 더 건강한 것을 찾게 되는 거겠죠. 검은깨 등의 곡물을 포함한 것부터 해바라기 씨앗 등 다양한 견과류를 넣은 빵도 있어요. 그리고 독일 빵의 특이한 점은 보통 우리가 한국에서도 볼 수 있는 식빵 크기로도 만들지만 보통 손바닥만한 작은 크기로도 만든다는 거예요. 이런 작은 빵을 Brötchen 브흐욀히은이라고 해요.
이 작은 빵을 취향에 따라 샌드위치로 만들어 아침 식사를 한답니다. 버터, 과일 잼, 초콜릿 크림(누텔라) 등을 빵에 바른 다음 종류별 햄, 치즈 등도 끼워 먹지요.

잠자리

보통 몇 시에 잠드니?

Wann gehst du meistens ins Bett?
브안 게슫 두 마이스튼쓰 인쓰 벧?

난 이제 자러 갈게.

Ich gehe jetzt ins Bett.
이히 게흐 옡쯭 인쓰 벧

잠잘 준비할까요?

Sollen wir uns langsam fürs Bett fertig machen?
졸른 브이어 운쓰 랑잠 프휘어쓰 벧 프헤어티히 마흔?

애들 좀 재워 줄 수 있어?

Kannst du die Kinder ins Bett bringen?
칸슫 두 디 킨더 인쓰 벧 브흐잉은?

아직도 안 자니? 곧 자정이야!

Schläfst du immer noch nicht? Es ist gleich Mitternacht!
슐래프흐슫 두 임머 노흐 니힡?
에쓰 이슫 글라이히 밑터나흩!

나갈 때 불 좀 꺼 주실래요?

Können Sie das Licht bitte ausmachen/ausschalten, wenn Sie rausgehen?
퀸는 지 다쓰 리힡 비트 아우쓰마흔/아우쓰슈알튼, 브엔 지 흐아우쓰게흔?

잘 자.

Gute Nacht.
구트 나흩
Träum schön. (좋은 꿈 꿔.)
트흐오임 슈윈
Schlaf schön.
슐라프흐 슈윈

잠버릇

저는 항상 늦게 자요.

Ich schlafe immer sehr spät ein.
이히 슐라프흐 임머 제어 슈퍁 아인
Ich gehe immer sehr spät ins Bett.
이히 게흐 임머 제어 슈퍁 인쓰 벧
Ich bin eine Nachteule.
이히 빈 아이느 나흩오일르

남편은 밤에 큰 소리로 코를 골아요.

Mein Mann schnarcht nachts sehr laut.
마인 만 슈나힡 나흩츠 제어 라욷

저는 잠이 안 와서 종종 뒤척여요.

Ich wälze mich oft schlaflos im Bett.
이히 브앨쯔 미히 오픝 슐라프흐로쓰 임 벧

마크는 잠꼬대하는 버릇이 있어요.

Mark hat die Angewohnheit im Schlaf zu reden.
마크 핱 디 안그브온하읻 임 슐라프흐 쭈 흐에든

다비드는 잘 때 이를 갈아요.

David knirscht im Schlaf mit den Zähnen.
다브읻 크니어슡 임 슐라프흐 밑 덴 째는
David knirscht beim Schlafen mit den Zähnen.
다브읻 크니어슡 바임 슐라프흔 밑 덴 째는

여기서 잠깐!

독일 사람들은 보통, 8시가 되면 아이를 방으로 보내고 9시면 잘 준비를 시켜요. 따라서 7시 넘어서 레스토랑에 가면 아이들은 잘 안 보이는 경우가 많죠.

숙면

\# 우리는 지난밤 푹 잤어요.

Wir haben gestern gut ausgeschlafen.
브이어 하븐 게스턴 굳 아우쓰그슐라프흔

\# 우리는 어제 곯아떨어졌어요.

Ich habe gestern wie ein Stein/wie ein Baby geschlafen.
이히 하브 게스턴 브이 아인 슈타인/브이 아인 베이비 그슐라프흔

\# 나는 잠자리가 바뀌면 잠을 잘 못 자요.

Ich kann in fremden Betten nicht so gut schlafen.
이히 칸 인 프흐엠든 벨튼 니힡 조 굳 슐라프흔

\# 잠을 잘 못 잤니?

Hast du schlecht geschlafen?
하슽 두 슐레힡 그슐라프흔?
Konntest du nicht so gut schlafen?
콘트슽 두 니힡 조 굳 슐라프흔?

\# 그는 불면증이 있어.

Er leidet an Schlaflosigkeit.
에어 라이들 안 슐라프흐로지히카잍

\# 피로를 푸는 가장 좋은 방법은 숙면이에요.

Ein tiefer Schlaf ist der beste Weg sich richtig auszuruhen.
아인 티프허 슐라프흐 이슽 데어 베스트 브엨 지히 흐이히티히 아우쓰쭈흐우흔

여기서 잠깐!

독일어 구어에는 '숙면하다'를 의미하는 다양한 관용구들이 있어요.

- tief und fest schlafen 티프흐 운트 프헤슽 슐라프흔
- wie ein Stein schlafen 브이 아인 슈타인 슐라프흔
- wie ein Baby schlafen 브이 아인 베이비 슐라프흔

꿈

\# 난 가끔 그의 꿈을 꾸지.

Manchmal träume ich von ihm.
만히말 트흐오이므 이히 프흔 임

\# 어제 이상한 꿈을 꿨어.

Ich hatte gestern einen komischen/seltsamen Traum.
이히 핱트 게스턴 아이는 코미슌/젤ㅌ자믄 트흐아움
Ich habe gestern etwas Komisches geträumt.
이히 하브 게스턴 엩브아쓰 코미슈쓰 그트흐오임ㅌ

\# 요즘 악몽에 시달려.

Zurzeit träume ich schlecht.
쭈어짜잍 트흐오이므 이히 슐레힡
Zurzeit habe ich Alpträume.
쭈어짜잍 하브 이히 알프트흐오이므

\# 그는 악몽을 꿔서 깼어.

Er wurde von einem bösen Traum geweckt.
에어 브우어드 프흔 아이늠 뵈즌 트흐아움 그브엨트

\# 내 꿈에 너 나왔어.

Ich habe von dir geträumt.
이히 하브 프흔 디어 그트흐오임ㅌ

\# 나 독일어로 꿈을 꿨어.

Ich habe auf Deutsch geträumt.
이히 하브 아우프흐 도이츄 그트흐오임ㅌ

\# 지난 밤에 꿈을 꾼 것 같은데 기억이 안 나네.

Ich weiß nicht mehr, was ich gestern geträumt habe.
이히 브아이쓰 니힡 메어 브아쓰 이히 게스턴 그트흐오임ㅌ 하브

\# 해몽을 믿니?

Glaubst du an Traumdeutungen?
글라웊슽 두 안 트흐아움도이퉁은?

Schritt 2 집

화장실 사용

화장실 찾기가 어렵네요.
Ich kann die Toilette nicht finden.
이히 칸 디 토일렡트 니힡 프힌든

화장실이 어디에 있나요?
Wo ist die Toilette?
보오 이슽 디 토일렡트?
Wo ist das Klo?
보오 이슽 다쓰 클로?
Wo kann ich die Toilette finden?
보오 칸 이히 디 토일렡트 프힌든?

화장실 좀 다녀올게.
Ich gehe noch schnell auf die/zur Toilette.
이히 게흐 노흐 슈넬 아우프흐 디/쭈어 토일렡트
Ich gehe kurz aufs Klo.
이히 게흐 쿠어쯔 아우프흐쓰 클로

화장실에 있었어요.
Ich war auf der Toilette/auf dem Klo.
이히 브아 아우프흐 데어 토일렡트/아우프흐 뎀 클로

지금 화장실에 누가 있나요?
Ist hier besetzt?
이슽 히어 브젤쯭?
Ist hier frei?
이슽 히어 프흐아이?
Ist jemand auf der Toilette?
이슽 예만트 아우프흐 데어 토일렡트?

변기가 막혔어요.
Die Toilette ist verstopft.
디 토일렡트 이슽 프헤어슈톱흐트

수도꼭지가 안 잠기네요.
Der Wasserhahn tropft.
데어 브아써한 트흐오픋
Der Wasserhahn ist undicht.
데어 브아써한 이슽 운디힡

화장실 에티켓

변기 물 내리는 거 잊지 마세요.
Bitte nach der Toilettenbenutzung das Spülen nicht vergessen.
비트 나흐 데어 토일렡튼브눝쭝 다쓰 슈퓔른 니힡 프헤어게쓴

변기에 아무것도 버리지 마세요.
Bitte keine Abfälle in die Toilette werfen.
비트 카이느 압프핼르 인 디 토일렡트 브에어프흔

사용한 휴지는 휴지통에 넣어 주세요.
Bitte werfen Sie das benutzte Toilettenpapier in den dafür vorgesehenen Behälter/Mülleimer.
비트 브에어프흔 지 다쓰 브눝쯔트 토일렡튼파피어 인 덴 다프후어 프호어그제흐느 브핼터/뮐아이머

위생용품은 휴지통에 넣어 주세요.
Bitte keine Hygieneartikel in die Toilette werfen.
비트 카이느 휘기에느아티클 인 디 토일렡트 브에어프흔

화장지를 아껴 써 주세요.
Bitte gehen Sie mit dem Toilettenpapier sparsam um.
비트 게흔 지 밑 뎀 토일렡튼파피어 슈파잠 움

바닥에 침을 뱉지 마세요.
Bitte nicht auf den Boden spucken.
비트 니힡 아우프흐 덴 보든 슈푹큰

나갈 때는 불을 꺼 주세요.
Schalten/Machen Sie das Licht aus, wenn Sie rausgehen.
슈알튼/마흔 지 다쓰 리힡 아우쓰, 브엔 지 흐아우쓰게흔

화장실에서 담배를 피우지 마세요.
Rauchen Sie nicht auf der Toilette.
흐아우흔 지 니힡 아우프흐 데어 토일렡트

욕실에서

\# 난 매일 샤워를 해요.

Ich dusche jeden Tag.
이히 두슈 예든 탁

\# 욕실 좀 써도 될까요?

Darf ich das Bad benutzen?
닾흐 이히 다쓰 밭 브눁쯘?

\# 샤워 좀 해도 될까요?

Darf ich die Dusche benutzen?
닾흐 이히 디 두슈 브눁쯘?
Darf ich mich hier duschen?
닾흐 이히 미히 히어 두슌?

\# 샤워하는 데 얼마나 걸리나요?

Wie lange brauchst du zum Duschen?
브이 랑으 브흐아우흐슽 두 쭘 두슌?

\# 욕조 배수관이 고장 났어요.

Der Abfluss der Badewanne ist kaputt.
데어 앞프흘루쓰 데어 바드브안느 이슽 카풑

\# 우리 욕실 청소해야겠다.

Wir sollten mal das Bad putzen.
브이어 졸튼 말 다쓰 밭 풀쯘

\# 너희 집 욕실은 참 넓어.

Euer Badezimmer ist sehr groß.
오이어 바드찜머 이슽 제어 그흐오쓰
Das Badezimmer bei euch ist sehr groß.
다쓰 바드찜머 바이 오이히 이슽 제어 그흐오쓰

거실에서

\# 저녁 식사 후에 우리 가족은 거실에서 TV를 봐요.

Nach dem Abendessen sieht/ schaut meine Familie im Wohnzimmer fern.
나흐 뎀 아븐ㅌ에쓴 짙/슈아울 마이느 프하밀리으 임 브온찜머 프헤언

\# 저녁이면 우리 가족은 거실에 모여 시간을 보내요.

Jeden Abend sitzt meine Familie noch im Wohnzimmer zusammen.
예든 아븐ㅌ 짙쯭 마이느 프하밀리으 노흐 임 브온찜머 쭈잠믄

\# 우리 거실에는 소파가 하나 있어요.

Wir haben ein Sofa im Wohnzimmer.
브이어 하븐 아인 조프하 임 브온찜머

\# 우리 엄마는 거실이 넓은 집을 좋아해요.

Meine Mutter liebt Häuser mit einem großen Wohnzimmer.
마이느 뭍터 맆ㅌ 호이저 밑 아이늠 그흐오쓴 브온찜머

\# 그는 주말이면 거실에서 빈둥거려요.

Er vertrödelt das ganze Wochenende immer im Wohnzimmer.
에어 프헤어트흐외들ㅌ 다쓰 간쯔 브오흔엔드 임머 임 브온찜머

\# 우리 집 거실은 편안한 느낌으로 꾸며졌어요.

Unser Wohnzimmer ist gemütlich (eingerichtet).
운저 브온찜머 이슽 그뮈틀리히 (아인그흐이히틑)

부엌에서

\# 설거지 좀 도와줄래?

Kannst du mir beim Geschirrspülen helfen?
칸슈트 두 미어 바임 그슈이어슈퓔른 헬프흔?

\# 주로 요리는 남자 친구가 하고 설거지는 제가 해요.

Meistens kocht mein Freund und ich spüle/wasche das Geschirr ab.
마이스튼쓰 코흐 마인 프흐오인트 운트 이히 슈퓔르/브아슈 다쓰 그슈이어 압

\# 식기세척기가 있지만 잘 쓰지 않아요.

Wir haben eine Spülmaschine, aber benutzen sie kaum.
브이어 하븐 아이느 슈퓔마슈이느, 아버 브눝쯘 지 카움

\# 전자레인지를 써도 될까요?

Darf ich die Mikrowelle benutzen?
닾흐 이히 디 미크흐오브엘르 브눝쯘?

\# 독일에는 부엌과 식사 공간이 나뉘어 있어요.

In Deutschland sind Küche und Esszimmer meistens getrennt.
인 도이츄란트 진트 퀴히으 운트 에쓰찜머 마이스튼쓰 그트흐엔트

\# 우리 집은 부엌이 좁아서 식사는 주로 거실에서 해요.

Unsere Küche ist ein bisschen klein, deshalb essen wir meistens im Wohnzimmer.
운저흐 퀴히으 이슫 아인 비쓰히은 클라인, 데스할프 에쓴 브이어 마이스튼쓰 임 브온찜머

\# 이 부엌은 찬장과 냉장고까지 붙박이로 설치되어 있어요.

Diese Küche hat eine Einbauküche.
디즈 퀴히으 핱 아이느 아인바우퀴히으

식탁에서 ①

\# 식탁 차리는 것 좀 도와주세요.

Hilf mir bitte beim Tischdecken.
힐프흐 미어 비트 바임 티슈브덱큰

\# 자, 자리에 앉아요.

Nehmen Sie Platz.
네믄 지 플랕츠
Setzen Sie sich.
젵쯘 지 지히

\# 부엌에서 풍기는 맛있는 냄새에 군침이 돌았어요.

Der Geruch aus der Küche lässt mir das Wasser im Mund zusammenlaufen.
데어 그흐우흐 아우쓰 데어 퀴히으 래쓷 미어 다쓰 브아써 임 문트 쭈잠믄라우프흔

\# 엄청 배고파요.

Ich bin sehr hungrig.
이히 빈 제어 훙그흐이히
Ich habe sehr viel Hunger.
이히 하브 제어 프힐 훙어
Ich habe einen Bärenhunger/Riesenhunger.
이히 하브 아이는 배어흔훙어/흐이즌훙어

\# 맛있게 먹겠습니다.

Guten Appetit.
구튼 아페팉
Lassen Sie es sich schmecken.
라쓴 지 에쓰 지히 슈멕큰

\# 저 소금 좀 건네주시겠어요?

Können Sie mir das Salz (rüber) reichen?
쾬는 지 미어 다쓰 잘쯔 (흐위버) 흐아이히은?

식탁에서 ②

정말 맛있어요.

Es ist sehr lecker.
에쓰 이슽 제어 렉커
Es schmeckt sehr gut.
에쓰 슈멕클 제어 굳

조금 더 줄까요?

Möchten Sie noch mehr?
뫼히튼 지 노흐 메어?
Darf ich Ihnen nochmal geben?
닾흐 이히 이는 노흐말 게븐?

같이 건배해요.

Lass uns darauf (zusammen) anstoßen.
라쓰 운쓰 다흐아우프흐 (쭈잠믄) 안슈토쓴

왜 이렇게 안 먹어, 입맛에 안 맞니?

Warum isst du nicht, schmeckt es dir nicht?
브아흐움 이쓸 두 니힡, 슈멕클 에쓰 디어 니힡?
Schmeckt es dir etwa nicht?
슈멕클 에쓰 디어 엩브아 니힡?

배가 불러요.

Ich bin satt.
이히 빈 잩
Ich bin voll.
이히 빈 프홀

잘 먹었어요.

Ich habe gut gegessen.
이히 하브 굳 그게쓴
Mir hat es gut geschmeckt.
미어 핱 에쓰 굳 그슈멕클
Ich hatte einen guten Appetit.
이히 핱트 아이는 구튼 아페팉

식사 예절

입에 음식을 넣은 채 말하지 마라.

Nicht mit dem vollen Mund reden.
니힡 밑 뎀 프홀른 문ㅌ 흐에든

음식을 남기지 말고 다 먹도록 해.

Lass dein Essen nicht stehen.
라쓰 다인 에쓴 니힡 슈테흔
Mach den Teller leer.
마흐 덴 텔러 레어

식사를 마치면 포크와 나이프를 접시 위에 가지런히 놓아라.

Wenn du mit dem Essen fertig bist, leg die Gabel und das Messer ordentlich auf den Teller.
브엔 두 밑 뎀 에쓴 프헤어티히 비슽, 렉 디 가블 운ㅌ 다쓰 메써 오어든틀리히 아우프흐 덴 텔러

다 먹은 후 접시는 직접 싱크대에 넣어라.

Wenn du mit dem Essen fertig bist, räum den Teller weg/in die Spülmaschine.
브엔 두 밑 뎀 에쓴 프헤어티히 비슽, 흐오임 덴 텔러 브엑/인 디 슈퓔마슈이느

식탁에 팔꿈치를 올리면 안 돼.

Beim Essen darf man die Ellenbogen nicht auf den Tisch stellen/legen.
바임 에쓴 닾흐 만 디 엘른보근 니힡 아우프흐 덴 티슈 슈텔른/레근

식사 시간에는 돌아다니지 마라.

Lauf während des Essens nicht rum.
라우프흐 브애흔ㅌ 데쓰 에쓴쓰 니힡 흐움
Steh während des Essens nicht auf.
슈테 브애흔ㅌ 데쓰 에쓴쓰 니힡 아우프흐

자리에서 먼저 일어나도 될까요?

Darf ich aufstehen?
닾흐 이히 아우프흐슈테흔?

요리 준비

저녁 식사를 준비 중이에요.

Ich bin dabei das Abendessen vorzubereiten.
이히 빈 다바이 다쓰 아벤트에쓴 프호어쭈브흐아이튼

저녁 준비 곧 끝나요.

Ich bin gleich mit dem Abendessen fertig.
이히 빈 글라이히 밑 뎀 아븐트에쓴 프헤어티히

10여 분 후면 저녁이 준비될 거야.

In zehn Minuten ist das Abendessen fertig.
인 첸 미누튼 이슽 다쓰 아븐트에쓴 프헤어티히

10분 후면 식사 시작할 수 있어.

In zehn Minuten können wir essen.
인 첸 미누튼 쾬는 브이어 에쓴

오늘 점심은 뭐야?

Was essen wir zu Mittag?
브아쓰 에쓴 브이어 쭈 밑탘?

곧 점심 식사 준비할게, 그때까지 잠시 기다릴 수 있지?

Ich fange gleich mit dem Kochen an, kannst du noch kurz warten?
이히 프항으 글라이히 밑 뎀 코흔 안, 칸슽 두 노흐 쿠어쯔 브아튼?

배고프다는 불평 좀 그만해.

Beschwere dich nicht, dass du Hunger hast.
브슈브에어흐 디히 니힡, 다쓰 두 훙어 하슽

쉽고 빠르게 준비할 수 있는 요리는 뭔가요?

Welches Essen kann man leicht und schnell zubereiten?
브엘히으쓰 에쓴 칸 만 라이힡 운트 슈넬 쭈브흐아이튼?

요리하기

네가 좋아하는 걸 만들었어.

Ich habe dein Lieblingsessen gekocht.
이히 하브 다인 리블링쓰에쓴 그코흩
Es gibt dein Lieblingsessen.
에쓰 깁트 다인 리블링쓰에쓴

저녁으로 불고기를 준비했어요.

Ich habe Bulgogi zum Abendessen gemacht.
이히 하브 불고기 쭘 아븐트에쓴 그마흩

할머니께서 가르쳐 주신 요리법이야.

Das ist das Rezept von meiner Großmutter.
다쓰 이슽 다쓰 흐에쩨픝 프혼 마이너 그흐오쓰뭍터

레시피 좀 공유해 줄 수 있니?

Kannst du mir das Rezept geben?
칸슽 두 미어 다쓰 흐에쩨픝 게븐?

독일의 '학스'는 한국의 '족발'과 비슷해요.

Die ‚Haxe' aus Deutschland ist dem ‚Jokbal' in Korea ähnlich.
디 '학쓰' 아우쓰 도이츄란트 이슽 뎀 '족발'인 코흐에아 애늘리히

오븐을 210도로 예열하세요.

Heizen Sie den Ofen auf 210 Grad vor.
하이쯘 지 덴 오프흔 아우프흐 쯔브아이훈덭첸 그흐앝 프호어

고기는 실온에서 해동시키세요.

Tauen Sie das Fleisch bei Raumtemperatur auf.
타우은 지 다쓰 프흘라이슈 바이 흐아움템퍼흐아투어 아우프흐

156

냉장고

냉장고에 먹을 것이 있어요.

Im Kühlschrank gibt es was zum Essen.
임 퀼슈흐앙ㅋ 깁ㅌ 에쓰 브아쓰 쭘 에쓴

냉장고가 꽉 차서 더 넣을 공간이 없어.

Im Kühlschrank ist kein Platz mehr.
임 퀼슈흐앙ㅋ 이슽 카인 플랕츠 메어

냉장고에 생선 냄새가 너무 나는걸.

Im Kühlschrank stinkt es nach Fisch.
임 퀼슈흐앙ㅋ 슈팅킅 에쓰 나흐 프히슈

우리 냉장고 정리 좀 해야겠어.

Wir sollten den Kühlschrank reinigen/putzen.
브이어 졸튼 덴 퀼슈흐앙ㅋ 흐아이니근/풑쯘

얼음은 냉동고에 있어.

Das Eis ist im Gefrierschrank/Eisfach.
다쓰 아이쓰 이슽 임 그프흐이어슈흐앙ㅋ/아이쓰프하흐

냉장고에 유통 기한이 지난 음식들이 많아.

Im Kühlschrank stehen viele abgelaufene Lebensmittel.
임 퀼슈흐앙ㅋ 슈테흔 프힐르 압그라우프흐느 레븐쓰밑틀

냉장고가 텅텅 비었어.

Der Kühlschrank ist leer.
데어 퀼슈흐앙ㅋ 이슽 레어

꼭! 짚고 가기

부엌에서 쓰이는 그릇 이름

우리말은 접시류, 냄비류, 컵류가 몇 개의 단어로 통용되는데 독일어에서는 용도와 모양에 따라 다른 표현을 사용해요. 어떤 표현들이 있는지 알아보고 적절하게 말하도록 해요.

- der Teller 데어 텔러 (평평한) 접시
- die Schale 디 슈알르 (움푹한) 접시
- die Schüssel 디 슈위쓸
  (깊게 파인) 접시
- die Platte 디 플랕트 (큰) 접시
- der Unterteller 데어 운터텔러/
  die Untertasse 디 운터타쓰
  (받침용) 접시
- die Suppenschüssel 디 줖픈슈위쓸/
  die Suppenterrine 디 줖픈테흐이느
  (뚜껑이 있는) 수프 접시
- das Gefäß 다쓰 그프해쓰 그릇, 용기
- der Behälter 데어 브핼터 용기
- der Pott 데어 폴 단지, 항아리
- der Becher 데어 베히어 컵
- die Tasse 디 타쓰
  (도자기) 잔, (커피·차) 잔
  (Tasse 타쓰는 주로 뜨거운 차에 사용)
- das Glas 다쓰 글라쓰 (유리) 컵, 잔
  (Glas 글라쓰는 주로 찬 음료에 사용)

이 밖에도 다양한 주방 기구의 이름까지 더불어 알아 두면 좋겠죠?

- die Pfanne 디 프한느 프라이팬
- der Topf 데어 톺흐 냄비
- der Kessel 데어 케쓸/
  die Kanne 디 칸느 주전자
- der Messbecher 데어 메쓰베히어 계량컵
- die Dose 디 도즈 캔
- die Flasche 디 프흘라슈 병

Kapitel 03 사소한 일상에서도! 157

설거지

\# 식탁 좀 치워 줄래요?

Können Sie den Tisch abräumen?
퀀는 지 덴 티슈 압흐오이믄?

\# 그릇을 식기세척기에 넣어 줄래요?

Können Sie das Geschirr in die Spülmaschine räumen?
퀀는 지 다쓰 그슈이어 인 디 슈퓔마슈이느 흐오이믄?

\# 식기세척기가 작동을 안 해요.

Die Spülmaschine funktioniert nicht.
디 슈퓔마슈이느 프훙ㅋ찌오니얼 니힡
Die Spülmaschine läuft nicht.
디 슈퓔마슈이느 로이픝 니힡

\# 제가 설거지를 할게요.

Ich wasche die Teller ab.
이히 브아슈 디 텔러 압

\# 그가 저 대신 설거지를 할 거라고 했어요.

Er sagte, dass er für mich die Teller abwaschen wird.
에어 자크트, 다쓰 에어 프휘어 미히 디 텔러 압브아슌 브이얼

\# 요리는 내가 했고 설거지는 그가 해요.

Ich habe gekocht, und er spült/ wäscht (die Teller) ab.
이히 하브 그코흩, 운트 에어 슈퓔트/브애슡 (디 텔러) 압

\# 설거지를 하기 전에 접시 내용물은 휴지통에 비워 주세요.

Vor dem Abwasch sollte man die Essensreste von den Tellern entfernen.
프호어 뎀 압브아슈 졸트 만 디 에쓴쓰흐에스트 프혼 덴 텔런 엔ㅌ프헤어는

위생

\# 식사 전에 손을 비누로 깨끗이 씻어라.

Wasche dir vor dem Essen die Hände gründlich mit Seife.
브아슈 디어 프호어 뎀 에쓴 디 핸드 그흐윈틀리히 밑 자이프흐

\# 그녀는 집에 들어오면 항상 손부터 씻어요.

Sie wäscht sich immer ihre Hände, wenn sie nach Hause kommt.
지 브애슡 지히 임머 이어흐 핸드, 브엔 지 나흐 하우즈 콤ㅌ

\# 그들은 위생 관념이 없어요.

Sie haben keine Ahnung von Hygiene.
지 하븐 카이느 아눙 프혼 휘기에느
Sie wissen nicht, was Hygiene ist.
지 브이쓴 니힡, 브아쓰 휘기에느 이슽

\# 여성은 남성보다 위생 문제에 더 민감해요.

Frauen sind bei hygienischen Problemen empfindlicher als Männer.
프흐아우은 진ㅌ 바이 휘기에니슌 프흐오블래믄 엠프힌틀리히어 알쓰 맨너

\# 채소는 먹기 전에 꼼꼼히 씻어야 해요.

Das Gemüse muss man gründlich waschen, bevor man es isst.
다쓰 그뮈즈 무쓰 만 그흐윈틀리히 브아슌, 브프호어 만 에쓰 이쓷

\# 그녀는 지나치게 청결에 집착해요.

Sie hat einen Reinlichkeitsfimmel.
지 핱 아이느 흐아인리히카잍츠프힘믈

\# 청결이 병을 예방하는 최선책이에요.

Hygiene/Reinlichkeit ist der beste Weg Krankheiten vorzubeugen.
휘기에느/흐아인리히카잍 이슽 데어 베스트 브엑 크흐앙ㅋ하이튼 프호어쭈보이근

청소

\# 방이 더럽네, 좀 치워.

Das Zimmer ist ja ein Saustall, räum bitte auf.
다쓰 찜머 이슽 야 아인 자우슈탈, 흐오임 비트 아우프흐

Das Zimmer ist sehr unaufgeräumt/ unordentlich, du solltest (dringend) aufräumen.
다쓰 찜머 이슽 제어 안아우프흐그흐오임ㅌ/ 운오어든틀리히, 두 졸트슽 (드흐잉은ㅌ) 아우프흐흐오이믄

\# 청소기를 돌려야겠어.

Ich sollte mal staubsaugen.
이히 졸트 말 슈타웊자우근

\# 집 청소하는 것 좀 도와줘.

Hilf mir bitte das Haus zu putzen.
힐프흐 미어 비트 다쓰 하우쓰 쭈 풀쯘

\# 선반의 먼지 좀 털어 줄래?

Kannst du die Regale abstauben?
칸슽 두 디 흐에갈르 압슈타우븐?

\# 나는 매달 한 번씩 집안 구석구석을 청소해요.

Ich putze das Haus jeden Monat gründlich (durch).
이히 풀쯔 다쓰 하우쓰 예든 모낱 그흐윈틀리히 (두어히)

\# 그는 휴지통을 비워요.

Er leert den Mülleimer aus.
에어 레엍 덴 뮐아이머 아우쓰

\# 자기 집 문 앞 눈은 직접 쓸어야 해요.

Man muss den Schnee vor seinem Haus selbst schippen/weg schaufeln.
만 무쓰 덴 슈네 프호어 자이늠 아우쓰 젤ㅍ슽 슈잎픈/ 브엨 슈아우프흘ㄴ

꼭! 짚고 가기

독일의 주방 문화

독일에서는 대부분의 가정에 식기세척기가 설치되어 있는 편이에요. 손 설거지보다는 식기세척기를 많이 이용해서 마트에 가면 식기세척기 전용 세제들이 한켠에 진열되어 있을 정도죠.

손 설거지를 하게 되더라도 한국처럼 옆에 세워 두기보다는 바로 말려 제자리에 넣어 둬요. 건조를 시킬 때는 식기세척기를 활용하거나 마른행주로 직접 닦아내지요. 독일 수돗물에는 석회질이 많아 그냥 두면 자국이 남거든요.

식기세척기 외에도 독일 주방에는 기본적으로 오븐이 구비되어 있어서 무언가를 데울 때 전자레인지도 많이 사용하지만 가능하면 오븐으로 데워요. 그래서 냉동식품에도 전자레인지로 데우는 법과 오븐으로 데우는 법이 같이 적혀 있죠.

또한 독일인들은 오븐을 활용하여 케이크나 쿠키 굽기를 즐겨요. 한국에서 일반화된 케이크와는 거리가 조금 있는데, 독일에서는 맥주도 그렇지만 재료 본연의 맛을 살리는 것을 좋아하기 때문에 크림을 얹은 케이크보다는 케이크 반죽에 과일을 얹은 타르트나 파이류의 케이크를 좋아해요. 한국인의 입맛에는 조금 뻑뻑하거나 덜 달다고 느낄 수 있어요.

분리수거

 # 독일에서는 분리수거를 해야 해요.
In Deutschland trennt man den Müll.
인 도이츄란트 트흐엔트 만 덴 뮐

 # 어젯밤 쓰레기 내다 놨어?
Hast du gestern Abend den Müll rausgebracht?
하슽 두 게스턴 아븐트 덴 뮐 흐아우쓰그브흐아홑

 # 오늘은 쓰레기 수거일이에요.
Heute ist die Müllabfuhr.
호이트 이슽 디 뮐압프후어

 # 재활용 쓰레기는 분리해서 버려야 해요.
Recycelbarer Müll muss getrennt weggeworfen werden.
흐에싸이클바흐어 뮐 무쓰 그트흐엔트 브엑그브오어프흔 브에어든

 # 재활용 쓰레기는 어디에 버려야 하나요?
Wo ist die Biotonne?
브오 이슽 디 비오톤느?

 # 쓰레기에서 악취가 나요.
Der Gestank kommt vom Müll.
데어 그슈탕ㅋ 콤트 프홈 뮐

 # 용기를 잘 비워야 쓰레기에서 냄새가 안 나요.
Die Gefäße müssen gründlich geleert werden, damit der Abfall nicht stinkt.
디 그프쒜 뮈쓴 그흐윈틀리히 그레엍 브에어든, 다밑 데어 압프할 니힡 슈팅크트

 # 유리는 별도로 분리해요.
Das Altglas muss extra getrennt werden.
다쓰 알트글라쓰 무쓰 엑쓰트흐아 그트흐엔트 브에어든

세탁

 # 오늘은 빨래를 해야 해.
Heute muss ich Wäsche waschen.
호이트 무쓰 이히 브애슈 브아슌

 # 빨래가 산더미야.
Es hat sich schon ein Wäscheberg gebildet/angesammelt.
에쓰 핱 지히 슈온 아인 브애슈베얶 그빌듵/안그잠믈ㅌ

 # 세탁기를 돌려야겠어.
Ich sollte die Waschmaschine anmachen.
이히 졸트 디 브아슈마쉬느 안마흔

 # 세탁기가 더 이상 작동을 안 해요.
Die Waschmaschine funktioniert nicht.
디 브아슈마쉬느 프훙ㅋ찌오니얼 니힡
Die Waschmaschine ist kaputt.
디 브아슈마쉬느 이슽 카풑

 # 다림질할 옷이 산더미예요.
Ich muss sehr viel Wäsche bügeln.
이히 무쓰 제어 프힐 브애슈 뷔글ㄴ
Ich muss einen Haufen Wäsche bügeln.
이히 무쓰 아이는 하우프흔 브애슈 뷔글ㄴ

 # 빨래 좀 널어 주세요.
Hängen Sie bitte die Wäsche auf.
행근 지 비트 디 브애슈 아우프흐

 # 빨래 좀 걷어 줄래요?
Können Sie die Wäsche abhängen?
퀸느 지 디 브애슈 압행은?

 # 양복은 세탁소에 맡겼어요.
Den Anzug habe ich in die Wäscherei gegeben.
덴 안쭉 하브 이히 인 디 브애슈어흐아이 그게븐

집 꾸미기

저는 집 꾸미기를 좋아해요.

Ich dekoriere gerne das Haus.
이히 데코히어흐 게어느 다쓰 하우쓰

Ich liebe es das Haus zu dekorieren.
(인테리어, 가구 배치에 한정)
이히 리브 에쓰 다쓰 하우쓰 쭈 데코흐이어흔

저는 실내 인테리어에 관심이 많아요.

Ich interessiere mich sehr für Inneneinrichtung/Raumausstattung.
이히 인터흐씨어흐 미히 제어 프휘어
인는아인흐이히퉁/흐아움아우쓰슈탙퉁

새집의 인테리어가 마음에 들지 않아요.

Mir gefällt die Innenarchitektur des neuen Hauses nicht.
미어 그프핼ㅌ 디 인는아히텤투어 데쓰 노이은 하우즈쓰 니힡

인테리어 전문가가 집 전체를 개조했어요.

Der Innenarchitekt hat das ganze Haus neu gestaltet.
데어 인는아히테클ㅌ 핟 다쓰 간쯔 하우쓰 노이 그슈탈틑

새 커튼은 벽 색깔과 어울리지 않아.

Der neue Vorhang passt nicht zur Wandfarbe.
데어 노이으 프호어항 파슽 니힡 쭈어 브안ㅌ프하브

마이어 씨의 집 거실은 화려한 가구로 꾸며져 있어요.

Das Wohnzimmer von Herrn Meier ist mit prachtvollen Möbeln ausgestattet.
다쓰 브온찜머 프혼 헤언 마이어 이슽 밑 프흐아흗프홀른 뫼블ㄴ 아우쓰그슈탙틑

꼭! 짚고 가기

보증금(Pfand)과 분리수거 방법

독일에서 병에 든 음료를 산다면 Pfand 프한ㅌ를 확인하세요. 보통 가격표에 음료의 가격과 별도로 아래 Pfand 가격이 적혀있어요. 그래서 계산을 할 때는 음료값에 Pfand를 더해 내게 되죠. 이는 재활용을 철저히 하기 위해 마련된 제도예요. 보증금처럼 미리 낸 Pfand는 다시 마트를 찾아 기계에 빈 플라스틱과 유리병을 버리면 돌려받을 수 있어요.

이런 Pfand가 책정되지 않은 유리병들은 도시 곳곳에 유리병만을 위한 별도의 쓰레기통이 비치되어 있어요. 그 쓰레기통은 갈색, 초록색, 그리고 흰색으로 나뉘어 있고 각 색에 맞게 유리병들을 버려야 해요. 한국과 달리 병의 색까지 나누어 분리수거를 한다는 점 꼭 유의하시기 바랍니다.

이외에 종이와 플라스틱, 일반 쓰레기와 음식물 쓰레기 등은 요일별로 수거되며 쓰레기통을 집 문 앞 길가에 내놓으면 쓰레기차가 돌며 수거해 가요.

종이는 파란색, 일반 쓰레기는 검정이나 회색, 비닐 같은 재활용 쓰레기는 갈색, 포장 겉면에 초록색 점으로 표시가 되어 있는 플라스틱, 철 등 재활용품은 노란색 쓰레기통에 담으면 돼요.

Schritt 3 초대 & 방문 MP3. K03_S03

초대하기 ①

내일 시간 있니?
Hast du morgen Zeit?
하슽 두 모어근 짜잍?

내일 뭐 하니?
Was machst du morgen?
브아쓰 마흐슽 두 모어근?

우리 집으로 저녁 먹으러 오지 않을래?
Wollen Sie nicht bei uns zu Abend essen?
브올른 지 니힡 바이 운쓰 쭈 아븐ㅌ 에쓴?

이번 토요일에 무슨 계획 있니?
Was hast du diesen Samstag vor?
브아쓰 하슽 두 디즌 잠스탁 프호어?
Hast du diesen Samstag schon etwas geplant?
하슽 두 디즌 잠스탁 슈온 엩ㅂ아쓰 그플란ㅌ?

다음 주 일요일에 우리 집에서 파티하는데 올래?
Wir haben nächsten Sonntag bei uns eine Party, hast du Zeit?
브이어 하븐 내흐스튼 존탁 바이 운쓰 아이느 파티, 하슽 두 짜잍?

몇 시에 어디서 만날까?
Um wie viel Uhr und wo treffen wir uns?
움 브이 프힐 우어 운ㅌ 브오 트흐에프흔 브이어 운쓰?

좋아, 당연히 가야지.
Schön, natürlich komme ich.
슈왼, 나튀얼리히 콤므 이히

도착하기 한 시간 전에 미리 연락 줘.
Melde dich eine Stunde bevor du da bist/ankommst.
멜드 디히 아이느 슈툰드 브프호어 두 다 비슽/안콤슽

초대하기 ②

제 결혼식에 초대할게요.
Ich lade Sie zu meiner Hochzeit ein.
이히 라드 지 쭈 마이너 호흐짜잍 아인

오늘 저녁 식사는 제가 살게요.
Bedienen Sie sich, ich bezahle heute das Abendessen.
브디는 지 지히, 이히 브짤르 호잍트 다쓰 아븐ㅌ에쓴

다음 주 파티 초대장이에요.
Das ist eine Einladung zur Party nächste Woche.
다쓰 이슽 아이느 아인라둥 쭈어 파티 내흐스트 브오흐

내일 저녁 우리 집 창고에서 영화 파티를 해요.
Ich mache/veranstalte morgen einen Filmabend in unserem Keller.
이히 마흐/프헤어안슈탈트 모어근 아이는 프힐ㅁ아븐ㅌ 인 운저흠 켈러

내 졸업 파티에 파트너가 되어 줄래?
Begleitest du mich zu meiner Abschlussparty?
브글라이트슽 두 미히 쭈 마이너 압슐루쓰파티?

내 파트너가 되어 준다면 정말 영광일 거야.
Es wäre mir eine Ehre, wenn du mich begleiten würdest.
에쓰 브애어흐 미어 아이느 에어흐, 브엔 두 미히 브글라이튼 브뷔어드슽

여기서 잠깐!

독일은 보통 집에 창고가 있어서, 친구와 함께 창고에서 파티를 즐겨요 다양한 파티를 기획해 모이는데 '영화 파티'가 그중 하나예요. 저녁에 창고에 모여 밤새 영화를 보며 노는 파티예요. '졸업 파티'는 드레스를 차려 입고 파트너와 함께 춤을 추고 음식을 먹으며 졸업을 축하하는 파티를 말해요.

방문하기

몇 시에 방문하면 될까요?
Um wie viel Uhr soll ich vorbei kommen?
움 브이 프힐 우어 졸 이히 프호어바이 콤믄?

몇 시에 시간 되세요?
Wann haben Sie Zeit?
브안 하븐 지 짜잍?

늦지 말고 시간에 맞춰 와 주세요.
Verspäten Sie sich nicht.
프헤어슈패튼 지 지히 니힡
Kommen Sie nicht zu spät.
콤믄 지 니힡 쭈 슈팯
Seien Sie rechtzeitig da.
자이은 지 흐에힡짜이티히 다

초대해 주셔서 감사해요.
Danke für die Einladung.
당크 프휘어 디 아인라둥
Danke, dass Sie mich eingeladen haben.
당크, 다쓰 지 미히 아인그라든 하븐

디저트 좀 가져왔어요.
Ich habe etwas Süßes mitgebracht.
이히 하브 엩브아쓰 쥐쓰쓰 밑그브흐아흩

뭐 필요한 거 없니?
Brauchst du vielleicht noch etwas?
브흐아우흐슡 두 프힐라이힡 노흐 엩브아스?
Soll ich noch etwas mitbringen?
졸 이히 노흐 엩브아쓰 밑브흐잉은?

마실 것은 어떤 걸로 줄까? (뭐 마실래?)
Was möchten Sie trinken?
브아쓰 뫼히튼 지 트흐잉큰?
Kann ich Ihnen etwas zum Trinken anbieten?
칸 이히 이는 엩브아쓰 쭘 트흐잉큰 안비튼?

꼭! 짚고 가기

방문 선물, 무엇이 좋을까?

우리는 누군가의 초대를 받아 갈 때 항상 무엇을 사 가야 할지 고민을 하게 돼요. 그리고 많은 경우 간식거리나 화분 등을 사 가죠. 그렇다면 독일에서는 어떨까요? 독일에서도 특별히 정해진 것은 없어요. 자신이 상대에 대해 많이 아는 만큼 더 적절한 선물을 고를 수 있겠죠. 하지만 초대한 사람에 대해 잘 모르는데 선물을 골라야 한다면, 아래의 품목만큼은 피하세요. 우선 독일 사람들은 상대를 모른다면 간식거리를 사더라도 절대 호두 파이는 사지 않아요. 왜냐하면 호두는 알레르기 반응을 일으킬 수 있는 음식이기 때문이에요. 또한 같은 이유로 절대로 꽃을 사 가지 않아요. 즉, 선물을 고를 때 알레르기 반응을 일으킬 수 있는 것은 피해서 선택해야 해요. 그렇다면 가장 무난하면서도 품격을 유지할 수 있는 선물은 무엇일까요? 바로 와인이에요. 독일에서는 와인을 슈퍼에만 가도 쉽게 고를 수 있어요. 가격대별로 다양하게 있기 때문에 누구나 부담 없이 고를 수 있어요.

Schritt 4 친구 만나기 MP3. K03_S04

약속 잡기

이번 주말에 나랑 영화 보러 갈래?

Wollen wir dieses Wochenende ins Kino gehen?
브올른 브이어 디즈쓰 브오흔엔드 인쓰 키노 게흔?

필립도 부를까?

Soll ich auch Phillip fragen, ob er mitkommt/mitkommen will?
졸 이히 아우흐 필맆 프흐아근, 옾 에어 밑콤ㅌ/밑콤믄 브일?

필립한테 내가 전화해 볼게.

Ich rufe mal Phillip an.
이히 흐우프흐 말 필맆 안

나는 토요일 오전에는 다 좋아.

Samstags früh ist bei mir super.
잠스탘쓰 프흐위 이슽 바이 미어 주퍼
Samstagmorgen ist bei mir gut.
잠스탘모어근 이슽 바이 미어 귙

나는 이번 주엔 안 되는데, 다음 주는 어떨까?

Ich habe diese Woche leider keine Zeit, wie wäre es mit nächster Woche?
이히 하브 디즈 브오흐 라이더 카이느 짜잍, 브이 브애어흐 에쓰 밑 내흐스터 브오흐?

나는 영화보다는 간단히 뭘 먹었으면 좋겠어.

Es wäre schöner, wenn wir (etwas) essen gehen als ins Kino.
에쓰 브애어흐 슈외너, 브엔 브이어 (엩브아쓰) 에쓴 게흔 알쓰 인쓰 키노

어디에서 만날까?

Wo treffen wir uns?
브오 트흐에프흔 브이어 운쓰?
Wo wollen wir uns treffen?
브오 브올른 브이어 운쓰 트흐에프흔?

안부 묻기

그 동안 뭐하고 지냈어?

Was hast du in letzter Zeit gemacht/so getrieben?
브아쓰 하슽 두 인 렡쯔터 짜잍 그마흩/ 조 그트흐이븐?

하는 일은 어때?

Wie läuft es auf der Arbeit?
브이 로이픝 에쓰 아우프흐 데어 아바잍?
Wie läuft es im Job?
브이 로이픝 에쓰 임 죺?

너 마리 소식 들었니?

Hast du schon das Neueste von Marie gehört?
하슽 두 슈온 다쓰 노이으스트 프혼 마흐이 그회얼?

그녀가 독일 사람이랑 결혼했다며.

Ich habe gehört, dass sie einen Deutschen geheiratet hat.
이히 하브 그회엍, 다쓰 지 아이느 도이츈 그하이흐아틑 핱

독일에 취직도 됐다는 소식은 들었는데, 그 후로 연락이 안 되네.

Sie hat auch eine Stelle in Deutschland bekommen, aber danach hatte ich keinen Kontakt mehr mit ihr.
지 핱 아우흐 아이느 슈텔르 인 도이츄란ㅌ 브콤믄, 아버 다나흐 핱트 이히 카이느 콘타클ㅌ 메어 밑 이어

무슨 일 있어? 슬퍼 보여.

Ist was los? Du siehst traurig aus.
이슽 브아쓰 로쓰? 두 지슽 트흐아우흐이히 아우쓰

다이어트 중이야? 살 빠진 것 같아.

Bist du auf Diät? Du hast abgenommen.
비슽 두 아우프흐 디앹? 두 하슽 압그놈믄

일상 대화

너 리사랑 마크 헤어진 거 알고 있어?

Wusstest du, dass Lisa und Mark nicht mehr zusammen sind?
브우쓰트슽 두, 다쓰 리자 운트 마크 니힡 메어 쭈잠믄 진트?

누가 누구를 찼대?

Wer hat (denn) wen verlassen?
브에어 핟 (덴) 브엔 프헤어라쓴?

그건 말이 안 돼.

Ist nicht wahr. / Wirklich wahr?
이슽 니힡 브아 / 브이어클리히 브아?

네 말도 일리가 있어.

Du hast recht.
두 하슽 흐에힡

일 때문에 스트레스가 너무 심해.

Die Arbeit stresst mich momentan sehr.
디 아바잍 슈트흐에쓷 미히 모멘탄 제어

그게 인생이지.

So ist das Leben.
조 이슽 다쓰 레븐

이번 주에 안드레아스 만나기로 했는데 올래?

Ich treffe mich diese Woche mit Andreas, kommst du auch (mit)?
이히 트흐에프흐 미히 디즈 브오흐 밑 안드흐에아쓰, 콤슽 두 아우흐 (밑)?

난 안드레아스 별로야. 그 아인 너무 잘난 척해.

Nein danke, ich mag Andreas nicht so. Er ist so ein Angeber.
나인 당크, 이히 막 안드흐에아쓰 니힡 조. 에어 이슽 조 아인 안게버

헤어질 때

너 오늘 집에 몇 시에 들어갈 거야?

Wann gehst du heute nach Hause?
브안 게슽 두 호이트 나흐 하우즈?
Wann wirst du heute nach Hause gehen?
브안 브이어슽 두 호이트 나흐 하우즈 게흔?
Um wie viel Uhr gehst du heute nach Hause?
움 브이 프힐 우어 게슽 두 호이트 나흐 하우즈?

전철이 몇 시에 끊기지?

Wann fährt die letzte U-Bahn?
브안 프해엍 디 렡쯔트 우-반?

택시 타고 가려고 해. 같은 방향이면 같이 가도 돼.

Ich werde das Taxi nehmen. Wenn du in die gleiche Richtung fährst/musst, kannst du mitkommen.
이히 브에어드 다쓰 탁씨 네믄. 브엔 두 인 디 글라이히으 흐이히퉁 프해어슽/무쓷, 칸슽 두 밑콤믄

피곤하다. 난 이만 가 볼게.

Ich bin erschöpft. Ich gehe langsam.
이히 빈 에어슈외픝. 이히 게흐 랑잠
Ich bin erschöpft. Ich mache mich langsam auf die Socken.
이히 빈 에어슈외픝. 이히 마흐 미히 랑잠 아우프흐 디 족큰

조만간 또 볼 수 있길 바란다.

Ich hoffe, wir können uns bald wiedersehen.
이히 호프흐, 브이어 퀸느 운쓰 발트 브이더제흔
Ich hoffe, wir sehen uns bald wieder.
이히 호프흐, 브이어 제흔 운쓰 발트 브이더

Schritt 5 운전 & 교통   MP3. K03_S05

운전하기

어제 운전면허를 땄어요.
Ich habe gestern den Führerschein bekommen.
이히 하브 게스턴 덴 프휘흐어슈아인 브콤믄

그는 운전을 아주 능숙하게 해요.
Er ist ein sehr geschickter Autofahrer.
에어 이슽 아인 제어 그슈익크터 아우토프하러

운전 법규를 지켜야 해요.
Man muss sich an die Verkehrsregeln halten.
만 무쓰 지히 안 디 프헤어케어쓰흐에글ㄴ 할튼

안전벨트 착용은 의무예요.
Man muss sich anschnallen.
만 무쓰 지히 안슈날른

너무 빠르잖아. 속도 좀 줄여.
Du bist zu schnell. Fahre langsamer.
두 비슽 쭈 슈넬. 프하흐 랑자머

내가 교대로 운전해 줄까?
Soll ich das Steuer übernehmen?
졸 이히 다쓰 슈토이어 위버네믄?

독일은 우측통행이에요.
In Deutschland fährt man rechts/auf der rechten Seite.
인 도이츄란ㅌ 프해얼ㅌ 만 흐에휕츠/아우프흐 데어 흐에히튼 자이트

좌회전해야 하니 좌측 차선으로 들어가.
Wir müssen gleich links abbiegen, wechsel auf die linke Spur.
브이어 뮈쓴 글라이히 링크쓰 압비근, 브에흐즐 아우프흐 디 링크 슈푸어

주차

주차장은 어디에 있나요?
Wo ist der Parkplatz?
브오 이슽 데어 팡플랕츠?
Wo kann ich parken?
브오 칸 이히 파큰?

여기에 주차해도 되나요?
Darf man hier parken?
닾흐 만 히어 파큰?

건물 뒤에 주차장이 있어요.
Hinter diesem Gebäude ist der Parkplatz.
힌터 디즘 그보이드 이슽 데어 팡플랕츠

시간 당 주차료는 얼마인가요?
Wie viel kostet das Parken pro Stunde?
브이 프힐 코스틑 다쓰 파큰 프흐오 슈툰드?

주차장이 만차예요.
Der Parkplatz ist voll.
데어 팡플랕츠 이슽 프홀

더 이상 자리가 없어요.
Es gibt keinen Parkplatz mehr.
에쓰 깊ㅌ 카이는 팡플랕츠 메어

저희가 주차해 드리겠습니다. 열쇠 주시겠어요?
Wir parken das Auto. Geben Sie uns die Schlüssel?
브이어 파큰 다쓰 아우토. 게븐 지 운쓰 디 슐뤼쓸?

내가 차 빼 올게, 기다려.
Warte kurz, ich hole das Auto.
브아트 쿠어쯔, 이히 홀르 다쓰 아우토

주차 금지!
Parken verboten! / Parkverbot!
파큰 프헤어보튼! / 팡프헤어봍!

교통 체증

길이 꽉 막혔어요.

Ich stehe im Stau.
이히 슈테흐 임 슈타우
Ich stecke im Stau fest.
이히 슈텍크 임 슈타우 프헤슽
Ich bin in einen Stau geraten.
이히 빈 인 아이는 슈타우 그흐아튼

오늘은 교통 체증이 아주 심한데요.

Heute ist der Stau besonders schlimm.
호이트 이슽 데어 슈타우 브존더쓰 슐림

왜 밀리는 거죠?

Warum ist hier Stau?
브아흐움 이슽 히어 슈타우?

출퇴근 시간에는 항상 막혀요.

Zu Hauptverkehrszeiten gibt es/herrscht immer Stau.
쭈 하우픝프헤어케어쓰짜이튼 깁트 에쓰/헤어슡 임머 슈타우

사고가 나서 길이 막혔어요.

Es gibt Stau, weil es einen Unfall gab.
에쓰 깁트 슈타우, 브아일 에쓰 아이는 운프할 갑

교통 체증을 피하려면 어떻게 해야 할까요?

Wie kann man den Stau umfahren?
브이 칸 만 덴 슈타우 움프하흔?

교통 규정 위반

그들은 빨간 신호등을 그냥 지나갔어요.

Sie fuhren über die rote Ampel.
지 프후어흔 위버 디 흐오트 암플

그는 과속 운전을 했어요.

Er ist gerast.
에어 이슽 그흐아슽

도심에서 속력은 시속 60km 이내로 제한돼요.

In der Stadt herrscht 60er-Zone.
인 데어 슈탙 헤어슡 제히찌거-쪼느

운전 중 전화를 하다가 벌금을 부과받았어요.

Er musste ein Bußgeldzahlen, weil er beim Fahren telefoniert hat.
에어 무쓰트 아인 부쓰겔ㅌ짜흔, 브아일 에어 바임 프하흔 텔레프호니얻 핟

뺑소니 범죄가 점점 늘어나네요.

Es gibt immer häufiger Fahrerflucht.
에쓰 깁트 임머 호이프히거 프하흐어프흘루흩

그는 화요일 밤 11시에 검문을 당했어요.

Er kam am Dienstag um 11 Uhr in eine Straßenkontrolle.
에어 캄 암 딘스탘 움 엘프흐 우어 인 아이느 슈트흐아쓴콘트흐올르

무단 횡단을 해서는 안 돼요.

Man darf nicht unachtsam die Straße überqueren.
만 닾흐 니힡 운아흩잠 디 슈트흐아쓰 위버크브에어흔

주차 위반으로 딱지를 받았어요.

Ich habe einen Strafzettel für Falschparken bekommen.
이히 하브 아이느 슈트흐아프흐쩰틀 프휘어 프할슈파큰 브콤믄

Schritt 6 집 구하기 MP3. K03_S06

집 알아보기

새집을 구하고 있어요.
Ich suche eine neue Wohnung.
이히 주흐 아이느 노이으 보오눙

추천해 주실 집이 있나요?
Gibt es eine Wohung, die Sie mir empfehlen können?
깁트 에쓰 아이느 보오눙, 디 지 미어 엠프헬른 쾬느?

어느 정도 크기의 집을 찾고 있으세요?
Wie groβ sollte die Wohnung sein?
브이 그흐오쓰 졸트 디 브오눙 자인?

방 두 개짜리 집을 원해요.
Ich möchte eine Wohnung mit zwei Zimmern.
이히 뫼히트 아이느 브오눙 밑 쯔브아이 찜먼

그 집은 지하철역에서 가까운가요?
Ist das Haus in der Nähe eines Bahnhofs?
이슽 다쓰 하우쓰 인 데어 내흐 아이느쓰 반흡흐쓰?

요구에 맞는 좋은 곳이 있어요.
Es gibt eine Wohnung, die Ihren Ansprüchen genügen wird.
에쓰 깁트 아이느 브오눙, 디 이어흔 안슈프흐위히은 그뉘근 브이얼

이 집은 방이 몇 개인가요?
Wie viele Zimmer hat dieses Haus?
브이 프힐르 찜머 핱 디즈쓰 하우쓰?

붙박이 설비가 된 방 두 개와 욕실이 있어요.
Das Haus hat zwei möblierte Zimmer und ein Bad.
다쓰 하우쓰 핱 쯔브아이 뫼빌리어트 찜머 운트 아인 밭

집 조건 보기

월세는 얼마인가요?
Wie viel kostet die Miete?
브이 프힐 코스틑 디 미트?
Wie hoch ist die Miete?
브이 호흐 이슽 디 미트?

교통은 어떤가요?
Wie ist der Verkehr?
브이 이슽 데어 프헤어케어?

근처 교통수단에는 무엇이 있나요?
Wie ist die Verkehrsanbindung?
브이 이슽 디 프헤어케어쓰안빈둥?
Was für Verkehrsmittel gibt es hier?
브아쓰 프휘어 프헤어케어쓰밑틀 깁트 에쓰 히어?

지하철역에서 걸어서 10분 거리예요.
Bis zum Bahnhof sind es zehn Gehminuten.
비쓰 쭘 반흡흐 진트 에쓰 첸 게미누튼

몇 층인가요?
In welcher Etage liegt die Wohnung?
인 브엘히어 에타쥬 리킅 디 브오눙?

우리 동네는 집세가 아주 비싸요.
In unserer Stadt ist die Miete hoch.
인 운저허 슈탙 이슽 디 미트 호흐

계약 기간은 얼마인가요?
Wie lange ist die Vertragsdauer/Vertragslaufzeit?
브이 랑으 이슽 디 프헤어트흐악쓰다우어/프헤어트흐악쓰라우프흐짜읱?

보증금을 요구하시나요?
Gibt es eine Kaution?
깁트 에쓰 아이느 카우찌온?

집 계약하기

이 집으로 하겠어요.

Ich habe mich für diese Wohnung entschieden.
이히 하브 미히 프휘어 디즈 브오눙 엔트슈이든

Ich nehme diese Wohnung.
이히 네므 디즈 브오눙

계약서에 서명해 주시겠어요?

Können Sie diesen Vertrag unterschreiben?
쾬느 지 디즌 프헤어트흐악 운터슈흐아이븐?

언제 이사 올 수 있을까요?

Wann kann ich einziehen?
브안 칸 이히 아인찌흔?

당장 이사 들어가도 될까요?

Kann ich sofort einziehen?
칸 이히 조프호얼 아인찌흔?

임대료는 한 달에 200유로입니다. 공과금 포함이에요.

Die Miete kostet 200 Euro im Monat. Die Steuer ist inklusive.
디 미트 코스틑 쯔브아이훈덜 오이호오 임 모낱.
디 슈토이어 이슽 인클루지브

월세는 매월 1일에 내시면 돼요.

Die (monatliche) Miete wird immer am ersten Tag des Monats bezahlt.
디 (모나틀리히으) 미트 브이얼 임머 암 에어스튼 탁 데쓰 모낱츠 브짤트

여기서 잠깐!

독일에서 문장을 쓸 때 보통 0부터 10까지의 숫자는 알파벳으로 쓰고 11 이상은 아라비아 숫자로 표시해요. 간혹 10부터 아라비아 숫자로 적기도 하지만 0에서 9까지는 꼭 알파벳으로 적는다는 점 기억하세요.

꼭! 짚고 가기

독일에서 집 구하기

한국과 달리 독일에는 전세의 개념이 없어요. 대부분 자가를 보유하며 대학생이나 자주 이사를 다니는 직장인의 경우 월세에서 생활을 하지요. 집값은 도시별로 구역별로 천차만별이에요. 또한 집에서 멀리 떨어진 대학에 진학하면 집을 구해야 해요. 우선 학교에서 운영하는 기숙사들을 알아 보죠. 대부분의 학교에서 학생을 위해 다양한 구역의 아파트나 집들을 지정해 두어요. 학생들은 학교 홈페이지를 통해 원하는 기숙사 형태와 위치를 신청할 수 있어요. 하지만 기숙사에 자리가 없다면 한국과 같이 부동산에 가서 직접 알아볼 수도 있고, 온라인을 통해 알아볼 수 있어요. 다음 사이트를 참고하세요.

www.immowelt.de
www.immobilienscout24.de

학교 게시판도 주의 깊게 보아요. 갑자기 집을 내놓거나 몇 달간 임대를 주고자 할 경우 대학 게시판에 임대인이 직접 글을 쓰기도 하거든요. 이 경우는 부동산을 통하지 않기 때문에 저렴한 가격에 집을 구할 수도 있고요.

집을 구할 때 한 가지 주의할 점은 한국과 달리 독일에서는 '1층'을 'das Erdgeschoss 다쓰 에얼그슈오쓰(지상층)'라고 하고, '2층'부터 'erster Stock 에어스터 슈톡(1층)'이라고 표기해요.

이사 계획

이사할 때가 된 것 같아요.
Es wird langsam Zeit umzuziehen.
에쓰 브이얼 랑잠 짜일 움쭈찌흔

우리는 한 달 안으로 이사할 계획이에요.
Wir planen innerhalb eines Monats umzuziehen.
브이어 플라는 인너할ㅍ 아이느쓰 모낱츠 움쭈찌흔

곧 이사 가신다면서요?
Ziehen Sie bald um?
찌흔 지 발ㅌ 움?
Sie ziehen bald um?
지 찌흔 발ㅌ 움?

언제 새집으로 이사 가세요?
Wann ziehen Sie in das neue Haus ein?
브안 찌흔 지 인 다쓰 노이으 하우쓰 아인?

이사 준비 때문에 바빠요.
Ich bin wegen des Umzugs sehr beschäftigt.
이히 빈 브에근 데쓰 움쭉쓰 제어 브슈애프흐티클

이사 가려면 한 달 전에 미리 알려 주세요.
Sagen Sie mir bitte einen Monat bevor Sie umziehen Bescheid.
자근 지 미어 비트 아이는 모낱 브프호어 지 움찌흔 브슈아일

여기서 잠깐!
독일어에는 재귀대명사 sich 지히가 문장 앞에 붙을 경우 의미가 달라지는 단어들이 있어요. '이사하다'라는 뜻의 동사 umziehen 움찌흔에 sich가 붙어 'sich umziehen 지히 움찌흔'으로 쓰이면 '옷을 갈아입다'라는 뜻이 돼요.
- Ich ziehe morgen um. 이히 찌흐 모어근 움
  나 내일 이사 가.
- Ich ziehe mich jetzt um. 이히 찌흐 미히 옡쯭 움
  나 지금 갈아입을게.

짐 싸기

이삿짐은 모두 쌌어?
Hast du alles (fertig) gepackt?
하슽 두 알르쓰 (프헤어티히) 그팍클?

이사 가기 위해 짐을 싸야 해요.
Ich muss noch packen.
이히 무쓰 노흐 팍큰

이삿짐 센터에 맡겼어요.
Ich habe das Packen dem Möbelspediteur/der Umzugsfirma überlassen.
이히 하브 다쓰 팍큰 뎀 뫼블슈페디퇴어/데어 움쭉쓰프히어마 위버라쓴

깨지기 쉬운 물건은 잘 포장했니?
Hast du die zerbrechlichen Sachen gut verpackt?
하슽 두 디 쩨어브흐에힐리히은 자흔 굴 프헤어팍클?

나 혼자 이삿짐을 다 쌌어.
Ich habe alles alleine gepackt.
이히 하브 알르쓰 알라이느 그팍클

이사 가기 전에 물건들을 벼룩시장에서 좀 팔아야겠어요.
Ich sollte ein paar Sachen vor dem Umzug auf dem Flohmarkt verkaufen.
이히 졸트 아인 파 자흔 프호어 뎀 움쭉 아우프흐 뎀 프흘로마클 프헤어카우프흔

이사 가는 건 쉬운 일이 아니에요.
Umziehen ist anstrengend.
움찌흔 이슽 안슈트흐엥은ㅌ

이사할 때 도움이 필요하면 말해.
Wenn du Hilfe brauchst, sag mir Bescheid.
브엔 두 힐프흐 브흐아우흐슽, 작 미어 브슈아일

이사 비용

\# 이사 비용 때문에 걱정이에요.

Ich hoffe, der Umzug wird nicht zu teuer.
이히 호프흐, 데어 움쭉 브이얻 니힡 쭈 토이어

\# 다른 도시로 이사하는 데 얼마나 드나요?

Wie viel kostet es in eine andere Stadt zu ziehen?
브이 프힐 코스틑 에쓰 인 아이느 안더흐 슈탙 쭈 찌흔?

\# 회사에서 이사 비용을 지원해 준대.

Die Firma unterstützt die Kosten des Umzugs.
디 프히어마 운터슈튙쯭 디 코스튼 데쓰 움쭉쓰

\# 이삿짐 업체는 비용이 어느 정도 하나요?

Wie hoch sind die Kosten beim Möbelspediteur?
브이 호흐 진트 디 코스튼 바임 뫼블슈페디퇴어?

\# 옮기는 짐의 양에 따라 가격이 달라져요.

Die Kosten hängen von der Menge der Umzugskartons ab.
디 코스튼 행은 프혼 데어 멩으 데어 움쭉쓰카통쓰 압

\# 내 친구들이 도와줘서 저렴하게 이사했어.

Mein Umzug war nicht teuer, weil mir meine Freunde geholfen haben.
마인 움쭉 브아 니힡 토이어, 브아일 미어 마이느 프흐오인드 그홀프흔 하븐

\# 그는 저렴한 예산에 꼭 맞는 가격을 제안했어요.

Er hat einen (passenden) Preis entsprechend meines geringen/kleinen Budgets vorgeschlagen.
에어 핱 아이는 (파쓴든) 프흐아이쓰 엔트슈프흐에히은트 마이느쓰 그흐잉은/클라이느 뷔젵츠 프호어그슈라근

꼭! 짚고 가기

독일 대학생의 다양한 주거 형태

독일 대학생의 다양한 주거 형태를 알아보도록 해요.

① 기숙사
Wohnheim 브온하임/
Studentenheim 슈투덴튼하임
1인 1실 아파트로 약 8~10명이 3~4개의 화장실과 하나의 부엌을 공유하는 형태예요.

② 공동 주거(셰어 하우스)
Wohngemeinschaft(WG)
브온그마인슈아플트(브에게)
2명 이상의 사람이 한 집에서 함께 생활하며, 각자 방을 사용하되 화장실과 부엌은 공유하는 형태로, 보통 당번을 정해 함께 집을 관리하고 규칙을 세워 생활용품을 공유하는 경우도 많아요. 보통 WG 브에게로 이루어진 기숙사촌에서는 주말마다 마당에 나와 함께 바비큐 파티를 열기도 해요. 물론 어떤 구성원으로 이루어져 있느냐에 따라 그 분위기가 많이 다를 수 있지만요.

③ 홈스테이
Aufenthalt in einer Gastfamilie
아우프흐엔트할트 인 아이너 가슽프하밀리으
유학생이나 어학연수생들이 자주 사용하는 형태로, 현지인 가족의 집에서 함께 생활하며 문화를 배울 수 있어요.

Schritt 7 날씨   MP3. K03_S07

날씨 묻기

일기예보

오늘 날씨 어때요?

Wie ist das Wetter heute?
브이 이슽 다쓰 브엩터 호이트?

그곳 날씨는 어떤가요?

Wie ist das Wetter dort?
브이 이슽 다쓰 브엩터 도엍?

바깥 온도가 더 덥나요?

Ist es draußen wärmer?
이슽 에쓰 드흐아우쓴 브애어머?
Ist die Temperatur draußen höher?
이슽 디 템퍼흐아투어 드흐아우쓴 회허?
Ist die Temperatur draußen wärmer?
이슽 디 템퍼흐아투어 드흐아우쓴 브애어머?

오늘 기온이 몇 도예요?

Wie viel Grad hat es heute?
브이 프힐 그흐앋 핱 에쓰 호이트?

어떤 날씨를 좋아해요?

Welches Wetter mögen Sie?
브엘히으쓰 브엩터 뫼근 지?

이런 날씨는 싫어하나요?

Mögen Sie solches Wetter nicht?
뫼근 지 졸히으쓰 브엩터 니힡?
Hassen Sie diese Art von Wetter?
하쓴 지 디즈 앝 프혼 브엩터?

언제까지 이런 날씨가 계속될까요?

Wie lange wird das Wetter noch so bleiben?
브이 랑으 브이엍 다쓰 브에터 노흐 조 블라이븐?

어제보다 날씨가 좋아졌죠?

Das Wetter ist heute besser als gestern, nicht/oder?
다쓰 브엩터 이슽 호이트 베써 알쓰 게스턴, 니힡/오더?

오늘 일기예보 어때요?

Wie ist die Wettervorhersage?
브이 이슽 디 브엩터프호어헤어자그?
Wie wird das Wetter vorhergesagt?
브이 브이엍 다쓰 브엩터 프호어헤어그자클?

주말 일기예보 확인했어요?

Haben Sie die Wettervorhersage für dieses Wochenende gesehen?
하븐 지 디 브엩터프호어헤어자그 프휘어 디즈쓰 브오흔엔드 그제흔?

놀러 가기 전에 일기예보 확인해 봐.

Schau wie das Wetter wird, bevor du in den Urlaub fährst.
슈아우 브이 다쓰 브엩터 브이엍, 브프호어 두 인 덴 우얼라웊 프해어슽
Guck dir die Wettervorhersage/den Wetterbericht an, bevor du in den Urlaub fährst.
쿸 디어 디 브엩터프호어헤어자그/덴 브엩터브흐이힡 안, 브프호어 두 인 덴 우얼라웊 프해어슽

날씨가 일기예보 그대로네요.

Die Wettervorhersage hatte Recht.
디 브엩터프호어헤어자그 핱트 흐에힡
Das Wetter ist genau wie es der Wetterbericht vorhergesagt hat.
다쓰 브엩터 이슽 그나우 브이 에쓰 데어 브엩터브흐이힡 프호어헤어그자클 핱

일기예보가 틀렸어요.

Die Wettervorhersage war falsch.
디 브엩터프호어헤어자그 브아 프할슈

일기예보는 믿을 수가 없어요.

Auf die Wettervorhersage kann man sich nicht verlassen.
아우프흐 디 브엩터프호어헤어자그 칸 만 지히 니힡 프헤어라쓴

맑은 날

\# 오늘 날씨가 참 좋죠.

Das Wetter ist heute sehr schön.
다스 브엘터 이슡 호이트 제어 슈왼
Heute ist richtig schönes Wetter.
호이트 이슡 흐이히티히 슈외느쓰 브엘터

\# 햇빛이 아주 좋아요.

Die Sonne scheint so schön.
디 존느 슈아인트 조 슈왼

\# 최근에는 날씨가 계속 좋은데요.

In letzter Zeit hatten wir immer gutes Wetter.
인 렡쯔터 짜잍 핱튼 브이어 임머 구트쓰 브엘터

\# 이런 날씨가 계속되면 좋겠어요.

Es wäre schön, wenn das Wetter immer so gut/schön wäre.
에쓰 브애어흐 슈왼, 브엔 다쓰 브엘터 임머 조 굳/슈왼 브애어흐

\# 내일은 맑아야 할 텐데.

Ich hoffe, dass es morgen schönes Wetter gibt.
이히 호프흐, 다쓰 에쓰 모어근 슈외느쓰 브엘터 깁트

\# 오늘 오후에는 갤 것 같아요.

Bis heute Nachmittag wird sich der Himmel noch aufklaren.
비쓰 호이트 나흐밑탁 브이얼 지히 데어 힘믈 노흐 아우프흐클라흔

\# 구름 한 점 없어요.

Heute gibt es einen wolkenlosen Himmel.
호이트 깁트 에쓰 아이는 브올큰로즌 힘믈

\# 외출하기 좋은 날씨예요.

Das Wetter ist perfekt, um rauszugehen.
다쓰 브엘터 이슡 페어프헼트, 움 흐아우쓰쭈게흔

꼭! 짚고 가기

날씨에 관한 다양한 표현들

독일어에는 날씨와 관련된 다양한 단어가 있어요. 그중 Hundewetter 훈드브엘터/Unwetter 운브엘터/Donnerwetter 돈너브엘터로부터 파생된 여러 가지 의미에 대해 알아볼까요?

Hundewetter는 너무 더운 날씨를 뜻해요. 그렇다면 Unwetter와 Donnerwetter는 어떤 뜻으로 쓰일까요?

Unwetter를 직역하면 '날씨가 아니다'로, 'un- 운–'은 부정의 의미를 가지고 있거든요. 본연의 의미는 '끔찍한 날씨, 나쁜 날씨' 또는 '지역이나 그 계절과 맞지 않는 갑작스러운 날씨'를 말해요. 날씨라고 하기도 싫은 안 좋은 날씨를 의미한다고 볼 수 있어요.

문장에서는 어떻게 쓰일까요?

보통 '믿을 수 없다'라는 놀라움의 의미로 많이 쓰여요. 'Was für ein Unwetter! 브아쓰 프휘어 아인 운브엘터!' 질문형인데도 '이 날씨 대체 뭐야!'가 되죠.

Donnerwetter는 어떨까요?

다른 독일어 합성어처럼 Donnerwetter를 두 개의 단어로 나누어 해석을 해 본다면 '번개 치는 날씨'예요. 하지만 그 의미로 쓰이지 않고, '제길, 빌어먹을'의 의미로 쓰이거나 '이런! 기가 막혀'와 같이 놀라움을 표현할 때 쓰이죠. 번개 칠 때의 놀라움을 표현했다고 볼 수 있어요.

독일의 어느 여름날, 예기치 못한 비가 갑자기 쏟아진다면 신사적으로 'Ach, was für ein schlechtes Wetter, nicht/oder? 아흐, 브아쓰 프휘어 아인 슐레히트쓰 브엘터, 니힡/오더?(이런, 어쩜 이런 끔찍한 날씨가 있어. 안 그래?)'라고 하지 말고 'Donnerwetter! Was für ein Unwetter! 돈너브엘터! 브아쓰 프휘어 아인 운브엘터!(제길, 무슨 이런 날씨가 다 있어!)'라고 외쳐 봐요.

흐린 날

\# 날씨가 궂어요.

Das ist aber ein schlechtes Wetter.
다쓰 이슽 아버 아인 슐레히트쓰 브엩터
Das ist aber ein Sauwetter.
다쓰 이슽 아버 아인 자우브엩터

\# 오늘 날이 흐려지고 있어요.

Es ist trüb heute.
에쓰 이슽 트흐윞 호이트
Der Himmel ist heute bedeckt.
데어 힘믈 이슽 호이트 브덱클

\# 하늘이 어두워졌어요.

Es wird düster.
에쓰 브이얻 뒤스터
Der Himmel zieht zu.
데어 힘믈 찔 쭈
Dunkle Wolken ziehen auf.
둥클르 브올큰 찌흔 아우프흐

\# 금방이라도 비가 내릴 것 같아요.

Es sieht so aus, als ob es gleich regnen wird.
에쓰 짙 조 아우쓰, 알쓰 옾 에쓰 글라이히 흐엑느 브이얻
Es sieht nach Regen aus.
에쓰 짙 나흐 흐에근 아우쓰

\# 변덕스러운 날씨네요.

Das Wetter ist wechselhaft.
다쓰 브엩터 이슽 브에흐즐하플

\# 아, 너무 불쾌한 날씨야!

Ach, ist das ein schlechtes Wetter!
아흐, 이슽 다쓰 아인 슐레히트쓰 브엩터!
Mensch, was für ein Sauwetter!
멘슈, 브아쓰 프휘어 아인 자우브엩터!

\# 구름이 많이 꼈어요.

Es ist bewölkt.
에쓰 이슽 브브욀클

비 오는 날

\# 비가 와요.

Es regnet.
에쓰 흐에그늩

\# 비가 뚝뚝 떨어지기 시작했어요.

Es fängt an zu regnen.
에쓰 프행ㅌ 안 쭈 흐에그느
Es fängt an zu tröpfeln.
에쓰 프행ㅌ 안 쭈 트흐외프흘ㄴ

\# 비가 억수같이 퍼붓는데요.

Es regnet heftig.
에쓰 흐에그늩 헤프흐티히
Es gießt wie aus Eimern.
에쓰 기쓷 브이 아우쓰 아이먼

\# 이제 비가 그쳤나요?

Hat es aufgehört zu regnen?
핱 에쓰 아우프흐그회엍 쭈 흐에그느?
Hat der Regen aufgehört?
핱 데어 흐에근 아우프흐그회엍?

\# 비가 오락가락해요.

Regen und Sonne wechseln sich ab.
흐에근 운ㅌ 존느 브에흐즐ㄴ 지히 앞

\# 우박이 떨어졌어요.

Es hagelt.
에쓰 하글ㅌ

\# 비가 올 것 같아. 우산 가지고 가라!

Es sieht nach Regen aus. Nimm den Regenschirm mit!
에쓰 짙 나흐 흐에근 아우쓰. 님 덴 흐에근슈이엄 밑!

\# 내일 소나기가 예상돼요.

Morgen werden Regenschauer erwartet.
모어근 브에어든 흐에근슈아우어 에어브아틑

천둥

천둥이 치고 있어요.

Es donnert.
에쓰 돈넡
Der Donner grollt.
데어 돈너 그흐올ㅌ

천둥이 심하네!

Es donnert heftig!
에쓰 돈넡 헤프흐티히!
Es donnert sehr laut.
에쓰 돈넡 제어 라웉

밤새 천둥소리 때문에 잠을 못 잤어.

Ich konnte wegen des Donners/Donnergrollens nicht schlafen.
이히 콘트 브에근 데쓰 돈너쓰/돈너그흐올른쓰 니힡 슐라프흔

내일 천둥을 동반한 비가 예상됩니다.

Morgen rechnen wir mit Regen und Donner.
모어근 흐에히는 브이어 밑 흐에근 운ㅌ 돈너

천둥소리가 너무 커서 놀랐어요.

Ich habe mich wegen des lauten Donners erschrocken.
이히 하브 미히 브에근 데쓰 라우튼 돈너쓰 에어슈흐옥큰

번개

번개가 쳐요.

Es blitzt.
에쓰 블맅츹

번개가 번쩍하더니 천둥소리가 울렸어.

Es blitzt und donnert gleichzeitig.
에쓰 블맅츹 운ㅌ 돈넡 글라이히짜이티히
Blitz und Donner folgen rasch aufeinander.
블맅츠 운ㅌ 돈너 프홀근 흐아슈 아우프흐아인안더

조금 전에 번개가 저 나무 위로 떨어졌어요.

Der Blitz hat gerade in den Baum eingeschlagen.
데어 블맅츠 핱 그흐아드 인 덴 바움 아인그슐라근

저 나무는 번개를 맞았어요.

Der Baum ist vom Blitz getroffen worden.
데어 바움 이슽 프홈 블맅츠 그트흐오프흔 브오어든
In diesen Baum hat der Blitz eingeschlagen.
인 디즌 바움 핱 데어 블맅츠 아인그슐라근

조심해! 번개를 맞으면 죽을 수도 있어.

Vorsicht! Wenn du von einem Blitz getroffen wirst, kannst du sterben.
프호어지힡! 브엔 두 프혼 아이늠 블맅츠 그트흐오프흔 브이어슽, 칸슽 두 슈테어븐

여기서 잠깐!

독일 사람들은 날씨에 어떻게 반응할까요? 우선 독일은 10월, 빠르면 9월부터 해가 짧아지기 때문에 햇빛을 귀하게 여겨요. 햇빛을 피하는 한국 사람들과 달리 봄, 여름 따뜻한 햇빛이 나면 어디서든 누워서 일광욕을 하려는 사람들을 쉽게 볼 수 있어요.
그렇다면 비는 어떨까요? 독일 사람들은 너무 심하게 내리지 않으면 대부분 모자만 쓴 채로 비를 맞고 다녀요.

봄 날씨

\# 날씨가 따뜻해요.

Es ist warm.
에쓰 이슽 브암

\# 겨울이 가고 봄이 왔어요.

Der Winter geht und der Frühling kommt.
데어 브인터 겥 운ㅌ 데어 프흐윌링 콤ㅌ
Der Winter weicht dem Frühling.
데어 브인터 브아이힡 뎀 프흐윌링

\# 봄이 문턱에 다다랐어요.

Der Frühling steht vor der Tür.
데어 프흐윌링 슈텥 프호어 데어 튀어
Der Frühling naht.
데어 프흐윌링 낱
Der Frühling ist bald da.
데어 프흐윌링 이슽 발ㅌ 다

\# 봄 기운이 완연하네요.

Es ist frühlingshaft geworden.
에쓰 이슽 프흐윌링쓰하픝 그브오어든
Man sieht, dass es Frühling wird/der Frühling kommt.
만 짙, 다쓰 에쓰 프흐윌링 브이얼/데어 프흐윌링 콤ㅌ

\# 저는 봄이 가장 좋아요.

Ich liebe den Frühling am meisten.
이히 리브 덴 프흐윌링 암 마이스튼

\# 봄이 되니 꽃이 피네요.

Wenn der Frühling kommt, blühen die Blumen.
브엔 데어 프흐윌링 콤ㅌ, 블뤼흔 디 블루믄

\# 개나리는 봄의 상징이에요.

Das Goldglöckchen ist ein Symbol des Frühlings/für den Frühling.
다쓰 골ㅌ글뢱히은 이슽 아인 쥠볼 데쓰 프흐윌링쓰/프휘어 덴 프흐윌링

여름 날씨

\# 날씨가 정말 덥네요.

Es ist wirklich heiβ.
에쓰 이슽 브이어클리히 하이쓰
Was für ein heiβer Tag.
브아쓰 프휘어 아인 하이써 탘

\# 푹푹 찌네요!

Das ist vielleicht eine (unerträgliche) Hitze/Bullenhitze!
다쓰 이슽 프힐라이힡 아이느
(운에어트흐애클리히으) 힡쯔/불른힡찌

\# 너무 더워서 땀이 멈추질 않아요.

Die Hitze bringt mich zum Schwitzen.
디 힡쯔 브흐잉ㅌ 미히 쭘 슈브잍쯘

\# 진짜 더위는 이제부터예요.

Die richtige Hitze kommt erst noch.
디 흐이히티그 힡쯔 콤ㅌ 에어스트 노흐

\# 5월치고는 유난히 덥네요.

Dieser Mai ist außergewöhnlich heiβ.
디저 마이 이슽 아우쓰어그브왼리히 하이쓰

\# 오늘이 이번 여름 중 가장 더운 날이래요.

Heute soll der heiβeste Tag dieses Sommers sein.
호이트 졸 데어 하이쓰스트 탘 디즈쓰 좀머쓰 자인

\# 낮이 길어졌어요.

Die Tage sind länger geworden.
디 타그 진ㅌ 랭어 그브오어든

\# 한국처럼 습하지는 않아서 좋네요.

Es ist schön, dass es nicht so schwül wie in Korea ist.
에쓰 이슽 슈왼, 다쓰 에쓰 니힡 조 슈브윌 브이 인 코흐에아 이슽

장마

\# 한국은 벌써 장마철이에요.

Es ist bereits Regenzeit in Korea.
에스 이슽 브흐아잍츠 흐에근짜일 인 코흐에아

\# 이제 본격적인 장마철이에요.

Jetzt hat die Regenzeit richtig angefangen.
옡쯭 핱 디 흐에근짜일 흐이히티히 안그프항은

\# 온 집안이 눅눅해요.

Im ganzen Haus ist es schwül.
임 간쯘 하우쓰 이슽 에쓰 슈브윌

\# 장마철에는 우산이 필수품이에요.

In der Regenzeit sollte man immer einen Regenschirm mitnehmen.
인 데어 흐에근짜일 졸트 만 임머 아이는 흐에근슈이엄 밑네믄

\# 장마가 끝났어요.

Die Regenzeit ist vorbei.
디 흐에근짜일 이슽 프호어바이

\# 장마철에는 날씨가 오락가락해요.

In der Regenzeit ist das Wetter wechselhaft.
인 데어 흐에근짜일 이슽 다쓰 브엩터 브에흐즐하픝

꼭! 짚고 가기

독일의 서머 타임

독일과 한국의 시차는 통상 독일이 한국보다 8시간 느려요. 하지만 하절기에는 다르기 때문에 착오가 없기 위해서는 서머 타임이라는 제도를 알아야 해요.

독일에서는 여름의 길어진 낮 시간을 이용하여 에너지를 절약하기 위해 서머 타임 제도를 실시하고 있는데요. 한여름이면 저녁 8시까지도 환할 정도로 낮이 길어지기 때문이에요.

서머 타임 제도 때문에 유럽 전체의 표준 시간은 서머 타임 기간 동안 한 시간 앞으로 당겨지죠. 그렇게 되면 한국과의 시차도 7시간으로 줄어들게 돼요.

이를 독일에서는 'die Sommerzeit 디 좀머짜잍'라고 불러요. 이 서머 타임은 항상 3월 마지막 일요일 오전 2시부터 적용이 되며, 10월 마지막 일요일 오전 3시부터는 다시 표준 시간으로 돌아와 서머 타임을 벗어나게 돼요.

다만 유럽에서 서머 타임을 없애자는 의견이 나오고 있어요.

태풍

\# 태풍이 다가오고 있어요.

Ein Wirbelsturm kommt.
아인 브이어블슈투엄 콤ㅌ
Ein Orkan nähert sich uns.
아인 오흐칸 내엍 지히 운쓰

\# 어제 태풍 주의보가 발령되었어요.

Gestern wurde eine Sturmwarnung herausgegeben.
게스턴 브우어드 아이느 슈투엄브아눙
헤어흐아우쓰그게븐

\# 폭풍이 오고 있어요.

Ein Sturm zieht auf.
아인 슈투엄 찔 아우프흐

\# 바람이 엄청 세요.

Es windet sehr (stark).
에쓰 브인들 제어 (슈탁)
Der Wind bläst/pfeift.
데어 브인ㅌ 블래스트/프하이플

\# 태풍이 지나갔어요.

Der Sturm ist vorbei.
데어 슈투엄 이슬 프호어바이
Der Sturm hat sich gelegt.
데어 슈투엄 핱 지히 그레클

\# 태풍의 여파로 파도가 높아요.

Die Wellen sind wegen des Sturms sehr hoch.
디 브엘른 진ㅌ 브에근 데쓰 슈투엄쓰 제어 호흐

가뭄

\# 가뭄으로 식물들이 시들어요.

Die Pflanzen verwelken wegen der Dürre.
디 프흘란쯘 프헤어브엘큰 브에근 데어 뒤어흐

\# 사상 최악의 가뭄이에요.

Es ist die schlimmste Dürre aller Zeiten.
에쓰 이슬 디 슐림스트 뒤어흐 알러 짜이튼

\# 한국은 현재 극심한 가뭄에 처해 있어요.

Korea leidet gerade unter einer schlimmen Trockenheit.
코흐에아 라이들 그흐아드 운터 아이너 슐림믄 트흐옥큰하잍

\# 올해는 가뭄으로 농작물이 큰 피해를 입었어요.

Dieses Jahr fiel die Ernte wegen der Dürre sehr schlecht aus.
디즈쓰 야 프힐 디 에언트 브에근 데어 뒤어흐 제어 슐레흩 아우쓰

\# 이 가뭄이 장기간 지속될 예정이에요.

Die Trockenheit wird noch lange andauern.
디 트흐옥큰하잍 브이엍 노흐 랑으 안다우언

\# 오랜 가뭄으로 댐 수위가 낮아지고 있어요.

Der Wasserstand des Damms ist wegen/aufgrund der langen Dürre niedrig.
데어 브아써슈탄ㅌ 데쓰 담쓰 이슬 브에근/
아우프흐그흐운ㅌ 데어 랑은 뒤어흐 니드흐이히

\# 비 한 방울 내리지 않네요.

Es regnet nicht mal einen Tropfen.
에쓰 흐에그늩 니힡 말 아이는 트흐오프흔

홍수

매년 이 무렵이면 홍수가 나요.

Jedes Jahr zu dieser Zeit kommt es zu Überschwemmungen.
예드쓰 야 쭈 디저 짜일 콤ㅌ 에쓰 쭈 위버슈브엠뭉은

여름 기간 최대 강우량으로 기록되었어요.

Diesen Sommer gab es hier die meisten Niederschläge.
디즌 좀머 갑 에쓰 히어 디 마이스튼 니더슐래그

홍수 때문에 철도가 파손되었어요.

Die Bahngleise wurden durch die Überschwemmung zerstört.
디 반글라이즈 브우어든 두어히 디 위버슈브엠뭉 쩨어슈퇴얼

작년의 대규모 홍수로 인한 피해는 막대했어요.

Die große Überschwemmung letztes Jahr führte zu großen Verlusten.
디 그흐오쓰 위버슈브엠뭉 렡쯔트쓰 야 프휘어트 쭈 그흐오쓴 프헤어루스튼

이 지역은 홍수 취약 지역이에요.

Dieses Gebiet ist von Überschwemmungen betroffen.
디즈쓰 그빝 이슽 프혼 위버슈브엠뭉은 브트흐오프흔

홍수로 그 다리가 무너졌어요.

Der Fluss ist über die Ufer getreten und hat die Brücke zerstört.
데어 프흘루쓰 이슽 위버 디 우프허 그트흐에튼 운ㅌ 핱 디 브흐윅크 쩨어슈퇴얼

우리 집 안까지 물이 찼어요.

Sogar unser Haus ist überschwemmt worden.
조가 운저 하우쓰 이슽 위버슈브엠ㅌ 브오어든

가을 날씨

날씨가 서늘해요.

Das Herbstwetter ist kühl.
다쓰 헤엎슽브엩터 이슽 퀼
Das Wetter im Herbst ist kühl.
다쓰 브엩터 임 헤엎슽 이슽 퀼

가을에 접어들었어요.

Der Herbst ist bald da.
데어 헤엎슽 이슽 발ㅌ 다
Der Herbst kommt.
데어 헤엎슽 콤ㅌ

가을은 추수의 계절이죠.

Im Herbst ist Erntezeit.
임 헤엎슽 이슽 에언트짜일

가을에는 추수를 해요.

Im Herbst erntet man.
임 헤엎슽 에언틑 만

가을은 눈 깜짝할 사이에 지나갔어요.

Der Herbst ging schnell vorbei.
데어 헤엎슽 깅 슈넬 프호어바이

가을은 여행하기에 좋은 계절이에요.

Im Herbst kann man schön reisen.
임 헤엎슽 칸 만 슈왼 흐아이즌
Der Herbst ist eine gute Reisezeit.
데어 헤엎슽 이슽 아이느 구트 흐아이즈짜일

가을 하늘은 참 맑아요.

Der Himmel ist im Herbst meist sehr klar.
데어 힘믈 이슽 임 헤엎슽 마이슽 제어 클라

선선한 가을 바람이 좋아요.

Ich mag den erfrischenden Wind im Herbst.
이히 막 덴 에어프흐이슌든 브인ㅌ 임 헤엎슽

단풍

\# 낙엽들이 물들고 있어요.

Die Blätter werden bunt.
디 블랱터 브에어든 분ㅌ
Die Blätter färben sich bunt/rot.
디 블랱터 프해어븐 지히 분ㅌ/흐올

\# 가을이 되면 나무에서 낙엽이 져요.

Im Herbst verliert der Baum seine Blätter/sein Laub.
임 헤엎슽 프헤어리얼 데어 바움 자이느 블랱터/자인 라웊
Im Herbst fallen die Blätter vom Baum.
임 헤엎슽 프할른 디 블랱터 프홈 바움

\# 가을이 되면 숲은 갖가지 색으로 물들어요.

Im Herbst färbt sich der Wald bunt.
임 헤엎슽 프해엎ㅌ 지히 데어 브알ㅌ 분ㅌ

\# 나무가 노랗게 물들기 시작했어요.

Der Baum bekommt gelbe Blätter.
데어 바움 브콤ㅌ 겔브 블랱터

\# 다음 주말에 단풍놀이를 갈 거예요.

Ich mache nächstes Wochenende einen Herbstspaziergang.
이히 마흐 내흐스트쓰 브오흔엔드 아이느 헤엎슽슈파찌어강

\# 길에 낙엽 천지예요.

Die Straße ist mit Laub bedeckt.
디 슈트흐아쓰 이슽 밑 라웊 브덱클

\# 마당에 있는 낙엽을 쓸어야겠어요.

Ich sollte mal die Blätter in unserem Garten (zusammen) rechen.
이히 졸트 말 디 블랱터 인 운저흠 갇튼 (쭈잠믄) 흐에히흔

겨울 날씨

\# 날씨가 추워지고 있어요.

Das Wetter wird kälter.
다쓰 브엩터 브이얼 캘터

\# 너무 추워요.

Es ist zu kalt. / Es friert mich.
에쓰 이슽 쭈 칼ㅌ / 에쓰 프흐이얼ㅌ 미히
Ich friere. / Mir ist kalt.
이히 프흐이어흐 / 미어 이슽 칼ㅌ

\# 손이 얼 것 같아요.

Meine Hände sind eiskalt.
마이느 핸드 진ㅌ 아이쓰칼ㅌ

\# 올 겨울은 유난히 춥네요.

Dieser Winter ist besonders kalt.
디저 브인터 이슽 브존더쓰 칼ㅌ

\# 추위가 조금 누그러졌어요.

Die Kälte hat nachgelassen.
디 캘트 핟 나흐그라쓴

\# 올해보다 작년 겨울이 더 추웠어요.

Der letzte Winter war kälter als dieser.
데어 랱쯔트 브인터 브아 캘터 알쓰 디저

\# 겨울도 곧 지나가겠죠.

Der Winter wird auch bald vorbei/rum sein.
데어 브인터 브이얼 아우흐 발ㅌ 프호어바이/흐움 자인

\# 저는 겨울에 감기에 잘 걸려요.

Im Winter erkälte ich mich immer leicht.
임 브인터 에어캘트 이히 미히 임머 라이힡

눈

\# 함박눈이 내려요.

Es schneit Schneeflocken.
에쓰 슈나일 슈네프흘록큰

\# 간밤에 서리가 내렸어요.

Heute Nacht hat sich Raureif gebildet.
호이트 나흫 핱 지히 흐아우흐아이프흐 그빌들

\# 들판에 서리가 맺혔어요.

Auf den Wiesen lag Reif.
아우프흐 덴 브이즌 랔 흐아이프흐

\# 어제 폭설이 내렸어요.

Gestern hat es viel geschneit.
게스턴 핱 에쓰 프힐 그슈나읱
Gestern ist viel Schnee gefallen.
게스턴 이슽 프힐 슈네 그프할른

\# 지난밤 내린 눈으로 길이 얼었어요.

Der Weg ist wegen des Schnees gestern Nacht (zu)gefroren.
데어 벸 이슽 브에근 데쓰 슈네쓰 게스턴 나흩 (쯔)그프흐오어흔

\# 아이들은 눈사람을 만들며 놀고 있어요.

Die Kinder bauen einen Schneemann.
디 킨더 바우은 아이는 슈네만

\# 주차장 내려가는 길에서 아이들이 썰매를 타요.

Die Kinder fahren Schlitten auf dem Garagenweg.
디 킨더 프하흔 슐맅튼 아우프흐 뎀 가흐아즌브엨

\# 눈싸움하자.

Lass uns eine Schneeballschlacht machen/spielen.
라쓰 운쓰 아이느 슈네발슐라흩 마흔/슈필른

계절

\# 지금은 딸기가 제철이에요.

Es ist die richtige Zeit Erdbeeren zu essen.
에쓰 이슽 디 흐이히티그 짜일 에얼베어흔 쭈 에쓴

\# 이맘때 날씨치고는 매우 덥네요.

Es ist ziemlich heiß für diese Jahreszeit.
에쓰 이슽 찌믈리히 하이쓰 프휘어 디즈 야흐쓰짜잍

\# 저는 더위를 잘 타요.

Ich bin hitzeempfindlich.
이히 빈 힡쯔엠프힌틀리히

\# 연초에 대청소를 한번 해야겠어요.

Ich sollte mal einen Frühjahrsputz machen.
이히 졸트 말 아이는 프흐위야흐쓰풀쯔 마흔

\# 환절기가 되면 저는 예민해져요.

Ich werde zwischen den Jahreszeiten empfindlich.
이히 브에어드 쯔브이슌 덴 야흐쓰짜이튼 엠프힌틀리히

\# 언제쯤 계절이 바뀔까요?

Wann sind die Jahreszeitenwechsel?
브안 진ㅌ 디 야흐쓰짜이튼브에흐즐?
Wann wechseln die Jahreszeiten?
브안 브에흐즐ㄴ 디 야흐쓰짜이튼?

\# 감기의 계절이 왔습니다.

Es ist Grippezeit.
에쓰 이슽 그흐잎프짜잍

Schritt 8 전화　MP3. K03_S08

전화를 걸 때(일반 상황)

리사와 통화할 수 있나요?

Kann ich mit Lisa sprechen, bitte?
칸 이히 밑 리자 슈프흐에히은, 비트?
Ist Lisa da?
이슽 리자 다?
Kannst du mir Lisa geben? (반말)
칸슽 두 미어 리자 게븐?

안녕하세요, 저 보형인데요. 벤야민 있어요?

Guten Tag, ich heiβe Bo Hyung.
Ist Benjamin da?
구튼 탁, 이히 하이쓰 보형. 이슽 벤야민 다?
Hallo, hier ist Bo Hyung.
Ist Benjamin da?
할로, 히어 이슽 보형. 이슽 벤야민 다?

사라와 통화하려고 하는데요.

Ich möchte mit Sarah sprechen, bitte.
이히 뫼히트 밑 자흐아 슈프흐에히은, 비트
Ich würde gerne mit Sarah sprechen.
이히 브위어드 게어느 밑 자흐아 슈프흐에히은

지금 통화 괜찮으세요?

Haben Sie gerade Zeit zum Telefonieren?
하븐 지 그흐아드 짜잍 쭘 텔레프호니어흔?

바쁘신데 제가 전화한 건가요?

Störe ich gerade?
슈퇴어흐 이히 그흐아드?
Habe ich zu einer unguten Zeit angerufen?
하브 이히 쭈 아이너 운구튼 짜잍 안그흐우프흔?

죄송합니다만, 늦게 전화드렸습니다.

Entschuldige, dass ich so spät angerufen habe.
엔트슐디그, 다쓰 이히 조 슈퍁 안그흐우프흔 하브

전화를 걸 때(회사에서)

프로젝트 때문에 전화드렸습니다.

Ich rufe Sie wegen des Projekts an.
이히 흐우프흐 지 브에근 데쓰 프흐오예클츠 안
Ich melde mich wegen des Projekts.
이히 멜드 미히 브에근 데쓰 프흐오예클츠

내일 회의 확인하려고 전화했어요.

Ich rufe Sie an, um die morgige Konferenz zu bestätigen.
이히 흐우프흐 지 안, 움 디 모어기그 콘프허흐엔쯔 쭈 브슈태티근

전화하셨다고 해서 전화드렸는데요.

Ich rufe Sie zurück.
이히 흐우프흐 지 쭈흐윜

제 주문에 관해 알렉스 씨와 통화하려고 하는데요.

Ich möchte mit Alex über die Bestellung sprechen.
이히 뫼히트 밑 알렉쓰 위버 디 브슈텔룽 슈프흐에히은

인사부 아무나 바꿔 주시겠습니까?

Kann ich mit jemandem in der Personalabteilung sprechen?
칸 이히 밑 예만듬 인 데어 페어조날압타일룽 슈프흐에히은?
Könnten Sie mich mit jemandem in der Personalabteilung verbinden?
쾬튼 지 미히 밑 예만듬 인 데어 페어조날압타일룽 프헤어빈든?

melden 멜든 알리다, 응답하다
anrufen 안흐우프흔 연락하다
die Konferenz 디 콘프허흐엔쯔 회의
bestätigen 브슈태티근 확인하다
zurückrufen 쭈흐윜흐우프흔 응답 전화를 하다
die Bestellung 디 브슈텔룽 주문

전화를 받을 때(일반 상황)

저는 마리예요. 누구신가요?

Hier ist Marie, Guten Tag.
Mit wem spreche ich?
히어 이슫 마흐이, 구튼 탁. 밑 브엠 슈프흐에히으 이히?
Hier ist Marie, Guten Tag.
Wer ist dran?
히어 이슫 마흐이, 구튼 탁? 브에어 이슫 드흐안?

무슨 일 때문이죠?

Darf ich fragen worum es geht?
닾흐 이히 프흐아근 브오흐움 에쓰 겥?
Weshalb/Weswegen rufen Sie an?
브에쓰핛ㅍ/브에쓰브에근 후우프흔 지 안?

어느 분을 찾으시나요?

Mit wem möchten Sie sprechen?
밑 브엠 뫼히튼 지 슈프흐에히은?

네, 접니다.

Ja, ich bin es.
야, 이히 빈 에쓰
Bin dran.
빈 드흐안
Am Apparat.
암 아파흐앝

좀 더 크게 말해 주실래요?

Können Sie ein bisschen lauter sprechen?
퀸느 지 아인 비쓰히은 라우터 슈프흐에히은?

좀 천천히 말해 주시겠어요?

Ein bisschen langsamer, bitte.
에인 비쓰히은 랑자머, 비트

죄송하지만, 다시 한번 말씀해 주세요.

Entschuldigung, noch einmal, bitte.
엔트슐디궁, 노흐 아인말, 비트

전화를 받을 때(회사에서)

AB사입니다. 안녕하세요.

Firma AB, Guten Tag.
프히어마 아베, 구튼 탁

AB사 영업부의 안드레아스 뮐러입니다. 안녕하세요.

Geschäftsabteilung Firma AB, Andreas Müller, Guten Tag.
그슈애픁츠압타일룽 프히어마 아베, 안드흐에아쓰 뮐러, 구튼 탁
Firma AB, Andreas Müller von der Geschäftsabteilung, Guten Tag.
프히어마 아베, 안드흐에아쓰 뮐러 프혼 데어 그슈애픁츠압타일룽, 구튼 탁

AB센터로 전화 주셔서 감사합니다. 무엇을 도와드릴까요?

Danke für Ihren Anruf bei Center AB. Was kann ich für Sie tun?
당크 프휘어 이어흔 안흐우프흐 바이 센터 아베. 브아쓰 칸 이히 프휘어 지 툰?
Danke für Ihren Anruf bei Center AB. Wie kann ich Ihnen helfen?
당크 프휘어 이어흔 안흐우프흐 바이 센터 아베. 브이 칸 이 이느 헬프흔?

여보세요, 뮐러 씨의 전화입니다.

Guten Tag, das ist der Anschluss von Herrn Müller.
구튼 탁, 다쓰 이슫 데어 안슐루쓰 프혼 헤언 뮐러

여기서 잠깐!
독일에서는 대부분 소속이나 이름을 먼저 밝히고 나중에 인삿말을 건네요.

전화를 바꿔 줄 때

잠시만요.
Einen Moment, bitte.
아이는 모멘트, 비트

어떤 분을 바꿔 드릴까요?
Mit wem darf/soll ich Sie verbinden?
밑 브엠 닾흐/졸 이히 지 프헤어빈든?

연결해 드리겠습니다.
Ich verbinde Sie.
이히 프헤어빈드 지
Ich stelle durch.
이히 슈텔르 두어히

네 전화야.
Es ist für dich.
에쓰 이슽 프휘어 디히
Der Anruf ist für dich.
데어 안흐우프흐 이슽 프휘어 디히
Du wirst (am Telefon) verlangt.
두 브이어슽 (암 텔레프혼) 프헤어랑클

잠시만 기다려 주세요. 바꿔 드릴게요.
Einen Moment bitte. Ich verbinde Sie.
아이는 모멘트 비트. 이히 프헤어빈드 지

다시 전화한다고 할 때

내가 나중에 다시 전화할게.
Ich rufe dich später/nachher zurück.
이히 흐우프흐 디히 슈패터/나흐헤어 쭈흐윜

제가 다시 전화드릴까요?
Darf ich Sie später zurückrufen?
닾흐 이히 지 슈패터 쭈흐윜흐우프흔?
Würde es Ihnen etwas ausmachen, wenn ich Sie später zurückrufe?
브위어드 에쓰 이는 엩브아쓰 아우쓰마흔, 브엔 이히 지 슈패터 쭈흐윜흐우프흐?

제가 잠시 후에 다시 전화드리겠습니다.
Ich rufe Sie gleich zurück.
이히 흐우프흐 지 글라이히 쭈흐윜
Ich melde mich gleich bei Ihnen.
이히 멜드 미히 글라이히 바이 이는
Ich setze mich gleich nochmal mit Ihnen in Verbindung.
이히 젵쯔 미히 글라이히 노흐말 밑 이는 인 프헤어빈둥

10분 후에 다시 전화해 주세요.
Rufen Sie bitte in zehn Minuten nochmal an.
흐우프흔 지 빝트 인 첸 미누튼 노흐말 안
Können Sie mich in zehn Minuten nochmal anrufen?
쾬는 지 미히 인 첸 미누튼 노흐말 안흐우프흔?

---

verbinden 프헤어빈든 연결하다
der Anruf 데어 안흐우프흐 통화
verlangen 프헤어랑은 원하다, 요구하다

die Verbindung 디 프헤어빈둥 연결, (전화의) 접속
später 슈패터, nachher 나흐헤어 나중에
nochmal 노흐말 다시, 한번 더

전화를 받을 수 없을 때

\# 통화 중입니다.

Er telefoniert gerade.
에어 텔레프호니얼 그흐아드
Er ist gerade nicht erreichbar.
에어 이슡 그흐아드 니힡 에어흐아이히바

\# 그는 지금 자리에 없어요.

Er ist gerade nicht da.
에어 이슡 그흐아드 니힡 다
Er ist gerade nicht auf seinem Platz.
에어 이슡 그흐아드 니힡 아우프흐 자이늠 플랕츠

\# 죄송하지만, 그는 방금 나가셨어요.

Tut mir leid, aber er hat gerade das Büro verlassen.
퉅 미어 라잍, 아버 에어 핱 그흐아드 다쓰 뷔흐오 프헤어라쓴
Tut mir leid, aber er ist gerade weg.
퉅 미어 라잍, 아버 에어 이슡 그흐아드 벸

\# 다른 전화가 와서요.

Mein Handy klingelt.
마인 핸디 클링을ㅌ
Ich muss ans Telefon.
이히 무쓰 안쓰 텔레프혼

\# 내가 지금 뭐 하는 중이라서.

Ich bin gerade beschäftigt.
이히 빈 그흐아드 브슈앺흐티히틑
Ich habe gerade keine Zeit.
이히 하브 그흐아드 카이느 짜잍

\# 오래 통화할 수 없어요.

Ich kann nicht so lange telefonieren.
이히 칸 니힡 조 랑으 텔레프호니어흔

\# 전화 오면 나 없다고 해.

Wenn jemand anruft, sag, dass ich nicht da bin.
브엔 예맍ㅌ 안흐우픝, 작, 다쓰 이히 니힡 다 빈

통화 상태가 안 좋을 때

\# 소리가 끊기는데.

Ich kann dich nicht verstehen.
이히 칸 디히 니힡 프헤어슈테흔

\# 전화가 끊기는 것 같은데요.

Ich glaube die Verbindung ist weg/ unterbrochen.
이히 글라우브 디 프헤어빈둥 이슡 브엨/운터브흐오흔

\# 잘 안 들려요.

Ich höre dich nicht richtig.
이히 회어흐 디히 니힡 흐이히티히

\# 전화를 우선 끊어 보세요. 제가 다시 전화할게요.

Legen Sie erstmal auf. Ich rufe Sie wieder an.
레근 지 에어슽말 아우프흐. 이히 흐우프흐 지 브이더 안

\# 연결 상태가 안 좋아요.

Die Verbindung ist schlecht.
디 프헤어빈둥 이슡 슐레힡

> **여기서 잠깐!**
>
> 독일은 아직 무선 통신망이 한국만큼 잘 갖춰져 있지 않기 때문에, 지하철이나 엘리베이터 등에서 자주 전화 연결 상태가 끊겨져 상대의 말이 안 들릴 때가 있어요. 그럴 때 위의 표현들을 한번 사용해 보세요.

전화 메시지

메시지를 남기시겠어요?

Möchten Sie eine Nachricht hinterlassen?
뫼히튼 지 아이느 나흐이힡 힌터라쓴?
Kann ich etwas ausrichten?
칸 이히 엩브아쓰 아우쓰흐이히튼?

제니퍼가 전화했었다고 전해 주세요.

Richten Sie (bitte) aus, dass Jennifer angerufen hat.
흐이히튼 지 (비트) 아우쓰, 다쓰 줴니프허 안그흐우프흔 핱

그에게 전화하라고 전해 주세요.

Richten Sie ihm aus, dass er mich anrufen soll.
흐이히튼 지 임 아우쓰, 다쓰 에어 미히 안흐우프흔 졸
Sag ihm bitte, dass er mich zurückrufen soll.
잨 임 비트, 다쓰 에어 미히 쭈흐윜흐우프흔 졸
Können Sie ihm ausrichten, dass er mich zurückrufen soll?
쾬는 지 임 아우쓰흐이히튼, 다쓰 에어 미히 쭈흐윜흐오프흔 졸?

그에게 1234-5678로 전화하라고 전해 주세요.

Sag ihm, dass er unter der Nummer 1234-5678 zurückrufen soll.
잨 임, 다쓰 에어 운터 데어 눔머 아인쓰 쯔브아이 드흐아이 프히어–프휜프흐 제흐쓰 지븐 아흩 쭈흐윜흐우프흔 졸

그냥 제가 전화했다고 그에게 전해 주세요.

Richte ihm nur aus, dass ich angerufen habe.
흐이히트 임 누어 아우쓰, 다쓰 이히 안그흐우프흔 하브

잘못 걸려 온 전화

전화 잘못 거셨어요.

Sie haben sich verwählt.
지 하븐 지히 프헤어브앨트
Sie haben eine falsche Nummer gewählt.
지 하븐 아이느 프할슈 눔머 그브앨트

그런 분 안 계십니다.

Hier ist niemand mit diesem Namen.
히어 이슽 니만ㅌ 밑 디즘 나믄
Hier gibt es niemanden mit diesem Namen.
히어 깁트 에쓰 니만든 밑 디즘 나믄

몇 번에 거셨어요?

Wen wollten Sie erreichen/anrufen?
브엔 브올튼 지 에어흐아이히은/안흐우프흔?
Welche Nummer haben Sie gewählt?
브엘히으 눔머 하븐 지 그브앨트?

전화번호를 다시 한번 확인해 보세요.

Überprüfen Sie die Nummer noch einmal.
위버프흐위프흔 지 디 눔머 노흐 아인말
Sie sollten die Nummer noch einmal überprüfen.
지 졸튼 디 눔머 노흐 아인말 위버프흐위프흔

제가 전화를 잘못 걸었습니다.

Entschuldigen Sie, ich habe mich verwählt.
엔ㅌ슐디근 지, 이히 하브 미히 프헤어브앨트
Tut mir leid, ich habe die falsche Nummer gewählt.
퉅 미어 라읻, 이히 하브 디 프할슈 눔머 그브앨트

전화를 끊을 때

몇 번으로 전화드려야 하죠?
  Unter welcher Nummer kann ich dich erreichen?
  운터 브엘히어 눔머 칸 이히 디히 에어흐아이히은?

곧 다시 통화하자.
  Telefonieren wir bald wieder.
  텔레프호니어흔 브이어 발ㅌ 브이더
  Ich rufe dich bald wieder an.
  이히 흐우프흐 디히 발ㅌ 브이더 안

전화해 줘서 고마워요.
  Danke für deinen Anruf. (반말)
  당크 프휘어 다이느 안흐우프흐
  Danke, dass Sie mich angerufen haben. (존댓말)
  당크, 다쓰 지 미히 안그흐우프흔 하븐

그만 끊어야겠어요.
  Ich muss langsam auflegen.
  이히 무쓰 랑잠 아우프흐레근
  Ich muss langsam Schluss machen.
  이히 무쓰 랑잠 슐루쓰 마흔

연락하는 거 잊지 마.
  Vergiss nicht mich anzurufen.
  프헤어기쓰 니힡 미히 안쭈흐우프흔
  Vergiss nicht dich zu melden.
  프헤어기쓰 니힡 디히 쭈 멜든

언제든 연락해.
  Ruf mich jeder Zeit an.
  흐우프흐 미히 예더 짜잍 안

다시 연락하자.
  Auf Wiederhören.
  아우프흐 브이더회어흔

전화 기타

전화 좀 받아 주시겠어요?
  Können Sie rangehen? (존댓말)
  쾬느 지 흐안게흔?
  Kannst du bitte abnehmen? (반말)
  칸슽 두 비트 압네믄?

전화는 제가 받을게요.
  Ich gehe ran.
  이히 게흐 흐안

전화를 받지 마세요.
  Gehen Sie nicht ran.
  게흔 지 니힡 흐안
  Nehmen Sie nicht ab.
  네믄 지 니힡 압
  Lassen Sie es klingeln.
  라쓴 지 에쓰 클링을ㄴ

공중전화는 어디 있어요?
  Wo ist die Telefonzelle?
  브오 이슽 디 텔레프혼쩰르?

전화번호부 있어요?
  Haben Sie ein Telefonbuch?
  하븐 지 아인 텔레프혼부흐?

Schritt 9 명절 & 기념일 MP3. K03_S09

설날

새해 복 많이 받으세요!
　Frohes Neues Jahr!
　프흐오흐쓰 노이으쓰 야!
　Einen guten Rutsch ins neue Jahr!
　아이는 구튼 흐우츄 인쓰 노이으 야!

한국인들은 설날에 떡국을 먹어요.
　In Korea isst man Reiskuchensuppe am Neujahrstag/an Neujahr.
　인 코흐에아 이슽만 흐아이쓰쿠흔줖프 암 노이야으쓰탁/안 노이야

독일에서는 새해맞이로 12월 31일에 폭죽을 터트리죠.
　Die Deutschen machen Feuerwerke am Silvesterabend/an Silvester.
　디 도이춘 마흔 프호이브에어크 암 질브에스터아븐트/안 질브에스터

한 해가 끝나가요.
　Das Jahr neigt sich dem Ende zu.
　다쓰 야 나이큳 지히 뎀 엔드 쭈

신년 결심으로 뭘 세웠어?
　Was sind deine guten Vorsätze für das neue Jahr?
　브아쓰 진트 다이느 구튼 프호어잳쯔 프휘어 다쓰 노이으 야?
　Welchen Plan hast du für das neue Jahr?
　브엘히은 플란 하슽 두 프휘어 다쓰 노이으 야?

새해를 맞아 건배합시다.
　Lass uns auf das neue Jahr anstoßen.
　라쓰 운쓰 아우프흐 다쓰 노이으 야 안슈토쓴
　Prosit Neujahr.
　프호오짙 노이야

추석 & 추수감사절

추석은 음력 8월 15일이에요.
　Chuseok ist am 15. August nach dem Mondkalender/des Mondkalenders.
　추석 이슽 암 프휜프흐첸튼 아우구슽 나흐 뎀 몬트칼렌더/데쓰 몬트칼렌더쓰

한국은 추석 연휴가 길어요.
　In Korea ist Chuseok ein langer Feiertag.
　인 코흐에아 이슽 추석 아인 랑어 프하이어탘

독일에도 추석과 비슷한 명절이 있나요?
　Gibt es in Deutschland ein ähnliches Fest wie Chuseok?
　깁트 에쓰 인 도이츄란트 아인 애늘리히으쓰 프헤슽 브이 추석?

한국인들은 추석날 밤에 보름달을 보며 소원을 빌어요.
　In der Chuseok Nacht wünschen sich die Koreaner etwas vom Vollmond.
　인 데어 추석 나흩 브윈슌 지히 디 코흐에아너 엘브아쓰 프홈 프홀몬트

독일에서는 10월 첫째 주 일요일에 추수감사절을 지내요.
　In Deutschland feiert man Erntedankfest am ersten Oktobersonntag.
　인 도이츄란트 프하이엍 만 에언트당크프헤슽 암 에어스튼 옼토버존탘

추수감사절에 뭐 할 거니?
　Was hast du am Erntedankfest vor?
　브아쓰 하슽 두 암 에언트당크프헤슽 프호어?

추수감사절에 가족들을 만나러 갈 거니?
　Besuchst du am Erntedankfest deine Familie?
　브주흐슽 두 암 에언트당크프헤슽 다이느 프하밀리으?

부활절

\# 부활절을 축하해요.

Frohe Ostern.
프흐오흐 오스턴

\# 부활절은 예수의 부활을 기념하는 날이에요.

An Ostern gedenkt man Jesus Auferstehung.
안 오스턴 그뎅클트 만 예주쓰 아우프흐에어슈테훙

\# 부활절은 보통 4월에 있죠.

Ostern ist meistens im April.
오스턴 이슽 마이스튼쓰 임 아프흐일

\# 독일에서 부활절이면 아이들은 달걀 찾기를 큰 즐거움으로 여겨요.

Das Eiersuchen an Ostern ist für die Kinder in Deutschland ein großer Spaß.
다쓰 아이어주흔 안 오스턴 이슽 프휘어 디 킨더 인 도이츄란트 아인 그흐오써 슈파쓰

\# 독일의 부활절은 봄 방학으로 약 2주를 쉬어요.

In Deutschland sind für ungefähr zwei Wochen Osterferien.
인 도이츄란트 진트 프휘어 운그프해어 쯔브아이 브오흔 오스터프헤어흐이은

\# 독일에서는 부활절 토끼가 달걀을 숨긴다고 전해져요.

Die Deutschen sagen, dass der Osterhase die Eier versteckt.
디 도이츈 자근, 다쓰 데어 오스터하즈 디 아이어 프헤어슈텍클

\# 부활절을 위해 우리는 달걀을 색칠했어요.

Wir haben für Ostern die Eier bemalt.
브이어 하븐 프휘어 오스턴 디 아이어 브말트

꼭! 짚고 가기

독일의 특별한 날, 부활절

독일에서는 부활절과 성탄절을 가족과 보내는 중요한 시기로 생각해요. 특히 부활절은 종교적으로 그 어느 때보다도 중요한 시기로 성탄절보다 더 중요하게 여기죠. 그렇기 때문에 독일에서는 부활절을 크게 축하해요. 가족을 찾아갈 수 있도록 부활절 기간을 Osterferien 오스터프헤어흐이은으로 해서, 학교는 약 2주간 방학을 하고 회사도 일주일 정도 쉬죠.

부활절 하면 달걀이 빠질 수 없어요. 슈퍼에는 달걀 모양과 토끼 모양의 초콜릿을 전시해 입구에서부터 아이들의 눈을 사로잡고, 어르신들은 직접 달걀 모양 플라스틱을 예쁘게 칠해서 마당 곳곳을 장식하죠. 학교에서도 미술 시간에 달걀을 다양하게 꾸며요.

재밌는 건 그 달걀을 닭이 아닌 Osterhase 오스터하즈라고 불리는 토끼가 숨긴다고 전해진다는 거예요. 그래서 부활절이 되면 달걀이 가득한 바구니를 든 토끼 모양 장식을 마당이나 가게 곳곳에서 볼 수 있어요.

대부분의 독일 가정은 정원이 있는 주택에서 생활하기 때문에, 부모님들은 아이들이 잠든 부활절 전야에 정원과 집안 곳곳에 달걀들을 숨겨 놓죠. 그럼 아이들은 부활절 당일 아침 눈을 뜨자마자 집안 곳곳을 돌아다니며 달걀을 찾는 재미에 푹 빠져요. 그 달걀들이 초콜릿으로 만들어져 있으니 더욱 열심히 찾죠.

그렇게 긴 부활절 연휴에 달걀도 꾸미고, 숨기고, 찾으며 가족 모두 하나가 되어 축제를 즐기는 거예요.

크리스마스 ①

어제 집에서 크리스마스트리를 만들었어요.

Gestern haben wir den Weihnachtsbaum zu Hause geschmückt/dekoriert.
게스턴 하븐 브이어 덴 브아이나흐츠바움 쭈 하우즈 그슈뮉클/데코흐이얼

이번 크리스마스에는 어떤 선물이 받고 싶어?

Was wünschst du dir zu Weihnachten?
브아쓰 브윈슈슽 두 디어 쭈 브아이나흐튼?

나는 크리스마스 선물로 새 인형을 받고 싶어.

Ich wünsche mir eine neue Puppe.
이히 브윈슈 미어 아이느 노이느 풒프

내 크리스마스 선물은 뭐야? 말해 줘.

Was schenkst du mir? Sag bitte/Verrate es mir bitte.
브아쓰 슈엥크슽 두 미어? 잨 비트/프헤어호아트 에쓰 미어 비트

어린이들은 크리스마스이브에 양말을 걸어 둬요.

Die Kinder hängen ihre Socken am Weihnachtsabend auf.
디 킨더 행은 이어흐 족큰 암 브아이나흘츠아븐트 아우프흐

크리스마스 카드를 쓰고 있어요.

Ich schreibe gerade eine Weihnachtskarte.
이히 슈흐아이브 그흐아드 아이느 브아이나흘츠카트

넌 아직도 산타클로스가 있다고 믿니?

Glaubst du noch an den Weihnachtsmann?
글라웊슽 두 노흐 안 덴 브아이나흘츠만?

크리스마스 ②

메리 크리스마스!

Frohe Weihnachten!
프호오흐 브아이나흐튼!
Fröhliche Weihnachten!
프흐윌리히으 브아이나흐튼!

올해 크리스마스는 토요일이네요.

Dieses Jahr ist Weihnachten an einem Samstag.
디즈쓰 야 이슽 브아이나흐튼 안 아이늠 잠스탘

크리스마스는 가족들과 함께 보낼 예정이에요.

Ich werde Weihnachten mit meiner Familie verbringen.
이히 브에어드 브아이나흐튼 밑 마이너 프하밀리으 프헤어브흐잉은

천주교 신자들은 성탄절에 미사를 드리러 성당에 가요.

Christen gehen an Weihnachten in die katholische Kirche.
크흐이스튼 게흔 안 브아이나흐튼 인 디 카톨리슈 키어히으

성직자는 크리스마스 때 아주 바빠요.

Der Priester ist an Weihnachten sehr beschäftigt.
데어 프흐이스터 이슽 안 브아이나흐튼 제어 브슈애프흐티클

여기서 잠깐!

독일에서는 12월 6일을 'Nikolaustag 니콜라우쓰탘' 이라고 하여, 크리스마스가 오기 전 아이들이 초콜릿, 사탕 등의 군것질거리를 선물 받는 날이 있어요. 이 선물을 받기 위해 아이들은 전날 밤 문 앞에 자신의 신발을 놓고 자죠. 선물을 많이 받기 위해 큼지막한 부츠를 꺼내 놓는 아이들도 있어요.

카니발

\# 독일은 카니발을 지역에 따라 파슁 또는 파스트나흐트라고 해요.

In Deutschland nennt man den Karneval je nach Region, Fasching oder Fastnacht.
인 도이츄란트 넨트 만 덴 카네브알 예 나흐 흐에기온, 프하슁, 오더 프하슽나흩

\# 파슁 때는 모두 변장을 하고 길거리에 나오죠.

An Fasching verkleiden sich die Leute und gehen auf die Straße.
안 프하슁 프헤어클라이든 지히 디 로이트 운트 게흔 아우프흐 디 슈트흐아쓰

\# 도시 곳곳을 도는 대형 퍼레이드가 진행돼요.

In der Stadt findet ein großer Karnevalsumzug/Faschingsumzug statt.
인 데어 슈탙 프힌들 아인 그흐오써 카네브알쓰움쭉/프하슁쓰움쭉 슈탙

\# 사람들은 매년 새로운 코스튬을 사 입죠.

Die Leute kaufen sich jedes Jahr ein neues Kostüm.
디 로이트 카우프흔 지히 예드쓰 야 아인 노이으쓰 코스튐

\# 어떤 사람들은 자신의 코스튬을 직접 만들기도 해요.

Manche Leute schneidern/nähen sich ihre Kostüme auch selbst.
만히으 로이트 슈나이던/내흔 지히 이어흐 코흐튐으 아우흐 젤ㅍ슽

\# 파슁은 11월 11일 11시 11분에 시작되어 재의 수요일에 끝나요.

Fasching fängt am 11. November um 11:11 Uhr an und geht am Aschermittwoch zu Ende.
프하슁 프행트 암 엘프흐튼 노브엠버 움 엘프흐 우어 엘프흐 안 운트 겥 암 아슈어밑브오흐 쭈 엔드

꼭! 짚고 가기

독일의 카니발

카니발은 독일의 지역에 따라 '파스트나흐트' 혹은 '파슁'이라고도 불러요. 카니발은 종교적인 배경을 가진 행사예요. 금식하고 욕망을 절제하며 하느님의 부활을 기다리는 사순절(Fastenzeit 프하스트짜읻) 전에 마음껏 즐기는 시기죠. 그래서 원래 중세 시대에는 크리스마스 이후 '동방박사의 날(Dreikönige 드흐아이쾨니그)'부터 '재의 수요일(Aschermittwoch 아슈어밑브오흐)'까지의 기간을 가리켰어요.

오늘날에는 크리스마스 전 4주간 대림절 시기에도 금식을 하기 때문에 11월 11일의 11시 11분부터를 카니발 시즌이라고 해요. 이 카니발 시즌의 절정은 사순절 시작 전 토요일부터 화요일까지예요.

이때는 행렬이 도시를 지나가며 모든 사람들이 코스튬으로 변장하고 길거리로 나와 노래하고 춤추고, '예켄(Jecken 예큰, 카니발을 즐기는 사람들)'들은 광대 모자를 쓰고 사탕과 색색의 색종이를 뿌리며 'Alaaf 알라프흐'와 'Helau 헬라우'를 외쳐요. Alaaf는 '모든 것이 없어지다'라는 뜻의 'alles ab/weg 알르쓰 압/브엨'에서 유래되어 근심과 걱정 등 모든 것이 없어진다는 뜻의 축제의 인사말이 되었어요. Helau는 전해 내려오는 유래 중 하나로 '지옥'이라는 뜻의 'Hölle auf 횔르 아으프흐'인데 사악함을 멀리 쫓는 인사말쯤으로 여겨요. 아이들은 이날 1년간 먹을 수 있는 양의 사탕을 줍죠. 이 날이 바로 카니발의 하이라이트 '장미의 월요일'이에요. 특히 쾰른, 마인츠, 뒤셀도르프의 '장미의 월요일' 행렬이 널리 알려져 있어요. 여러분도 즐겨 보세요!

생일 ①

\# 생일이 언제야?

Wann hast du Geburtstag?
브안 하슷 두 그부얼츠탁?
Wann ist dein Geburtstag?
브안 이슷 다인 그부얼츠탁?

\# 오늘은 사라의 생일이에요.

Heute hat Sarah Geburtstag.
호이트 핱 자흐아 그부얼츠탁
Heute ist Sarahs Geburtstag.
호이트 이슷 자흐아쓰 그부얼츠탁

\# 다음주가 내 생일인 거 알고 있지?

Du weißt, dass ich nächste Woche Geburtstag habe, oder/nicht wahr?
두 브아이쓷, 다쓰 이히 내흐스트 브오흐 그부얼츠탁 하브, 오더/니힡 브아?

\# 하마터면 남자 친구 생일을 잊어버릴 뻔했어요.

Ich habe fast/beinahe den Geburtstag von meinem Freund vergessen.
이히 하브 프하슷/바이나흐 덴 그부얼츠탁 프혼 마이늠 프흐오인트 프헤어게쓴

\# 우리는 생일이 같은 날이에요.

Wir haben am gleichen Tag Geburtstag.
브이어 하븐 암 글라이히은 탁 그부얼츠탁
Wir sind am gleichen Tag geboren.
브이어 진트 암 글라이히은 탁 그보어흔

여기서 잠깐!

독일에서는 생일을 당겨서 미리 축하하면 불행이 닥친다고 여겨요. 생일 파티를 당일에 할 수 없다면 꼭 뒤로 미뤄서 해요. 가족이나 친구, 동료의 생일이 다가온다고 절대로 미리 축하해 주지 마세요.

생일 ②

\# 생일 축하해요!

Herzlichen Glückwunsch zum Geburtstag!
헤어쯜리히은 글륔브운슈 쭘 그부얼츠탁!
Alles Gute zum Geburtstag!
알르쓰 구트 쭘 그부얼츠탁!

\# 오늘 저는 20살이 돼요.

Ich werde heute 20.
이히 브에어드 호이트 쯔브안찌히

\# 그의 생일 파티는 파스칼의 집에서 할 거예요.

Er feiert seinen Geburtstag bei Pascal.
에어 프하이얼 자이는 그부얼츠탁 바이 파스칼

\# 그는 내 생일 선물로 예쁜 신발을 주었어요.

Er hat mir schöne Schuhe geschenkt.
에어 핱 미어 슈외느 슈흐 그슈엥크트

\# 그를 위한 선물을 예쁘게 포장하고 있어요.

Ich wickle/packe das Geschenk für ihn in ein schönes Geschenkpapier.
이히 브이클르/팤크 다쓰 그슈엥크 프휘어 인 인 아인 슈외느쓰 그슈엥크파피어

\# 그의 선물을 숨겨 뒀어요.

Ich habe das Geschenk für ihn versteckt.
이히 하브 다쓰 그슈엥크 프휘어 인 프헤어슈텤크트

\# 우리 둘이 돈을 조금씩 모아서 마크의 선물을 샀어요.

Das Geschenk für Mark ist von uns beiden.
다쓰 그슈엥크 프휘어 마크 이슷 프혼 운쓰 바이든

축하

축하해.

Herzlichen Glückwunsch.
헤어쯜리히은 글뤽브운슈
Gratuliere.
그흐아툴리어흐
Alles Gute.
알르쓰 구트

결혼 축하해요.

Glückwunsch zur Hochzeit.
글뤽브운슈 쭈어 호흐짜잍
Gratulation zur Hochzeit.
그흐아툴라찌온 쭈어 호흐짜잍

정말 잘됐네요.

Ich freue mich für dich.
이히 프흐오이으 미히 프휘어 디히

시험에 합격한 걸 축하해.

Glückwunsch zur bestandenen Prüfung.
글뤽브운슈 쭈어 브슈탄드는 프흐위프훙
Glückwunsch zum Bestehen der Prüfung.
글뤽브운슈 쭘 브슈테흔 데어 프흐위프훙

딸이 태어난 걸 축하해요.

Herzlichen Glückwunsch zur Geburt Ihrer Tochter.
헤어쯜리히은 글뤽브운슈 쭈어 그부엍 이어허 토흐터

성공을 빌어요.

Viel Erfolg.
프힐 에어프홀ㅋ

행운을 빌어요!

Viel Glück! / Toi toi toi!
프힐 글뤽! / 토이 토이 토이!

고맙습니다. 운이 좋았던 것 같아요.

Danke schön. Ich hatte Glück.
당크 슈왼. 이히 핱트 글뤽

꼭! 짚고 가기

독일의 크리스마스 마켓

독일하면 떠오르는 것! 맥주와 소시지 다음으로 독일의 크리스마스 마켓도 매우 유명해요. 크리스마스가 종교적인 행사인 만큼 크리스마스 마켓은 대림절이 시작되는 성탄절 40일 전쯤부터(보통 11월 중순~말쯤) 시작해요. 이 크리스마스 마켓에서는 공연과 먹을 것은 물론이고 성탄에 맞춰 집을 꾸밀 수 있는 다양한 장식품들도 팔아요. 큰 마켓은 근처 가게나 큰 상점에서 나와 진행하는 경우가 많지만, 작은 마켓에서는 주민들이 직접 만들어 벼룩시장처럼 진행하기도 해요.
일반적으로 이 마켓은 큰 광장에서 열리며 광장의 중심에 커다란 크리스마스트리와 아기 구유가 설치되고 무대에서 다양한 공연들이 펼쳐지죠. 그래서 각 도시를 돌며 어떤 트리를 세웠고 구유는 어떻게 꾸몄는지 보는 재미도 쏠쏠해요.
맥주가 유명한 독일에서 축제에 알코올이 빠질 수 없겠죠. 크리스마스 마켓과 이 시기에만 마실 수 있는 와인이 있어요. 글류와인(Glühwein 글뤼브아인)인데요, 'glühen 글뤼흔'은 '열을 내다, 태우다, 데우다'라는 의미로, 와인을 과일과 함께 끓여서 추운 겨울 따뜻하게 마시는 음료예요. 추운 겨울 다같이 모여 이 글류와인을 한 잔 하면 정말 좋겠죠. 도시별로 매년 특별한 컵을 제작해 담아 주기 때문에 그 컵을 모으는 사람들도 많아요.
크리스마스 마켓에서만 맛볼 수 있는 먹거리는 Printen 프흐인튼이라는 과자예요. 크리스마스 시즌에만 나오는 과자로 약간 계피맛이 나죠. 뒤셀도르프(Düsseldorf 뒤쓸도어프흐)가 이 과자로 유명해서 크리스마스 마켓도 유명해졌어요.

Kapitel 04

독일 여행도 문제없어!

Kapitel 04.

Schritt 1　출발 전
Schritt 2　공항에서
Schritt 3　기내에서
Schritt 4　기차에서
Schritt 5　숙박
Schritt 6　관광
Schritt 7　교통

Im Flughafen 공항에서
임 프흘룩하프흔

MP3. Wort_K04_1

der Flughafen 데어 프흘룩하프흔 n. 공항 	**der Abflug** 데어 압프흘룩 n. 이륙 **abfliegen** 압프흘리근 v. 이륙하다 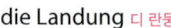	**einsteigen lassen** 아인슈타이근 라쓴, **an Bord führen** 안 보얼 퓌어흔 v. 태우다 **einsteigen** 아인슈타이근 v. 타다 	**einfacher Flug** 아인프허허 프흘룩 n. 편도 여행
	die Landung 디 란둥 n. 착륙 **landen** 란든 v. 착륙하다 	**der Ausstieg** 데어 아우쓰슈틱 n. 하차 **aussteigen** 아우쓰슈타이근 v. 내리다 	**Hin- und Rückflug** 힌 운트 흐윕프흘룩 n. 왕복 여행 
der Schalter 데어 슈알터 n. 카운터 	**der Dutyfreeshop** 데어 듀티프리숖 n. 면세점 	**das Flugticket** 다쓰 프흘룩티켙 n. 탑승권 	**der Reisepass** 데어 흐아이즈파쓰 n. 여권 
die Zollanmeldung 디 쫄안멜둥 n. 세관 신고서	**verzollen** 프헤어쫄른, **deklarieren** 데클라흐이어흔 v. 관세를 물다	**die Ausreiseerklärung** 디 아우쓰흐아이즈에어클래어흐웅 n. 출국 신고서	**erklären** 에어클래어흔 v. 설명하다
das Flugzeug 다쓰 프흘룩쪼익 n. 비행기 	**der Sitz** 데어 짙츠, **der Platz** 데어 플랕츠 n. 좌석 **sitzen** 짙쯘 v. 앉아 있다 	**der Anschnallgurt** 데어 안슈날구얼, **der Gürtel** 데어 귀어틀 n. 안전벨트 **anschnallen** 안슈날른 v. 벨트를 매다	**das Handgepäck** 다쓰 한트그팩, **das Reisegepäck** 다쓰 흐아이즈그팩, **das Gepäck** 다쓰 그팩 n. 수하물, 여행 가방

| der Flugbegleiter
데어 프흘룩브글라이터 /
die Flugbegleiterin
디 프흘룩브글라이터흐인
n. 승무원  | die Ansage 디 안자그,
die Durchsage
디 두어히자그
n. 안내 방송
ansagen 안자근
v. 안내하다, 알리다 | die Rettungsweste
디 호엘퉁스브에스트
n. 구명조끼 | begleiten
브글라이튼
v. 동행하다 |

Im Bahnhof 기차역에서
임 반흐호

MP3. Wort_K04_2

der Hauptbahnhof 데어 하우픝반호프 n. 중앙역 	der Zug 데어 쭉 n. 기차 	der Bahnsteig 데어 반슈타익, das Gleis 다쓰 글라이쓰 n. 승강장 das Gleis 다쓰 글라이쓰 n. 선로, 궤도 
die Station 디 슈타찌온 n. 정거장 	die Endstation 디 엔트슈타찌온 n. 종착역	das Ziel 다쓰 찔 n. 목적지 
der Fahrkartenschalter 데어 프하카튼슈알터 n. (역) 매표소 	die Fahrkarte 디 프하카트 n. 기차표 	der Preis 데어 프흐아이쓰 n. 가격 
die Informationsstelle 디 인프호어마찌온쓰슈텔르 n. 안내소 	die Route 디 호우트, der Weg 데어 브엑 n. 노선, 경로 	umsteigen 움슈타이근 v. 갈아타다 
anhalten 안할튼 v. 멈추다 	der Schlafwagen 데어 슐라프흐브아근 n. 침대칸 der Nachtzug 데어 나흐쭉 n. 야간열차	kontrollieren 콘트흐올리어흔 v. 검사하다 die Kontrolle 디 콘트흐올르 n. 검사 

Im Hotel 호텔에서

임 호텔

das Hotel 다쓰 호텔 n. 호텔 	**das Doppelzimmer** 다쓰 돞플찜머, **das Zweibettzimmer** 다쓰 쯔브아이벨찜머 n. 더블룸 	**das Einzelzimmer** 다쓰 아인쯜찜머, **das Einbettzimmer** 다쓰 아인벨찜머 n. 싱글룸 	**der Aufzug** 데어 아우프흐쭉 n. 엘리베이터 
	der Zimmerservice 데어 찜머써브이쓰 n. 룸서비스 	**der Weckruf** 데어 브엘흐우프흐 n. 모닝콜 	**die Treppe** 디 트흐엪프 n. 계단 
	das Frühstück inklusive 다쓰 프흐위슈틱 인클루지브 adv. 조식을 포함하여 	**der Preis pro Nacht** 데어 프흐아이쓰 프흐오 나흩 n. 1박 가격	**übernachten** 위버나흐튼 v. 묵다 
	die Unterkunft 디 운터쿤플 n. 숙소	**die Jugendherberge** 디 유근ㅌ헤어베어그 n. 유스호스텔	**das Gasthaus** 다쓰 가슽하우쓰 n. 여관, 홈스테이 집
der Empfang 데어 엠프항, **die Rezeption** 디 흐에쩹치온 n. 접수, 프론트 	**einchecken** 아인췍큰, **sich im Hotel anmelden** 지히 임 호텔 안멜든 v. 체크인하다 	**die Heizung** 디 하이쭝 n. 난방 **heizen** 하이쯘 v. 데우다, 난방하다 	**putzen** 풀쯘 v. 청소하다 
	auschecken 아우쓰췍큰, **abreisen** 압흐아이즌, **aus dem Hotel ausziehen** 아우쓰 뎀 호텔 아우쓰찌흔 v. 체크아웃하다 	**die Schlüssel** 디 슐뤼쓸 n. 열쇠 	**zurückgeben** 쭈흐윜게븐 v. 돌려주다, 반납하다

In der Informationsstelle 관광 안내소에서

인 데어 인프호마찌온쓰슈텔르

MP3. Wort_K04_4

die Touristeninformation
디 투흐이스튼인프호마찌온
n. 관광 안내서

der Tourismus
데어 투흐이스무쓰
n. 관광

der Reiseführer
데어 흐아이즈프휘어허,
der Guide
데어 가이드
n. 가이드, 안내원

bleiben 블라이븐,
sich aufhalten
지히 아우프하할튼
v. 머무르다

die Information
디 인프호마찌온
n. 안내

der Stadtplan
데어 슈탈플란
n. 지도

der Aufenthalt
데어 아우프흐엔트할트
n. 거처, 체류, 체류지

die Sehenswürdigkeit
디 제흔쓰브위어디히카잍
n. 관광지

berühmt 브흐윔트,
bekannt 브칸트
adj. 유명한

eindrucksvoll
아인드흐욱쓰프홀
adj. 인상적인

herrlich 헤얼리히,
grandios 그흐안디오쓰
adj. 장엄한

historisch
히스토흐이슈,
geschichtlich
그슈이히틀리히
adj. 역사적인

die Kirche
디 키어히으
n. 성당

das Schloss
다쓰 슐로쓰
n. 궁궐, 성

die Geschichte
디 그슈이히트
n. 역사, 옛날이야기

der Dom 데어 돔
n. 대성당,
   주교좌 성당

die Burg 디 부엌
n. 성

das Denkmal
다쓰 덴크말
n. 기념물, 기념비

das Gebäude
다쓰 그보이드
n. 건물

die Landschaft
디 란트슈아플
n. 경치, 풍경

Schritt 1 출발 전 MP3. K04_S01

항공권 예약

비행기로 가시나요?

Nehmen Sie das Flugzeug?
네믄 지 다쓰 프흘룩쪼읶?
Fliegen Sie?
프흘리근 지?

목적지가 어디입니까?

Wohin fliegen/reisen Sie?
브오힌 프흘리근/흐아이즌 지?
Wohin geht's?
브오힌 겥츠?
Wo machen Sie Urlaub?
브오 마흔 지 우얼라웊?

프랑크푸르트로 가는 비행기 예약하고 싶은데요.

Ich möchte den Flug nach Frankfurt buchen.
이히 뫼히트 덴 프흘룩 나흐 프흐앙크프후엍 부흔

언제 떠날 예정인가요?

Wann reisen Sie ab?
브안 흐아이즌 지 앞?
An welchem Tag planen Sie abzureisen?
안 브엘히음 탁 플라는 지 압쭈흐아이즌?

가능한 한 직항으로 부탁합니다.

Ich möchte eine direkte Verbindung/einen Direktflug bitte.
이히 뫼히트 아이느 디흐엑트 프헤어빈둥/아이는 디흐에클프흘룩 비트

편도 티켓인가요 왕복 티켓인가요?

Einfach oder Hin- und Rückflug?
아인프하흐 오더 힌- 운ㅌ 쭈흐윜프흘룩?

얼마인가요?

Wie viel kostet das?
브이 프힐 코스틑 다쓰?

예약 확인 & 변경

예약을 재확인하고 싶은데요.

Ich möchte die Buchung nochmal überprüfen.
이히 뫼히트 디 부흐웅 노흐말 위버프흐위프흔

성함과 비행편을 말씀해 주시겠어요?

Können Sie mir Ihren Namen und die Flugnummer nennen?
쾬는 지 미어 이어흔 나믄 운ㅌ 디 프흘룩눔머 넨는?

예약 번호를 알려 주시겠습니까?

Können Sie mir Ihre Buchungsnummer nennen?
쾬는 지 미어 이어흐 부흐웅쓰눔머 넨는?

12월 1일 프랑크푸르트행 704편입니다. 제 예약 번호는 123456입니다.

Ich habe den Flug 704 nach Frankfurt am ersten Dezember reserviert. Die Reservierungsnummer ist/lautet 123456.
이히 하브 덴 프흘룩 지븐 눌 프히어 나흐 프흐앙크프후엍 암 에어스튼 데쩸버 흐에저브히엍. 디 흐에저브히어흐웅쓰눔머 이슽/라우튿 아인쓰 쯔브아이 드흐아이 프히어 프휜프흐 제흐쓰

4월 1일 예약을 4월 10일로 바꾸고 싶습니다.

Ich möchte den Flug vom ersten April auf den zehnten April umbuchen.
이히 뫼히트 덴 프흘룩 프홈 에어스튼 아프흐일 아우프흐 덴 첸튼 아프흐일 움부흔

서울에서 프랑크푸르트까지 얼마나 걸리나요?

Wie lange dauert der Flug von Seoul nach Frankfurt?
브이 랑으 다우얼ㅌ 데어 프흘룩 프혼 서울 나흐 프흐앙크프후엍?

여권

\# 새 여권을 신청하려는데요.

Ich möchte einen neuen Reisepass beantragen.
이히 뫼히트 아이는 노이은 흐아이즈파쓰 브안트흐아근

\# 어디에서 여권을 발급받을 수 있나요?

Wo kann ich meinen Pass abholen?
브오 칸 이히 마이는 파쓰 압홀른?

Wo muss ich hin, um meinen Pass zu beantragen?
브오 무쓰 이히 힌, 움 마이는 파쓰 쭈 브안트흐아근?

\# 여권을 만드는 데 얼마나 걸리나요?

Wie lange dauert es, bis ich meinen Pass abholen kann?
브이 랑으 다우얼 에쓰, 비쓰 이히 마이는 파쓰 압홀른 칸?

Wie lange dauert es einen Pass zu bekommen?
브이 랑으 다우얼 에쓰 아이는 파쓰 쭈 브콤믄?

\# 여권을 발급하려면 무엇을 준비해야 하나요?

Was brauche ich (für Unterlagen), um einen Pass zu beantragen?
브아쓰 브흐아우흐 이히 (프휘어 운터라근). 움 아이는 파쓰 쭈 브안트흐아근?

\# 제 여권은 올해 말로 만기가 돼요.

Mein Pass läuft zum Jahresende ab.
마인 파쓰 로이픝 쭘 야흐쓰엔트 압

\# 여권이 곧 만기가 되기 때문에 갱신해야 해요.

Ich muss meinen Pass erneuern/verlängern, weil er bald abläuft.
이히 무쓰 마이는 파쓰 에어노이언/프헤어랭언, 브아일 에어 발ㅌ 압로이픝

비자

\# 독일 비자를 신청하고 싶습니다.

Ich möchte ein Visum für Deutschland beantragen.
이히 뫼히트 아인 브이줌 프휘어 도이츄란ㅌ 브안트흐아근

\# 비자 연장을 신청하고 싶은데요.

Ich möchte mein Visum verlängern.
이히 뫼히트 마인 브이줌 프헤어랭언

\# 비자 발급은 얼마나 걸리죠?

Wie lange braucht man, um ein Visum zu bekommen?
브이 랑으 브흐아우흩 만, 움 아인 브이줌 쭈 브콤믄?

\# 제 비자는 언제 받을 수 있죠?

Wann bekomme ich mein Visum?
브안 브콤므 이히 마인 브이줌?

\# 비자 발급이 허가되었는지 알고 싶어요.

Ich würde gerne wissen, ob mein Visum genehmigt wurde.
이히 브워어드 게어느 브이쓴, 옾 마인 브이줌 그네미킅 브우어드

\# 한국인들은 독일에서 3개월간 무비자로 머무를 수 있습니다.

Koreaner können drei Monate lang ohne Visum in Deutschland bleiben.
코흐에아너 쾬느 드흐아이 모나트 랑 오느 브이줌 인 도이츄란ㅌ 블라이븐

\# 이 비자의 유효 기간은 6개월입니다.

Das Visum ist sechs Monate gültig.
다쓰 브이줌 이슽 제흐쓰 모나트 귈티히

\# 무슨 비자를 가지고 계십니까?

Was für ein Visum haben Sie?
브아쓰 프휘어 아인 브이줌 하븐 지?

Schritt 2 공항에서 MP3. K04_S02

공항 이용

늦어도 출발 한 시간 전에는 탑승 수속을 해 주세요.

Checken Sie bitte mindestens eine Stunde vor Abflug ein.
쳌큰 지 비트 민드쓰튼 아이느 슈툰드 프호어 압프흘룩 아인

탑승 수속을 위해 출발 두 시간 전까지는 공항에 도착해야 해.

Wir müssen zwei Stunden vor Abflug am Flughafen sein, um einzuchecken.
브이어 뮈쓴 쯔브아이 슈툰든 프호어 압프흘룩 암 프흘룩하프흔 자인. 움 아인쭈쳌큰

부치실 짐이 있습니까?

Haben Sie Gepäck aufzugeben?
하븐 지 그팩 아우프흐쭈겐?

국제선 터미널은 어디인가요?

Wo ist der Terminal für die internationalen Flüge?
보 이슽 데어 터미늘 프휘어 디 인터나찌오날른 프흘뤼그?

베를린으로 가는 연결편을 타야 해요.

Ich muss auf den Flug nach Berlin umsteigen.
이히 무쓰 아우프흐 덴 프흘룩 나흐 베얼린 움슈타이근

비행기가 연착해서 연결편을 놓쳤어요.

Ich habe aufgrund der Verspätung meines Flugs den Anschlussflug verpasst.
이히 하브 아우프흐그훈트 데어 프헤어슈패통 마이느쓰 프흘룩쓰 덴 안슐루쓰프흘룩 프헤어파쑽

다음 편에 탑승하시도록 해 드릴게요.

Ich helfe Ihnen, damit Sie noch einen Platz im nächsten Flieger bekommen.
이히 헬프흐 이는, 다밑 지 노흐 아이는 플랕츠 임 내흐스튼 프흘리거 브콤믄

티케팅

'루프트한자' 카운터는 어디인가요?

Wo ist der (Check-In-) Counter von ‚Lufthansa'?
보 이슽 데어 (쳌크인) 카운터 프혼 '루픁한자'?

다음 창구로 가십시오.

Gehen Sie bitte an den/zum nächsten Schalter.
게흔 지 비트 안 덴/쭘 내흐스튼 슈알터

인터넷으로 비행기를 예약했습니다.

Ich habe den Flug im Internet gebucht.
이히 하브 덴 프흘룩 임 인터넽 그부흫

창가 쪽 좌석으로 부탁해요.

Den Sitz an der Fensterseite bitte.
덴 짙츠 안 데어 프헨스터자이트 비트
Einen Fenstersitz bitte.
아이는 프헨스터짙츠 비트

서울행 KAL은 몇 번 게이트죠?

Welches Gate hat der Flug KAL nach Seoul?
브엘히으쓰 게이트 핱 데어 프흘룩 카이엘 나흐 서울?
Was ist die Gate-Nummer für den Flug KAL nach Seoul?
브아쓰 이슽 디 게이트-눔머 프휘어 덴 프흘룩 카이엘 나흐 서울?

여권 보여 주세요.

Ihren Pass bitte.
이어흔 파쓰 비트
Zeigen Sie mir Ihren Pass bitte.
짜이근 지 미어 이어흔 파쓰 비트

탑승권을 확인해 주시기 바랍니다.

Überprüfen Sie bitte Ihr Flugticket.
위버프흐위프흔 지 비트 이어 프흘룩티켙

탑승

\# 탑승은 언제 하나요?

Wann ist das Boarding?
브안 이슽 다쓰 보어딩?

\# 어느 출입구로 가면 되죠?

Zu welchem Gate muss ich?
쭈 브엘히음 게이트 무쓰 이히?

\# 곧 탑승을 시작하겠습니다.

Wir beginnen gleich mit dem Boarding.
브이어 브긴는 글라이히 밑 뎀 보어딩

\# 탑승권을 보여 주시겠습니까?

Ihr Flugticket bitte.
이어 프흘룩티켙 비트

\# 대한항공 702편을 이용하시는 모든 승객 여러분께서는 12번 탑승구에서 탑승 수속을 하시기 바랍니다.

Abflug des Fluges KE 702 nach München. Bitte begeben Sie sich zum Ausgang Nummer 12 und halten Sie Ihre Bordkarte bereit.
압프흘룩 데쓰 프흘루그쓰 카에 지븐 눌 쯔브아이 나흐 뮌히은. 비뜨 브게븐 지 지히 쭘 아우쓰강 눔머 쯔브윌프흐 운트 할튼 지 이어흐 보얻카흐트 브흐아잍

\# 오전 10시에 출발하는 605편기 탑승구가 D29로 변경되었습니다.

Achtung bitte, das Gate des Fluges 605 nach Berlin um 10 Uhr wurde zu Gate D29 geändert.
아흐퉁 비트, 다쓰 게이트 데쓰 프흘루그쓰 제흐쓰 눌 프휜프흐 나흐 베얼린 움 첸 우어 브우어드 쭈 게이트 데 노인운트쯔브안찌히 그앤덭

\# 서울행 KAL 702편이 10분 연착되었습니다.

Der Abflug des Fluges KAL 702 nach Seoul verspätet sich um 10 Minuten.
데어 압프흘룩 데쓰 프흘루그쓰 카아엘 지븐 눌 쯔브아이 나흐 서울 프헤어슈패틑 지히 움 첸 미누튼

세관

\# 세관 신고서를 작성해 주세요.

Füllen Sie bitte die Zollanmeldung aus.
프휠른 지 비트 디 쫄안멜둥 아우쓰

\# 세관 신고서를 보여 주시겠어요?

Ihre Zollanmeldung bitte.
이어흐 쫄안멜둥 비트

Können Sie mir Ihre Zollanmeldung zeigen?
쾬는 지 미어 이어흐 쫄안멜둥 짜이근?

\# 신고하실 물품이 있습니까?

Haben Sie etwas zu verzollen?
하븐 지 엩브아쓰 쭈 프헤어쫄른?

\# 없습니다.

Nichts.
니힡쯔

\# 신고할 것은 없습니다.

Ich habe nichts zu verzollen.
이히 하브 니힡쯔 쭈 프헤어쫄른

\# 가방을 테이블 위에 올려 주세요.

Legen Sie Ihre Tasche bitte auf diesen Tisch.
레근 지 이어흐 타슈 비트 아우프흐 디즌 티슈

\# 이것은 제가 사용하는 거예요. (제 겁니다.)

Das ist meins.
다쓰 이슽 마인쓰

\# 액체류는 반입할 수 없습니다.

Keine Flüssigkeiten.
카이느 프흘뤼씨히카이튼

Flüssigkeiten sind nicht erlaubt.
프흘뤼씨히카이튼 진트 니힡 에어라우픋

면세점 이용

\# 면세점은 어디 있나요?

Wo ist der Dutyfreeshop?
브오 이슽 데어 듀티프리슈?

\# 탑승구 방향으로 가다 보면 면세점이 나올 거예요.

Der Dutyfreeshop befindet sich in Richtung Ausgang.
데어 듀티프리슈 브프힌틀 지히 인 흐이히퉁 아우쓰강

\# 면세점 구경할 시간이 있을까요?

Haben wir Zeit uns im Dutyfreeshop umzusehen?
하븐 브이어 짜일 운쓰 임 듀티프리슈 움쭈제흔?

\# 면세점에서는 더 싸게 살 수 있어요. (면세점의 물건들은 조금 더 싸요.)

Die Sachen im Dutyfreeshop sind etwas günstiger.
디 자흔 임 듀티프리슈 진ㅌ 엩ㅂ아쓰 귄스티거

\# 여행자 수표도 받나요?

Nehmen Sie auch Reiseschecks an?
네믄 지 아우흐 흐아이즈쉨스 안?

\# 네, 신분증을 보여 주시겠어요?

Ja, können Sie mir Ihren Ausweis zeigen?
야, 쾬느 지 미어 이어흔 아우쓰ㅂ아이쓰 짜이근?

\# 면세점에서 가족들에게 줄 선물을 사려고요.

Ich werde ein Geschenk für meine Familie im Dutyfreeshop kaufen.
이히 브에어드 아인 그슈엔ㅋ 프휘어 마이느 프하밀리으 임 듀티프리슈 카우프흔

출국 심사

\# 비(非)유럽 국가 승객께서는 옆줄을 이용해 주세요.

Die Schlange für die nichteuropäischen Reisegäste befindet sich nebenan.
디 슐랑으 프휘어 디 니힡오이흐오패이슌 흐아이즈개스트 브프힌틀 지히 네븐안

\# 여권과 탑승권을 보여 주세요.

Ihren Pass und das Ticket bitte.
이어흔 파쓰 운ㅌ 다쓰 티켙 비ㅌ
Zeigen Sie mir Ihren Pass und das Ticket bitte.
짜이근 지 미어 이어흔 파쓰 운ㅌ 다쓰 티켙 비ㅌ

\# 어디까지 가십니까?

Wohin fliegen Sie?
브오힌 프흘리근 지?
Wohin geht die Reise?
브오힌 겥 디 흐아이즈?

\# 독일 프랑크푸르트에서 환승해 베를린으로 갑니다.

Ich fliege über Frankfurt nach Berlin.
이히 프흘리그 위버 프흐앙크프후얼 나흐 베얼린

\# 언제 돌아오십니까?

Wann kommen Sie wieder/zurück?
브안 콤믄 지 브이더/쭈흐윜?

\# 일행이 있습니까?

Fliegen Sie mit jemandem zusammen?
프흘리근 지 밑 예만듬 쭈잠믄?

\# 상사와 함께 갑니다.

Ich begleite meinen Chef.
이히 브글라이트 마이는 슈에프흐

입국 심사 ①

여권과 입국 신고서를 보여 주시겠어요?

Ihr Pass und das Einreiseformular bitte.
이어 파쓰 운트 다쓰 아인흐아이즈프호어물라 비트

Zeigen Sie mir Ihren Pass und das Einreiseformular.
짜이근 지 미어 이어흔 파쓰 운트 다쓰 아인흐아이즈프호어물라

국적은 어디입니까?

Woher kommen Sie?
브오헤어 콤믄 지?

Was ist Ihre Nationalität?
브아쓰 이슽 이어흐 나찌오날리탵?

방문 목적은 무엇입니까?

Zu welchem Zweck besuchen Sie Deutschland?
쭈 브엘히음 쯔브엨 브주흔 지 도이츄란트?

Was ist der Grund für Ihren Deutschlandbesuch?
브아쓰 이슽 데어 그흐운드 프휘어 이어흔 도이츄란트브주흐?

관광차 왔습니다.

Ich bin als Tourist_in hier.
이히 빈 알쓰 투흐이슽_인 히어

출장차 왔습니다.

Ich bin geschäftlich hier.
이히 빈 그슈애프틀리히 히어

Ich bin wegen der Arbeit hier.
이히 빈 브에근 데어 아바잍 히어

친척들을 만나러 왔어요.

Ich besuche meine Familie.
이히 브주흐 마이느 프하밀리으

입국 심사 ②

돌아갈 항공권을 갖고 있습니까?

Haben Sie ein Rückflugticket?
하븐 지 아인 흐윜프흘룩티켙?

독일 첫 방문입니까?

Ist das Ihr erster Besuch?
이슽 다쓰 이어 에어스터 브주흐?

Sind Sie zum ersten Mal in Deutschland?
진트 지 쭘 데어스튼 말 인 도이츄란트?

어디서 묵을 예정이십니까?

Wo werden Sie unterkommen?
브오 브에어든 지 운터콤믄?

Wo ist Ihre Unterkunft?
브오 이슽 이어흐 운터쿤프흩?

친구의 집에서 묵을 예정입니다.

Bei meinem Freund.
바이 마이늠 프흐오인트

Ich werde bei meinem Freund wohnen/unterkommen.
이히 브에어드 바이 마이늠 프흐오인트 브오는/운터콤믄

이 나라에서 얼마나 오래 머무를 예정입니까?

Wie lange werden Sie hier sein?
브이 랑으 브에어든 지 히어 자인?

Wie lange werden Sie sich hier aufhalten?
브이 랑으 브에어든 지 지히 히어 아우프흐할튼?

일주일간 머무르고 프랑스로 떠날 겁니다.

Für eine Woche, dann reise ich weiter nach Frankreich.
프휘어 아이느 브오흐, 단 흐아이즈 이히 브아이터 나흐 프흐앙크흐아이히

짐을 찾을 때

제 짐을 찾으려면 어디로 가야 하나요?

Wo ist die Gepäckrückgabe?
브오 이슽 디 그팩흐윅가브?

저기 수하물계로 가십시오.

Die Gepäckrückgabe ist da drüben.
디 그팩흐윅가브 이슽 다 드휘븐
Die Gepäckrückgabe befindet sich dort drüben.
디 그팩흐윅가브 브핀듵 지히 도얻 드휘븐

제 짐이 보이지 않아요.

Mein Gepäck fehlt.
마인 그팩 프헬ㅌ
Mein Gepäck ist nicht da.
마인 그팩 이슽 니힡 다
Ich sehe mein Gepäck nicht.
이히 제흐 마인 그팩 니힡

제 짐이 어디 있는지 확인해 주시겠어요?

Können Sie bitte nachschauen, wo mein Gepäck geblieben ist?
쾬는 지 비트 나흐슈아운, 브오 마인 그팩 그블리븐 이슽?

제 짐이 파손됐어요.

Mein Gepäck wurde beschädigt.
마인 그팩 브우어드 브슈애디클

제 짐이 아직 도착하지 않았어요.

Mein Gepäck ist verloren gegangen.
마인 그팩 이슽 프헤어로어흔 그강슨

짐이 도착하는대로 연락드리겠습니다.

Wir melden uns, wenn Ihr Gepäck da ist.
브이어 멜든 운쓰, 브엔 이어 그팩 다 이슽

마중

공항에 누가 저를 마중 나올 예정입니까?

Wird Sie jemand vom Flughafen abholen?
브이엍 지 예맍ㅌ 프홈 프흘룩하프흔 압호른?

공항으로 마중 나와 주시겠어요?

Würden Sie mich abholen?
브위어든 지 미히 압호른?

누가 데리러 오나요?

Wer holt Sie ab?
브에어 홀ㅌ 지 압?

거래처에서 다비드라는 분이 나오기로 했어요.

Der Geschäftspartner David wird kommen.
데어 그슈애픝츠팥너 다빝 브이얻 콤믄

우리를 마중 나와 줘서 고마워요.

Danke, dass Sie uns so herzlich empfangen.
당크, 다쓰 지 운쓰 조 헤어쯜리히 엠프항은

당신을 마중하도록 차를 예약해 놓았어요.

Ich habe ein Auto für Sie organisiert, dass Sie abholen wird.
이히 하브 아인 아우토 프휘어 지 오어가니지얼, 다쓰 지 압홀른 브이얻

내가 공항에 마중 나갈게.

Ich hole dich vom Flughafen ab.
이히 홀르 디히 프홈 프흘룩하프흔 압

비행기 연착 때문에 1시간은 더 그를 기다려야 해요.

Ich muss wegen der Verspätung des Fluges noch eine Stunde warten.
이히 무쓰 브에근 데어 프헤어슈패퉁 데쓰 프흘루그쓰 노흐 아이느 슈툰드 브아튼

공항 기타

그는 프랑크푸르트를 경유해서 갑니다.

Er fliegt via/über Frankfurt.
에어 프흐리클 브이아/위버 프흐앙크프후얼

이 비행기는 프랑크푸르트를 경유해서 스페인으로 갑니다.

Der Flug ist via Frankfurt nach Spanien.
데어 프흘룩 이슽 브이아 프흐앙크프후얼 나흐 슈파니은

Wir fliegen über Frankfurt nach Spanien.
브이어 프흘리근 위버 프흐앙크프후얼 나흐 슈파니은

이 비행기는 베를린으로 직항합니다.

Das ist ein Direktflug nach Berlin.
다쓰 이슽 아인 디흐에클프흘룩 나프 베얼린

내일 아침 제가 탈 수 있는 프랑크푸르트 직항이 있나요?

Gibt es für morgen noch einen Direktflug nach Frankfurt?
깁트 에쓰 프휘어 모어근 노흐 아이는 디흐에클프흘룩 나흐 프흐앙크프후얼?

Gibt es für morgen noch einen Flug direkt nach Frankfurt?
깁트 에쓰 프휘어 모어근 노흐 아이는 프흘룩 디흐에클 나프 프흐앙크프후얼?

죄송합니다, 내일은 직항이 없습니다.

Tut mir leid, aber für morgen gibt es keine direkten Verbindungen.
톹 미어 라읻, 아버 프휘어 모어근 깁트 에쓰 카이느 디흐에크튼 프헤어빈둥은

태풍 때문에 공항에서 꼼짝 못 하고 있었어요.

Wir saßen wegen des Sturms am Flughafen fest.
브이어 자쓴 브에근 데쓰 슈투엄쓰 암 프흘룩하프흔 프헤슽

꼭! 짚고 가기

한국인이 받을 수 있는 독일 비자

대한민국 국민은 일반적으로 솅겐 지역에서 최대 90일까지 무비자로 여행이 가능해요. 여기서 솅겐 지역이란 그리스, 네덜란드, 노르웨이, 덴마크, 독일, 라트비아, 룩셈부르크, 리투아니아, 리히텐슈타인, 몰타, 벨기에, 스웨덴, 스위스, 스페인, 슬로바키아, 슬로베니아, 아이슬란드, 에스토니아, 오스트리아, 이탈리아, 체코, 포르투갈, 폴란드, 프랑스, 핀란드, 헝가리를 말해요. 즉 90일을 초과하여 독일에 체류하기 위해서는 비자가 필요한데요. 우리가 일반적으로 신청할 수 있는 비자의 종류는 유학생 비자, 어학연수 비자, 연구원 및 학자를 위한 비자, 취업 비자, 가족 동반 비자 등이 있어요. 상황이 다양할 수 있기 때문에 자신에게 맞는 비자가 무엇인지 정확히 확인하고 신청해야 해요.

비자 발급은 주한독일대사관을 통해 신청하여 심사를 통해 발급받거나, 독일에서 관할 지역 외국인청에 가서 90일 안에 직접 발급받는 방법이 있어요.

비자 신청 후 발급되기까지는 2~3주 정도 소요되는데, 독일의 공무원들은 다소 느긋하게 일을 진행하는 경향이 있어서 약 한 달까지도 걸릴 수 있으니 넉넉한 시간을 가지고 신청하는 것이 좋고, 거부당하면 더 오랜 시간이 걸리니 처음부터 철저히 알아보고 필요한 서류를 확인하여 진행하는 것이 중요해요. 특히 비자 연장이나 배우자 동반 체류 시 간단한 독일어 능력을 증명해야 하는 경우도 있으니 꼭 미리 알아보고 준비하세요.

* 출처 : 주한독일대사관

Schritt 3 기내에서   MP3. K04_S03

기내 좌석 찾기 & 이륙 준비

기내에서

\# 좌석을 안내해 드릴까요?

Darf ich Ihnen helfen Ihren Sitz zu finden?
닶흐 이히 이는 헬프흔 이어흔 짙츠 쭈 프힌든?

\# 네, 감사합니다. A열 23번 좌석이 어디 있죠?

Ja, Danke schön. Wo ist der Sitz 23A?
야, 당크 슈왼. 브오 이슽 데어 짙츠 드흐아이운ㅌ쯔반찌히 아?

\# 이쪽입니다. 직진하셔서 오른편 창가입니다.

Hier entlang. Gehen Sie geradeaus und auf der rechten Seite am Fenster ist der Sitz.
히어 엔트랑. 게흔 지 그흐아드아우쓰 운ㅌ 아우프흐 데어 흐에히튼 자이트 암 프헨스터 이슽 데어 짙츠.

\# 혹시 다른 좌석으로 바꿀 수 있을까요?

Gibt es die Möglichkeit den Sitz zu tauschen?
깁ㅌ 에쓰 디 뫼클리히카일 덴 짙츠 쭈 타우슌?

\# 제 짐을 좌석 위 짐칸에 올리도록 도와주시겠어요?

Könnten Sie mir mit dem Gepäck helfen?
퀸튼 지 미어 밑 뎀 그팩 헬프흔?

\# 제 가방을 의자 밑에 두어도 되나요?

Darf ich die Tasche unter den Sitz stellen?
닶흐 이히 디 타슈 운터 덴 짙츠 슈텔른?

\# 잠시 후에 이륙합니다.

Wir fliegen in wenigen Minuten ab.
브이어 프흘리근 인 브에니근 미누튼 압.

\# 안전벨트를 착용해 주십시오.

Bitte anschnallen.
비ㅌ 안슈날른.

\# 잡지나 읽을 것을 좀 주시겠어요?

Haben Sie ein Magazin oder etwas anderes zum Lesen für mich?
하븐 지 아인 마가찐 오더 엩브아쓰 안더흐쓰 쭘 레즌 프휘어 미히?

\# 담요와 베개 좀 부탁해요.

Ich hätte gern eine Decke und ein Kissen bitte.
이히 핼ㅌ 게언 아이느 데크 운ㅌ 아인 키쓴 비ㅌ

\# 실례합니다, 저와 자리를 바꿔 주실 수 있을까요?

Entschuldigen Sie, würden Sie vielleicht den Sitz mit mir tauschen?
엔ㅌ슐디근 지, 브위어든 지 프휠라이힡 덴 짙츠 밑 미어 타우슌?

\# 비행시간은 얼마나 걸립니까?

Wie lange fliegen wir?
브이 랑으 프흘리근 브이어?

\# 서울과 프랑크푸르트 간 시차는 얼마죠?

Wieviel Stunden liegen zwischen Seoul und Frankfurt?
브이프힐 슈툰든 리근 쯔브이슌 서울 운ㅌ 프흐앙크프후엍?

\# 운항 중에는 전자기기 사용을 금합니다.

Im Flug ist die Benutzung von Elektrogeräten verboten.
임 프흘룩 이슽 디 브눝쭝 프혼 에렐ㅌ흐오그흐애튼 프헤어보튼

\# 비행기가 완전히 멈출 때까지 좌석에서 기다려 주세요.

Bitte bleiben Sie noch angeschnallt sitzen, bis wir die endgültige Parkposition erreicht haben.
비ㅌ 블라이븐 지 노흐 안그슈날ㅌ 짙쯘, 비쓰 브이어 디 엔ㅌ귈틱그 팔포지찌온 에어흐아이힡 하븐

기내식

무엇으로 하시겠습니까? (메뉴 선택)

Was darf ich Ihnen bringen?
브아쓰 닾흐 이히 이는 브흐잉은?
Was darf es für Sie/bei Ihnen sein?
브아쓰 닾흐 에쓰 프휘어 지/바이 이는 자인?
Wissen Sie was Sie bestellen möchten?
브이쓴 지 브아쓰 지 브슈텔른 뫼히튼?

쇠고기로 할게요.

Rindfleisch bitte.
흐인ㅌ프흘라이슈 비트
Ich nehme das Rindfleisch.
이히 네므 다쓰 흐인ㅌ프흘라이슈

어떤 종류의 와인이 있나요?

Was für Weine haben Sie (da)?
브아쓰 프휘어 브아이느 하븐 지 (다)?

커피는 됐습니다.

Nein danke, für mich nicht.
나인 당크, 프휘어 미히 니힡
Nein danke, für mich keinen Kaffee.
나인 당크, 프휘어 미히 카이는 카프헤

물 한 컵 주시겠어요?

Ein Glas Wasser bitte.
아인 글라쓰 브아써 비트
Könnte ich ein Glas Wasser bekommen?
쾬트 이히 아인 글라쓰 브아써 브콤믄?

테이블을 치워 드릴까요?

Hat es Ihnen geschmeckt?
핱 에쓰 이는 그슈메클?
Sind Sie fertig?
진ㅌ 지 프헤어티히?

꼭! 짚고 가기

독일 여행 시 이것만은 챙기자!

요즘은 많은 사람들이 유럽을 여행하고, 정보도 그만큼 넘쳐나요. 그중에서도 교통이나 숙소 관련 정보, 여행 경비를 절약할 수 있는 방법은 꼭 미리 알아둘 필요가 있어요. 독일을 더불어 유럽 여행을 계획하고 있다면 아래 두 가지 준비물을 챙기세요. 보다 저렴하면서 즐거운 여행을 할 수 있을 거예요.

① 유스호스텔 회원증
독일은 유스호스텔의 나라라고 불릴 만큼 싸고 편안한 숙박 시설이 많아요. Jugendherberge 유근ㅌ헤어베어그라고 불리는데 할증료를 지불하면 이용 가능한 곳도 있지만 원칙적으로는 회원증이 있어야 해요. 그렇기 때문에 600여 곳이 넘는 유스호스텔을 활용하여 저렴하게 여행을 하고 싶다면 미리 알아보고 회원증을 만들어 놓는 것이 좋아요.

② 국제학생증
국제학생증은 독일뿐 아니라 모든 유럽 국가에서 유용하게 쓰일 수 있어요. 학생증만 있다면 많은 관광명소들을 할인받거나 공짜로 입장할 수 있고, 교통카드를 구입할 때도 할인받을 수 있죠. 그러니 학생이라면 국제학생증은 꼭 챙겨 가세요.

Schritt 4 기차에서   MP3. K04_S04

기차표 구입

쾰른행 기차표를 한 장 구매하고 싶습니다.
Ein Ticket nach Köln bitte.
아인 티켙 나흐 쾰른 비트
Ich möchte gern ein Ticket nach Köln kaufen.
이히 뫼히트 게언 아인 티켙 나흐 쾰른 카우프흔

베를린행 가장 빠른 시간의 열차가 몇 시에 있나요?
Um wie viel Uhr fährt der schnellste Zug nach Berlin?
움 브이 프힐 우어 프해얼 데어 슈넬스트 쭉 나흐 베얼린?

담슈타트행 열차표 어른 2장, 아이 1장 주세요.
Zwei Erwachsene und ein Kind nach Darmstadt bitte.
쯔브아이 에어브아흐스느 운트 아인 킨트 나흐 담슈탙 비트

뮌헨으로 가는 가장 싼 티켓은 얼마인가요?
Wie viel kostet das günstigste Ticket nach München?
브이 프힐 코스틑 다쓰 귄스티히스트 티켙 나흐 뮌히은?

편도 요금 60유로이고, 왕복 요금은 90유로입니다.
Eine einfache Fahrt kostet 60 Euro, Hin- und Rückfahrt 90 Euro.
아이느 아인프하흐 프할 코스틑 제히찌히 오이흐오, 힌- 운트 흐윜프할 노인찌히 오이흐오

그럼 왕복표로 주세요.
Dann nehme ich Hin- und Rückfahrt.
단 네므 이히 힌- 운트 흐윜프할

기차 타기

베를린행 기차는 어디에서 타나요?
Wo fährt der Zug nach Berlin ab?
브오 프해얼 데어 쭉 나흐 베얼린 압?

3번 플랫폼으로 가세요.
Auf Gleis drei.
아우프흐 글라이쓰 드흐아이
Der Zug fährt auf Gleis drei ab.
데어 쭉 프해얼 아우프흐 글라이쓰 드흐아이 압

기차 안에 짐을 따로 보관할 수 있는 곳이 있나요?
Wo im Zug kann man das Gepäck verstauen?
브오 임 쭉 칸 만 다쓰 그팩 프헤어슈타우은?

이 기차가 쾰른으로 가는 게 맞나요?
Fährt der Zug nach Köln?
프해얼 데어 쭉 나흐 쾰른?

기차는 몇 시에 떠나나요?
Wann fährt der Zug ab?
브안 프해얼 데어 쭉 압?

기차 안에 화장실이 있나요?
Gibt es in dem Zug Toiletten?
깊트 에쓰 인 뎀 쭉 토일렡튼?

기차에 자전거를 가지고 탈 수 있나요?
Darf man sein Fahrrad im Zug mitnehmen?
닪흐 만 자인 프하흐앝 임 쭉 밑네믄?

네, 자전거를 가지고 탈 수 있어요. 하지만 별도의 티켓을 구입하셔야 합니다.
Ja, die Fahrrad-Mitnahme ist gestattet. Sie müssten jedoch ein extra Ticket dafür kaufen.
야, 디 프하흐앝-밑나므 이슽 그슈타틑. 지 뮈쓰튼 예도흐 아인 엑쓰트흐아 티켙 다프휘어 카우프흔

객차에서

제 티켓 좀 봐 주시겠어요? 자리를 못 찾아서요.

Könnten Sie mal auf mein Ticket schauen? Ich finde meinen Sitz nicht.
쾬튼 지 말 아우프흐 마인 티켙 슈아운? 이히 프힌드 마이는 짙츠 니힡

23번 좌석이 여기 맞나요?

Ist hier der Sitz 23?
이슫 히어 데어 짙츠 드흐아이운트쯔브안찌히?

실례지만, 제 자리에 앉아 계신 것 같습니다.

Entschuldigung, aber ich befürchte Sie sitzen auf meinem Platz.
엔트슐디궁, 아버 이히 브프휘어히트 지 짙쯘 아우프흐 마이늠 플랕츠

옆 좌석이 비어 있는 좌석인가요?

Ist neben Ihnen noch frei?
이슫 네븐 이느 노흐 프흐아이?

죄송하지만, 이 좌석은 이미 차 있습니다.

Tut mir leid, der Platz ist schon besetzt.
툩 미어 라읻, 데어 플랕츠 이슫 슈온 브젵쯭

다음 정차역이 어디죠?

Wo is die nächste Station?
브오 이슫 디 내흐스트 슈타찌온?

잠시 검사가 있겠습니다. 기차표와 여권을 보여 주세요.

Fahrkartenkontrolle. Ihre Fahrscheine und Ihren Pass bitte.
프하카튼콘트흐올르.
이어흐 프하슈아이느 운트 이어흔 파쓰 비트

목적지에 내리기

이제 곧 마인츠역에 도착합니다.

Wir sind gleich in Mainz.
브이어 진트 글라이히 인 마인쯔

다음 역이 슈투트가르트 맞나요?

Ist der nächste Halt Stuttgart?
이슫 데어 내흐스트 할트 슈퉅가흗?

우리 기차는 마인츠역에 10분 후 도착합니다.

In zehn Minuten hält unser Zug in Mainz.
인 첸 미누튼 핼트 운저 쭉 인 마인쯔

다음 역은 이 열차의 종착역입니다.

Der nächste Halt ist Endstation.
데어 내흐스트 할트 이슫 엔트슈타찌온

다음으로 정차할 라이프치히역이 이 열차의 종착역입니다.

Nächster Halt Leipzig Hauptbahnhof, Endstation.
내흐스터 할트 라잎찌히 하우픝반흐호, 엔트슈타찌온

승객 여러분들은 두고 내리시는 물건이 없는지 확인하시기 바랍니다.

Bitte vergewissern Sie sich, dass Sie keine Gepäckstücke zurücklassen/vergessen.
비트 프헤어그브이썬 지 지히, 다쓰 지 카이느 그팩슈튁크 쭈흐윌라쓴/프헤어게쓴

이 역은 열차와 승강장 사이의 거리가 넓습니다. 내리실 때 주의하시기 바랍니다. (승강장 모서리에서 조심하세요.)

Vorsicht an der Bahnsteigkante.
프호어지힡 안 데어 반슈타익칸트

Schritt 5 숙박

숙박 시설 예약 ①

호텔은 예약했어?
Hast du schon ein Hotel gebucht?
하슽 두 슈온 아인 호텔 그부흩?
Hast du schon ein Zimmer gebucht?
하슽 두 슈온 아인 찜머 그부흩?

아직 마음에 드는 호텔을 찾지 못했어요.
Ich habe noch kein Hotel gefunden, das mir gefällt.
이히 하브 노흐 카인 호텔 그프훈든, 다쓰 미어 그프핼ㅌ

그 호텔은 가격에 비해 시설이 좋지 못해요.
Bei diesem Hotel stimmt das Preis-Leistungs-Verhältnis nicht.
바이 디즘 호텔 슈팀ㅌ 다쓰 프흐아이쓰-라이스퉁쓰-프헤어핼ㅌ니쓰 니힡

베를린 중심에 있는 호텔을 찾고 있어요.
Ich suche ein Hotel im Zentrum von Berlin.
이히 주흐 아인 호텔 임 짼트훔 프혼 베얼린

이곳으로 예약하고 싶습니다.
Dieses Zimmer würde ich gerne buchen.
디즈쓰 찜머 브뷔어ㄷ 이히 게어느 부흔

며칠 묵으실 겁니까?
Wie lange bleiben Sie bei uns?
브이 랑으 블라이븐 지 바이 운쓰?

다음 주에 2박입니다.
Ich werde nächste Woche für zwei Nächte hier sein.
이히 브에어드 내흐스ㅌ 브오흐 프휘어 쯔브아이 내힡ㅌ 히어 자인

독일은 유스호스텔이 잘 되어 있어.
Die Jugendherbergen in Deutschland sind (ganz/recht) gut.
디 유근ㅌ헤어베어근 인 도이츄란ㅌ 진ㅌ (간쯔/흐에힡) 굴

숙박 시설 예약 ②

어떤 방을 원하십니까?
Welches Zimmer möchten Sie?
브엘히으쓰 찜머 뫼히튼 지?

욕실이 있는 싱글룸으로 부탁합니다.
Ich möchte ein Einzelzimmer mit Bad.
이히 뫼히ㅌ 아인 아인쯜찜머 밑 밭

바다가 보이는 방으로 부탁합니다.
Ich möchte ein Zimmer mit Blick auf das Meer.
이히 뫼히ㅌ 아인 찜머 밑 블릭 아우프흐 다쓰 메어

숙박비는 얼마인가요?
Wie viel kostet das Zimmer?
브이 프힐 코스틑 다쓰 찜머?

총계 100유로입니다.
Das sind insgesamt 100 Euro.
다쓰 진ㅌ 인쓰그잠ㅌ 훈덭 오이흐오

조식이 포함되어 있나요?
Ist das Frühstück inklusive?
이슽 다쓰 프흐위슈튁 인클루지브?

조금 더 저렴한 방이 있나요?
Gibt es vielleicht ein billigeres/günstigeres Zimmer?
깊ㅌ 에쓰 프힐라이힡 아인 빌리거흐쓰/귄스티거흐쓰 찜머?

오늘 밤 묵을 방이 있습니까?
Haben Sie für heute noch ein Zimmer frei?
하븐 지 프휘어 호이트 노흐 아인 찜머 프흐아이?

죄송합니다, 오늘은 만실입니다.
Entschuldigung, wir sind für heute leider ausgebucht.
엔ㅌ슐디궁, 브이어 진ㅌ 프휘어 호이트 라이더 아우쓰그부흩

체크인

\# 지금 체크인할 수 있나요?

Kann ich sofort/jetzt gleich einchecken?
칸 이히 조프호얼/옐츨 글라이히 아인췍큰?

\# 체크인은 몇 시부터죠?

Ab wie viel Uhr kann man einchecken?
압 브이 프힐 우어 칸 만 아인췍큰?

\# 예약은 하셨습니까?

Haben Sie eine Reservierung?
하븐 지 아이느 흐에저브히어훙?
Haben Sie reserviert?
하븐 지 흐에저브히얼?

\# 예약하신 분 성함이 어떻게 되나요?

Auf wessen Namen haben Sie gebucht?
아우프흐 브에쓴 나믄 하븐 지 그부흩?

\# 싱글룸을 예약한 사라입니다.

Ich habe ein Einzelzimmer auf den Namen Sahra gebucht.
이히 하브 아인 아인쯜찜머 아우프흐 덴 나믄 자흐아 그부흩

\# 손님 방은 307호입니다. 여기 방 열쇠입니다.

Ihre Zimmernummer ist 307. Hier ist Ihr/der Schlüssel.
이어흐 찜머눔머 이슽 드흐아이 눌 지븐. 히어 이슽 이어/데어 슐뤼쓸

\# 방을 바꾸고 싶습니다.

Ich möchte das Zimmer wechseln.
이히 뫼히트 다쓰 찜머 브에흐쓸ㄴ

\# 짐을 방까지 가져다드리겠습니다.

Wir bringen Ihnen Ihr Gepäck auf Ihr Zimmer.
브이어 브흐잉은 이흐는 이어 그팩 아우프흐 이어 찜머

체크아웃

\# 체크아웃 부탁합니다.

Auschecken bitte.
아우쓰췍큰 비트

\# 몇 시까지 체크아웃해야 합니까?

Bis wie viel Uhr muss ich auschecken?
비쓰 브이 프힐 우어 무쓰 이히 아우쓰췍큰?

\# 10시에 체크아웃하려고 합니다.

Ich werde um 10 Uhr auschecken.
이히 브에어드 움 첸 우어 아우쓰췍큰

\# 이 항목은 무슨 요금입니까?

Wofür sind diese Kosten berechnet worden?
브오프휘어 진트 디즈 코스튼 브흐에히늩 브오어든?

\# 저는 룸서비스를 시키지 않았는데요.

Ich habe keinen Zimmerservice bestellt.
이히 하브 카이느 찜머써브이쓰 브슈텔ㅌ

\# (계산서에) 이 부분이 잘못된 것 같은데요.

Ich glaube Ihnen ist hier ein Fehler unterlaufen.
이히 글라우브 이느 이슽 히어 아인 프헬러 운터라우프흔

\# 예정보다 하루 일찍 체크아웃 가능한가요?

Ich möchte einen Tag früher auschecken, ginge das?/ist das möglich?
이히 뫼히트 아이는 탘 프흐위허 아우쓰췍큰, 깅으 다쓰?/이슽 다쓰 뫼클리히?

\# 하룻밤 더 묵을 수 있나요?

Ich würde gerne noch eine Nacht bleiben, ginge das?
이히 브위어드 게어느 노흐 아이느 나흩 블라이븐. 깅으 다쓰?

Kapitel 04 독일 여행도 문제없어!   213

부대 서비스 이용

\# 세탁을 부탁할 수 있습니까?
Darf ich Ihnen meine Wäsche (mit) geben?
닯흐 이히 이는 마이느 브애슈 (밑)게븐?
Könnten Sie bitte meine Wäsche mitmachen?
쾬튼 지 비트 마이느 브애슈 밑마흔?

\# 언제쯤 되나요?
Wie lange dauert das?
브이 랑으 다우얼 다쓰?

\# 귀중품을 보관할 수 있습니까?
Haben Sie Schließfächer für Wertgegenstände?
하븐 지 슐리쓰프해히어 프휘어 브에얼게근슈탠드?

\# 6시에 모닝콜을 해 주세요.
Wecken Sie mich bitte um sechs Uhr.
브엑큰 지 미히 비트 움 제흐쓰 우어.

\# 제게 메시지 온 것이 있습니까?
Hat jemand eine Nachricht für mich hinterlassen?
핱 예만트 아이느 나흐이힡 프휘어 미히 힌터라쓴?

\# 방 열쇠를 보관해 주시겠어요?
Könnten Sie meinen Zimmerschlüssel aufbewahren?
쾬튼 지 마이느 찜머슐뤼쓸 아우프흐브브아흔?

\# 이 짐을 비행기 시간까지 맡아 주시겠어요?
Könnte ich mein Gepäck bis zu meinem Abflug bei Ihnen aufbewahren?
쾬트 이히 마인 그팩 비쓰 쭈 마이늠 압프흘룩 바이 이느 아우프흐브브아흔?

숙박 시설 트러블

\# 열쇠를 방에 두고 왔습니다.
Ich habe meinen Schlüssel im Zimmer vergessen/gelassen.
이히 하브 마이는 슐뤼쓸 임 찜머 프헤어게쓴/그라쓴

\# 제가 방에 들어갈 수 있게 도와주실 수 있나요?
Könnten Sie mir helfen in mein Zimmer rein zu kommen?
쾬튼 지 미어 헬프흔 인 마인 찜머 흐아인 쭈 콤믄?

\# 뜨거운 물이 나오지 않아요.
Es gibt kein heißes Wasser.
에쓰 깁트 카인 하이쓰쓰 브아써

\# 방이 너무 춥습니다. 방 온도를 높여 주실 수 있나요?
Das Zimmer ist zu kalt. Könnten Sie bitte die Heizung aufdrehen?
다쓰 찜머 이슽 쭈 칼ㅌ. 쾬튼 지 비트 디 하이쭝 아우프흐드흐에흔?

\# 변기가 막혔어요.
Die Toilette ist verstopft.
디 토일렡트 이슽 프헤어슈톺흘

\# 방이 청소되어 있지 않아요.
Das Zimmer wurde nicht aufgeräumt.
다쓰 찜머 브우어드 니힡 아우프흐그흐오임ㅌ

\# 옆방이 너무 시끄러워요.
Die Gäste im Nebenzimmer sind zu laut.
디 개스트 임 네븐찜머 진트 쭈 라웉

\# 추가로 침대를 놔 줄 수 있나요?
Könnten Sie ein zusätzliches Bett unterbringen?
쾬튼 지 아인 쭈잩쫄리히으쓰 뱉 운터브흐잉은?

Schritt 6 관광

관광 안내소

\# 관광 안내소는 어디에 있나요?

Entschuldigung, wo ist die Touristen Info?
엔트슐디궁, 브오 이슽 디 투흐이스튼 인프호?

\# 관광 안내 지도 한 장 받을 수 있을까요?

Könnte ich einen Stadtplan haben/bekommen?
쾬트 이히 아이는 슈탙플란 하븐/브콤믄?

\# 이 도시의 관광 안내서를 주시겠어요?

Haben Sie Broschüren über Sehenswürdigkeiten in dieser Stadt?
하븐 지 브흐오슈위흔 위버 제흔쓰브위어디히카이튼 인 디저 슈탙?

\# 부근에 가 볼 만한 명소를 추천해 주시겠어요?

Können Sie mir Sehenswürdigkeiten hier in der Nähe empfehlen?
쾬는 지 미어 제흔쓰브위어디히카이튼 히어 인 데어 내흐 엠프헬른?

\# 값싸고 괜찮은 호텔 하나 추천해 주시겠어요?

Können Sie mir ein günstiges aber gutes Hotel empfehlen?
쾬는 지 미어 아인 귄스티그쓰 아버 구트쓰 호텔 엠프헬른?

\# 약도를 좀 그려 주시겠어요?

Könnten Sie mir den Weg bitte aufzeichnen?
쾬튼 지 미어 덴 브엨 비트 아우프흐짜이히는?

\# 이곳에서 열리는 지역 축제에 대해 알고 싶어요.

Ich hätte gerne Informationen über eventuelle Feste/Feierlichkeiten hier.
이히 핻트 게어느 인프호어마찌오는 위버 에브엔투엘르 프헤스트/프하이얼리히카이튼 히어

투어

\# 투어 프로그램에는 어떤 것이 있나요?

Was bieten Sie hier für Touren an?
브아쓰 비튼 지 히어 프휘어 투어흔 안?

\# 몇 시에 어디에서 출발합니까?

Wann und wo beginnt die Tour?
브안 운트 브오 브긴트 디 투어?

\# 몇 시간이나 걸리나요?

Wie lange dauert die Rundfahrt?
브이 랑으 다우얻 디 흐운트프핱?

\# 몇 시에 돌아올 수 있나요?

Um wie viel Uhr kommen wir zurück?
움 브이 프힐 우어 콤므 브이어 쭈흐윜?

\# 요금은 1인당 얼마인가요?

Wie viel kostet die Rundfahrt pro Person?
브이 프힐 코스틑 디 흐운트프핱 프흐오 페어존?

\# 가이드가 있나요?

Kommt ein Reiseführer/Guide mit?
콤트 아인 흐아이즈프휘어허/가이드 밑?

\# 자유 시간이 있나요?

Gibt es auch Pausen?
깁트 에쓰 아우흐 파우즌?

\# 내일 아침 10시까지 역 앞으로 모이시기 바랍니다.

Wir treffen uns morgen um zehn Uhr vor dem Bahnhof.
브이어 트흐에프흔 운쓰 모어근 움 첸 우어 프호어 뎀 반횦흐

입장권을 살 때

티켓은 어디서 살 수 있나요?
Wo kann ich Tickets kaufen?
브오 칸 이히 티켙츠 카우프흔?

입장료는 얼마인가요?
Wie viel kostet die Eintrittskarte?
브이 프힐 코스틑 디 아인트힡츠카트?

1시 공연의 좌석이 있나요?
Gibt es noch ein Ticket/Gibt es noch Tickets für die Aufführung um 13 Uhr?
깊트 에쓰 노흐 아인 티켙/깊트 에쓰 노흐 티켙츠 프휘어 디 아우프흐프휘어흐웅 움 드흐아이첸 우어?

학생 할인이 되나요?
Gibt es einen Studentenpreis/Studentenrabatt?
깊트 에쓰 아이느 슈투덴튼프흐아이쓰/슈투덴튼흐아밭?

네, 학생증을 가지고 있나요?
Ja, haben Sie Ihren Studentenausweis dabei?
야, 하븐 지 이어흔 슈투덴튼아우쓰브아이쓰 다바이?

단체 할인 요금을 적용받으려면 몇 명이 필요한가요?
Ab wie viel Personen gilt der Gruppenrabatt?
압 브이 프힐 페어조는 길트 데어 그흐웊픈흐아밭?

20명 이상의 단체는 20% 할인을 받을 수 있습니다.
Wenn Sie mehr als zwanzig Personen sind, bekommen Sie zwanzig Prozent Rabatt.
브엔 지 메어 알쓰 쯔브안찌히 페어조는 진트, 브콤믄 지 쯔브안찌히 프흐오쩬트 흐아밭.

언제부터 입장합니까?
Ab wann ist Einlass?
압 브안 이슽 아인라쓰?

축구 관람 시

축구 관람 티켓은 어디서 살 수 있나요?
Wo kann ich die Eintrittskarte/das Ticket für das Fußballspiel kaufen?
브오 칸 이히 디 아인트힡츠카트/다쓰 티켙 프휘어 다쓰 프후쓰발슈필 카우프흔?

오늘 축구 경기가 있나요?
Gibt es heute ein Fußballspiel?
깊트 에쓰 호이트 아인 프후쓰발슈필?

어떤 팀들이 경기를 하나요?
Wer spielt?
브에어 슈필트?
Wer spielt gegen wen?
브에어 슈필트 게근 브엔?

오늘 경기 입장이 가능한가요?
Kann man für das heutige Spiel noch Tickets kaufen?
칸 만 프휘어 다쓰 호이티그 슈필 노흐 티켙츠 카우프흔?
Gibt es für das heutige Spiel noch Tickets?
깊트 에쓰 프휘어 다쓰 호이티그 슈필 노흐 티켙츠?

2장 연석 티켓을 사고 싶습니다.
Ich hätte gern zwei Plätze nebeneinander.
이히 햍트 게언 쯔브아이 플랱쯔 네븐아인안더

어느 팀을 응원하세요?
Für welche Mannschaft sind Sie?
프휘어 브엘히으 만슈아플 진트 지?

오늘 누가 이길 것 같아?
Was glauben Sie, welche Mannschaft/wer gewinnt?
브아쓰 글라우븐 지, 브엘히으 만슈아플/브에어 그브인트?

관람

\# 정말 아름다운 곳이네요!

Es ist wirklich wunderschön hier!
에쓰 이슽 브이어클리히 브운더슈왼 히어!

\# 몇 시까지 열려 있나요?

Bis wann haben Sie auf?
비쓰 브안 하븐 지 아우프흐?

\# 몇 시에 닫나요?

Wann machen Sie zu?
브안 마흔 지 쭈?

\# 이 시설은 7세 미만의 어린이만 이용 가능합니다.

Das ist nur für Kinder unter sieben Jahren.
다쓰 이슽 누어 프휘어 킨더 운터 지븐 야흔

\# 기념품 가게는 어디 있나요?

Wo ist der Geschenkartikelladen/ Souvenirladen?
브오 이슽 데어 그슈엔크아티클라든/주브니어라든?

\# 출구는 어디인가요?

Wo ist der Ausgang?
브오 이슽 데어 아우쓰강?

\# 사진 찍어도 되나요?

Darf man hier fotografieren?
닲흐 만 히어 프호토그하프히어흔?

\# 왼쪽에 보이는 성이 디즈니 성의 모티브가 된 노이슈반스타인입니다.

Das Schloss auf der linken Seite ist Schloss Neuschwanstein, das Vorbild für das Motiv von Disney.
다쓰 슐로쓰 아우프흐 데어 링큰 자이트 이슽 슐로쓰 노이슈브안슈타인, 다쓰 프호어빝ㅌ 프휘어 다쓰 모티프흐 포흔 디즈니

꼭! 짚고 가기

축구 경기 관람 시 유용한 표현들

축구의 나라 독일! 축구를 사랑한다면 독일에서 한 경기쯤 직접 보고 싶을 거예요. 그런 분들을 위해 유용한 표현들을 준비했어요.

① 축구 관련 기본 단어
- schießen 슈이쓴 차다
- das Tor 다쓰 토어 골대
- ein Tor schießen 아인 토어 슈이쓴
  골을 넣다
- der Fußball 데어 프후쓰발 축구, 축구공
- die Mannschaft 디 만슈아픝 축구팀
- das Foul 다쓰 프하울 파울
- das Eigentor 다쓰 아이근토어 자살골
- die Weltmeisterschaft
  디 브엘ㅌ마이스터슈아픝 월드컵

② 응용 단어
- die Ampelkarte 디 암플카트
  두 번째 옐로카드에 이은 레드카드
- das Traumtor 다쓰 트흐아움토어
  완벽한 골
- der Elfmeter 데어 엘프흐메터 패널티킥

③ 공을 골대로 찼을 때
- Ran an die Pille! 흐안 안 디 필르!
  공을 잡아!
- Tor! Tor! 토어! 토어! 골! 골!
- Auf geht's, Deutschland, schießt ein Tor!
  아우프흐 겥츠, 도이츄란ㅌ, 슈이쓭 아인 토어!
  가자, 독일! 한 골 넣자!
- Der Schiedsrichter braucht einen Blindenstock! 데어 슈잍츠흐이히터 브흐아우흗 아이는 블린든슈톡!
  심판 눈먼 거 아니야!
- Das war kein Abseits!
  다쓰 브아 카인 압자잍츠!
  오프사이드 아니잖아!
- Na mach schon! 나 마흐 슈온! 보여 줘!
  (골이 들어갈락말락 할 때, 넣길 바라며)

Kapitel 04 독일 여행도 문제없어! 217

길 묻기 ①

쾰른 대성당으로 가려면 어느 쪽으로 가야 하나요?

Wo muss ich lang, um zum Kölner Dom zu kommen?
보 무쓰 이히 랑, 움 쭘 쾰르너 돔 쭈 콤믄?

여기에서 박물관까지 얼마나 멉니까?

Wie weit ist es von hier bis zum Museum?
브이 브아일 이슽 에쓰 프혼 히어 비쓰 쭘 무제움?

여기에서 걸어서 20분 정도 걸릴 거예요.

Circa 20 Minuten zu Fuß.
찌어카 쯔브안찌히 미누튼 쭈 프후쓰

좀 먼데요. 버스를 타는 것이 나을 거예요.

Das ist noch ein gutes Stück. Sie nehmen Besser den Bus.
다쓰 이슽 노흐 아인 구트쓰 슈퇵. 지 네믄 베써 덴 부쓰

크리스마스 마켓을 가려면 어떻게 해야 하나요?

Wie komme ich zum Weihnachtsmarkt?
브이 콤므 이히 쭘 브아이나흫츠마큍?

곧장 가서 두 번째 신호에서 우회전하세요.

Geradeaus und bei der zweiten Ampel rechts.
그흐아드아우쓰 운ㅌ 바이 데어 쯔바이튼 암플 흐에힡츠

저기 하얀색 건물 보이시죠? 그 앞 광장에서 진행돼요.

Sehen Sie das weiße Gebäude da/dort drüben? Davor findet der Weihnachtsmarkt statt.
제흔 지 다쓰 브아이쓰 그보이드 다/도얼 드휘븐? 다프호어 프힌듵 데어 브아이나흫츠마큍 슈탙

길 묻기 ②

기차역 가려면 이 길이 맞습니까?

Geht es hier (entlang) zum Bahnhof?
겥 에쓰 히어 (엔ㅌ랑) 쭘 반흫프?

구시가는 어느 역에서 가깝죠?

Welche Station liegt am nächsten zur Altstadt?
브엘히으 슈타찌온 리큳 암 내흐스튼 쭈어 알ㅌ슈탙?

여기서 몇 정거장을 가야 하나요?

Wie viele Stationen muss ich von hier aus fahren?
브이 프힐르 슈타찌오은 무쓰 이히 프혼 히어 아우쓰 프하흔?

여기가 무슨 거리죠?

Wie heißt die Straße hier?
브이 하이쓭 디 슈트흐아쓰 히어?
Was ist das für eine Straße hier?
브아쓰 이슽 다쓰 프휘어 아이느 슈트흐아쓰 히어?

죄송하지만, 저도 이곳은 처음이에요.

Entschludigung, ich bin auch neu hier.
엔ㅌ슐디궁, 이히 빈 아우흐 노이 히어

저랑 같은 방향이시네요. 그냥 저를 따라오세요.

Ich gehe in die gleiche Richtung wie Sie. Folgen Sie mir nur/Sie können mit mir Laufen.
이히 게흐 인 디 글라이흐으 흐이히퉁 브이 지. 프홀근 지 미어 누어/지 쾬느 밑 미어 라우프흔

다음 사거리에서 좌회전하세요.

Biegen Sie bei der nächsten Kreuzung links ab.
비근 지 바이 데어 내흐스튼 크흐오이쭝 링크쓰 압

Schritt 7 교통

기차

\# 유레일 패스 사용 가능한가요?
Kann man den Eurail Pass hier benutzen?
칸 만 덴 유뢰일 파쓰 히어 브눂쯘?

\# 독일에서 프라하까지 가는 직행열차가 있나요?
Gibt es einen direkten Zug von Deutschland nach Prag?
깊트 에쓰 아이는 디흐엨튼 쭉 프혼 도이츄란트 나흐 프흐앜?

\# 열차의 배차 간격은 어떻게 되나요?
Wie oft fährt/kommt der Zug?
브이 오픝 프해엍/콤트 데어 쭉?

\# 30분 간격으로 다닙니다.
Jede halbe Stunde (fährt er).
예드 할브 슈툰드 (프해엍 에어)

\# 뮌헨행 열차는 몇 시에 출발하나요?
Wann fährt der Zug nach München ab?
브안 프해엍 데어 쭉 나흐 뮌히은 압?

\# 빈으로 가는 침대칸 한 장 주세요. 위층으로 부탁합니다.
Ich möchte ein Ticket für den Schlafwagen nach Wien. Für oben bitte.
이히 뫼히트 아인 티켙 프휘어 덴 슐라프흐브아근 나흐 브인. 프휘어 오븐 비트

\# 프라하행 야간열차는 몇 번 플랫폼에서 출발하나요?
Auf welchem Gleis fährt der Nachtzug nach Prag ab?
아우프흐 브엘히음 글라이쓰 프해엍 데어 나흩쭉 나흐 프흐앜 압?

지하철

\# 지하철표는 어디서 사나요?
Wo kann man U-Bahn Tickets kaufen?
보오 칸 만 우-반 티켙츠 카우프흔?

\# 지하철 노선도를 받을 수 있을까요?
Könnte ich einen U-Bahn-Plan bekommen/haben?
쾬트 이히 아이는 우-반-플란 브콤믄/하븐?

\# 어디서 갈아타야 하나요?
Wo muss ich umsteigen?
보오 무쓰 이히 움슈타이근?

\# U7으로 갈아타셔야 합니다.
Sie müssen in die U7 umsteigen.
지 뮈쓴 인 디 우지븐 움슈타이근

\# 한 달간 사용 가능한 티켓의 요금은 얼마입니까?
Wie viel kostet eine Monatskarte?
브이 프힐 코스틑 아이느 모낱츠카트?

\# 시청으로 나가는 출구가 어디인가요?
Welchen Ausgang muss ich nehmen, um zum Rathaus zu kommen?
브엘히은 아우쓰강 무쓰 이히 네믄, 움 쭘 흐앝하우쓰 쭈 콤믄?

여기서 잠깐!

독일에는 3가지 종류의 전철이 있어요. 우리가 보통 생각하는 지하철인 U-Bahn 우-반(Untergrundbahn 운터그흐운트반)이 있고, 거리 곳곳에서 보이는 일명 트램이라고 불리는 Straßenbahn 슈트흐아쓴반/Tram 트흐암이 있어요. 그리고 도시와 도시를 빠르게 이어주는 S-Bahn 에쓰-반(Schnellbahn 슈넬반/Stadtbahn 슈탙반)이 있는데 U-Bahn과 S-Bahn의 경우 노선 번호 앞에 U 우 또는 S 에쓰가 붙어 있어요. Straßenbahn은 노선 번호로만 이루어져 있거나 M 엠이 앞에 붙어 있는 경우가 많아요.

버스

가까운 버스 정류장은 어디인가요?
Wo ist die nächste Bushaltestelle?
브오 이슽 디 내흐스트 부쓰할트슈텔르?

이 버스가 공항으로 가나요?
Fährt dieser Bus zum Flughafen?
프해얼 디저 부쓰 쭘 프흘룩하프흔?

어디에서 내려야 하는지 알려 주시겠어요?
Können Sie mir sagen, wo ich aussteigen muss?
쿈는 지 미어 자근, 브오 이히 아우쓰슈타이근 무쓰?

버스가 끊겼어요.
Sie haben den letzten Bus verpasst.
지 하븐 덴 렡쯔튼 부쓰 프헤어파쓸
Der Bus fährt nicht mehr.
데어 부쓰 프해얼 니힡 메어

이 자리 비어 있습니까?
Ist hier frei?
이슽 히어 프흐아이?
Darf ich mich neben Sie setzen?
닯흐 이히 미히 네븐 지 젤쯘?

여기에서 내리겠습니다.
Ich steige hier aus.
이히 슈타이그 히어 아우쓰

몇 번 버스를 타야 하나요?
Welchen Bus muss ich nehmen?
브엘히은 부쓰 무쓰 이히 네믄?

다음 정류장이 종점이에요.
An der nächsten Haltestelle ist Endstation.
안 데어 내흐스튼 할트슈텔르 이슽 엔트슈타찌온

택시

택시를 불러 주시겠어요?
Könnten Sie mir ein Taxi bestellen?
쾬튼 지 미어 아인 탘씨 브슈텔른?

어디로 가십니까?
Wohin?
브오힌?
Wohin geht es?
브오힌 겥 에쓰?
Wohin möchten Sie?
브오힌 뫼히튼 지?

이 주소로 가 주세요.
Fahren Sie bitte zu dieser Adresse.
프하흔 지 비트 쭈 디저 아드흐에쓰

빨리 가 주시겠어요? 늦어서요.
Könnten Sie ein bisschen schneller fahren? Ich bin nämlich spät dran./ Ich habe es leider eilig.
쾬튼 지 아인 비쓰히은 슈넬러 프하흔? 이히 빈 내믈리히 슈퍁 드흐안/이히 하브 에쓰 라이더 아일리히

저 사거리에 내려 주세요.
Lassen Sie mich dort an der Kreuzung bitte raus.
라쓴 지 미히 도얼 안 데어 크흐오이쭝 비트 흐아우쓰

다 왔습니다.
Wir sind da.
브이어 진ㅌ 다
Wir sind angekommen.
브이어 진ㅌ 안그콤믄

잔돈은 됐습니다.
Stimmt so.
슈팀ㅌ 조
Der Rest ist für Sie.
데어 흐에슽 이슽 프휘어 지

선박

오전 중에 배편이 있나요?

Gibt es vormittags ein Schiff, das ich nehmen könnte?
깁트 에쓰 프오어밑탁쓰 아인 슈이프흐, 다쓰 이히 네믄 쿈트?

1등칸으로 한 장 주세요.

Erste Klasse bitte.
에어스트 클라쓰 비트

Eine Fahrkarte für die erste Klasse bitte.
아이느 프하카트 프휘어 디 에어스트 클라쓰 비트

저는 배를 탈 때마다 뱃멀미를 해요.

Ich werde seekrank auf Schiffen.
이히 브에어드 제크흐앙ㅋ 아우프흐 슈이프흔

Ich leide an Seekrankheit.
이히 라이드 안 제크흐앙ㅋ하잍

다음 기항지는 어디입니까?

Wo ist der nächste Hafen/Anlaufhafen?
브오 이슽 데어 내흐스트 하프흔/안라우프흐하프흔?

이제 곧 입항합니다.

Gleich fahren wir im Hafen ein.
글라이히 프하흔 브이어 임 하프흔 아인

모든 승객은 배에 탑승해 주시기 바랍니다.

Alle Passagiere an Bord bitte.
알르 파싸쥐어흐 안 보얻 비트

부산에서 배를 타고 제주도에 갈 수 있어요.

Man kann von Busan bis zur Insel Jeju mit dem Schiff fahren.
만 칸 프혼 부산 미쓰 쭈어 인즐 제주 밑 뎀 슈이프흐 프하흔

함부르크는 항구 도시예요.

Hamburg ist eine Hafenstadt.
함부엌 이슽 아이느 하프흔슈탙

꼭! 짚고 가기

독일의 대중교통 이용 시 주의점

독일은 교통비가 비싼 편이에요. 하지만 학생증이 있으면 정해진 구역 내에서는 모든 대중교통을 공짜로 이용할 수 있어요. 그렇다면 여행객들은 어떤 점에 주의해야 할까요? 대중교통 티켓은 아래처럼 나뉘어요.

- 1회용: einmalige Karte 아인말리그 카트
- 1일권: Tageskarte 타그쓰카트
- 3일권: Drei-Tagekarte 드흐아이-타그카트
- 일주일권: Wochenkarte 브오흔카트
- 1개월권: Monatskarte 모낱츠카트

기간이 길수록 하루당 가격이 낮아지기 때문에 미리 확인하고 구입하세요. 전철 티켓은 매표소나 기계를 활용하면 되고, 버스 티켓은 큰 정류장에 있는 매점(Kiosk 키오슼)이나 기계에서 구입이 가능해요. 기차를 이용해 독일을 여행하고 싶은데 유레일 패스가 없다면 DB 데베(Deutscher Bahn 도이츄어 반) 사이트를 잘 살펴보세요.
www.bahn.de

Kapitel 05

어디서든 당당하게!

Kapitel 05.

Schritt 1	음식점
Schritt 2	시장
Schritt 3	대형 마트 & 슈퍼마켓
Schritt 4	옷 가게
Schritt 5	병원 & 약국
Schritt 6	은행 & 우체국
Schritt 7	미용실
Schritt 8	세탁소
Schritt 9	렌터카 & 주유소
Schritt 10	서점
Schritt 11	도서관 & 미술관 & 박물관
Schritt 12	놀이동산 & 운동 클럽
Schritt 13	영화관 & 공연장
Schritt 14	술집 & 클럽
Schritt 15	파티

Im Restaurant 음식점에서
임 흐에스토흐앙

das Restaurant 다쓰 흐에스토흐앙 n. 음식점 	die Speisekarte 디 슈파이즈카트 n. 메뉴 	der Kellner 데어 켈너/ die Kellnerin 디 켈너흐인 n. 종업원 	der Koch 데어 코흐/ die Köchin 디 쾨힌 n. 요리사 
	das Getränk 다스 그트흐앵크 n. 음료수 	der Aperitif 데어 아페흐이티프흐 n. 식전주, 아페리티프	der Wein 데어 브아인 n. 와인  
	die Vorspeise 디 프호어슈파이즈 n. 전채, 애피타이저 	die Hauptspeise 디 하우플슈파이즈 n. 메인 요리 	der Nachtisch 데어 나흐티슈 n. 디저트 
	kochen 코흔 v. 요리하다, 끓이다 	blanchieren 블렁슈이어흔 v. 데치다 	frittieren 프흐이티어흔 v. 튀기다 
	das Rindfleisch 다쓰 흐인트플라이슈 n. 소고기 	der Lachs 데어 라흐쓰 n. 연어 	braten 브흐아튼 v. 익히다, 굽다 
	das Brot 다쓰 브흐올 n. 빵 	der Kuchen 데어 쿠흔 n. 케이크 	das Eis 다쓰 아이쓰 n. 아이스크림 
	der Teller 데어 텔러 n. 접시 	das Tablett 다쓰 타블렡 n. 쟁반 	die Flasche 디 프흘라슈 n. 병 

	das Salz 다쓰 잘쯔 n. 소금	**der Pfeffer** 데어 프헤프허 n. 후추	**die Suppe** 디 줖프 n. 수프
	die Rechnung 디 흐에히눙 n. 계산서 **rechnen** 흐에히는 v. 계산하다	**das Trinkgeld** 다쓰 트흐잉크겔트 n. 팁	**der Tisch** 데어 티슈 n. 테이블, 탁자
das Café 다쓰 카프헤 n. 카페	**koffeinfrei** 코프헤인프흐아이 adj. 디카페인의	**die Sahne** 디 자느 n. 크림	**der Zucker** 데어 쭉커 n. 설탕
	die Milch 디 밀히 n. 우유	**der Saft** 데어 자프트 n. 주스	**der Tee** 데어 테 n. 차
	die Limonade 디 리모나드 n. 레모네이드	**das Mineralwasser** 다쓰 미너흐알브아써, **der Sprudel** 데어 슈프흐우들 n. 탄산수	**das Glas** 다쓰 글라쓰 n. (유리)잔, 컵
	die Serviette 디 제흐브이엩트 n. 냅킨	**der Teelöffel** 데어 테뢰프흘 n. 찻숟가락	**die Tasse** 디 타쓰 n. 찻잔

In der Bank 은행에서
인 데어 방ㅋ

die Bank 디 방ㅋ n. 은행 	das Geld 다쓰 겔트 n. 돈 	der Schein 데어 슈아인 n. 지폐
		der Scheck 데어 슈엑 n. 수표
		die Münze 디 뮌쯔 n. 동전
		das Kleingeld 다쓰 클라인겔트, das Wechselgeld 다쓰 브에흐즐겔트 n. 잔돈, 거스름돈
	das Konto 다쓰 콘토 n. 계좌 	die Überweisung 디 위버브아이중 n. 계좌 이체 
	das Girokonto 다쓰 쥐흐오콘토 n. 보통예금	das Sparkonto 다쓰 슈파콘토 n. 적금
	der Sparzins 데어 슈파찐쓰 n. 이자, 수익	der Zinssatz 데어 찐쓰잘츠 n. 세율, 이율, 금리
	der Bankautomat 데어 방ㅋ아우토맡 n. 현금 (자동) 인출기 	die Kreditkarte 디 크흐에딭카트 n. 신용카드
	das Online-Banking 다쓰 온라인-뱅킹 n. 인터넷 뱅킹	das Passwort 다쓰 파쓰브오얼 n. 비밀번호
	einzahlen 아인짤른 v. 입금하다 	abheben 압헤븐 v. 출금하다, 돈을 찾다 

Im Museum 박물관에서
임 무제움

MP3. Wort_K05_3

das Museum 다쓰 무제움 n. 박물관	**der Preis** 데어 프흐아이쓰 n. 요금	**der Normaltarif** 데어 노어말타흐이프흐 n. 정가
	der Eintrittspreis 데어 아인트흐일츠프흐아이쓰 n. 입장료	**der ermäßigte Eintritt** 데어 에어매씩트 아인트흐일, **der ermäßigte Tarif** 데어 에어매씩트 타흐이프흐 n. 할인 요금
	die Eintrittskarte 디 아인트흐일츠카트 n. 입장권	**kostenlos** 코스트르쓰 adj. 무료의, 공짜의 **freier Eintritt** 프흐아이어 아인트흐일 n. 무료 입장
der Eintritt 데어 아인트흐일 n. 입장	**der Zeitplan** 데어 짜읻플란 n. 일정표	**öffnen** 외프흐는 v. 개장하다
		schließen 슐리쓴, **zumachen** 쭈마흔 v. 폐장하다
die Führung 디 프휘어흐웅 n. 안내	**der Führer** 데어 프휘어허/ **die Führerin** 디 프휘어흐인 n. 가이드, 안내자	**die Audioführung** 디 아우디오프휘어흐웅 n. 오디오 가이드
der Besuch 데어 브주흐 n. 방문, 관람	**die Ausstellung** 디 아우쓰텔룽 n. 전시회	**das Werk** 다쓰 브에억, **das Stück** 다쓰 슈튁 n. 작품
	die Kunst 디 쿤슽 n. 예술, 미술	**das Gemälde** 다쓰 그맬드, **die Malerei** 디 말러흐아이 n. 그림, 회화
	künstlerisch 퀸스틀러흐이슈 adj. 예술적인	**die Skulptur** 디 스쿨프투어, **die Bildhauerei** 디 빌ㅌ하우어흐아이 n. 조각
	der Besucher 데어 브주허/ **die Besucherin** 디 브주허흐인 n. 방문객, 관람객	**die Gruppe** 디 그흐웊프 n. 단체

Kapitel 05 어디서든 당당하게!

Schritt 1 음식점　　　MP3. K05_S01

음식점 추천

 # 이 근처에 추천해 줄 만한 음식점이 있니?
Gibt es hier ein Restaurant, das du mir empfehlen kannst?
깁트 에쓰 히어 아인 흐에스토흐앙, 다쓰 두 미어 엠프헬른 칸슽?

 # 좋은 식당 아세요?
Kennen Sie ein gutes Restaurant?
켄는 지 아인 구트쓰 흐에스토흐앙?

 # 이 시간에 문을 연 가게가 있습니까?
Gibt es hier ein Restaurant, das um diese Zeit noch offen hat?
깁트 에쓰 히어 아인 흐에스토흐앙, 다쓰 움 디즈 짜일 노흐 오프흔 핱?

 # 조용히 식사할 수 있는 곳이면 좋겠어요.
Ein ruhiges Restaurant wäre schön.
아인 흐우이그쓰 흐에스토흐앙 브애어흐 슈왼

 # 식당이 많은 거리는 어디인가요?
Wo ist die Straβe mit den ganzen/vielen Restaurants?
브오 이슽 디 슈트흐아쓰 밑 덴 간쯘/프힐른 흐에스토흐앙쓰?

 # 특별히 정해 둔 식당이라도 있니?
Hast du schon eine Idee, wo wir essen gehen sollen?
하슽 두 슈온 아이느 이데, 브오 브이어 에쓴 게흔 졸른?

 # 어떤 종류의 음식을 원하시나요?
Auf was haben Sie Lust?
아우프흐 브아쓰 하븐 지 루슽?

 # 채식주의자가 갈 만한 음식점이 있나요?
Gibt es ein Restaurant für Vegetarier?
깁트 에쓰 아인 흐에스토흐앙 프휘어 브에게타흐이어?

음식점 예약

 # 그 레스토랑으로 예약해 주세요.
Bitte reservieren Sie mir einen Tisch im Restaurant.
비트 흐에저브이어흔 지 미어 아이는 티슈 임 흐에스토흐앙

 # 그 레스토랑에 2명을 위한 자리 예약 좀 해주시겠어요?
Können Sie mir einen Tisch für 2 Personen im Restaurant reservieren?
쾬는 지 미어 아이는 티슈 프휘어 쯔브아이 페어조는 임 흐에스토흐앙 흐에저브이어흔?

 # 오늘 저녁 7시 예약하고 싶은데요.
Ich möchte einen Tisch auf/für 19 Uhr reservieren.
이히 뫼히트 아이는 티슈 아우프흐/프휘어 노인첸 우어 프에저브이어흔

 # 예약을 변경할 수 있나요?
Könnte ich die Reservierung ändern?
쾬트 이히 디 흐에저브이어흐웅 앤던?

 # 예약을 취소해 주세요.
Ich möchte die Reservierung stornieren/rückgängig machen.
이히 뫼히트 디 흐에저브이어흐웅 슈토어니어흔/흐윅갱이히 마흔

 # 어떤 이름으로 예약하셨죠?
Auf welchen Namen haben Sie reserviert?
아우프흐 브엘히은 나믄 하븐 지 흐에저브이엍?

 # 제 이름으로 예약했습니다.
Es ist auf meinen Namen reserviert.
에쓰 이슽 아우프흐 마이는 나믄 흐에저브이엍

예약 없이 갔을 때

2명 자리 있나요?
Haben Sie noch einen Tisch für zwei (Personen)?
하븐 지 노흐 아이는 티슈 프휘어 쯔브아이 (페어조는)?

아직 식사 가능한가요?
Kann man hier etwas zu essen bestellen?
칸 만 히어 엘브아쓰 쭈 에쓴 브슈텔른?

여기 지금 영업하나요?
Haben Sie noch offen?
하븐 지 노흐 오프흔?

몇 분이신가요?
Wie viele sind Sie?
브이 프힐르 진트 지?

안쪽과 테라스 중 어느 자리로 드릴까요?
Möchten Sie drinnen oder draußen sitzen?
뫼히튼 지 드흐인는 오더 드흐아우쓴 짙쯘?

죄송하지만, 지금은 자리가 다 찼습니다.
Tut mir leid, aber es ist nichts mehr frei.
툳 미어 라일, 아버 에쓰 이슽 니힡츠 메어 프흐아이

얼마나 기다려야 하나요?
Wie lange müssen wir warten?
브이 랑으 뮈쓴 브이어 브아튼?

30분 정도 기다리셔야 합니다. 기다리시겠어요?
Ungefähr eine halbe Stunde müssten Sie warten.
Wollen/Möchten Sie warten?
운그프해어 아이느 할브 슈툰드 뮈쓰튼 지 브아튼.
브올른/뫼히튼 지 브아튼?

꼭! 짚고 가기

기다림의 연속인 독일 식당

한국 사람들이 독일에서 식당에 가면 많이 당황해요. 왜일까요? 한국이 빨리빨리라면 독일은 느긋느긋해요. 은행, 비자 등의 행정도 그렇지만 음식점에서도 그렇죠. 그래서 외식을 하려면 적어도 한 시간은 잡고 가야 해요.

우선 식당에 들어가 자리를 잡으면 메뉴판을 주고 웨이터가 사라져요. 그리고 10분이 지나도 나타나지 않죠. 그렇다고 보이는 웨이터를 아무나 부르면 안 돼요. 왜냐하면 독일은 각 테이블의 담당 웨이터가 있거든요. 그래서 보통 담당 웨이터가 올 때까지 기다려야 하고 그 시간이 길어 짜증을 내는 한국 사람들이 생겨요. 웨이터가 왔다면 음식과 음료를 가능하면 같이 시키세요.

독일 사람들은 보통 음료를 먼저 시켜 두고 기다렸다가 음료가 오면 음식을 시키는데, 그렇게 하면 음식을 시킬 때까지 한 번 더 인내의 시간이 올 거예요. 그러니 우리는 한 번에 주문하도록 해요.

이제 음료와 음식이 맛있게 나올 때까지 기다리면 돼요. 하지만 이게 기다림의 끝이라고 생각하면 오산이에요. 음식이 나와 맛있게 먹었다면 한 번의 기다림이 더 있어요. 한국과 달리 독일은 계산을 테이블에서 담당 웨이터에게 직접 해야 하거든요. 처음에는 짜증이 날 수 있지만 익숙해지다 보면 여유를 알게 되고 그 기다림의 시간을 함께 온 사람들과 더 즐겁게 채워 나갈 수 있을 거예요.

Guten Appetit! 구튼 아페팉!
(맛있게 드세요!)

메뉴 보기

메뉴 좀 볼 수 있을까요?

Die Speisekarte bitte.
디 슈파이즈카트 비트
Könnten wir die Speisekarte bekommen?
쾬튼 브이어 디 슈파이즈카트 브콤믄?

오늘의 메뉴는 무엇인가요?

Was ist das/Ihr Tagesmenü?
브아쓰 이슽 다쓰/이어 타그쓰메뉴?
Was bieten Sie zum Tagesmenü an?
브아쓰 브이튼 지 쭘 타그쓰메뉴 안?

주문은 잠시 후에 하겠습니다.
(아직 시간이 조금 더 필요합니다.)

Wir brauchen noch einen Moment.
브이어 브흐아우흔 노흐 아이는 모멘ㅌ
Einen Moment noch bitte.
아이는 모멘ㅌ 노흐 비트

조금 있다가 다시 와 주세요.

Kommen Sie bitte gleich nochmal wieder.
콤믄 지 비트 글라이히 노흐말 브이더

이 샐러드는 주재료가 무엇인가요?

Was ist (alles) in diesem Salat?
브아스 이슽 (알르쓰) 인 디즘 잘랕?

이곳의 특선 요리는 무엇인가요?

Was können Sie uns empfehlen?
브아쓰 쾬는 지 운쓰 엠프헬른?

여기 비너 슈니첼이 맛있습니다.

Unser Wiener Schnitzel ist sehr gut.
운저 브이너 슈닡쯜 이슽 제어 귙

주문하기 - 음료

음료는 무엇으로 하시겠어요?

Was möchten Sie Trinken?
브아쓰 뫼히튼 지 트흐잉큰?

물 한 병 주세요.

Ein stilles Wasser bitte.
아인 슈틸르쓰 브아써 비트
Ein Glas Wasser ohne Kohlensäure bitte. (탄산을 뺀)
아인 글라쓰 브아써 오느 콜른조이흐 비트

사과주스 부탁해요.

Einen Apfelsaft bitte.
아이는 아프흘자플 비트

와인 리스트를 볼 수 있을까요?

Könnte ich die Weinkarte haben bitte?
쾬트 이히 디 브아인카트 하븐 비트?

여기 어울리는 와인 추천해 주시겠어요?

Was für einen Wein würden Sie uns dazu empfehlen?
브아쓰 프휘어 아이는 브아인 브위어든 지 운쓰 다쭈 엠프헬른?

먼저 음료를 주문할게요.

Wir bestellen erstmal die Getränke.
브이어 브슈텔른 에어슽말 디 그트흐앵크

에스프레소는 식사 후에 갖다주세요.

Nach dem Essen bitte noch einen Espresso.
나흐 뎀 에쓴 비트 노흐 아이는 에쓰프흐에쏘

여기서 잠깐!
독일은 음식점에서 물을 공짜로 서빙하지 않아 반드시 주문을 해야 주는데, 일반적으로 식당에서 주문하는 물은 탄산수를 의미해요. 과일 주스도 탄산수와 섞여 나와요. 그냥 물을 주문할 때는 꼭 탄산을 빼 달라고 'ohne Kohlensäure 오느 콜른조이흐'라고 붙여 말하세요.

주문하기 – 메인 요리

\# 주문하시겠어요?

Was darf es sein?
브아쓰 닾흐 에쓰 자인?

Was möchten Sie bestellen?
브아쓰 뫼히튼 지 브슈텔른?

Bitte schön?
비트 슈왼?

Kann ich Ihre Bestellung aufnehmen?
칸 이히 이어흐 브슈텔룽 아우프흐네믄?

\# 저 사람이 먹고 있는 것은 무엇입니까?

Was ist das, was die Leute dort/da drüben essen?
브아쓰 이슽 다쓰, 브아쓰 디 로이트 도얼트/다 드흐위븐 에쓴?

\# 등심 스테이크 하나와 연어구이 둘 주세요.

Ein Steak und zwei Lachsbraten bitte.
아인 스테이크 운ㅌ 쯔브아이 라흐쓰브흐아튼 비트

\# 스테이크는 어떻게 해 드릴까요?

Wie möchten Sie das Steak haben?
브이 뫼히튼 지 다쓰 스테이크 하븐?

\# 미디엄 레어로 해 주세요.

Medium-rare bitte.
미디움-래어 비트

\# (사이드 메뉴로) 샐러드나 구운 감자가 있습니다. 어떤 걸로 드릴까요?

Dazu gibt es Salat oder gebratene Kartoffeln. Was möchten Sie?
다쭈 깊ㅌ 에쓰 살랕 오더 그브흐아트느 카흐토프흘ㄴ. 브아쓰 뫼히튼 지?

\# 더 필요하신 것은 없습니까?

Sonst noch was?
존슽 노흐 브아쓰?

Das war's?
다쓰 브아쓰?

꼭! 짚고 가기

스테이크 고기의 굽기 정도

맛있는 스테이크를 먹기 위해서는 자신의 취향에 맞는 굽기 정도를 정확하게 전달하는 게 중요해요. 보통 영어로도 의사소통이 가능하지만 독일식 표현법도 있으니 알아보아요.

Deutsch 도이츄 독일식	Englisch 엥글리슈 영국식
roh 흐오 날것의, 생것의	raw
blutig 블루티히 피가 나는	rare
englisch 엥글리슈 영국식의	medium rare
rosa 흐오자 장밋빛의, 단홍색의	medium
halbrosa 할프흐오자 약간 장밋빛 도는	medium well
durch (gebraten) 두어히 (그브흐아튼) 완전히 익힌	well done

주문하기 - 선택 사항

\# 수프나 샐러드가 함께 나오는데 어느 것으로 드릴까요?

Wollen Sie Suppe oder Salat dazu?
브올흔 지 쥪프 오더 잘랕 다쭈?

\# 오늘은 양파 수프가 있습니다. 주문하시겠어요?

Wir haben heute eine frische Zwiebelsuppe im Angebot. Möchten Sie das bestellen?
브이어 하븐 호이트 아이느 프흐이슈 쯔브이블줖프 임 안그볼. 뫼히튼 지 다쓰 브슈텔른?

\# 양파 수프로 주시고, 후추는 빼 주세요.

Ja, ich nehme die Zwiebelsuppe, aber bitte ohne Pfeffer.
야, 이히 네므 디 쯔브이블줖프, 아버 비트 오느 프헤프허

\# 디저트는 식사 후에 주문할게요.

Den Nachtisch bestellen wir nachher/später.
덴 나흐티슈 브슈텔른 브이어 나흐헤어/슈패터

\# 차나 커피 중에 어떤 걸로 드릴까요?

Möchten Sie Kaffee oder Tee?
뫼히튼 지 카프헤 오더 테?

\# 드레싱은 어느 걸로 하시겠어요?

Was für eine Soße möchten Sie?
브아쓰 프휘어 아이느 조쓰 뫼히튼 지?

\# 드레싱에는 어떤 게 있나요?

Welche Soßen gibt es denn?
브엘히으 조쓴 깁ㅌ 에쓰 덴?

\# 예거 소스로 주세요.

Ich nehme die Jägersoße.
이히 네므 디 예거조쓰

Jägersoße 예거조쓰 예거 소스
(버섯과 베이컨을 활용한 독일 특제 크림 소스)

주문하기 - 디저트

\# 디저트는 괜찮습니다. (안 먹겠습니다.)

Für mich keinen Nachtisch.
프휘어 미히 카이는 나흐티슈
Ich nehme keinen Nachtisch.
이히 네므 카이는 나흐티슈

\# 디저트를 주문하시겠습니까?

Was darf ich Ihnen als/zum Nachtisch bringen?
브아쓰 닾흐 이히 이는 알쓰/쭘 나흐티슈 브흐잉은?

\# 디저트로는 무엇이 있습니까?

Was gibt es als/zum Nachtisch?
브아쓰 깁ㅌ 에쓰 알쓰/쭘 나흐티슈?

\# 디저트 메뉴판을 볼 수 있을까요?

Könnten wir bitte die Dessertkarte haben?
퀸튼 브이어 비트 디 데쎄어카트 하븐?

\# 저는 아이스크림으로 할게요.

Ich nehme ein Eis.
이히 네므 아인 아이쓰
Für mich ein Eis.
프휘어 미히 아인 아이쓰

\# 아이스크림은 어떤 맛이 있나요?

Welche Sorten Eis haben Sie?
브엘히으 조어튼 아이쓰 하븐 지?

\# 우리 집은 수제 티라미수가 유명합니다.

Bei uns ist das selbstgemachte Tiramisu sehr beliebt.
바이 운쓰 이슽 다쓰 젤ㅍ슽그마호트 티흐아미수 제어 브맆ㅌ

\# 저는 녹차 한 잔 주세요.

Einen grünen Tee bitte.
아이느 그흐위느 테 비트
Eine Tasse grüne Tee für mich bitte.
아이느 타쓰 그흐위느 테 프휘어 미히 비트

주문하기 – 요청 사항

너무 짜지 않게 해 주세요.
Bitte (mit) wenig Salz.
비트 (밑) 브에니히 잘쯔

너무 맵지 않게 해 주세요.
Nicht so scharf bitte.
니힡 조 슈아프흐 비트

빵을 좀 더 주시겠어요?
Könnte ich noch etwas Brot bekommen?
쾬트 이히 노흐 엩브아쓰 브호읕 브콤믄?

아이를 위한 별도의 메뉴가 있나요?
Haben Sie auch Kindergerichte?
하븐 지 아우흐 킨더그흐이히트?

고기가 덜 익었어요. 조금 더 익혀 주시겠어요?
Das Fleisch ist mir noch etwas zu blutig/roh. Könnten Sie es nochmal ein bisschen anbraten?
다쓰 프흘라이슈 이슽 미어 노흐 엩브아쓰 쭈 블루티히/흐오. 쾬튼 지 에쓰 노흐말 아인 비쓰히은 안브흐아튼?

이건 제가 주문한 음식이 아니에요.
Das habe ich nicht bestellt.
다쓰 하브 이히 니힡 브슈텔트

양파는 빼고 주세요.
Ohne Zwiebeln bitte.
오느 쯔브이블ㄴ 비트

주문을 변경할 수 있나요?
Könnte ich nochmal umbestellen?
쾬트 이히 노흐말 움브슈텔른?

꼭! 짚고 가기

독일 전통 음식

세계 2차 대전 이후 독일의 음식은 많이 국제화되며 변화를 겪었지만 최근 들어 다시 전통 음식들이 사랑받고 있어요. 독일 사람들이 생각하는 독일 전통 음식은 무엇인지 알아볼까요?

• **Wurst** 브우어슽
당연히 소시지가 빠질 수는 없죠. 종류도 다양합니다.
① 돼지 피와 비계로 만든
Blutwurst 블뤁브우어슽
② 송아지 고기와 돼지고기를 섞어 만든
Bockwurst 복브우어슽
③ 각 도시의 이름을 딴
Frankfurter Wurst
프흐앙ㅋ프후어터 브우어슽,
Wiener Würstchen
브이너 브워어슽히은
④ 카레 소스를 얹은
Currywurst 커흐이브우어슽

• **Haxe** 학쓰
한국의 족발을 닮은 요리로 돼지 무릎 관절을 활용해 만든 구이 요리예요.

• **Königsberger Klopse**
쾨닠쓰베어거 클롭즈
독일의 대표 전통 요리로, 케이퍼와 화이트소스를 곁들인 고기 경단이에요. 송아지 고기를 갈아 청어 또는 정어리를 섞어 만들고, 양파와 달걀 및 양념, 흰 빵을 곁들여 내죠.

• **Sauerkraut** 나우어크흐아읕
양배추를 발효시켜 신맛이 나도록 만든 요리예요.

웨이터와 대화

이 음식은 무슨 재료를 사용한 겁니까?
Was ist hier alles drin?
브아쓰 이슽 히어 알르쓰 드흐인?

어떻게 요리한 겁니까?
Wie wurde das zubereitet?
브이 브우어드 다쓰 쭈브흐아이틑?

포크를 떨어뜨렸습니다. 하나 새로 가져다주시겠어요?
Mir ist meine Gabel runtergefallen. Würden Sie mir eine neue bringen?
미어 이슽 마이느 가블 흐운터그프할른. 브위어든 지 미어 아이느 노이으 브흐잉은?

식탁 좀 치워 주시겠어요?
Würden Sie bitte den Tisch abräumen?
브위어든 지 비트 덴 티슈 압흐오이믄?

물을 쏟았어요. 행주 좀 가져다주시겠어요?
Mir ist das Glas umgefallen. Hätten Sie einen Lappen (für mich)?
미어 이슽 다쓰 글라쓰 움그프할른. 햍튼 지 아이는 랖픈 (프휘어 미히)?

죄송하지만, 아직도 음식을 기다리고 있어요. 얼마나 더 기다려야 하는지 아시나요?
Entschuldigen Sie, wir warten immer noch auf unser Essen. Wissen Sie wie lange wir noch warten müssen?
엔트슐디근 지, 브이어 브아튼 임머 노흐 아우프흐 운저 에쓴. 브이쓴 지 브이 랑으 브이어 노흐 브아튼 뮈쓴?

제 겁니다.
Das ist für mich.
다쓰 이슽 프휘어 미히
Das ist meins.
다쓰 이슽 마인쓰

음식 맛 평가

오늘 음식 맛 어떠셨나요?
Hat es Ihnen geschmeckt?
핱 에쓰 이는 그슈메킅?
Wie hat es Ihnen geschmeckt?
브이 핱 에쓰 이는 그슈메킅?

정말 맛있었어요!
Sehr fein, vielen Dank!
제어 프하인, 프힐른 당크!
Sehr lecker, danke!
제어 렉커, 당크!
Es hat gut geschmeckt!
에쓰 핱 귵 그슈메킅!

이렇게 맛있는 음식은 처음이에요!
Ich habe noch nie so etwas Leckeres gegessen!
이히 하브 노흐 니 조 엩브아쓰 렉커흐쓰 그게쓴!
Es war das beste Essen, das ich je gegessen habe!
에쓰 브아 다쓰 베스트 에쓴, 다쓰 이히 예 그게쓴 하브!

생선이 좀 짜네요.
Der Fisch war etwas zu salzig.
데어 프히슈 브아 엩브아쓰 쭈 잘찌히

그에게 이 디저트는 너무 달아요.
Der Nachtisch ist ihm etwas zu süß.
데어 나흐티슈 이슽 임 엩브아쓰 쭈 쥐쓰

좀 기름진 것 같아요.
Es ist ein bisschen ölig.
에쓰 이슽 아인 비쓰히은 욀리히

이건 아무 맛도 안 나요.
Das Essen hat etwas fade/langweilig geschmeckt.
다쓰 에쓴 핱 엩브아쓰 프하드/랑브아이리히 그슈메킅

계산

계산 부탁합니다.

Ich würde gerne zahlen bitte.
이히 브뷔어드 게어느 짤른 비트

Ich möchte zahlen bitte.
이히 뫼히트 짤른 비트

Zahlen bitte.
짤른 비트

계산서 주세요.

Die Rechnung bitte.
디 흐에히눙 비트

나머지는 팁이에요.

Stimmt so.
슈팀트 조

Der Rest ist für Sie.
데어 흐에슽 이슽 프휘어 지

총액이 20유로대라 40유로를 지불하여 10유로만 거슬러 받고 나머지 금액은 팁으로 줄 때

30유로로 맞춰 주세요.

Machen Sie 30 Euro (daraus).
마흔 지 드흐아이씨히 오이흐오 (다흐아우쓰)

전부 합쳐 62유로입니다.

Das macht zusammen 62 Euro.
다쓰 마흐트 쭈잠믄 쯔브아이운ㅌ제히찌히 오이흐오

카드 결제 가능한가요?

Kann man mit Karte zahlen?
칸 만 밑 카트 짤른?

각자 나눠서 계산할게요.

Wir zahlen getrennt.
브이어 짤른 그트흐엔ㅌ

제가 살게요.

Das geht auf mich.
다쓰 겥 아우프흐 미히

Ich zahle.
이히 짤르

저녁 식사는 내가 살게요.

Ich bezahle das Abendessen.
이히 브짤르 다쓰 아븐ㅌ에쓴

꼭! 짚고 가기

독일의 팁 문화

대부분의 서양 국가에 있는 팁 문화. 독일은 팁을 Trinkgeld 트흐잉ㅋ겔ㅌ라고 하는데, 보통 결제 금액의 10%를 주기도 하지만 총액을 유로 단위나 50센트 단위로 맞춰서 주는 경우가 많아요.
예를 들어 €4,70면 €5로, €2,35는 €2,50로, 어떤 손님은 €3,35을 €4로 맞춰 주기도 하죠. 팁에 정답은 없어요. 자신이 주고 싶은 만큼 주는 거니까요.
그리고 이 팁은 종업원 몫이 되죠. 팁을 일당만큼 받기도 해서 실제로 무시할 수 없는 돈이에요. 그렇기 때문에 각각 서빙 담당 테이블이 있고 그 영역을 다른 종업원이 침범하면 안 되는 거죠. 그러니 담당 웨이터를 기다려 주고, 즐거운 시간이 되었다면 담당 종업원에게 감사의 표현으로 팁을 주세요.

카페

커피 한잔할래요?

Möchten Sie eine Tasse Kaffee trinken?
뫼히튼 지 아이느 타쓰 카프헤 트흐잉큰?

커피 좋아하세요?

Mögen Sie Kaffee?
뫼근 지 카프헤?

커피 한잔하면서 얘기합시다.

Lass uns bei einer Tasse Kaffee weitersprechen.
라쓰 운쓰 바이 아이너 타쓰 카프헤 브아이터슈프흐에히은

커피 두 잔 주세요.

Zwei (Tassen) Kaffee bitte.
쯔브아이 (타쓴) 카프헤 비트

설탕과 우유를 드릴까요?

Mit Zucker und Milch?
밑 쭈커 운ㅌ 밀히?
Brauchen Sie Zucker und Milch?
브흐아우흔 지 쭈커 운ㅌ 밀히?

카페 안에서 흡연 가능한가요?

Darf man in diesem Café rauchen?
닾흐 만 인 디즘 카프헤 흐아우흔?

냅킨 좀 더 주시겠어요?

Könnte ich noch eine Serviette bekommen?
퀸ㅌ 이히 노흐 아이느 제흐브이엩ㅌ 브콤믄?

저는 커피를 마시면 잠이 잘 안 와요.

Ich kann nicht schlafen, wenn ich Kaffee getrunken habe.
이히 칸 니힡 슐라프흔, 브엔 이히 카프헤 그트흐웅큰 하브

패스트푸드

다음 분 주문하세요.

Der Nächste bitte.
데어 내흐스트 비트

햄버거 하나랑 콜라 주세요.

Einen Hamburger und eine Cola bitte.
아이는 함부어거 운ㅌ 아이느 콜라 비트

여기서 드시나요 가져가시나요?

Zum Hieressen oder Mitnehmen?
쭘 히어에쓴 오더 밑네믄?
Für hier oder to go/takeaway?
프휘어 히어 오더 투 고/테이크어웨이?

가져갈게요.

Zum Mitnehmen.
쭘 밑네믄
To go.
투 고

케밥 좋아해?

Mögen Sie Döner?
뫼근 지 되너?

케밥은 정말 싼 데다가 양이 많아 한 끼 식사로 충분해.

Döner sind günstig und machen satt.
되너 진ㅌ 귄스티히 운ㅌ 마흔 잩

어떤 고기로 하시겠어요?

Welches Fleisch wollen Sie?
브엘히으쓰 프흘라이슈 브올른 지?
Was für Fleisch möchten Sie?
브아쓰 프휘어 프흘라이슈 뫼히튼 지?

236

Schritt 2 시장   시장

오늘 여기 시장이 섰어요.
Hier ist heute Markt.
히어 이슽 호이트 마클

오늘 시장이 서서 사람들이 북적북적해요.
Hier wimmelt es heute von Menschen, weil heute Markt ist.
히어 브임믈ㅌ 에쓰 호이트 프혼 멘슌, 브아일 호이트 마클 이슽

이 채소의 이름이 뭔가요?
Wie heißt dieses Gemüse?
브이 하이쓷 디즈쓰 그뮈즈?

이건 처음 보는 과일이에요.
Dieses Obst habe ich ja noch nie gesehen.
디즈쓰 옾슽 하브 이히 야 노흐 니 그제흔

체리가 엄청 크네요. 500g 주세요.
Das sind aber große Kirschen. Ich nehme 500 Gramm (davon/von denen).
다쓰 진ㅌ 아버 그흐오쓰 키어슌. 이히 네므 프휜프흐훈덜 그흐암 (다프혼/프혼 데는)

딸기 1kg에 얼마인가요?
Wie viel kostet ein Kilo Erdbeeren?
브이 프힐 코스틑 아인 킬로 에엍베어흔?

여기 시장은 매주 서나요?
Ist hier jede Woche Markt?
이슽 히어 예드 브오흐 마클?

벼룩시장

매달 셋째 주 토요일에 이 길을 따라 벼룩시장이 서요.
Jeden dritten Samstag ist hier auf der Straße ein Flohmarkt.
예든 드흐읻튼 잠스탁 이슽 히어 아우프흐 데어 슈트흐아쓰 아인 프흘로마클

벼룩시장 구경 갈래?
Sollen wir auf den Flohmarkt?
졸른 브이어 아우프흐 덴 프흘로마클?

벼룩시장에서 정말 싸고 좋은 물건을 많이 얻을 수 있어요.
Auf dem Flohmarkt kann man günstig/billig einkaufen.
아우프흐 뎀 프흘로마클 칸 만 귄스티히/빌리히 아인카우프흔

이 자전거도 벼룩시장에서 산 거예요.
Dieses Fahrrad habe ich auch auf dem Flohmarkt gekauft.
디즈쓰 프하흐앋 하브 이히 아우흐 아우프흐 뎀 프흘로마클 그카우픝

제 헌 옷들을 벼룩시장에서 팔려고요.
Ich will meine alten Kleider auf dem Flohmarkt verkaufen.
이히 브일 마이느 알튼 클라이더 아우프흐 뎀 프흘로마클 프헤어카우프흔

벼룩시장에 참여하려면 어떻게 해야 하나요?
Wie meldet man einen Stand auf dem Flohmarkt an?
브이 멜듵 만 아이는 슈탄ㅌ 아우프흐 뎀 프흘로마클 안?

요즘은 온라인 벼룩시장도 많아요.
Zurzeit gibt es auch viele Online-Flohmärkte.
쭈어짜읻 깁ㅌ 에쓰 아우흐 프힐르 온라인-프흘로매어크트

Schritt 3 대형 마트 & 슈퍼마켓 MP3. K05_S03

물건 찾기

전기 제품 매장은 어디인가요?

Wo finde ich Elektrogeräte?
브오 프힌드 이히 엘렉트흐오그흐애트?

식료품 매장은 지하 1층에 있어요.

Die Lebensmittel finden Sie im ersten Untergeschoss.
디 레븐쓰밑틀 프힌든 지 임 에어스튼 운터그슈오쓰

여기 전구 파나요?

Haben Sie auch Glühbirnen?
하븐 지 아우흐 글뤼비어는?

죄송합니다, 지금은 재고가 없습니다.

Tut mir leid, aber wir haben leider keine mehr da.
퉅 미어 라일, 아버 브이어 하븐 라이더 카이느 메어 다

죄송하지만, 그 제품은 취급하지 않습니다.

Tut mir leid, aber das führen/haben wir (hier) nicht.
퉅 미어 라읻, 아버 다쓰 프휘어흔/하븐 브이어 (히어) 니힡

영업시간이 어떻게 되나요?

Bis wann haben Sie offen?
비쓰 브안 하븐 지 오프흔?
Wie lange haben Sie geöffnet?
브이 랑으 하븐 지 그외프흐늩?

10시부터 20시까지입니다.

Von zehn bis zwanzig Uhr.
프혼 첸 비쓰 쯔브안찌히 우어
Wir haben von 10 bis 20 Uhr geöffnet.
브이어 하븐 프혼 첸 비쓰 쯔브안찌히 우어 그외프흐늩

일요일에는 문을 안 엽니다.

Sonntags haben wir geschlossen.
존탘쓰 하븐 브이어 그슐로쓴

구매하기

죄송하지만, 쇼핑 카트를 가져가는 게 더 좋을 것 같아.

Es wäre besser, wir nehmen einen Einkaufswagen mit.
에쓰 브애어흐 베써, 브이어 네믄 아이느 아인카우프흐쓰브아근 밑

낱개 판매도 하나요?

Verkaufen Sie das auch einzeln?
프헤어카우프흔 지 아쓰 아우흐 아인쯸ㄴ?

이 감자보다 저게 나을 것 같아요.

Die Kartoffeln da drüben sehen besser aus als diese/die hier.
디 카호토프흘ㄴ 다 드흐위븐 제흔 베써 아우쓰 알쓰 디즈/디 히어

물 한 박스 좀 가져와 줘.

Hol bitte noch einen Kasten Wasser.
홀 비트 노흐 아이는 카스튼 브아써

샴푸가 어디 있는지 모르겠어요.

Ich finde das Shampoo nicht.
이히 프힌드 다쓰 슈암푸 니힡

가구들은 IKEA에서 싸게 살 수 있어요.

Möbel kann man günstig/billig bei IKEA kaufen.
뫼블 칸 만 귄스티히/빌리히 바이 이케아 카우프흔

음료를 살 때는 보증금(Pfand)을 잊지 말아요.

Vergiss nicht, dass es Pfand auf die Flasche gibt.
프헤어기쓰 니힡, 다쓰 에쓰 프한ㅌ 아우프흐 디 프흘라슈 깁ㅌ
Vergiss nicht, dass das eine Pfandflasche ist.
프헤어기쓰 니힡, 다쓰 다쓰 아이느 프한ㅌ프흘라슈 이슽

Pfand 프한ㅌ 보증금
Pfandflasche 프한ㅌ프흘라슈
(상품값에 보증금을 더해 파는) 회수 가능한 병

지불하기

\# 계산대는 어디 있나요?

Wo ist die Kasse?
브오 이슽 디 카쓰?

Wo muss ich bezahlen?
브오 무쓰 이히 브짤른?

\# 봉투 드릴까요?

Brauchen Sie eine Tüte?
브흐아우흔 지 아이느 튀트?

\# IKEA에는 무인 계산대가 있어요.

Bei IKEA gibt es Selbstbezahl-Kassen/Express-Kassen.
바이 이케아 깁ㅌ 에쓰 젤브슽브짤-까쓴/엑쓰프흐에쓰-카쓴

\# 서명해 주세요.

Unterschreiben Sie bitte hier.
운터슈흐아이븐 지 비트 히어

Eine Unterschrift hier bitte.
아이느 운터슈흐이픝 히어 비트

\# 혹시 집까지 배달이 가능한가요?

Liefern Sie auch?
리프헌 지 아우흐?

Gibt es hier einen Lieferservice?
깁ㅌ 에쓰 히어 아이느 리프허써브이쓰?

\# 가구 배달 시에는 추가 금액이 부과됩니다.

Eine Möbellieferung kostet jedoch extra.
아이느 뫼블리프허흐웅 코스틑 예도흐 엑쓰트흐아

\# 제 차까지 짐 운반하는 것을 좀 도와주실 수 있나요?

Könnten Sie mir helfen die Sachen bis zu meinem Auto zu transportieren?
쾬튼 지 미어 헬프흔 디 자흔 비쓰 쭈 마이늠 아우토 쭈 트흐안쓰포어티어흔?

꼭! 짚고 가기

독일은 재미없는 나라?

독일 친구들이 한국에 와서 가장 많이 하는 이야기는 독일은 참 재미없는 나라라는 것이에요. 독일의 경우 상점들이 기본 8시면 모두 문을 닫으니 길에서 사람을 찾기 어렵기 때문일 거예요. 반면 한국은 새벽까지도 길에 사람들이 북적이고 상점들도 10시까지는 열려 있으니 정말 흥미롭겠죠? 반대로 한국에 있다가 독일에 온 한국인들은 집에서 빈둥거리다 야식이 당겨 편의점을 향했다간 독일에서는 낭패예요. 주유소에 있는 편의점이 아닌 이상 그 시간까지 열려 있는 곳은 없을 테니까요. 장을 보거나 야식이 필요할 것 같으면 8시 전에 미리 사 놓아야 해요.
주말에도 마찬가지예요. 예전에는 토요일의 경우 4시면 슈퍼들이 문을 닫았는데 그나마 최근엔 주중과 동일하게 8시까지는 열려 있어요. 일요일에는 모든 상점이 닫혀 있어요. 그렇기 때문에 토요일에는 항상 대형 마트에 사람들이 많죠. 일요일에 먹을 식량까지 모두 장을 봐 두어야 하니까요.
연휴 기간엔 모든 상점들이 쉬어요. 그래서 연휴에 여행을 계획하고 다른 도시를 찾았다면 번화가 쪽은 가지 말도록 해요. 닫혀 있는 상점들과 텅 빈 광장만이 당신을 기다리고 있을 거예요.

Schritt 4 옷 가게

쇼핑

\# 우리 같이 아이쇼핑하러 가지 않을래?

Wollen wir nicht einen Schaufensterbummel machen?
브올른 브이어 니힡 아이는 슈아우프헨스터붐을 마흔?
Hast du Lust auf Windowshopping?
하슽 두 루슽 아우프흐 윈도우슈핑?

\# 나는 쇼핑하는 것을 좋아해.

Ich shoppe gerne.
이히 슙프 게어느
Ich mag es einkaufen zu gehen.
이히 막 에쓰 아인카우프흔 쭈 게흔

\# 난 어제 또 충동구매를 했어.

Ich habe mir gestern spontan etwas gekauft.
이히 하브 미어 게스턴 슈폰탄 엘브아쓰 그카우픝

\# 넌 명품만 밝히는구나.

Dir sind Markenartikel zu wichtig.
디어 진트 마큰아티클 쭈 브이히티히

\# 충동구매를 하지 않으려면 쇼핑 리스트를 만들어야 해.

Um nichts Unnötiges einzukaufen, sollte man sich einen Einkaufszettel /eine Einkaufliste machen.
움 니힡츠 운뇌티그쓰 아인쭈카우프흔, 졸트 만 지히 아이는 아인카우프흐쓰쩰틀/아이느 아인카우프흐리스트 마흔

\# 저는 옷을 벼룩시장에서 자주 사요.

Kleider/Klamotten kaufe ich oft auf dem Flohmarkt.
클라이더/클라몯튼 카우프흐 이히 오픝 아우프흐 뎀 프흘로마큳

\# 저보다 남자 친구가 쇼핑을 더 좋아해요.

Mein Freund geht lieber einkaufen/ shoppen als ich.
마인 프흐오인트 겥 리버 아인카우프흔/슆픈 알쓰 이히

쇼핑몰

\# 쇼핑몰에 가면 다양한 물건을 살 수 있어요.

Im Einkaufszentrum kann man verschiedene Sachen kaufen.
임 아인카우프흐쎈트흐움 칸 만 프헤어슈이드느 자흔 카우프흔

\# 친구를 만나기 전까지 쇼핑몰 구경 좀 하려고요.

Bevor ich meinen Freund treffe, gehe ich solange noch ins Einkaufszentrum.
브흐오어 이히 마이는 프흐오인트 트흐에프흐, 게흐 이히 조랑으 노흐 인쓰 아인카우프흐쓰쩬트흐움

\# 쇼핑몰에서 쇼핑하면 시간을 절약할 수 있어요.

Es ist zeitsparender in einem Shoppingcenter einzukaufen.
에쓰 이슽 짜일슈파흔더 인 아이늠 숖핑쎈터 아인쭈카우프흔

\# 난 완전히 지쳤다고! 벌써 두 시간째 끌고 다녔잖아.

Ich kann nicht mehr! Wir sind schon seit 2 Stunden am shoppen.
이히 칸 니힡 메어! 브이어 진트 슈온 자잍 쯔브아이 슈툰든 암 슆픈

\# 저는 친구들과 어울려 쇼핑몰에 가는 것을 좋아해요.

Ich gehe gerne mit meinen Freunden zusammen in dass Einkaufszentrum.
이히 게흐 게어느 밑 마이는 프흐오인든 쭈잠믄 인 다쓰 아인카우프흐쓰쩬트흐움

옷 가게

찾으시는 물건이 있나요?
Kann ich Ihnen helfen?
칸 이히 이는 헬프흔?
Kann ich Ihnen behilflich sein?
칸 이히 이는 브힐프흘리히 자인?

그냥 좀 둘러보는 중이에요.
Nein danke, ich schaue (mich) nur (um).
나인 당크, 이히 슈아우 (미히) 누어 (움)

지금 유행하는 스타일은 어떤 건가요?
Was ist denn gerade trendy/angesagt?
브아쓰 이슡 덴 그흐아드 트흐엔디/안그자클?

이건 이월 상품이에요.
Das gehört noch zur letzten/alten Kollektion.
다쓰 그회얼 노흐 쭈어 렡쯔튼/알튼 콜렉찌온

좀 입어 봐도 될까요?
Darf man das anprobieren?
닾흐 만 다쓰 안프호비어흔?

한번 입어 보세요.
Probieren Sie es (doch) mal (an).
프흐오비어흔 지 에쓰 (도흐) 말 (안)

탈의실은 저쪽에 있어요.
Die Garderobe/Ankleidekabine ist dort drüben.
디 가더흐오브/안클라이드카비느 이슡 도엍 드흐위븐

이거 M 사이즈 좀 찾아 주시겠어요?
Können Sie mir das in Größe M bringen?
쾬느 지 미어 다쓰 인 그흐외쓰 엠 브흐잉은?

옷 구입 조건

사이즈가 어떻게 되십니까?
Wie/Was ist Ihre Größe?
브이/브아쓰 이슡 이어 그흐외쓰?

M 사이즈는 저한테 안 맞아요. L 사이즈가 맞을 것 같아요.
(Größe) M passt mir nicht. Ich glaube, (Größe) L wird mir passen.
(그흐외쓰) 엠 파슡 미어 니힡. 이히 글라우브, (그흐외쓰) 엘 브이얼 미어 파쓴

파란색보다는 빨간색이 더 잘 어울려요.
Blau steht dir besser als rot.
브라우 슈텥 디어 베써 알쓰 흐옽

이 와이셔츠 다른 색상은 없나요?
Gibt es dieses Hemd noch in einer anderen Farbe?
깁ㅌ 에쓰 디즈쓰 헴ㅌ 노흐 인 아이너 안더흔 프하브?

이 티셔츠는 노출이 너무 심한데요.
Dieses T-Shirt ist mir ein bisschen zu gewagt.
디즈쓰 티-슈얼 이슡 미어 아인 비쓰히은 쭈 그브아클

저는 순모 스웨터를 찾고 있어요.
Ich suche einen Pullover aus reiner Wolle.
이히 주흐 아이느 풀로브어 아우쓰 흐아이너 브올르

가격에 대비 정말 좋은 원피스예요.
Für den Preis ist das ein tolles Kleid.
프휘어 덴 프흐아이쓰 이슡 다쓰 아인 톨르쓰 클라읻

이 원피스 디자인이 정말 마음에 들어.
Der Schnitt dieses Kleides gefällt mir besonders gut.
데어 슈닡 디즈쓰 클라이드쓰 그프핼ㅌ 미어 브존더쓰 궅

옷 구입 결정

잘 어울려.

Das steht dir gut.
다쓰 슈텔 디어 굳

이게 바로 내가 찾던 거야.

Genau sowas habe ich gesucht.
그나우 조브아쓰 하브 이히 그주흗
Das ist genau das, was ich gesucht habe.
다쓰 이슽 그나우 다쓰, 브아쓰 이히 그주흗 하브

이걸로 사는 게 좋겠어. (이 옷으로 결정했어.)

Ich nehme das.
이히 네므 다쓰

가격이 적당하네요. 이걸로 할게요.

Der Preis ist okay. Ich nehme es.
데어 프하이쓰 이슽 오케이. 이히 네므 에쓰
Der Preis ist angemessen. Ich nehme es.
데어 프하이쓰 이슽 안그메쎈. 이히 네므 에쓰

몇 군데 더 둘러보고 결정하자.

Lass uns noch in ein paar andere Läden gehen und dann entscheiden.
라쓰 운쓰 노흐 인 아인 파 안더흐 래든 게흔 운ㅌ 단 엔ㅌ슈아이든

진열대에 있는 것이 마지막 남은 재킷입니다.

Das ist die letzte Jacke, die wir noch haben.
다쓰 이슽 디 렡쯔트 얕크. 디 브이어 노흐 하븐

여기는 내 마음에 드는 게 없어요.

Mir gefällt hier nichts.
미어 그프핼ㅌ 히어 니힡츠

할인 기간

이제 곧 여름 세일 기간이야!

Bald ist Sommerschlussverkauf!
발ㅌ 이슽 좀머슐루쓰프헤어카우프흐!

겨울 세일은 일주일 동안 계속됩니다.

Der Winterschlussverkauf dauert eine Woche.
데어 브인터슐루쓰프헤어카우프흐 다우얼 아이느 브오흐

재고정리 세일 중입니다.

Es ist gerade Räumungsverkauf.
에쓰 이슽 그흐아드 흐오이뭉쓰프헤어카우프흐

세일은 언제까지인가요?

Wie lange gilt das Angebot?
브이 랑으 길ㅌ 다쓰 안그봍?
Wie lange geht die Sonderaktion?
브이 랑으 겥 디 존더앜찌온?

세일은 어제 끝났습니다.

Das Angebot war/galt (nur) bis gestern.
다쓰 안그봍 브아/갈ㅌ (누어) 비쓰 게스턴

세일 상품은 교환이나 환불이 안 됩니다.

Die Artikel aus dem Schlussverkauf/Sale können nicht umgetauscht oder zurückgegeben werden.
디 아티클 아우쓰 뎀 슐루쓰프헤어카우프흐/세일 쾬는 니힡 움그타우슅 오더 쭈흐윌그게븐 브에어든

이 바지는 표시된 가격에서 얼마나 할인되나요?

Wie viel Rabatt gibt es auf diese Hose?
브이 프힐 흐아밭 깁ㅌ 에쓰 아우프흐 디즈 호즈?

할인 품목 & 할인율

전 제품 20% 할인하고 있습니다.

Auf alles 20 Prozent Rabatt.
아우프흐 알르쓰 쯔브안찌히 프흐오쩬트 흐아밭
Es gibt auf alle Artikel 20% Rabatt.
에쓰 깁트 아우프흐 알르 아티클 쯔브안찌히 프흐오쩬트 흐아밭

이 제품은 할인 품목에 포함되지 않아요.

Dieses Produkt ist/haben wir nicht im Angebot.
디즈쓰 프흐오두클 이슽/하븐 브이어 니힡 임 안그봍

정가는 100유로지만 세일해서 80유로예요.

Eigentlich kostet es 100 Euro, aber im Angebot heute nur 80 Euro.
아이근틀리히 코스틑 에쓰 훈덭 오이호, 아버 임 안그봍 호이트 누어 아흩찌히 오이호

티셔츠가 세일 중입니다. 3벌을 구입하시면 1벌을 무료로 드립니다.

Das T-Shirt ist im Angebot. Wenn sie 3 Stück kaufen, bekommen Sie eines kostenlos.
다쓰 티-슈엍 이슽 임 안그봍. 브엔 지 드흐아이 슈튘 카우프흔, 브콤믄 지 아이느쓰 코스튼로쓰

어떤 품목을 세일하고 있나요?

Was haben Sie gerade im Angebot?
브아쓰 하븐 지 그흐아드 임 안그봍?

이 컴퓨터는 세일 중인가요?

Ist dieser Computer im Angebot?
이슽 디저 컴퓨터 임 안그봍?

그 컴퓨터는 최대 50%까지 할인됩니다.

Auf den Computer gibt es 50 Prozent.
아우프흐 덴 컴퓨터 깁트 에쓰 프흰프흐찌히 프흐오쩬트
Der Computer ist 50% ermäßigt.
데어 컴퓨터 이슽 프흰프흐찌히 프흐오쩬트 에어매씨클

꼭! 짚고 가기

독일의 옷 사이즈

독일은 사이즈를 XS, S, M, L, XL로 표기하기도 하지만, 일반적으로는 숫자로 표기해요. 브랜드와 옷의 종류에 따라 조금씩 다르지만 아래의 일반적인 사이즈 기준을 참고하세요.

- 여성복 : 상의와 하의 사이즈가 동일하게 표기돼요.

KOR	XS	S	M	L	XL
DEU	34	36	38	40	42

- 남성복 : 보통 44부터 시작해 2씩 커지고 60까지 있어요. 바지의 경우 46이 30인치 정도라고 생각하면 돼요.

KOR	XS	S	M	L	XL
DEU	46	48	50	52	54

- 아기 옷 : 나이나 키로 표시하는데, 신생아 옷 크기가 50㎝에서 시작하고 14살 정도는 170㎝로 되어 있어요. 아동복은 6씩 커져요.

KOR	0~9		9개월~2세	
DEU	50/56/62/68/74		68/74/80/86/92	

2~3세	3~4세	4~5세	5~6세	6~7세	7~8세
98	104	110	116	122	128

- 신발 : 단위는 ㎜가 아닌 숫자로 표기하고, 보통 36부터 시작해 0.5씩 커져요. 여성과 남성은 차이가 나니 직접 신어 보고 확인하는 게 좋아요.

KOR	230	240	250
DEU	36~36.5	37.5~38	38.5~39
	260	270	280
	40~41	42~43	43~45

할인 구입 조건

\# 그 가게는 세일 기간에만 가요.

Hier gehe ich nur rein, wenn gerade Schlussverkauf ist.
히어 게흐 이히 누어 흐아인, 붸엔 그흐아드 슐루쓰프헤어카우프흐 이슽

\# 난 세일 때를 기다리고 있어요.

Ich warte noch auf den Schlussverkauf.
이히 브아␣ 노흐 아우프흐 덴 슐루쓰프헤어카우프흐

\# 리바이스가 엄청 세일 중인데, 지금 사면 거의 반값이야.

Bei Levis gibt es gerade alles zum halben Preis.
바이 리바이스 깁ㅌ 에쓰 그흐아드 알르쓰 쭘 할븐 프흐아이쓰

\# 이 털모자는 세일해서 7유로밖에 안 해요.

Diese Mütze ist auf 7 Euro runter gesetzt.
디즈 뮡쯔 이슽 아우프흐 지븐 오이흐오 흐운터 그젵쯭

\# 세일 기간 중에도 좋은 물건을 찾을 수 있어요.

Im Schlussverkauf findet man manchmal gute Schnäppchen.
임 슐루쓰프헤어카우프흐 프힌들 만 만히말 구트 슈냎히은

\# 여기 이 시계의 품질은 최고예요.

Diese Uhr hier hat die beste Qualität.
디즈 우어 히어 핱 디 베스트 크브알리탵

\# 명품은 거의 할인을 하지 않아요.

Auf Markenartikel gibt es selten Rabatt.
아우프흐 마큰아티클 깁ㅌ 에쓰 젤튼 흐아밭

계산하기

\# 전부 얼마인가요?

Wie viel macht das zusammen?
브이 프힐 마흩 다쓰 쭈잠믄?
Wie viel kostet alles zusammen?
브이 프힐 코스틑 알르쓰 쭈잠믄?

\# 카드로 계산하시겠어요 현금으로 계산하시겠어요?

Zahlen Sie mit Karte oder bar?
짤른 지 밑 카ㅌ 오더 바?

\# 신용카드로 결제할게요.

Ich zahle mit Karte.
이히 짤르 밑 카ㅌ

\# 현금으로 할게요.

Ich zahle bar.
이히 짤르 바

\# 잔돈 있으세요?

Haben Sie es klein?
하븐 지 에쓰 클라인?
Haben Sie Kleingeld?
하븐 지 클라인겔ㅌ?

\# 영수증 드릴까요?

Brauchen Sie den Kassenbon/Beleg?
브흐아우흔 지 덴 카쓴봉/블렠?

\# 아니요, 영수증은 필요 없어요.

Nein, den Kassenbon brauche ich nicht.
나인, 덴 카쓴봉 브흐아우흐 이히 니힡

\# 여기 29유로 거스름돈입니다.

29 Euro zurück.
노인운ㅌ쯔브안찌히 오이흐오 쭈흐윜
29 Euro für Sie.
노인운ㅌ쯔브안찌히 오이흐오 프휘어 지

할부 구매

\# 일시불로 하시겠어요?

Wollen Sie alles auf einmal bezahlen?
브올른 지 알르쓰 아우프흐 아인말 브짤른?

\# 할부로 구입 가능한가요?

Ist auch eine Ratenzahlung möglich?
이슽 아우흐 아이느 흐아튼짤룽 뫼클리히?

\# 무이자 할부는 몇 개월인가요?

Wie viele Monate sind die Raten zinsfrei?
브이 프힐르 모나트 진트 디 흐아튼 찐쓰프흐아이?

\# 5개월까지 무이자 할부 가능합니다.

Bis zu fünf Monaten sind die Raten zinslos.
비쓰 쭈 프휜프흐 모나튼 진트 디 흐아튼 찐쓰로쓰

\# 3개월 할부로 해 주세요.

Ich möchte gerne in drei Monatsraten zahlen.
이히 뫼히트 게어느 인 드흐아이 모낱츠흐아튼 짤른

\# 그러면 일시불로 할게요.

Dann zahle ich den gesamten Betrag.
단 짤르 이히 덴 그잠튼 브트흐앜
Dann zahle ich alles auf einmal.
단 짤르 이히 알르쓰 아우프흐 아인말

환불 & 교환

\# 이거 환불 가능한가요?

Kann ich den Artikel zurückgeben?
칸 이히 덴 아티클 쭈흐윜게븐?

\# 영수증 없이는 환불 불가능합니다.

Ohne die Quittung/den Kassenbon ist die Rückerstattung nicht möglich.
오느 디 크브잍퉁/덴 카쓴봉 이슽 디 흐윜에어슈탙퉁 니힡 뫼클리히

\# 환불 가능한 기간은 언제까지인가요?

Bis wann kann ich den Artikel zurückgeben?
비쓰 브안 칸 이히 덴 아티클 쭈흐윜게븐?

\# 구입일로부터 일주일 이내에 교환 가능합니다.

Sie können die Ware/den Artikel innerhalb einer Woche umtauschen.
지 쿈느 디 브아흐/덴 아티클 인너할프 아이너 브오흐 움타우슌

\# 사이즈가 안 맞아서 그러는데 교환 가능한가요?

Ich möchte das gerne in eine andere Größe umtauschen.
이히 뫼히트 다쓰 게어느 인 아이느 안더흐 그흐외쓰 움타우슌

\# 이 제품은 교환이 불가능합니다.

Dieser Artikel ist vom Umtausch ausgeschlossen.
디저 아티클 이슽 프홈 움타우슈 아우쓰그슐로쓴

Schritt 5 병원 & 약국　　MP3. K05_S05

예약 & 접수

\# 마이어 선생님께 진료 예약하고 싶어요.

Ich habe einen Termin mit Herrn Doktor Meier.
이히 하브 아이는 테어민 밑 헤언 독토어 마이어

\# 오늘 오후 진료 예약 가능한가요?

Haben Sie heute Nachmittag noch einen Termin frei?
하븐 지 호이트 나흐밑탁 노흐 아이는 테어민 프하이?

\# 죄송하지만, 오늘 스케줄은 이미 꽉 찼어요.

Tut mir leid, aber heute haben wir keine freien Termine (mehr).
툳 미어 라일, 아버 호이트 하븐 브이어 카이느 프하이은 테어미느 (메어)

\# 언제 진료받을 수 있을까요?

Wann wäre der nächste freie Termin?
브안 브애어흐 데어 내흐스트 프흐아이으 테어민?

\# 예약 없이 오시면 오래 기다리셔야 해요.

Wenn Sie ohne Termin kommen, müssen Sie mit langen Wartezeiten rechnen.
브엔 지 오느 테어민 콤믄, 뮈쓴 지 밑 랑은 브아트짜이튼 흐에히는

\# 전화로 예약했습니다.

Ich habe telefonisch einen Termin vereinbart.
이히 하브 텔레프호니슈 아이는 테어민 프헤어아인발트

\# 오늘 여기 처음 왔습니다.

Ich bin heute zum ersten Mal hier.
이히 빈 호이트 쫌 에어스튼 말 히어

\# 진료 시간이 어떻게 되나요?

Wie lange haben Sie Sprechstunde?
브이 랑으 하븐 지 슈프헤히슈툰드?

진찰실

\# 어디가 안 좋으신가요?

Was kann ich für Sie tun?
브아쓰 칸 이히 프휘어 지 툰?
Wie kann ich Ihnen helfen?
브이 칸 이히 이는 헬프흔?
Wo geht es Ihnen nicht gut?
브오 겥 에쓰 이는 니힡 궅?

\# 증상이 어떻습니까?

Was haben Sie für Symptome?
브아쓰 하븐 지 프휘어 쥠프토므?
Wie sind die Symptome?
브이 진트 디 쥠프토므?

\# 언제부터 아프셨어요?

Seit wann haben Sie diese Beschwerden?
자일 브안 하븐 지 디즈 브슈브에어든?
Seit wann haben Sie das?
자일 브안 하븐 지 다쓰?

\# 최근에 뭘 드셨죠?

Was haben Sie zuletzt gegessen?
브아쓰 하븐 지 쭈렡쯭 그게쓴?
Was haben Sie zuletzt zu sich genommen?
브아쓰 하븐 지 쭈렡쯭 쭈 지히 그놈믄?

\# 숨을 깊이 들이쉬세요.

Atmen Sie tief ein und aus.
앝믄 지 티프흐 아인 운트 아우쓰
Tief ein- und ausatmen.
티프흐 아인– 운트 아우쓰앝믄

\# 입을 크게 벌려 주세요.

Machen Sie bitte den Mund groß auf.
마흔 지 비트 덴 문트 그흐오쓰 아우프흐
Jetzt bitte A machen.
(아이에게 '아~하세요' 할 때)
옏쯭 비트 아 마흔

외과

발목을 삐었어요.

Ich habe mir den Fuß verstaucht.
이히 하브 미어 덴 프후쓰 프헤어슈타우흐

스노보드를 타다 팔이 부러졌어요.

Ich habe mir den Arm beim Snowboardfahren gebrochen.
이히 하브 미어 덴 암 바임 스노우보어드프하흔 그브흐오흔

교통사고로 다리를 다쳤어요.

Ich habe mir das Bein bei einem Autounfall verletzt.
이히 하브 미어 다쓰 바인 바이 아이늠 아우토운프할 프헤어렡쯭

어릴 때부터 허리가 아파요.

Ich habe schon seit ich klein bin Rückenschmerzen.
이히 하브 슈온 자잍 이히 클라인 빈 흐웤큰슈메어쯘

손목이 부었어요.

Mein Handgelenk ist angeschwollen.
마인 한트글렝ㅋ 이슽 안그슈브올른

어깨가 결려요.

Ich habe (so) ein Stechen in den Schultern.
이히 하브 (조) 아인 슈테히은 인 덴 슐턴

어깨가 너무 아파서 잠을 잘 수가 없었어요.

Ich kann wegen der Schulterschmerzen nicht schlafen.
이히 칸 브에근 데어 슐터슈메이쯘 니힡 슐라프흔

당분간은 발목을 사용하시면 안 돼요.

Schonen Sie Ihr Fußgelenk.
슈오는 지 이어 프후쓰그렝ㅋ

꼭! 짚고 가기

독일에서 병원 가기

독일과 한국의 병원 시스템은 조금 달라요. 우선 독일에서 병원에 가려면 반드시 예약을 해야 해요. 응급인 경우는 예외지만, 예약 환자를 우선 진료하고 비는 경우에만 비예약 환자를 진료하기 때문에 얼마나 기다려야 할지 모르거든요.
그러다 보니 독일 사람들은 모두 자신의 주치의가 있고 정말 많이 아플 때만 병원에 가는 경우가 많아요. 병원에 가도 진단만 해줄 뿐 약을 처방하지 않고 식이 요법으로 알려 주는 경우도 많고요.
주치의가 있다 보니 바로 전문 의료진을 찾아가지 않고 일반 의사를 먼저 방문하여, 의사가 전문의에게 진단받는 게 좋다고 판단해 전문의에게 연결해 줘야 해당 병원 방문이 가능해요.
마지막으로 독일은 의료 보험 가입이 필수예요. 대부분 공보험에 가입되어 있으며, 이 경우 개인이 청구서를 받는 일은 없어요. 그렇기 때문에 보험사에서 발급해주는 카드를 반드시 소지하고 병원에 가야 해요. 그 카드를 보고 간호사가 어떤 보험사이며 전액이 보험으로 지원되는지 아닌지 확인할 수 있고 청구도 가능하거든요. 확인 후 개인이 지불해야 하는 부분이 있다면 미리 말해주고, 그렇지 않다면 진료가 끝나고 그냥 집으로 가면 돼요. 개인 지불 부분도 바로 병원에서 내는 것이 아니라 집으로 영수증이 오면 송금해요.

내과 – 감기

\# 감기에 걸린 것 같아요.

Ich glaube, ich habe mich erkältet.
이히 글라우브, 이히 하브 미히 에어캘틀
Ich glaube, ich habe eine Erkältung.
이히 글라우브, 이히 하브 아이느 에어캘퉁

\# 코감기에 걸렸어요.

Ich habe Schnupfen.
이히 하브 슈눞프흔

\# 코가 막혔어요.

Meine Nase ist verstopft.
마이느 나즈 이슽 프헤어슈톺흐

\# 감기로 목이 쉬었어요.

Ich bin noch heiser von meiner Erkältung.
이히 빈 노흐 하이저 프혼 마이너 에어캘퉁

\# 침을 삼킬 때마다 목이 아파요.

Ich habe Schluckweh.
이히 하브 슐룩브에

\# 쉬지 않고 기침이 나요.

Ich muss die ganze Zeit husten.
이히 무쓰 디 간쯔 짜잍 후스튼

\# 머리가 깨질 듯이 아파요.

Ich habe schlimme/starke Kopfschmerzen.
이히 하브 슐림므/슈타크 콮흐슈메어쯘

\# 차를 많이 마시고 푹 쉬세요.
그럼 분명히 좋아질 거예요.

Trink viel Tee und ruhe dich gut aus.
Dann wird es bestimmt besser.
트흐잉ㅋ 프힐 테 운ㅌ 흐우 디히 굳 아우쓰. 단 브이얼 에쓰 브슈팀ㅌ 베써

내과 – 열

\# 루카스는 어젯밤부터 열이 있어요.

Lukas hat seit gestern Abend Fieber.
루카쓰 핱 자잍 게스턴 아븐ㅌ 프히버

\# 전 미열이 있어요.

Ich habe leichtes Fieber.
이히 하브 라이히트쓰 프히버

\# 이제 체온을 재겠습니다.

Ich messe mal Ihre Temperatur/Köpertemperatur.
이히 메쓰 말 이어흐 템퍼흐아투어/쾨어퍼템퍼흐아투어

\# (당신 체온이) 36도예요.

(Sie haben) 36 Grad.
(지 하븐) 제흐쓰운ㅌ드흐아이씨히 그흐앝

\# 독감이 유행하고 있어요.

Zurzeit haben viele die Grippe.
쭈어짜잍 하븐 프힐르 디 그흐잎프

\# 해열제를 처방해 드리겠습니다.

Ich verschreibe Ihnen etwas gegen Fieber.
이히 프헤어슈흐아이브 이느 엩브아쓰 게근 프히버

248

내과 - 소화기 ①

배가 아파요.

Ich habe Bauchschmerzen.
이히 하브 바우흐슈메어쫀
Mein Bauch tut weh.
마인 바우흐 툴 브에

아랫배에 통증이 있어요.

Ich habe Bauchkrämpfe.
이히 하브 바우흐크햄프흐
Ich habe Unterleibsschmerzen.
이히 하브 운터라잎쓰메어쫀

배탈이 났어요.

Ich habe mir den Magen verdorben.
이히 하브 미어 덴 마근 프헤어도어븐
Ich habe was Schlechtes/Falsches gegessen.
이히 하브 브아쓰 슐레히트쓰/프할슈쓰 그게쓴

구역질이 나요.

Mir ist übel/schlecht.
미어 이슽 위블/슐레힡

토할 것 같아요.

Ich muss mich übergeben/erbrechen.
이히 무쓰 미히 위버게븐/에어브흐에히은

아무것도 못 먹겠어요.

Ich kann gerade nichts essen.
이히 칸 그흐아드 니힡츠 에쓴
Ich habe gerade keinen Appetit.
이히 하브 그흐아드 카이는 아페팉

내과 - 소화기 ②

변비가 있어요.

Ich habe (eine) Verstopfung.
이히 하브 (아이느) 프헤어슈토프훙

설사를 합니다.

Ich habe Durchfall.
이히 하브 두어히프할

어제부터 내내 설사만 했어요.

Seit gestern habe ich die ganze Zeit Durchfall.
자잍 게스턴 하브 이히 디 간쯔 짜잍 두어히프할

트림이 나요.

Ich muss die ganze Zeit aufstoßen/rülpsen.
이히 무쓰 디 간쯔 짜잍 아우프흐슈토쓴/흐윌ㅍ쓴

먹으면 바로 토해요.

Ich kann nichts bei mir behalten.
이히 칸 니힡츠 바이 미어 브할튼
Ich kotze alles gleich wieder aus, was ich esse.
이히 콭쯔 알르쓰 글라이히 브이더 아우쓰, 브아쓰 이히 에쓰
Alles was ich esse, muss ich gleich wieder erbrechen.
알르쓰 브아쓰 이히 에쓰, 무쓰 이히 글라이히 브이더 에어브흐에히은

치과 - 치통

이가 몹시 아파요.

Ich habe Zahnschmerzen.
이히 하브 짠슈메어쯘

사랑니가 나면서 엄청 아파요.

Ich habe Zahnschmerzen wegen meines Weisheitszahnes.
이히 하브 짠슈메어쯘 브에근 마이느쓰
브아이쓰하일츠짜느쓰

씹을 때마다 오른쪽 어금니가 아파요.

Mein Backenzahn tut mir beim Kauen weh.
마인 박큰짠 툿 미어 바임 카우은 브에

먹을 때마다 이가 아파서 아무것도 못 먹겠어요.

Ich kann wegen den Zahnschmerzen nichts essen.
이히 칸 브에근 덴 짠슈메어쯘 니힡츠 에쓴

양치질 할 때 잇몸에서 피가 나고 아파요.

Das Zahnfleisch blutet und schmerzt beim Zähneputzen.
다쓰 짠프흘라이슈 블루틑 운트 슈메어쯭 바임 쩨느풑쯘

이를 뽑아야 할 것 같아요.

Wir müssen den Zahn ziehen.
브이어 뮈쓴 덴 짠 찌흔

교정을 시작했는데 처음에는 이가 아파 수프만 먹었어요.

Nachdem ich eine Zahnspange bekommen habe, konnte ich anfangs/am Anfang nur Suppe essen.
나흐뎀 이히 아이느 짠슈팡으 브콤믄 하브, 콘트 이히 안프항쓰/암 안프항 누어 줖프 에쓴

치과 - 충치

충치가 많아요.

Sie haben viel Karies.
지 하븐 프힐 카흐이으쓰
Sie haben viele kariöse Zähne.
지 하븐 프힐르 카흐이외즈 쩨느

찬물을 마실 때마다 어금니가 시려요.

Der Backenzahn tut weh, wenn ich kaltes Wasser trinke.
데어 박큰짠 툩 브에, 브엔 이히 칼트쓰 브아써 트흐잉크

전 치과에 가야 해요.

Ich muss zum Zahnarzt.
이히 무쓰 쭘 짠아쯭
Ich brauche eine zahnärztliche Behandlung.
이히 브흐아우흐 아이느 짠애어쯭틀리흐 브한들룽

충치를 때워야 합니다.

Meine Karies muss behandelt werden.
마이느 카흐이으쓰 무쓰 브한들ㅌ 브에어든

충치가 두 개 있는 것 같군요.

Zwei Ihrer Zähne haben Karies.
쯔브아이 이어허 쩨느 하븐 카흐이으쓰

썩은 이를 뽑아야 합니다.

Der kariöse/verfaulte Zahn muss gezogen werden.
데어 카흐이외즈/프헤어프하울트 짠 무쓰 그쪼근 브에어든

치료하면서 치석 제거도 함께 해 드릴게요.

Bei der Zahnreinigung entferne ich Ihnen auch den Zahnstein.
바이 데어 짠흐아이니궁 엔트프헤어느 이히 이느 아우흐 덴 짠슈타인

진료 기타

코피가 자주 나요.
Ich habe oft Nasenbluten.
이히 하브 오픝 나즌블루튼

온몸에 두드러기가 났어요.
Ich habe Nesselausschlag auf dem ganzen Körper.
이히 하브 네쓸아우쓰슐락 아우프흐 뎀 간쯘 쾨어퍼

빈혈이 있어요.
Ich habe Blutmangel/Blutarmut.
이히 하브 블룯망을/블룯아뭍

현기증이 나요.
Mir ist schwindlig.
미어 이슽 슈브인들리히

머리가 아파서 못 움직이겠어요.
Ich kann mich vor lauter Kopfschmerzen nicht bewegen.
이히 칸 미히 프호어 라우터 콮흐슈메어쯘 니힡 브브에근

저는 꽃가루 알레르기가 있어요.
Ich habe Heuschnupfen.
이히 하브 호이슈눞프흔
Ich habe eine Pollenallergie.
이히 하브 아이느 폴른알러기

입덧인 것 같아요.
Ich glaube, das ist die morgendliche Übelkeit.
이히 글라우브, 다쓰 이슽 디 모어근틀리히으 위블카잍

몇 달째 생리를 하지 않았어요.
Ich habe schon seit ein paar Monaten meine Regel/Tage nicht mehr bekommen.
이히 하브 슈온 자잍 아인 파 모나튼 마이느 흐에글/타그 니힡 메어 브콤믄

꼭! 짚고 가기

특이한 처방전

처음 독일 병원을 방문하면 참 당황스러울 수 있어요. 처방전을 받아 약국에 갔는데 빵을 주기도 하니까요.
독일 병원은 처음부터 약으로 처방하기보다는 자연적으로 낫도록 유도하는 편이에요. 그래서 처음에 진료를 받으러 가면 식이 요법을 처방해 주었다가, 일주일 후 호전이 안 되면 다시 오라고 해서 약을 처방해 주죠. 그렇다면 첫 번째 처방전에는 주로 어떤 것들이 적혀 있을까요?

• Kamillentee 카밀른테 캐모마일차
독일에서는 목감기가 걸리면 캐모마일차를 처방해 줘요. 캐모마일은 구강염, 인후염의 소염제로서의 효능이 있기 때문이에요. 또한 감기 초기에 캐모마일차를 마시고 땀을 내면 열을 내리는 효과도 있어 감기로 병원을 찾은 환자에게 많이 처방돼요. 목감기에 걸린 경우 민간요법으로 레몬차를 진하게 타서 마시기도 해요.

• Zwieback 쯔브이밬 빵
설사를 할 경우 처방해 주는 빵이에요. 딱딱하고 전혀 간이 안 되어 있어서 자극적이지 않죠. 배탈 난 사람한테 무슨 빵을 처방해 주나 싶을지 몰라도, 이 빵을 먹고 나면 말끔히 낫는다고 해요.

입원 & 퇴원

\# 입원 수속을 하려고 해요.

Ich möchte mich ins Krankenhaus einweisen.
이히 뫼히트 미히 인쓰 크흐앙큰하우쓰 아인브아이즌

\# 그가 입원해야 하나요?

Muss er über Nacht im Krankenhaus bleiben?
무쓰 에어 위버 나흩 임 크흐앙큰하우쓰 블라이븐?

\# 제가 얼마나 입원해야 하나요?

Wie lange muss ich im Krankenhaus bleiben?
브이 랑으 무쓰 이히 임 크흐앙큰하우쓰 블라이븐?

\# 입원에도 의료 보험이 적용되나요?

Zahlt die Krankenversicherung auch einen Krankenhausaufenthalt?
짤트 디 크흐앙큰프헤어지히어흐웅 아우흐 아이는 크흐앙큰하우쓰아우프흐엔트할트

\# 가능하면 1인실로 해 주세요.

Wenn es möglich ist, möchte ich gerne ein Einzelzimmer.
브엔 에쓰 뫼클리히 이슽, 뫼히트 이히 게어느 아인 아인쯜찜머

\# 언제 퇴원할 수 있나요?

Wann werde ich aus dem Krankenhaus entlassen?
브안 브에어드 이히 아우쓰 뎀 크흐앙큰하우쓰 엔트라쓴?

\# 퇴원 절차가 어떻게 되나요?

Wie werde ich aus dem Krankenhaus entlassen?
브이 브에어드 이히 아우쓰 뎀 크흐앙큰하우쓰 엔트라쓴?

수술

\# 그는 위독한 상태입니다.

Er befindet sich in einem kritischen Zustand.
에어 브프힌틑 지히 인 아이늠 크흐이티슌 쭈슈탄트

\# 오늘 밤이 고비입니다.

Er wird die Nacht nicht überstehen.
에어 브이엍 디 나흩 니흩 위버슈테흔

\# 그는 당장 수술을 받아야 합니다.

Er muss sofort operiert werden.
에어 무쓰 조프호엍 오퍼흐이엍 브에어든

\# 수술하기 위해서 가족의 동의가 필요합니다.

Für die Operation braucht man die Zustimmung/Einwilligung der Familie.
프휘어 디 오퍼흐아찌온 브흐아우흩 만 디 쭈슈팀뭉/ 아인브일리궁 데어 프하밀리으

\# 수술 받은 적 있나요?

Wurden Sie schon mal operiert?
브우어든 지 슈온 말 오퍼흐이엍?

\# 맹장 수술을 했어요.

Ich hatte eine Blinddarmoperation.
이히 핱트 아이느 블린트담오퍼흐아찌온

\# 쉬운 수술이니까 걱정하지 마세요.

Keine Sorge, das ist eine kleine Operation.
카이느 조어그, 다쓰 이슽 아이느 클라이느 오퍼흐아찌온

\# 제왕 절개 수술을 해서 아이를 낳았습니다.

Ich hatte einen Kaiserschnitt.
이히 핱트 아이는 카이저슈닡

\# 그녀는 심장 이식을 해야 합니다.

Sie braucht eine Herztransplantation.
지 브흐아우흩 아이느 헤어쯔트흐안쓰플란타찌온

병원비 & 보험

진찰료는 얼마입니까?

Wie viel muss ich für die ärztliche Behandlung bezahlen?
브이 프힐 무쓰 이히 프휘어 디 애어쯜틀리히으 브한들룽 브짤른?

의료 보험이 있나요?

Haben Sie eine Krankenversicherung?
하븐 지 아이느 크흐앙큰프헤어지히어흐웅?

저는 의료 보험에 가입되어 있어요.

Ich habe eine Krankenversicherung.
이히 하브 아이느 크흐앙큰프헤어지히어흐웅

모든 비용에 보험 적용이 되나요?

Übernimmt die Kosten die Krankenkasse/Krankenversicherung?
위버님트 디 코스튼 디 크흐앙큰카쓰/크흐앙큰프헤어지히어흐웅?

반액만 보험 적용이 됩니다.

Die Hälfte der Kosten übernimmt/zahlt die Krankenkasse.
디 핼프흐트 데어 코스튼 위버님트/짤트 디 크흐앙큰카쓰

진단서를 받고 싶어요.

Ich brauche noch das Attest.
이히 브흐아우흐 노흐 다쓰 아테슽

일부 의약품은 보험 적용이 되지 않습니다.

Einige Medikamente zahlt die Krankenkasse nicht.
아이니그 메디카멘트 짤트 디 크흐앙큰카쓰 니힡

꼭! 짚고 가기

독일 의료 보험

독일은 의료 보험 가입이 의무예요. 개인 보험에 가입된 사람들은 병원에서 기다리는 시간도 짧고 조금 더 세심한 진찰을 받을 수 있겠지만, 일반적으로는 공보험에 가입하는 경우가 대부분이에요.
공보험 가입자들에게는 의사들이 해당 보험에 적용되지 않는 진료를 하여 환자에게 부담을 주면 안 되기 때문에, 개인 보험에 가입된 사람에 비해서는 아무래도 기본적인 진료만 받을 수 있죠.
가장 유명하고 일반적인 공보험으로
die Gesundheitskasse(AOK)
디 그준트하일츠카쓰(아오카)와
die Techniker Krankenkasse(TK)
디 테히니커 크흐앙큰카쓰(테카)가 있습니다.
또 Mawista 마브이스타 보험은 학생 또는 워킹홀리데이 참여자일 경우 28유로부터 가입이 가능하고, 기본적인 것은 모두 해결돼요. 이 보험은 저렴한 가격에 최대한 많은 것을 보장해 주는 것이 장점이라, 단기간 독일에 머무는 학생들에게 추천해요.

Kapitel 05 어디서든 당당하게!

문병

루카스 마이어가 입원한 병실이 어디죠?

Wo liegt Lukas Meier?
브오 리클 루카쓰 마이어?
Wo finde ich das Zimmer von Lukas Meier?
브오 프힌드 이히 다쓰 찜머 프혼 루카쓰 마이어?

루카스 문병 가요.

Ich gehe Lukas im Krankenhaus besuchen.
이히 게흐 루카쓰 임 크흐앙큰하우쓰 브주흔

몸은 좀 어때?

Wie geht es dir?
브이 겔 에써 디어?
Geht es dir besser?
겔 에쓰 디어 베써?
Wie fühlst du dich?
브이 프휠슽 두 디히?

훨씬 좋아졌어요.

Mir geht es viel besser.
미어 겔 에쓰 프힐 베써

빨리 회복되기를 바랄게.

Ich hoffe, du erholst dich schnell.
이히 호프흐, 두 에어홀슽 디히 슈넬
Ich hoffe, du wirst schnell wieder gesund.
이히 호프흐, 두 브이어슽 슈넬 브이더 그준ㅌ

건강하십시오.

Gute Besserung.
구트 베써흐웅

나아지셨다니 다행이네요.

Ich freue mich, dass Sie sich wieder erholt haben.
이히 프후오이으 미히, 다쓰 지 지히 브이더 에어홀ㅌ 하븐
Ich bin froh, dass Sie wieder gesund sind.
이히 빈 프후오, 다쓰 지 브이더 그준ㅌ 진ㅌ

처방전

처방전을 써 드리겠습니다.

Ich gebe Ihnen ein Rezept.
이히 게브 이는 아인 흐에쩨픝

약을 처방해 드리겠습니다. 사흘 동안 복용하세요.

Ich verschreibe Ihnen ein Medikament. Das nehmen Sie bitte 4 Tage (lang) ein.
이히 프헤어슈흐아이브 이는 아인 메디카멘ㅌ. 다쓰 네믄 지 비트 프히어 타그 (랑) 아인

현재 복용하는 약이 있나요?

Nehmen Sie Medikamente?
네믄 지 메디카멘트?

혈압약을 복용하고 있어요.

Ich nehme Medikamente gegen Bluthochdruck.
이히 네므 메디카멘트 게근 블루트호흐드흐욱

이 약은 식후에 드셔야 합니다.

Nehmen Sie die Medizin bitte immer nach dem Essen ein.
네믄 지 디 메디찐 비트 임머 나흐 뎀 에쓴 아인

이 약은 부작용이 있나요?

Hat dieses Medikament/ diese Medizin (irgendwelche) Nebenwirkungen?
핱 디즈쓰 메디카멘ㅌ/디즈 메디찐 (이어근ㅌ브엘히으) 네븐브이어쿵은?

약에 알레르기가 있습니까?

Sind Sie gegen irgendwelche Medikamente allergisch?
진ㅌ 지 게근 이어근ㅌ브엘히으 메디카멘트 알러기슈?

약국

\# 진통제 있나요?

Haben Sie Schmerzmittel?
하븐 지 슈메어쯔밑틀?
Ich bräuchte Schmerztabletten.
이히 브흐오이히트 슈메어쯔타블렡튼

\# 수면제 좀 주세요.

Geben Sie mir ein Schlafmittel bitte.
게븐 지 미어 아인 슐라프흐밑틀 비트
Schlaftabletten bitte.
슐라프흐타블렡튼 비트

\# 하루에 몇 알씩 먹어야 하나요?

Wie viele Pillen muss ich am Tag nehmen?
브이 프힐르 필른 무쓰 이히 암 탁 네믄?

\# 처방전 없이 감기약을 살 수 있나요?

Bekommt man ein Grippemittel auch ohne Verschreibung/Rezept?
브콤트 만 아인 그흐잎픈밑틀 아우흐 오느 프헤어슈흐아이붕/흐에쩨플?

\# 반창고 한 통 주세요.

Eine Packung Pflaster bitte.
아이느 팍쿵 프흘라스터 비트

\# 상처에 바르는 연고가 필요해요.

Ich brauche eine Wundheilsalbe.
이히 브흐아우흐 아이느 브운ㅌ하일잘브

\# 이 약은 어떻게 복용해야 하나요?

Wie soll ich das Medikament einnehmen?
브이 졸 이히 다쓰 메디카멘ㅌ 아인네믄?

\# 1일 3회 식후에 복용하세요.

Dreimal am Tag nach dem Essen.
드흐아이말 암 탁 나흐 뎀 에쓴

꼭! 짚고 가기

약의 종류

독일에서는 대부분의 약을 처방전이 있어야 살 수 있고 가격도 저렴해요. 하지만 급한 경우 일반적인 진통제나 감기약 정도는 약국에서 바로 처방받을 수도 있어요. 증상에 맞는 약을 사기 위해서는 이름을 정확히 알아야겠죠? 약 이름에 대해서 알아볼게요.

① 약의 형태에 따라
- das Pulver 다쓰 풀브어 가루약
- das Körnchen 다쓰 쾨언히은 과립
- die Tablette 디 타블렡트 정제
- eine gezuckerte Tablette
  아이느 그쭉커트 타블렡트 당의정
- die Augentropfen 디 아우근트흐오프흔 안약
- das Zäpfchen 다쓰 째프흐히은 좌약
- die Injektion 디 인옉찌온 주사
- die (Wund)Salbe 디 (브운ㅌ)잘브 연고

② 약효에 따라
- das Erkältungsmittel
  다쓰 에어캘퉁쓰밑틀 감기약
- das Aspirin 다쓰 아스피흐인 아스피린
- das Schmerzmittel 다쓰 슈메어쯔밑틀
  진통제
- das Schlafmittel 다쓰 슐라프흐밑틀
  수면제
- das Digestionsmittel
  다쓰 디게스찌온쓰밑틀 소화제
- das Abführmittel 다쓰 압프휘어밑틀
  변비약
- das Desinfektionsmittel
  다쓰 데쓰인프헥찌온쓰밑틀 소독약
- das Wundheilmittel
  다쓰 브운ㅌ하일밑틀 외상 치료제
- das Blutstillungsmittel
  다쓰 블룻슈틸룽쓰밑틀 지혈제
- das Antiphlogistikum
  다쓰 안티프흘로기스티쿰 소염제

Schritt 6 은행 & 우체국 MP3. K05_S06

은행 - 계좌

\# 계좌를 개설하고 싶습니다.

Ich möchte ein Konto bei der Bank eröffnen.
이히 뫼히트 아인 콘토 바이 데어 방ㅋ 에어외프흐는

\# 체크 카드도 만드시겠어요?

Möchten Sie auch eine EC-Karte beantragen?
뫼히튼 지 아우흐 아이느 에체-카트 브안트흐아근?

\# 적금을 들고 싶어요.

Ich möchte ein Sparkonto eröffnen.
이히 뫼히트 아인 슈파콘토 에어외프흐는

\# 이자율은 어떻게 됩니까?

Wie ist der Zinssatz?
브이 이슽 데어 찐쓰잩츠?

\# 신분증을 보여 주시겠어요?

Können Sie mir Ihren Ausweis zeigen?
퀸느 지 미어 이어흔 아우쓰바이쓰 짜이근?

\# 은행 계좌를 해지하고 싶습니다.

Ich möchte das Konto löschen/kündigen.
이히 뫼히트 다쓰 콘토 뢰슌/퀸디근

\# 어떤 계좌 모델이 저한테 맞을까요?

Welches Kontomodell würde mir passen?
브엘히으쓰 콘토모델 브위어드 미어 파쓴?

입출금

\# 지금부터 입금과 출금을 하셔도 됩니다.

Von jetzt an können Sie Geld auf das Konto einzahlen und abheben.
프혼 옡쯭 안 퀸느 지 겔ㅌ 아우프흐 다쓰 콘토 아인짤른 운ㅌ 압헤븐

\# 오늘 얼마를 입금하시겠습니까?

Wie viel möchten Sie einzahlen?
브이 프힐 뫼히튼 지 아인짤른?

\# 계좌에 100유로를 입금해 주세요.

Ich möchte 100 Euro auf das Konto einzahlen.
이히 뫼히트 훈덭 오이호오 아우프흐 다쓰 콘토 아인짤른

\# 제 계좌에서 200유로 찾고 싶습니다.

Ich möchte 200 Euro vom Konto abheben.
이히 뫼히트 쯔브아이훈덭 오이호오 프홈 콘토 압헤븐

\# 100유로는 수표로 주시고 나머지는 현금으로 주세요.

100 Euro als Scheck und den Rest (in) bar.
훈덭 오이호오 알쓰 슈엨 운ㅌ 덴 흐에슽 (인) 바

\# 비밀번호를 눌러 주세요.

Geben Sie Ihre Geheimzahl ein.
게븐 지 이어흐 그하임짤 아인

\# 적금이 만기되었어요.

Das Sparkonto ist abgelaufen.
다쓰 슈파콘토 이슽 압그라우프흔

\# 적금을 깨고 싶어요.

Ich möchte das Sparkonto kündigen.
이히 뫼히트 다쓰 슈파콘토 퀸디근

송금

이 계좌로 송금해 주세요.

Ich möchte auf dieses Konto überweisen.
이히 뫼히트 아우프흐 디즈쓰 콘토 위버브아이즌

국내 송금인가요 해외 송금인가요?

Möchten Sie innerhalb Deutschlands oder ins Ausland überweisen?
뫼히튼 지 인너할ㅍ 도이츄란ㅌ츠 오더 인쓰 아우쓰란ㅌ 위버브아이즌?

한국으로 송금하고 싶습니다.

Ich möchte nach Korea überweisen.
이히 뫼히트 나흐 코호에아 위버브아이즌

은행 이체 수수료가 있나요?

Gibt es Rabatte für die Überweisung?
깁ㅌ 에쓰 흐아바트 프휘어 디 위버브아이중?

송금할 땐 반드시 수취인 이름을 확인하세요.

Überprüfen Sie vor der Überweisung den Namen des Empfängers.
위버프흐위프흔 지 프호어 데어 위버브아이충 덴 나믄 데쓰 엠프행어쓰

비밀번호를 잘못 입력했어요.

Ich habe meine Geheimzahl falsch eingegeben.
이히 하브 마이느 그하임짤 프할슈 아인그게븐

내일 일찍 송금해 드릴게요.

Ich überweise Ihnen das Geld morgen früh.
이히 위버브아이즈 이는 다쓰 겔ㅌ 모어근 프흐위

현금 자동 인출기 사용

현금 자동 인출기는 어디에 있나요?

Wo ist der Bankautomat/ Geldautomat?
브오 이슽 데어 방ㅋ아우토맡/겔ㅌ아우토맡?

현금인출기에서 제 카드가 안 빠져요.

Der Bankautomat hat meine Karte geschluckt.
데어 방ㅋ아우토맡 핱 마이느 카트 그슐룩클

현금인출기는 몇 시까지 사용 가능한가요?

Bis wie viel Uhr kann man den Geldautomaten benutzen?
비쓰 브이 프힐 우어 칸 만 덴 겔ㅌ아우토마튼 브눝쯘?

여기에 카드를 넣어 주세요.

Stecken Sie Ihre Karte hier ein.
슈텍큰 지 이어흐 카트 히어 아인
Tun Sie Ihre Karte hier hinein.
툰 지 이어흐 카트 히어 힌아인

계좌 잔고가 부족합니다.

Ihr Kontostand reicht nicht aus.
이어 콘토슈탄ㅌ 흐아이힡 니힡 아우쓰

돈을 어떻게 입금하나요?

Wie zahle ich Geld ein?
브이 짤르 이히 겔ㅌ 아인?
Wie zahlt man das Geld ein?
브이 짤ㅌ 만 다쓰 겔ㅌ 아인?

이 현금인출기는 고장 난 것 같아요.

Ich glaube, der Bankautomat/ Geldautomat ist kaputt.
이히 글라우브, 데어 방ㅋ아우토맡/겔ㅌ아우토맡 이슽 카풀

신용카드

신용카드를 신청하고 싶은데요.
Ich möchte eine Kreditkarte beantragen.
이히 뫼히트 아이느 크흐에딭카트 브안트흐아근

카드가 언제 발급되나요?
Wann bekomme ich die Karte?
브안 브콤므 이히 디 카트?

사용 한도액이 어떻게 되나요?
Wie hoch ist mein Dispokredit?
브이 호흐 이슽 마인 디스포크흐에딭?

유효 기간은 언제인가요?
Wie lange ist die Karte gültig?
브이 랑으 이슽 디 카트 귈티히?

신용카드 거래 약관이 어떻게 되나요?
Wie lauten die Geschäftsbedingungen für die Kreditkarte?
브이 라우튼 디 그슈애픝츠브딩웅은 프휘어 디 크흐에딭카트?

신용카드를 도난당했어요. 해지해 주세요.
Meine Kreditkarte wurde gestohlen. Ich möchte meine Karte sperren (lassen).
마이느 크흐에딭카트 브우어드 그슈톨른. 이히 뫼히트 마이느 카트 슈페어흔 (라쓴)

카드 한도액을 늘리고 싶어요.
Ich möchte das Dispo/den Dispokredit meiner Karte erhöhen.
이히 뫼히트 다쓰 디스포/덴 디스포크흐에딭 마이너 카트 에어회흔

Dispokredit 디스포크흐에딭 인출 한도
(Dispositionskredit의 줄임말)

환전

환전할 수 있나요?
Kann man hier Geld wechseln?
칸 만 히어 겔트 브에흐즐ㄴ?

원화를 유로로 환전하고 싶습니다.
Ich möchte koreanische Won gegen Euro wechseln.
이히 뫼히트 코흐에아니슈 원 게근 오이흐오 브에흐즐ㄴ

여행자 수표를 유로로 환전하고 싶은데요.
Ich möchte meinen Reisescheck gegen Euro wechseln.
이히 뫼히트 마이느 흐아이즈슈엑 게근 오이흐오 브에흐즐ㄴ

환전소가 어디 있죠?
Wo ist die Wechselstube?
브오 이슽 디 브에흐즐슈투브?

길 건너편에 환전소가 있습니다.
Gegenüber dieser Straße ist eine Wechselstube.
게근위버 디저 슈트흐아쓰 이슽 아이느 브에흐즐슈투브

은행에서 환전하는 게 더 안전해요.
Es ist sicherer sein Geld auf einer/in einer Bank zu wechseln.
에쓰 이슽 지히어허 자인 겔트 아우프흐 아이너/인 아이너 방ㅋ 쭈 브에흐즐ㄴ

환전 수수료는 얼마인가요?
Wie hoch sind die Gebühren für das Wechseln?
브이 호흐 진트 디 그뷔어흔 프휘어 다쓰 브에흐즐ㄴ?

전액 10유로 지폐로 주세요.
Geben Sie mir das Geld in Zehnern/Zehner-Geldscheinen.
게븐 지 미어 다쓰 겔트 인 체넌/체너-겔트슈아이느

환율

\# 오늘 환율이 어떻게 됩니까?

Wie ist der Wechselkurs heute?
브이 이슽 데어 브에흐즐쿠어쓰 호이트?

\# 원화를 유로로 바꾸는 환율이 어떻게 되나요?

Wie ist der Wechselkurs von Won und/gegen Euro?
브이 이슽 데어 브에흐즐쿠어쓰 프혼 원 운ㅌ/게근 오이흐오?

\# 오늘 환율은 1유로에 1,305원입니다.

Heute ist der Wechselkurs 1.305 KRW für einen Euro.
호이트 이슽 데어 브에흐즐쿠어쓰 타우즌ㅌ드흐아이훈덜프휜프흐 코흐에아니슈 원 프휘어 아이는 오이흐오

\# 환율은 벽에 게시되어 있습니다.

Der Wechselkurs steht hier auf der Tafel.
데어 브에흐즐쿠어쓰 슈텔 히어 아우프흐 데어 타프흘

\# 환율 변동이 심해요.

Der Wechselkurs schwankt sehr.
데어 브에흐즐쿠어쓰 슈브앙클 제어

\# 어제보다 환율이 더 떨어졌어요.

Der Wechselkurs ist seit gestern wieder gesunken.
데어 브에흐즐쿠어쓰 이슽 자일 게스턴 브이더 그중큰

\# 환전하기 전에 환율을 미리 확인할 필요가 있죠.

Man sollte vor dem Geldwechseln den Wechselkurs überprüfen.
만 졸트 프호어 뎀 겔트브에흐즐ㄴ 덴 브에흐즐쿠어쓰 위버프흐위프흔

은행 기타

\# 수표를 현금으로 바꾸고 싶어요.

Ich möchte den Scheck in bar ausgezahlt bekommen.
이히 뫼히트 덴 슈엑 인 바 아우쓰그짤ㅌ 브콤믄

\# 인터넷 뱅킹을 신청하고 싶어요.

Ich möchte (das) Online-Banking beantragen.
이히 뫼히트 (다쓰) 온라인-뱅킹 브안트흐아근

\# 인터넷 뱅킹 비밀번호를 잊어버렸어요.

Ich habe das Passwort für das Online-Banking vergessen.
이히 하브 다쓰 파쓰브오얻 프휘어 다쓰 온라인-뱅킹 프헤어게쓴

\# 인터넷 뱅킹을 사용할 경우 수수료가 있나요?

Kostet das Online-Banking was?
코스틑 다쓰 온라인-뱅킹 브아쓰?

\# 저는 온라인으로 계좌를 관리해요.

Ich verwalte meine Konten online.
이히 프헤어브알트 마이느 콘튼 온라인

\# 은행 대출을 받으려고 해요.

Ich möchte bei der Bank einen Kredit aufnehmen.
이히 뫼히트 바이 데어 방ㅋ 아이는 크흐에딭 아우프흐네믄

\# 대출을 받으려면 어떤 자격이 필요한가요?

Welche Qualifikation muss man haben, um bei der Bank einen Kredit aufnehmen zu können?
브엘히으 크브알리프히카찌온 무쓰 만 하븐, 움 바이 데어 방ㅋ 아이는 크흐에딭 아우프흐네믄 쭈 쾬느?

\# 대출 금리가 얼마인가요?

Wie hoch ist der Darlehenszins?
브이 호흐 이슽 데어 다레흔쓰찐쓰?

편지 발송

편지를 보내고 싶은데요.

Ich möchte einen Brief versenden/verschicken.
이히 뫼히트 아이는 브흐이프흐 프헤어젠든/프헤어슈익큰

빠른 우편으로 보내면 얼마가 들까요?

Wie viel kostet ein Express-Brief?
브이 프힐 코스틑 아인 엑쓰프흐에쓰-브흐이프흐?

이 편지를 국제 우편으로 보내고 싶어요.

Ich möchte diesen Brief international versenden.
이히 뫼히트 디즌 브흐이프흐 인터나찌오날 프헤어젠든

한국까지 도착하는 데 시간이 얼마나 걸리나요?

Wie lange dauert es, bis die Post in Korea ankommt?
브이 랑으 다우엍 에쓰, 비쓰 디 포슽 인 코흐에아 안콤트?

이건 등기 우편으로 보낼게요.

Das versende/verschicke ich als Einschreiben.
다쓰 프헤어젠드/프헤어슈익크 이히 알쓰 아인슈흐아이븐

연휴에는 시간이 더 걸릴 수도 있어요.

Zwischen den Feiertagen kann es länger dauern.
쯔브이슌 덴 프하이어타근 칸 에쓰 랭거 다우언

크리스마스 때는 많은 편지를 잃어버리기도 해요.

An Weihnachten gehen viele Briefe verloren.
안 브아이나흐튼 게흔 프힐르 브흐이프흐 프헤어로어흔

소포 발송

이 소포를 프랑크푸르트로 보내고 싶어요.

Ich möchte das Paket nach Frankfurt senden.
이히 뫼히트 다쓰 파켙 나흐 프흐앙크후얼 젠든

소포는 무게에 따라 비용이 정해집니다.

Die Kosten werden nach (dem) Gewicht berechnet.
디 코스튼 브에어든 나흐 (뎀) 그브이힡 브흐에히늩

소포의 내용물은 무엇인가요?

Was ist im Paket?
브아쓰 이슽 임 파켙?
Was beinhaltet das Paket?
브아쓰 브인할틑 다쓰 파켙?

깨지기 쉬운 물건이 들어 있어요.

In dem Paket befindet sich (leicht) Zerbrechliches.
인 뎀 파켙 브프흔듵 지히 (라이힡) 쩨어브흐에힐리히으쓰
Vorsicht Glas.
프호어지힡 글라쓰
Fragil.
프흐아길

이 소포를 선박 우편으로 보내시겠어요 항공 우편으로 보내시겠어요?

Wollen Sie das Paket per Flugzeug oder Schiff versenden?
브올른 지 다쓰 파켙 페어 프흘룩쪼읔 오더 슈이프흐 프헤어젠든?

항공 우편이 빠르긴 하지만 더 비싸요.

Mit dem Flugzeug ist es schneller, kostet aber auch mehr.
밑 뎀 프흘룩쪼읔 이슽 에쓰 슈넬러, 코스틑 아버 아우흐 메어

우체국 기타

우표를 사고 싶어요.

Ich möchte Briefmarken kaufen.
이히 뫼히트 브흐이프흐마큰 카우프흔

판매 중인 기념우표가 있나요?

Verkaufen Sie auch Sonderbriefmarken?
프헤어카우프흔 지 아우흐 존더브흐이프흐마큰?

Gibt es Sonderbriefmarken, die Sie verkaufen?
깁ㅌ 에쓰 존더브흐이프흐마큰, 디 지 프헤어카우프흔?

우편환으로 100유로를 송금하고 싶습니다.

Ich möchte einen Wertbrief mit 100 Euro versenden.
이히 뫼히트 아이는 브에얼트브흐이프흐 밑 훈덭 오이흐오 프헤어젠든

안나에게 전보를 보내려고 해요.

Ich möchte ein Telegramm an Anna senden.
이히 뫼히트 아인 텔레그흐암 안 안나 젠든

전보는 몇 글자까지 얼마에 보낼 수 있나요?

Wie viel kostet das Telegramm und wie viel Zeichen hat es?
브이 프힐 코스틑 다쓰 텔레그흐암 운ㅌ 브이 프힐 짜이히은 핱 에쓰?

착불로 보내 주세요.

Schicken Sie es mir per Nachnahme.
슈읶큰 지 에쓰 미어 페어 나흐나무

Schicken Sie es als Nachnahme-Sendung.
슈읶큰 지 에 쓰 알쓰 나흐나무-젠둥

꼭! 짚고 가기

유학생을 위한 은행 계좌

유학생이 독일에서 비자를 받기 위해서는 독일 은행에 계좌를 만들어 유학 기간 동안 필요한 비용을 그 계좌에 넣어 두어야 해요. 기간에 따라 산정 금액이 다른데, 그런 유학생이나 교환 학생들을 위해 Deutsche Bank 도이츄 방ㅋ에서는 Sperrkonto 슈페어콘토라는 계좌를 만들어 줘요. 카드 결제를 하거나 돈을 인출할 수는 있지만, 계좌 잔고가 일정 금액으로 동결되도록 정해져 있어 마음대로 사용할 수 없게 해 두는 거죠. 당연히 동결되는 금액은 남은 기간에 따라 줄어들어요.

비자를 받고 독일에서 휴대폰을 개통하기 위해서도 이 계좌가 꼭 필요한데, 이 계좌를 만들기 위해서는 Deutsche Bank(독일 연방 중앙은행) 홈페이지에 들어가 다운받은 서류를 작성해야 하고, 신분증 사본과 입국 허가서를 가지고 방문해야 해요. 그리고 30세 미만의 학생은 연회비 없이 계좌를 만들 수 있지만 30세 이상일 경우는 추가되는 기능에 대한 일정 금액이 부과될 수 있어요.

Schritt 7 미용실 — 미용실 상담

커트 ①

\# 헤어스타일을 새롭게 바꾸고 싶어요.

Ich möchte eine neue Frisur.
이히 뫼히트 아이느 노이으 프흐이주어
Ich möchte einen neuen Haarschnitt.
이히 뫼히트 아이는 노이은 하슈닡

\# 나 미용실 가려고.

Ich will zum Friseur.
이히 브일 쭘 프흐이죄어

\# 어떤 스타일을 원하세요?

Was für eine Frisur möchten Sie?
브아쓰 프휘어 아이느 프흐이주어 뫼히튼 지?
Welchen Haarschnitt möchten Sie?
브엘히은 하슈닡 뫼히튼 지?

\# 헤어스타일 책을 보여 드릴까요?

Möchten Sie mal in das Frisurenbuch schauen?
뫼히튼 지 말 인 다쓰 프흐이주어흔부흐 슈아우은?

\# 이 사진 속의 모델처럼 하고 싶어요.

Ich hätte gerne diese Frisur, wie auf diesem Foto.
이히 햍트 게어느 디즈 프흐이주어, 브이 아우프흐 디즘 프흐토

\# 어떤 스타일이 제게 어울릴까요?

Welche Frisur würde zu mir passen?
브엘히으 프흐이주어 브뷔어드 쭈 미어 파쓴?
Welche Frisur würde mir stehen?
브엘히으 프흐이주어 브뷔어드 미어 슈테흔?

\# 요즘 유행하는 스타일로 해 주세요.

Ich hätte gerne so eine Frisur, wie man sie zurzeit trägt.
이히 햍트 게어느 조 아이느 프흐이주어, 브이 만 지 쭈어짤 트흐애글

\# 머리를 자르고 싶어요.

Ich möchte mir die Haare schneiden lassen.
이히 뫼히트 미어 디 하흐 슈나이든 라쓴

\# 어떻게 잘라 드릴까요?

Wie möchten Sie sie geschnitten bekommen?
브이 뫼히튼 지 지 그슈닡튼 브콤믄?

\# 어깨에 닿을 정도 길이로 해 주세요.

Auf Schulterlänge bitte.
아우프흐 슐터랭으 비트
Schulterlang bitte.
슐터랑 비트

\# 아주 짧게 잘라 주세요.

Ganz kurz bitte.
간쯔 쿠어쯔 비트

\# 머리끝 약간만 다듬어 주세요.

Nur Spitzen schneiden.
누어 슈핕쯘 슈나이든
Ich will nur die Spitzen geschnitten haben/bekommen.
이히 브일 누어 디 슈핕쯘 그슈닡튼 하븐/브콤믄

\# 이 정도 길이로 해 주세요.

Ungefähr auf die Höhe bitte.
운그프햬어 아우프흐 디 회흐 비트
Ungefähr so lang bitte.
운그프햬어 조 랑 비트

\# 너무 짧게 자르지 마세요.

Bitte nicht zu kurz schneiden.
비트 니힡 쭈 쿠어쯔 슈나이든

커트 ②

\# 스포츠형으로 짧게 잘라 주세요.

Einen Bürstenschnitt bitte.
아이는 뷔어스튼슈닡 비트
Ich hätte gerne einen Bürstenschnitt.
이히 햍트 게어느 아이는 뷔어스튼슈닡

\# 단발머리를 하고 싶어요.

Ich hätte gerne eine Bubikopf-Frisur.
이히 햍트 게어느 아이느 부비콮흐-프흐이주어

\# 앞머리를 내고 싶어요.

Ich möchte einen Pony.
이히 뫼히트 아이는 포니

\# 앞머리는 그대로 두세요.

Nicht den Pony schneiden bitte.
니힡 덴 포니 슈나이든 비트

\# 머리숱을 좀 쳐 주세요.

Die Haare bitte etwas ausdünnen.
디 하흐 비트 엩브아쓰 아우쓰뒨는

\# 숱을 조금 더 쳐 주세요.

Bitte dünnen Sie die Haare noch etwas aus.
비트 뒨는 지 디 하흐 노흐 엩브아스 아우쓰

\# 머리에 층을 내 주세요.

Die Haare bitte stufig schneiden.
디 하흐 비트 슈투프히히 슈나이든
Einen Stufenschnitt bitte.
아이는 슈투픈슈닡 비트

파마

\# 파마를 하고 싶어요.

Ich möchte mir eine Dauerwelle machen lassen.
이히 뫼히트 미어 아이느 다우어브엘르 마흔 라쓴

\# 어떤 파마를 원하세요?

Was für Locken möchten Sie?
브아쓰 프휘어 록큰 뫼히튼 지?

\# 스트레이트파마로 머리를 펴려고요.

Ich möchte meine Haare glätten lassen.
이히 뫼히트 마이느 하흐 글랱튼 라쓴
Ich möchte die Haare bitte geglättet bekommen.
이히 뫼히트 디 하흐 비트 그글랱트 브콤믄

\# 아래에 굵은 웨이브를 넣고 싶어요.

Unten sollen die Haare große Locken haben.
운튼 졸른 디 하흐 그흐오쓰 록큰 하븐

\# 자연스러운 웨이브를 하고 싶어요.

Ich hätte gerne eine Naturwelle.
이히 햍트 게어느 아이느 나투어브엘르

\# 짧은 머리에 어울리는 파마는 뭔가요?

Welche Locken passen zu kurzen Haaren?
브엘히으 록큰 파쓴 쭈 쿠어쯘 하흔?

\# 너무 곱슬거리지 않게 말아 주세요.

Es wäre schön, wenn es nicht zu lockig wird.
에쓰 브애어흐 슈왼, 브엔 에쓰 니힡 쭈 록키히 브이얼

\# 파마가 예쁘네.

Du hast schöne Locken.
두 하슽 슈외느 록큰
Deine Locken sind schön.
다이느 록큰 진트 슈왼

Kapitel 05 어디서든 당당하게! 263

염색

\# 머리를 염색해 주세요.

Ich möchte meine Haare färben.
이히 뫼히트 마이느 하흐 프해어븐

\# 어떤 색으로 하시겠어요?

Welche Farbe möchten Sie?
브엘히으 프하브 뫼히튼 지?

\# 가을에 어울리는 색이 뭔가요?

Welche Farbe passt gut zum Herbst?
브엘히으 프하브 파쓷 굳 쯤 헤얶슽?

\# 금발로 하고 싶어요.

Ich möchte blonde Haare.
이히 뫼히트 블론드 하흐

\# 검은색으로 염색하면 더 젊어 보일 거예요.

Schwarze Haare würden Sie etwas jünger aussehen lassen.
슈브아쯔 하흐 브위어든 지 엩브아쓰 유윙어 아우쓰제흔 라쓴

\# 와인색이 제게 어울릴까요?

Würde mir (die Farbe) Burgund gut stehen?
뷔어드 미어 (디 프하브) 버군트 굳 슈테흔?

\# 염색한 후 그 색이 오래 가나요?

Wie lange hält die Färbung?
브이 랑으 핼트 디 프해어붕?

\# 염색하면 머리결이 상하나요?

Schadet die Färbung meinen Haaren?
슈아들 디 프해어붕 마이는 하흔?

\# 탈색하는 건 싫어요.

Ich mag meine Haare nicht bleichen.
이히 맠 마이느 하흐 니힡 블라이히은

네일

\# 손톱 손질을 받고 싶어요.

Ich hätte gerne eine Maniküre.
이히 핻트 게어느 아이느 마니퀴어흐

\# 손톱에 매니큐어를 지우고 다른 색으로 발라 주세요.

Entfernen Sie bitte den alten Nagellack und lackieren Sie sie mir neu.
엔트프헤어는 지 비트 덴 알튼 나글랔 운트 랔키어흔 지 지 미어 노이

\# 어떤 색 매니큐어를 발라 드릴까요?

Welche Farbe wollen Sie?
브엘히으 프하브 브올른 지?
Was für einen Nagellack wollen Sie?
브아쓰 프휘어 아이느 나글랔 브올른 지?

\# 이 색은 마음에 안 들어요.

Mir gefällt diese Farbe.
미어 그프핼트 디즈 프하브

\# 광택이 있는 보라색 매니큐어를 발라 주세요.

Ich hätte gerne dieses glossy/ glänzende Lila.
이히 핻트 게어느 디즈쓰 글로씨/글랜쯘드 릴라

\# 저는 손톱이 잘 갈라져요.

Meine Nägel reißen schnell.
마이느 내글 흐아이쓴 슈넬

\# 저는 손톱이 잘 부러지는 편이에요.

Meine Nägel brechen leicht.
마이느 내글 브흐에히은 라이힡

\# 발톱 손질도 해 드릴까요?

Wollen Sie auch eine Pediküre?
브올른 지 아우흐 아이느 페디퀴어흐?

미용실 기타

\# 저는 머리숱이 무척 많아요.

Ich habe volles Haar.
이히 하브 프홀르쓰 하
Ich habe viele Haare.
이히 하브 프힐르 하흐

\# 저는 가르마를 왼쪽으로 타요.

Ich trage meinen Scheitel links.
이히 트흐아그 마이느 슈아이틀 링크쓰
Ich trage einen Linksscheitel.
이히 트흐아그 아이느 링쓰슈아이틀

\# 평소에는 머리를 묶고 다니는 편이에요.

Meistens trage ich einen Zopf.
마이스튼쓰 트흐아그 이히 아이느 쫖흐
Meistens habe ich meine Haare zusammen gebunden.
마이스튼쓰 하브 이히 마이느 하흐 쭈잠믄 그분든

\# 그냥 드라이만 해 주세요.

Ich möchte nur die Haare geföhnt bekommen.
이히 뫼히트 누어 디 하흐 그프횐트 브콤믄

\# 지난번에 미용실 예약했어요.

Ich habe letztens einen Friseurtermin gemacht.
이히 하브 렡쯔튼쓰 아이느 프흐이죄어테어민 그마흐트
Ich habe letztens beim Friseur einen Termin vereinbart.
이히 하브 렡쯔튼쓰 바임 프흐이죄어 아이느 테어민 프헤어아인발

\# 머릿결이 많이 상했네요.

Die Haare sind sehr kaputt.
디 하흐 진트 제어 카풑

Schritt 8 세탁소

세탁물 맡기기

MP3. K05_S08

\# 이 옷들은 세탁소에 맡길 거예요.

Ich werde diese Kleider in die Wäscherei/Renigung geben.
이히 브에어드 디즈 클라이더 인 디 브애슈어하이/흐아이니궁 게븐

\# 이 양복을 세탁소에 맡겨 주시겠어요?

Würden Sie diesen Anzug in die Wäscherei/Reinigung geben?
브위어든 지 디즌 안쭉 인 디 브애슈어하이/흐아이니궁 게븐?

\# 이 바지 좀 다려 주시겠어요?

Würden Sie diese Hose für mich bügeln?
브위어든 지 디즈 호즈 프휘어 미히 뷔글ㄴ?

\# 이 코트는 드라이클리닝해야 해요.

Dieser Mantel muss in der Wäscherei/Reinigung gereinigt werden.
디저 만틀 무쓰 인 데어 브애슈어하이/흐아이니궁 그흐아이닉트 브에어든

\# 다음 주 화요일까지 이 와이셔츠를 세탁해 주세요.

Ich brauche das Hemd bis nächsten Dienstag (wieder).
이히 브흐아우흐 다쓰 헴트 비쓰 내흐스튼 딘스탁 (브이더)

\# 이건 실크 블라우스예요. 조심해 주세요.

Das ist eine Bluse aus Seide. Passen Sie bitte auf.
다쓰 이슽 아이느 블루즈 아우쓰 자이드.
파쓴 지 비트 아우프흐

\# 수선도 해 주시나요?

Machen Sie auch Änderungen?
마흔 지 아우흐 앤더흐웅은?

세탁물 찾기

세탁물을 찾고 싶은데요.

Ich möchte meine Wäsche abholen.
이히 뫼히트 마이느 브애슈 압홀른
Ich wollte meine Wäsche abholen.
이히 브올트 마이느 브애슈 압홀른

죄송하지만, 아직 안 되었어요.

Tut mir leid, aber die ist noch nicht fertig.
툩 미어 라잍, 아버 디 이슫 노흐 니힡 프헤어티히

언제 찾아갈 수 있나요?

Wann kann ich sie dann abholen?
브안 칸 이히 지 단 압홀른?
Wann wäre sie denn fertig?
브안 브애어흐 지 덴 프헤어티히?

제 세탁물 다 됐나요?

Ist meine Wäsche (schon) fertig?
이슫 마이느 브애슈 (슈온) 프헤어티히?
Sind Sie mit meiner Wäsche fertig?
진 지 밑 마이너 브애슈 프헤어티히?

내일 제 양복 찾으러 들를게요.

Ich komme morgen vorbei und hole meinen Anzug ab.
이히 콤므 모어근 프호어바이 운트 홀르 마이느 안쭉 압

코트 한 벌 드라이클리닝 비용은 얼마인가요?

Wie viel kostet die Reinigung eines Mantels?
브이 프힐 코스틑 디 흐아이니궁 아이느쓰 만틀쓰?

접수증을 주세요.

Ihren Abholschein bitte.
이어흔 압홀슈아인 비트

세탁물 확인

제가 맡긴 세탁물이 다 됐는지 확인하려고 전화했습니다.

Ich rufe an, um zu fragen, ob meine Wäsche schon fertig ist.
이히 흐우프흐 안, 움 쭈 프흐아근, 옾 마이느 브애슈 슈온 프헤어티히 이슫

이 와이셔츠 다림질이 잘 안된 것 같은데요.

Das Hemd sieht nicht so aus, als wäre es gebügelt worden.
다쓰 헴트 짙 니힡 조 아우쓰, 알쓰 브애어흐 에쓰 그뷔글ㅌ 브오어든
Das Hemd sieht ungebügelt aus.
다쓰 헴트 짙 운그뷔글ㅌ 아우쓰

맡겼던 와이셔츠의 소매가 아직도 더러워요.

Das Hemd, das ich in die Wäscherei gegeben habe, ist am Ärmel immer noch schmutzig.
다쓰 헴트, 다쓰 이히 인 디 브애슈어흐아이 그게븐 하브, 이슫 암 애어믈 임머 노흐 슈뭍찌히

이건 제가 맡긴 코트가 아닙니다.

Das ist nicht mein Mantel.
다쓰 이슫 니힡 마인 만틀
Das ist nicht der Mantel, den ich Ihnen gegeben habe.
다쓰 이슫 니힡 데어 만틀, 덴 이히 이는 그게븐 하브

이틀 전에 루카스 이름으로 양복 한 벌을 맡겼어요.

Ich habe (hier) vor zwei Tagen einen Anzug auf den Namen Lukas abgegeben.
이히 하브 (히어) 프호어 쯔브아이 타근 아이는 안쭉 아우프흐 덴 나믄 루카쓰 압그게븐

카펫도 세탁이 가능한가요?

Reinigen Sie auch Teppiche?
흐아이니근 지 아우흐 텦피히으?

얼룩 제거

\# 블라우스에 있는 얼룩 좀 제거해 주시겠어요?

Können Sie diesen Fleck auf der Bluse entfernen?
쾬는 지 디즌 프흘렉 아우프흐 데어 블루즈 엔트프헤어는?

\# 원피스에 커피를 쏟았어요. 얼룩이 지워질까요?

Ich habe ausversehen Kaffee auf mein Kleid gekippt/geschüttet. Bekommen Sie den Fleck entfernt?
이히 하브 아우쓰프헤어제흔 카프헤 아우프흐 마인 클라읻 그키플/그슈틀. 브콤믄 지 덴 프흘렉 엔트프헤언트?

\# 기름 얼룩인데 지워질까요?

Bekommen Sie auch Ölflecken raus?
브콤믄 지 아우흐 욀프흘렉큰 흐아우쓰?

\# 이 얼룩은 빨았는데도 지워지지 않아요.

Der Fleck geht nicht raus, obwohl ich es gewaschen habe.
데어 프흘렉 겔 니힡 흐아우쓰, 옵브올 이히 에쓰 그브아슌 하브

\# 드라이클리닝을 하면 얼룩이 지워질 거예요.

Die Reinigung bekommt den Fleck bestimmt raus/weg.
디 흐아이니궁 브콤트 덴 프흘렉 브슈팀트 흐아우쓰/브엑

\# 오래된 얼룩은 지우기 더 어려워요.

Eingetrocknete Flecken sind schwieriger zu entfernen.
아인그트흐오크네트 프흘렉큰 진트 슈브이흐이거 쭈 엔트프헤어는

수선

\# 옷 수선도 잘하시나요?

Machen Sie auch Änderungsarbeiten?
마흔 지 아우흐 앤더흐웅쓰아바이튼?

\# 이 바지 길이 좀 줄이려고 해요.

Ich möchte meine Hose kürzen lassen.
이히 뫼히트 마이느 호즈 퀴어쯘 라쓴

\# 가방 지퍼가 고장 났어요. 좀 고쳐 주시겠어요?

Der Reißverschluss dieser Tasche ist kaputt. Können Sie das reparieren?
데어 흐아이쓰프헤어슐루쓰 디저 타슈 이슫 카풑. 쾬는 지 다쓰 흐에파흐이어흔?

\# 소매가 뜯어졌어요. 수선 가능한가요?

Der Ärmel hat einen Riss. Können Sie das reparieren?
데어 애어믈 핱 아이는 흐이쓰. 쾬는 지 다쓰 흐에파흐이어흔?

Der Ärmel ist gerissen. Können Sie das ausbessern?
데어 애어믈 이슫 그흐이쓴. 쾬는 지 다쓰 아우쓰베썬?

\# 단추 좀 다시 달아 주시겠어요?

Können Sie hier wieder einen Knopf annähen?
쾬는 지 히어 브이더 아이는 크높흐 안내흔?

\# 죄송하지만, 이것은 고칠 수 없습니다.

Tut mir leid, aber das kann man nicht mehr reparieren.
툳 미어 라읻, 아버 다쓰 칸 만 니힡 메어 흐에파흐이어흔

Schritt 9 렌터카 & 주유소 MP3. K05_S09

렌터카 - 대여 & 차종

이번 토요일에 차 한 대 빌리고 싶습니다.
Ich möchte für diesen Samstag ein Auto mieten.
이히 뫼히트 프휘어 디즌 잠스탁 아인 아우토 미튼

어떤 차를 빌리고 싶으신가요?
Welches/Was für ein Auto möchten Sie mieten?
브엘히으쓰/브아쓰 프휘어 아인 아우토 뫼히튼 지 미튼?

6인용 밴을 빌리고 싶어요.
Einen Van für sechs Personen.
아이는 브엔 프휘어 제흐쓰 페어조는

소형차를 빌리고 싶어요.
Ich möchte einen kleinen PKW mieten.
이히 뫼히트 아이는 클라이는 페카브에 미튼

빌릴 수 있는 오픈카가 있나요?
Haben Sie auch ein Cabrio zu vermieten?
하븐 지 아우흐 아인 카브흐이오 쭈 프헤어미튼?

며칠간 빌리실 예정인가요?
Bis wann wollen Sie es mieten?
비쓰 브안 브올른 지 에쓰 미튼?

4월 15일까지 5일간 빌리고 싶어요.
Für fünf Tage. Bis zum 15. April.
프휘어 프휜프흐 타그. 비쓰 쭘 프휜프흐첸튼 아프흐일

오토매틱으로만 운전할 수 있어요.
Ich kann nur Automatik fahren.
이히 칸 누어 아우토마틱 프하흔

자동차 종합 보험에 가입하시겠어요?
Mit Vollkasko?
밑 프홀카쓰코?
Mit Vollkaskoversicherung?
밑 프홀카쓰코프헤어지히어흐웅?

렌터카 - 정산 & 반납

빌린 차는 어떻게 반납하나요?
Wie gebe ich den Mietwagen wieder ab?
브이 게브 이히 덴 밑브아근 브이더 압?

어디에서 반납하면 되나요?
Wo muss ich ihn abgeben?
브오 무쓰 이히 인 압게븐?

렌탈 요금은 어떻게 됩니까?
Wie viel kostet das?
브이 프힐 코스틑 다쓰?

독일 내 모든 지점에서 반납 가능합니다.
Sie können den Wagen an allen Filialen/Zweigstellen von uns in Deutschland abgeben.
지 퀸는 덴 브아근 안 알른 프힐리알른/쯔브아익슈텔른 프혼 운쓰 인 도이츄란트 압게븐

차 반납이 늦으면 추가 비용이 얼마나 발생하나요?
Wie teuer ist es, wenn man den Wagen nicht rechtzeitig zurückgibt?
브이 토이어 이슽 에쓰, 브엔 만 덴 브아근 니힡 흐에힡짜이티히 쭈흐윅긥트?

차 반납일을 늦출 수 있나요?
Kann man den Termin zur Rückgabe noch verschieben?
칸 만 덴 테어민 쭈어 흐윅가브 노흐 프헤어슈이븐?

차를 반납하기 전에 기름을 가득 채워 주시기 바랍니다.
Tanken Sie bitte voll, bevor Sie den Wagen/das Auto zurückbringen.
탕큰 지 비트 프홀, 브프호어 지 덴 브아근/다쓰 아우토 쭈흐윅브흐잉은

주유소 ①

차에 기름이 다 떨어져 가요.

Wir haben fast kein Benzin mehr.
브이어 하븐 파스트 카인 벤찐 메어
Der Tank ist fast leer.
데어 탕ㅋ 이슽 프하슽 레어

다음 주유소가 어디에 있나요?

Wo ist die nächste Tankstelle?
브오 이슽 디 내흐스트 탕ㅋ슈텔르?

이 주유소는 셀프로 주유해야 해요.

An dieser Tankstelle muss man selbst tanken.
안 디저 탕ㅋ슈텔르 무쓰 만 젤pst 탕ㅋ
Das ist eine SB-Tankstelle.
다쓰 이슽 아이느 에쓰베-탕ㅋ슈텔르

기름은 충분한가요?

Haben wir noch genug Benzin?
하븐 브이어 노흐 그눅 벤찐?

아직 쾰른에 도착하려면 멀었어요.
  다음 주유소에 들렀다 가요.

Es dauert noch bis wir in Köln ankommen. Lass uns bei der nächsten Tankstelle kurz anhalten/stoppen.
에쓰 다우얼ㅌ 노흐 비쓰 브이어 인 쾰른 안콤믄. 라쓰 운쓰 바이 데어 내흐스튼 탕ㅋ슈텔르 쿠어쯔 안할튼/슈톱픈

리터당 기름값이 얼마죠?

Wie viel kostet der Liter Benzin?
브이 프힐 코스틑 데어 리터 벤찐?

50유로어치 넣어 주세요.

Ich möchte für 50 Euro tanken bitte.
이히 뫼히트 프휘어 프휜프흐찌히 오이호 탕ㅋ 비트

꼭! 짚고 가기

독일 주유소

독일 주유소의 대부분은 셀프서비스예요. 직접 차를 대고 주유를 한 후, 주유소 내 편의점으로 가서 계산을 하게 되죠. 그래서 주유를 할 때 자신의 번호를 확인하고 계산대에 가서 그 번호를 말해야 해요. 다른 사람이 주유한 것을 대신 결제하기 싫다면요.
그렇게 번호를 말하면 주유량과 금액을 확인해 줘요. 그럼 결제를 하고 나와 떠나면 된답니다. 이런 주유소를 SB-Tankstelle 에쓰베-탕ㅋ슈텔르라고 하는데 여기에서 SB 에쓰베는 Selbstbedienung 젤pst브디눙 (셀프서비스)의 약자예요.
독일의 많은 주유소에는 자전거 바퀴에 바람을 넣을 수 있는 공간이 마련되어 있어서 자전거를 가져와 공짜로 바람을 넣고 가는 사람들도 많죠.
주유소의 편의점은 24시간 열려 있는 경우가 많으니 모든 가게의 문이 닫혀 있는 저녁에 먹고 싶은 게 생기면 근처 주유소를 찾아가 보세요.

Kapitel 05 어디서든 당당하게!

주유소 ②

아직은 주유할 필요가 없는 것 같아요.

Ich glaube, der Tank ist noch voll genug.
이히 글라우브, 데어 탱크 이슽 노흐 프홀 그눅
Ich glaube, wir müssen noch nicht tanken (gehen).
이히 글라우브, 브이어 뮈쓴 노흐 니힡 탱큰 (게흔)

주유소 화장실에 들르고 싶어요.

Ich möchte kurz auf die Toilette an der Tankstelle.
이히 뫼히트 쿠어쯔 아우프흐 디 토일렡트 안 데어 탱크슈텔르

주유기 앞에 차를 세우세요.

Bitte fahren Sie vor die Zapfsäule.
비트 프하흔 지 프호어 디 짴흐조일르

기름을 가득 채워 주세요.

Bitte voll Tanken.
비트 프홀 탱큰
Einmal volltanken bitte.
아인말 프홀탱큰 비트

무연 휘발유로 넣어 주세요.

Tanken Sie bitte Bleifrei.
탱큰 지 비트 블라이프흐아이
Bitte tanken Sie bleifreies Benzin.
비트 탱큰 지 블라이프흐아이으쓰 벤찐

이 차는 경유를 주유해야 해.

Dieses Auto braucht Diesel.
디즈쓰 아우토 브흐아우흩 디젤
Bei diesem Auto muss man Diesel tanken.
바이 디즘 아우토 무쓰 만 디젤 탱큰

세차 & 정비

우리 세차를 해야겠어요.

Wir müssten das Auto waschen.
브이어 뮈쓰튼 다쓰 아우토 브아슌
Das Auto muss gewaschen werden.
다쓰 아우토 무쓰 그브아슌 브에어든

세차하고 왁스를 발라 주세요.

Einmal Waschen und Wachsen bitte.
아인말 브아슌 운트 브아흐즌 비트

내부까지 세차하고 싶어요.

Ich möchte auch eine Innenreinigung bitte.
이히 뫼히트 아우흐 아이느 인는흐아이니궁 비트

세차장에 들어가면 시동을 꺼 주세요.

Bitte machen Sie den Motor aus, wenn Sie durch die Waschstraße fahren.
비트 마흔 지 덴 모토어 아우쓰, 브엔 지 두어히 디 브아슈슈트흐아쓰 프하흔

세차를 할 때는 창문을 꼭 닫아야 해요.

Man sollte die Fenster gut schließen, wenn man in der Autowaschanlage ist.
만 졸트 디 프헨스터 궅 슐리쓴, 브엔 만 인 데어 아우토브아슈안라그 이슽

타이어가 펑크 났어요.

Der Reifen ist geplatzt.
데어 흐아이프흔 이슽 그플랕쯭

엔진 오일 좀 봐 주시겠어요?

Könnten Sie den Motorölstand überprüfen?
쾬튼 지 덴 모토어욀슈탄트 위버프흐위프흔?

Schritt 10 서점

서점

\# 오늘 서점에 가려고 해요.

Ich will heute in die Buchhandlung.
이히 브일 호이트 인 디 부흐한들룽

\# 사고 싶은 책이 한 권 있어요.

Ich habe ein Buch gefunden, dass ich kaufen möchte.
이히 하브 아인 부흐 그프훈든, 다쓰 이히 카우프흔 뫼히트

\# 이 근처에 자주 가는 서점이 한 곳 있어요.

Hier in der Gegend gibt es eine tolle Buchhandlung, in die ich oft gehe.
히어 인 데어 게근트 깁트 에쓰 아이느 톨르 부흐한들룽, 인 디 이히 오픝 게흐

\# 요즘은 대형 서점이 많이 생겼어요.

Zurzeit gibt es immer mehr große Buchhandlungen/Buchkaufhäuser.
쭈어짜일 깁트 에쓰 임머 메어 그흐쓰 부흐한들룽은/부흐카우프흐호이저

\# 저는 책 찾기가 편해서 대형 서점을 좋아해요.

Ich mag große Buchhandlungen, weil man dort jedes Buch bekommt.
이히 막 그흐오쓰 부흐한들룽은, 브아일 만 도얼 예드쓰 부흐 브콤트

\# 이것은 5부로 된 소설입니다.

Dieser Roman besteht aus fünf Bänden.
디저 흐오만 브슈텔 아우쓰 프휜프흐 밴든

\# 저는 대형 서점보다 헌책방을 좋아해요.

Ich habe Antiquariate lieber als große Buchhandlungen.
이히 하브 안티크브아흐이아트 리버 알쓰 그흐오쓰 부흐한들룽은

책 찾기 ①

\# 실례지만, 파울로 코엘료의 새 책 있나요?

Entschuldigung, haben Sie das neue Buch von Paulo Coelho hier?
엔트슐디궁, 하븐 지 다쓰 노이으 부흐 프혼 파울로 코엘료 히어?

\# 실례지만, 역사 관련 책은 어디에서 찾을 수 있나요?

Entschuldigung, wo finde ich die Geschichtsabteilung?
엔트슐디궁 브오 프힌드 이히 디 그슈이힡츠압타일룽?

\# 책은 알파벳 순서대로 책꽂이에 꽂혀 있어요.

Die Bücher sind alphabetisch sortiert.
디 뷔히어 진트 알프하베티슈 조어티얼

\# 저 컴퓨터로 책을 쉽게 찾을 수 있어요.

Sie können dort drüben am Service-Computer die gewünschten Bücher suchen.
지 퀸느 도얼 드흐위븐 암 써브이쓰-컴퓨터 디 그브윈슈튼 뷔히어 주흔

\# 그 책 출판사가 어디인지 아세요?

Wissen Sie in welchem Verlag das Buch erschienen ist?
브이쓴 지 인 브엘히음 프헤어락 다쓰 부흐 에어슈이는 이슽?

\# 원하시는 책 제목을 알려 주시겠어요?

Wie ist der Titel?
브이 이슽 데어 티틀?

\# 책을 하나 주문하고 싶습니다.

Ich möchte ein Buch bestellen bitte.
이히 뫼히트 아인 부흐 브슈텔른 비트

\# 그 책 제목은 〈예언자〉예요.

„Der Prophet" heißt das Buch.
〈데어 프흐오프헽〉 하이쓷 다쓰 부흐

책 찾기 ②

\# 안녕하세요, 카프카의 〈심판〉을 찾고 있어요.

Hallo, ich suche „Der Prozess" von Franz Kafka.
할로, 이히 주흐 〈데어 프흐오쩨쓰〉 프횬 프흐안쯔 카프흐카

\# 그 책은 예술 코너에 있을 거예요.

Das Buch wird in der Kunstabteilung stehen.
다쓰 부흐 브이얻 인 데어 쿤슽압타일룽 슈테흔

\# 그 책은 언제 나오나요?

Wann wird das Buch veröffentlicht?
브안 브이얻 다쓰 부흐 프헤어외프흔틀리힡?

\# 그 책은 곧 발매됩니다.
(그 책은 며칠 후면 발매됩니다.)

Das Buch wird in paar Tagen veröffentlicht.
다쓰 부흐 브이얻 인 파 타근 프헤어외프흔틀리힡

\# 〈파우스트〉가 있는지 알아보려고 전화했어요.

Ich rufe an, um zu fragen, ob Sie das Buch „Faust" haben.
이히 흐우프흐 안, 움 쭈 프흐아근, 옾 지 다쓰 부흐 〈프하우슽〉 하븐

\# 그 책은 일시 품절 상태입니다.

Das Buch ist vorläufig ausverkauft.
다쓰 부흐 이슽 프호어로이프히히 아우쓰프헤어카우픁

\# 그 책은 언제 다시 입고되나요?

Wann bekommen Sie es wieder (geliefert)?
브안 브콤믄 지 에쓰 브이더 (그리프헡)?

책 찾기 ③

\# 베스트셀러 서적 코너는 어디인가요?

Wo finde ich die Bestseller?
브오 프힌드 이히 디 베슽셀러?
Wo ist die Bestsellerabteilung?
브오 이슽 디 베슽셀러압타일룽?

\# 이 책의 저자가 누구인가요?

Wer ist der Herausgeber dieses Buches?
브에어 이슽 데어 헤어아우쓰게버 디즈쓰 부흐쓰?

\# 좋은 소설 아는 거 있으세요?

Kennen Sie einen guten/schönen Roman?
켄는 지 아이는 구튼/슈외는 흐오만?

\# 창고에서 그 책을 갖다드릴게요.

Ich hole das Buch aus dem Lager.
이히 홀르 다쓰 부흐 아우쓰 뎀 라거

\# 이 책의 개정판을 찾고 있어요.

Ich suche die Neuauflage dieses Buches.
이히 주흐 디 노이아우프흐라그 디즈쓰 부흐쓰

\# 개정판은 다음 달에 입고 예정입니다.

Die Neuauflage bekommen wir nächsten Monat.
디 노이아우프흐라그 브콤믄 브이어 내흐슽튼 모낱

\# 이 책은 전면 개정된 것입니다.

Dieses Buch ist eine überarbeitete Ausgabe.
디즈쓰 부흐 이슽 아이느 위버아바이트트 아우쓰가브

\# 이 책은 절판되었습니다.

Dieses Buch ist vergriffen.
디즈쓰 부흐 이슽 프헤어그흐이프흔

272

도서 구입

아들에게 읽어 줄 동화책 한 권을 샀어요.

Ich habe ein Märchen für meinen Sohn gekauft, das ich ihm vorlesen werde.
이히 하브 아인 매어히은 프휘어 마이논 존 그카우픁, 다쓰 이히 임 프호어레즌 브에어드

마침내 제가 찾던 책을 샀어요.

Endlich habe ich das gesuchte Buch gefunden.
엔틀리히 하브 이히 다쓰 그주흐트 부흐 그프훈든

독일은 책이 너무 비싸요.

In Deutschland sind Bücher ziemlich teuer.
인 도이츄란트 진트 뷔히어 찌믈리히 토이어

그는 한 달에 다섯 권 이상은 사요.

Er kauft sich mehr als fünf Bücher im Monat.
에어 카우픁 지히 메어 알쓰 프휜프흐 뷔히어 임 모낱

어제 산 책은 인쇄가 잘못되었어요.

Das Buch, das ich gestern gekauft habe, hat einen Druckfehler.
다쓰 부흐, 다쓰 이히 게스턴 그카우픁 하브, 핱 아이는 드후욱프헬러

다른 책으로 교환해 드리겠습니다.

Sie können das Buch umtauschen.
지 쾬는 다쓰 부흐 움타우슌

이 책은 원래 20유로인데 20% 할인 중입니다.

Dieses Buch kostet eigentlich 20 Euro, aber Sie bekommen 20% Rabatt.
디즈쓰 부흐 코스틑 에이근틀리히 쯔브안찌히 오이흐오, 아버 지 브콤믄 쯔브안찌히 프호오쩬트 흐아밭

인터넷 서점

온라인으로 책을 싸고 편리하게 구매할 수 있어요.

Man kann Bücher auch schnell und einfach online kaufen.
만 칸 뷔히어 아우흐 슈넬 운트 아인프하흐 온라인 카우프흔

온라인으로 책을 구입할 때 다른 인터넷 서점과 가격을 비교해 보세요.

Vergleichen Sie die Preise in den verschiedenen Online-Buchhandlungen, bevor Sie eines kaufen.
프헤어글라이히은 지 디 프흐아이즈 인 덴 프헤어슈이드는 온라인-부흐한들룽은, 브프호어 지 아이느쓰 카우프흔

인터넷 서점에서 산 책을 아직 받지 못했어요.

Das Buch, das ich online gekauft habe, ist noch nicht geliefert worden/angekommen.
다쓰 부흐, 다쓰 이히 온라인 그카우픁 하브, 이슽 노흐 니힡 그리프헡 브오어든/안그콤믄

그 책은 아직도 배송 중인가요?

Befindet sich das Buch noch auf dem Lieferweg?
브프힌듵 지히 다쓰 부흐 노흐 아우프흐 뎀 리프허브엨?

책 배송할 때 영수증도 함께 보내 주세요.

Senden Sie bitte auch die Rechnung zusammen mit dem Buch.
젠든 지 비트 아우흐 디 흐에히눙 쭈잠믄 밑 뎀 부흐

Kapitel 05 어디서든 당당하게! 273

Schritt 11 도서관&미술관&박물관 MP3. K05_S11

도서관 ①

도서관은 30분 후에 문을 닫습니다.

In 30 Minuten schließt die Bibliothek.
인 드흐아이씨히 미누튼 슐리쓷 디 비블리오텍

Die Bib macht in einer halben Stunde zu.
디 빕 마흐트 인 아이너 할븐 슈툰드 쭈

대학생은 Bibliothek(도서관)을 줄여 Bib이라고도 해요.

이 도서관에는 책이 많아요.

In dieser Bibliothek gibt es viele Bücher.
인 디저 비블리오텍 깁트 에쓰 프힐르 브위히어

도서관의 책을 빌렸어요.

Ich habe mir ein Buch aus der Bibliothek ausgeliehen.
이히 하브 미어 아인 부흐 아우쓰 데어 비블리오텍 아우쓰그리흔

네가 찾는 책은 도서관에 있어.

Das Buch, das du suchst, steht in der Bibliothek.
다쓰 부흐, 다쓰 두 주흐슽, 슈텔 인 데어 비블리오텍

그녀는 도서관에서 책을 빌리고 있어요.

Sie leiht sich gerade ein Buch in der Bibliothek aus.
지 라잍 지히 그흐아드 아인 부흐 인 데어 비블리오텍 아우쓰

도서관에서 그림책이랑 이야기 테이프를 빌려서 독일어를 공부했어요.

Ich habe Deutsch mit Bilderbüchern und deutschen Kassetten gelernt, die ich in der Bibliothek ausgeliehen habe.
이히 하브 도이츄 밑 빌더뷔히언 운트 도이츈 카쎝튼 그레언트, 디 이히 인 데어 비블리오텍 아우쓰그리흔 하브

도서관 ②

우리는 도서관에서 책을 읽고 있었어.

Wir haben in der Bibliothek gelesen.
브이어 하븐 인 데어 비블리오텍 그레즌

사서가 책꽂이에 책을 정리하고 있어.

Der Bibliothekar räumt die Bücher weg.
데어 비블리오테카 흐오임트 디 뷔히어 브엑

도서관에 없는 책은 다른 도서관에 주문해서 받아볼 수 있어요.

Bücher die man in der Bibliothek nicht findet, können meist auch per Fernleihe bestellt werden.
뷔히어 디 만 인 데어 비블리오텍 니힡 프힌듵, 쾬는 마이슡 아우흐 페어 프헤언라이흐 브슈텔트 브에어든

도서관 책을 빌리려면 카드를 만들어야 해요.

Um ein Buch in der Bibliothek ausleihen zu können, braucht man eine Bibliothekskarte/einen Bibliotheksausweis.
움 아인 부흐 인 데어 비블리오텍 아우쓰라이흔 쭈 쾬는, 브흐아우흩 만 아이느 비블리오텍쓰카트/아이느 비블리오텍쓰아우쓰브아이쓰

도서관 카드를 만들고 싶은데요.

Ich möchte einen Bibliotheksausweis beantragen.
이히 뫼히트 아이는 비블리오텍쓰아우쓰브아이쓰 브안트흐아근

그 책은 5층 서가에 있어요.

Das Buch ist in der Abteilung im fünften Stock.
다쓰 부흐 이슽 인 데어 압타일룽 임 프휜프흐튼 슈톡

도서 대출

대출하실 책은 저에게 가져오세요.

Bücher leihen Sie bei mir aus.
뷔히어 라이흔 지 바이 미어 아우쓰

책은 다섯 권까지 대출할 수 있습니다.

Sie können maximal fünf Bücher auf einmal ausleihen.
지 쾬는 막씨말 프휜프흐 뷔히어 아우프흐 아인말 아우쓰라이흔

저는 이 네 권을 대출하려고요.

Ich möchte diese vier Bücher ausleihen.
이히 뫼히트 디즈 프히어 뷔히어 아우쓰라이흔

책을 대출하려면 어떻게 해야 되죠?

Wie leiht man hier Bücher aus?
브이 라잍 만 히어 뷔히어 아우쓰?

책을 빌리려면 열람 카드가 필요해요.

Sie brauchen einen Bibliotheksausweis, um ein Buch auszuleihen.
지 브흐아우흔 아이느 비블리오텍쓰아우쓰브아이쓰, 움 아인 부흐 아우쓰쭈라이흔

반납 기한이 어떻게 되나요?

Bis wann muss ich die Bücher zurückgeben?
비쓰 브안 무쓰 이히 디 뷔히어 쭈흐윅게븐?

연장은 2번까지 가능하나 예약이 있는 경우에는 불가능합니다.

Sie können die Ausleihfrist zweimal verlängern, aber nur wenn es kein anderer vorgemerkt/vorbestellt hat.
지 쾬는 디 아우쓰라이프흐이슬 쯔브아이말 프헤어랭언, 아버 누어 브엔 에쓰 카인 안더허 프호어그메어클/프호어브슈텔르 핟

꼭! 짚고 가기

독일 도서관 이용하기

대학생이라면 누구나 마찬가지겠지만 독일 대학생들에게 도서관은 너무나도 중요한 곳이에요. 토론을 즐기고 책을 좋아하는 독일의 대학생들은 수업 전 읽어 가야 할 책이 항상 많아요. 물론 전공에 따라 다르긴 하겠지만요. 그런데 이 책들을 모두 구입해서 읽기란 쉽지 않죠. 그래서 도서관의 복사기 앞에는 항상 학생들이 줄을 서 있고, 서가에 여러 권 있던 책이 한 권도 없을 때도 있어요. 대부분의 학생들이 도서관에 가서 필요한 부분만 발췌하여 복사를 하거나 빌리기 때문이에요. 우리나라와 정말 비슷하죠?
그렇다면 대학 도서관이나 공공 도서관을 이용하기 위해서는 어떻게 해야 할까요? 우선 대학교 도서관을 사용하기 위해서는 학생증이 있어야 해요. 국립 도서관을 이용하기 위해서는 거주지 주소를 확인할 수 있는 신분증을 가지고 가야 해요. 그리고 도서관에서 요구하는 양식에 필요한 정보를 기입해서 사서에게 제출하면 도서관 카드를 만들어 주죠.
대출 기한은 도서관마다 다르겠지만 보통 3주 정도 후에 반납하게 되어 있어요. 그리고 연체가 될 경우 돈으로 연체료를 내기도 하지만 여러 번 반복되면 대출이 제한되거나 반납 기한을 줄이기도 해요.

Kapitel 05 어디서든 당당하게! 275

도서 반납

도서관 책을 내일 아침 9시까지 반납해야 해.

Ich muss das Buch bis morgen um neun Uhr zurückbringen.
이히 무쓰 다쓰 부흐 비쓰 모어근 움 노인 우어
쭈흐윅브흐잉은

오늘까지 반납해야 할 책이 있어서 도서관에 가야 해.

Ich muss in die Bibliothek, weil die Rückgabefrist heute endet.
이히 무쓰 인 디 비블리오텍, 브아일 디
흐윅가브프흐이슽 호이트 엔듵

책을 반납하려고 왔는데요.

Ich möchte das Buch zurückgeben.
이히 뫼히트 다쓰 부흐 쭈흐윅게븐

책은 10일 안에 반납해야 합니다.

Sie müssen das Buch innerhalb von zehn Tagen zurückgeben.
지 뮈쓴 다쓰 부흐 인너할ㅍ 프흐 첸 타근 쭈흐윅게븐

기한이 지난 책을 반납하려고요.

Ich möchte ein Buch zurückgeben, das die Ausleihfrist/Rückgabefrist überschritten hat.
이히 뫼히트 아인 부흐 쭈흐윅게븐, 다쓰 디
아우쓰라이프흐이슽/흐윅가브프흐이슽 위버슈흐일튼 핱

어제까지 반납해야 했던 책을 잊고 있었어.

Ich habe das Buch vergessen, das ich gestern hätte zurückgeben müssen.
이히 하브 다쓰 부흐 프헤어게쓴, 다쓰 이히 게스턴 핱트
쭈흐윅게븐 뮈쓴

도서 연체 & 대출 연장

책 한 권에 하루 50센트씩 벌금을 내셔야 합니다.

Pro Tag zahlen Sie 50 Cent Versäumnisgebühr/Mahngebühr.
프흐오 탁 짤흔 지 프휜프흐찌히 쎈ㅌ
프헤어조임쓰그뷔어/만그뷔어

이 책은 대출 기한이 한 달이나 지났어요.

Sie hätten dieses Buch vor einem Monat zurückgeben müssen.
지 핱튼 디즈쓰 부흐 프흐어 아이늠 모낱 쭈흐윅게븐
뮈쓴

Die Abgabefrist war bereits vor einem Monat.
디 압가브프흐이슽 브아 브흐아잍츠 프흐어 아이늠 모낱

여러 번 연체를 한 사람에게는 대여 기간이 2주로 제한돼요.

Wiederholtes Überschreiten der Ausleihfrist, hat zur Folge, dass die Leihfrist auf 2 Wochen beschränkt wird.
브이더홀트쓰 위버슈흐아이튼 데어 아우쓰라이프흐이슽,
핱 쭈어 프홀그, 다쓰 디 라이프흐이슽 아우프흐
쯔브아이 브오흔 브슈흐앵클 브이엍

책 대출 기한을 한번 더 연장하고 싶어요.

Ich möchte meine Leihfrist nochmal verlängern.
이히 뫼히트 마이느 라이프흐이슽 노흐말 프헤어랭언

연장은 예약자가 없는 경우에만 가능합니다.

Verlängerungen sind nur möglich, wenn keine Vormerkung vorliegt.
프헤어랭어훙은 진ㅌ 누어 뫼클리히, 브엔 카이느
프호어메어쿵 프호어리클

미술관 & 박물관

이번 주말에 저랑 미술관에 갈래요?

Wollen Sie dieses Wochenende mit mir in das Museum gehen?
브올른 지 디즈쓰 브오흔엔드 밑 미어 인 다쓰 무제움 게흔?

이 미술관은 무슨 요일에 문을 닫나요?

Wann hat das Museum zu?
브안 핱 다쓰 무제움 쭈?

국립미술관에서 지금 반고흐 전시회가 열리고 있어요.

Im Nationalmuseum ist gerade eine Van Gogh-Ausstellung.
임 나찌오날무제움 이슽 그흐아드 아이느 브안 고흐-아우쓰슈텔룽

이 미술관에는 볼만한 것이 아무것도 없네.

In dieser Galerie hängt nichts Besonderes.
인 디저 갈러흐이 행ㅌ 니힡츠 브존더흐쓰

박물관 입장권을 사고 싶은데요.

Ich möchte eine Eintrittskarte für das Museum kaufen.
이히 뫼히테 아이느 아인트흐잍츠카트 프휘어 다쓰 무제움 카우프흔

그 박물관은 지금 닫혀있어요.

Das Museum ist/hat gerade geschlossen.
다쓰 무제움 이슽/핱 그흐아드 그슐로쓴

박물관이 휴관이라 매우 아쉬워요.

Schade, dass das Museum zu hat.
슈아드, 다쓰 다쓰 무제움 쭈 핱

베를린에는 정말 볼만한 박물관이 많아요.

In Berlin gibt es viele Museen, die sehenswert sind.
인 베얼린 깁ㅌ 에쓰 프힐르 무젠, 디 제흔쓰브에얼 진ㅌ

꼭! 짚고 가기

도서관에서 책 찾는 방법

도서관이든 서점이든 책을 찾기 위해서 키워드를 사용할 수도 있지만 제목이나 저자, 출판사, 출판 연도 등을 안다면 더욱 정확하고 빠르게 책을 찾을 수 있죠. 이러한 내용들이 독일 책에는 어떻게 적혀 있는지 알아볼게요.

책의 맨 앞이나 맨 끝 페이지를 보면 해당 도서의 출판, 발행에 관한 서지 정보가 적혀 있을 거예요.

맨 앞에 제목(Titel 티틀)과 저자(Herausgeber 헤어흐아우쓰게버), 출판사(Verlag 프헤얼락)가 나와 있고, 그 뒤쪽에 보통 책의 형태와 출간일이 표기되어 있어요.

- Taschenbuchausgabe Mai 2011
타슌부흐아우쓰가브 마이 쯔브아이타우즌ㅌ엘프흐
(2011년 5월 출간, 포켓북)

다음으로는 출판사와 출판사 위치가 적혀 있죠.

- Wilhelm Goldmann Verlag, München
브일헬ㅁ 골ㅌ만 프헤얼락, 뮌히은
(빌헴 골드만 출판사, 뮌헨)

논문을 쓸 때도 참고문헌을 표기하거나 각주를 달기 위해 출판 및 서지 정보가 필요하니 유학생이라면 이 부분을 이해해야 할 거예요.

Schritt 12 놀이동산 & 운동 클럽 MP3. K05_S12

놀이동산

\# 놀이동산 가는 거 좋아하니?

Hast du Lust auf Freizeitpark?
하슽 두 루슽 아우프흐 프흐아이짜잍팤?
Magst du mit in den Vergnügungspark kommen?
맠슽 두 밑 인 덴 프헤어그뉘궁쓰팤 콤믄?

\# 어릴 때 놀이동산에 정말 자주 갔었어요.

Früher war ich oft im Freizeitpark.
프흐위어 브아 이히 오픝 임 프흐아이짜잍팤
Als ich klein war, sind wir häufig in den Vergnügungspark gegangen.
알쓰 이히 클라인 브아, 진트 브이어 호이프히히 인 덴 프헤어그뉘궁쓰팤 그강은

\# 난 롤러코스터 타는 게 겁나요.

Ich habe Angst vor Achterbahnen.
이히 하브 앙슽 프호어 아흐터바는

\# 롤러코스터 타는 거 무섭지 않아?

Hast du keine Angst vor dem Achterbahnfahren?
하슽 두 카이느 앙슽 프호어 뎀 아흐터반프하흔?

\# 이 티켓으로 놀이동산의 모든 곳에 입장할 수 있어.

Mit diesem Ticket kannst du in dem Freizeitpark alles fahren.
밑 디즘 티켙 칸슽 두 인 뎀 프흐아이짜잍팤 알르쓰 프하흔

\# 놀이동산 주간 이용권은 얼마인가요?

Wie viel kostet eine Tageskarte?
브이 프힐 코스틑 아이느 타그쓰카트?

\# 그 놀이동산은 다섯 개의 테마파크로 이루어져 있어요.

Der Freizeitpark hat fünf Themenparks.
데어 프흐아이짜잍팤 핱 프휜프흐 테믄팤쓰

운동 클럽 등록

\# 테니스 클럽에 가입했어?

Bist du in einem Tennisverein?
비슽 두 인 아이늠 테니쓰프헤어아인?

\# 다음 달부터 테니스를 배우려고요.

Ich fange nächten Monat an Tennis zu spielen.
이히 프항으 내흐스튼 모낱 안 테니쓰 쭈 슈필른

\# 이 테니스 협회에 가입하면, 예약만 하면 테니스 코트를 언제든 쓸 수 있어요.

Man kann den Tennisplatz jeder Zeit benutzen, wenn man Vereinsmitglied ist und den Platz reserviert hat.
만 칸 덴 테니쓰플랕츠 예더 짜잍 브눝쯘, 브엔 만 프헤어아인쓰밑글맅 이슽 운트 덴 플랕츠 흐에저브이얻 핱

\# 저는 주말에 보통 야구를 해요.

Am Wochenende habe ich noch Baseball.
암 브오흔엔드 하브 이히 노흐 베이쓰볼

\# 이 클럽에 회원 가입을 하려면 어떻게 해야 하나요?

Wie wird man in Ihrem Verein/Club Mitglied?
브이 브이얻 만 인 이어흠 프헤어아인/클룹 밑글맅?

\# 아이들을 위한 특별 프로그램이 준비되어 있어요.

Wir haben auch Kindersportprogramme.
브이어 하븐 아우흐 킨더슈포얼프흐오그흐암므

운동 클럽 이용

오늘 같이 운동하러 가자.

Lass uns heute zusammen Sport machen.
라쓰 운쓰 호이트 쭈잠믄 슈포얼 마흔

운동하러 얼마나 자주 가니?

Wie oft gehst du zum Sport?
브이 오플 게슽 두 쭘 슈포엍?

일주일에 세 번은 연습이 있어요.

Dreimal die Woche.
드흐아이말 디 브오흐

리사는 운동을 해서 땀을 많이 흘렸어요.

Lisa ist ganz verschwitzt, weil sie Sport getrieben hat.
리자 이슽 간쯔 프헤어슈브잍쯭, 브아일 지 슈포얼 그트흐이븐 핱

근육 멋있네요. 운동 오래 하셨어요?

Sie haben ja viele Muskeln. Treiben Sie schon lange Sport?
지 하븐 야 프힐르 무스클ㄴ. 트흐아이븐 지 슈온 랑으 슈포엍?

샤워실은 어디인가요?

Wo sind die Duschen?
브오 진ㅌ 디 두슌?

여기 사용할 수 있는 개인 사물함이 있나요?

Haben Sie auch Schließfächer, die man benutzen kann?
하븐 지 아우흐 슐리쓰프해히어, 디 만 브눝쯘 칸?

스트레칭 운동으로 시작하세요.

Fangen Sie mit Dehnübungen an.
프항은 지 밑 덴위붕은 안

꼭! 짚고 가기

독일의 스포츠협회

한국에서 스포츠 생활이 대부분 문화 센터나 스포츠 센터를 중심으로 이루어진다면, 독일은 시민들이 자발적으로 결정하고 참여하는 형태로 이루어져요. 그것이 바로 Sportverein 슈포얼프헤어아인(스포츠협회)인데요. 이는 1840년경 스포츠 애호가들이 만든 동호회에서 시작되었어요. 1950년대부터 꾸준하게 추진해 온 생활 체육 육성 정책 덕분에 점점 더 활성화되었어요. 전 국민의 1/3 이상이 회원으로 가입하여 생활 체육을 즐기고 있는데요. 이 스포츠협회가 어떻게 운영되는지 알아볼게요.
독일의 스포츠협회 가입자 연령대는 10대부터 노인층까지 다양하게 분포되어 자연스럽게 세대 간의 화합을 이루는 장이 되고 있어요. 그리고 취미로 스포츠를 즐기는 사람들의 회비를 모아 운영되는데, 어떤 스포츠인지와 회원수에 따라 연간 50~200유로로 상이하게 적용된다고 해요.
시설은 시의 소유지만 관리는 전적으로 사용자인 주민들에게 맡겨지죠. 그래서 그곳에서 주민들이 모여 운동도 즐기고, 함께 맥주도 마시는 사랑방 같은 역할을 하고 있어요. 국민의 건강 증진과 사회 통합은 물론이고 전문 체육 발전에도 기여하고 있는 훌륭한 제도예요.

영화관

내일 함께 영화관에 갈래요?
Haben Sie Lust morgen ins Kino mitzukommen?
하븐 지 루슽 모어근 인쓰 키노 밑쭈콤은?

좋은 좌석을 맡기 위해 예매를 하려고요.
Ich reserviere schon mal, damit wir gute Plätze bekommen.
이히 흐에저브이어흐 슈온 말, 다밑 브이어 구트 플랱쯔 브콤믄

영화관 앞에서 6시 반에 만나요.
Lass uns um sechs Uhr vor dem Kino treffen.
라쓰 운쓰 움 제흐쓰 우어 프오어 뎀 키노 트흐에프흔

CGV는 스크린이 커서 영화를 감상하기 좋아요.
CGV haben große Leinwände. Deshalb kann man dort sehr gut Filme schauen/genießen.
씨쥐브이 하븐 그흐오쓰 라인브앤드. 데쓰할ㅍ 칸 만 도얼 제어 굳 프힐므 슈아운/그니쓴

그 영화관은 예술 영화를 주로 상영해요.
Das ist ein Arthousekino/ Filmkunstkino.
다쓰 이슽 아인 앝하우쓰키노/프힐ㅁ쿤슽키노

제가 너무 늦게 도착해서 자리가 없었어요.
Ich habe keinen Platz mehr bekommen, weil ich zu spät gekommen bin.
이히 하브 카이는 플랕츠 메어 브콤믄. 브아일 이히 쭈 슈퍁 그콤믄 빈

어느 영화관으로 갈 거야?
In welches Kino gehst du?
인 브엘히으쓰 키노 게슽 두?

영화표

아직 그 영화표 구입이 가능한가요?
Kann man noch Karten für den Film kaufen?
칸 만 노흐 카튼 프휘어 덴 프힐ㅁ 카우프흔?
Gibt es noch Tickets für den Film?
깊ㅌ 에쓰 노흐 티켙츠 프휘어 덴 프힐ㅁ?

그는 영화표를 사려고 줄을 서서 기다렸어요.
Er steht Schlange, um sich eine Kinokarte zu kaufen.
에어 슈텥 슐랑으, 움 지히 아이느 키노카트 쭈 카우프흔
Er steht in der Schlange, um sich eine Karte für den Film zu kaufen.
에어 슈텥 인 데어 슐랑으, 움 지히 아이느 카트 프휘어 덴 프힐ㅁ 쭈 카우프흔

7시 영화표 두 장 주세요.
Zwei Karten für den Film um sieben bitte.
쯔브아이 카튼 프휘어 덴 프힐ㅁ 움 지븐 비트

좌석을 선택하시겠어요?
Wo möchten Sie sitzen?
브오 뫼히튼 지 짙쯘?

맨 뒤 가운데로 주세요.
In der Mitte, ganz hinten bitte.
인 데어 밑트, 간쯔 힌튼 비트

죄송하지만, 매진입니다.
Tut mir leid, aber der Film ist leider ausverkauft.
툳 미어 라읻, 아버 데어 프힐ㅁ 이슽 라이더 아우쓰프헤어카우플

영화관 에티켓

영화가 시작하기 전에 휴대폰을 꺼 주세요.

Bitte schalten Sie das Handy vor Filmanfang aus.
비트 슈알튼 지 다쓰 핸디 프오어 프힐m안프항 아우쓰

팝콘을 먹을 때 너무 소리 내지 마세요.

Bitte seien Sie leise, beim Popcorn essen.
비트 자이은 지 라이즈, 바임 폽코언 에쓴

상영 중 전화 통화하는 사람들은 이해할 수 없어.

Ich kann Leute nicht verstehen, die im Kino telefonieren.
이히 칸 로이트 니힡 프헤어슈테흔, 디 임 키노 텔레프호니어흔

상영 중 촬영을 금합니다.

Das Mitschneiden/Aufnehmen während der Filmvorführung ist verboten.
다쓰 밑슈나이든/아우프흐네믄 브애어흔ㅌ 데어 프힐m프호어프휘어흐웅 이슡 프헤어보튼

옆 사람한테 조용히 해 달라고 말 좀 해.

Bitte teilen Sie Ihren Sitznachbarn mit, dass Sie ein bisschen leiser sein sollen.
비트 타일른 지 이어흔 짙츠나흐반 밑, 다쓰 지 아인 비쓰히은 라이저 자인 졸른

앞 사람 때문에 화면이 잘 안 보여요.

Ich kann nichts sehen, weil der Typ vor mir so groß ist.
이히 칸 니힡츠 제흔, 브아일 데어 퇲 프호어 미어 조 그호쓰 이슡

꼭! 짚고 가기

필하모닉의 아름다운 선율

매년 여름 베를린에 있는 '숲속 무대(Waldbühne 브알트뷔느)'에서 베를린 필하모닉(Berliner Philharmoniker 베어리너 프힐하모니커)의 아름다운 선율이 울려 퍼져요. '숲속 무대'는 야외 원형 극장으로, 베를린 필하모닉이 1984년을 시작으로 매년 6월 마지막 주 토요일에 정기 공연을 하는 곳이에요. 2만 석이 넘는 객석이 항상 가득 차며 시원한 바람과 함께 그 넓은 공간을 채우는 아름다운 선율로 모든 사람이 공감을 형성하며 휴식을 취하죠. 야외이기 때문에 다른 클래식 공연과 달리 조금은 자유롭고 편안한 분위기에서 공연을 관람할 수 있는 것도 장점이에요.
정확한 공연 일정과 정보는 홈페이지에서 확인할 수 있어요.

콘서트

4월에 쿤스트할레에서 크로가 콘서트를 한대.

Im April spielt Cro in der Kunsthalle.
임 아프흐일 슈필ㅌ 크호오 인 데어 쿤슽할르

콘서트 좋아해?

Gehst du gerne auf Konzerte?
게슫 두 게어느 아우프흐 콘쩨어트?

저는 큰 콘서트보다 소규모 공연을 더 좋아해요.

Ich gehe lieber auf kleine Konzerte als auf große Konzerte.
이히 게흐 리버 아우프흐 클라이느 콘쩨어트 알쓰 아우프흐 그흐오쓰 콘쩨어트

콘서트장 입구에 벌써 길게 줄 섰네요.

Vor dem Veranstaltungsort ist schon eine lange Schlange.
프호어 뎀 프헤어안슈탈퉁쓰오얻 이슽 슈온 아이느 랑으 슐랑으

그 뮤직 페스티벌은 야외에서 열릴 예정이에요.

Das ist ein Open-Air-Festival.
다쓰 이슽 아인 오픈-에어-프헤스티브알

무대 가까이 가서 보자!

Lass uns näher zur Bühne gehen!
라쓰 운쓰 내허 쭈어 뷔느 게흔!

숲속 무대에서 펼쳐지는 베를린 필하모닉 공연은 정말 환상적이에요.

Das Konzert der Berliner Philharmoniker auf der Waldbühne war fantastisch.
다쓰 콘쩨얻 데어 베어리너 프힐하모니커 아우프흐 데어 브알ㅌ뷔느 브아 프한타스티슈

기타 공연

토요일에 오케스트라 공연이 있어요.

Am Samstag findet eine Orchester-Aufführung statt.
암 잠스탁 프힌뎉 아이느 오케스터-아우프흐프휘어훙 슈탙

저희 아이들이 다음 주 금요일에 학교에서 연극 공연을 해요.

Meine Kinder führen nächsten Freitag ein Theater in der Schule auf.
마이느 킨터 프휘어흔 내흐스튼 프흐아이탁 아인 테아터 인 데어 슐르 아우프흐

공연 전에 암표상이 높은 가격으로 표를 팔려고 하고 있어요.

Vor dem Konzert versuchen viele Schwarzmarkthändler Karten zu hohen Preisen zu verkaufen.
프호어 뎀 콘쩨어ㅎ 프헤어주흔 프힐르 슈브아쯔마큩핸들러 카튼 쭈 호흔 프흐아이즌 쭈 프헤어카우프흔

그 연극은 지금 국립 극장에서 공연 중이에요.

Das Stück wird im Nationaltheater aufgeführt.
다쓰 슈튁 브이얻 임 나찌오날테아터 아우프흐그프휘엍

이 극장에서 자선 공연이 있을 거예요.

In diesem Theater findet eine Benefizveranstaltung/Benefizgala statt.
인 디즘 테아터 프힌뎉 아이느 베네프히쯔프헤어안슈탈퉁/베네프히즈갈라 슈탙

공연이 20분 후에 시작해요.

Die Aufführung fängt in 20 Minuten an.
디 아우프흐프휘어훙 프행ㅌ 인 쯔브안찌히 미누튼 안

Schritt 14 술집 & 클럽　MP3. K05_S14

술집

나는 퇴근 후에 종종 이 술집에 들러요.

Ich gehe/komme nach der Arbeit oft in diese Kneipe.
이히 게흐/콤므 나흐 데어 아바잍 오픝 인 디즈 크나이프

이 술집은 제 단골집이에요.

Ich gehe regelmäßig in diese Kneipe.
이히 게흐 흐에글매씨히 인 디즈 크나이프

맥주 맛이 끝내주는 술집을 알아요.

Ich kenne einen Biergarten, wo es gutes Bier gibt/gutes Bier ausgeschenkt wird.
이히 켄느 아이는 비어가튼, 보오 에쓰 구트쓰 비어 깁트/구트쓰 비어 아우쓰그슈엥클트 브이얼

이 술집 괜찮은데.

Mir gefällt diese Kneipe.
미어 그프핼트 디즈 크나이프
Coole/Super Kneipe.
쿨르/주퍼 크나이프

저와 제 친구들은 오늘 저녁에 술집에서 축구 경기를 볼 거예요.

Ich werde mit meinen Freunden heute Abend in der Kneipe Fußball gucken.
이히 브에어드 밑 마이는 프흐오인든 호이트 아븐트 인 데어 크나이프 프후쓰발 쿡큰

독일에 왔으면 비어가튼에 가서 맥주를 꼭 마셔 봐야지.

Wenn man schon in Deutschland ist, sollte man auch ein Bier im Biergarten trinken gehen.
브엔 만 슈온 인 도이츄란트 이슽, 졸트 만 아우흐 아인 비어 임 비어가튼 트흐잉큰 게흔

술 약속 잡기

저 술집에서 맥주 한잔 해요.

Lass uns dort in der Kneipe ein Bier trinken.
라쓰 운쓰 도얼 인 데어 크나이프 아인 비어 트흐잉큰

집에 가는 길에 맥주 한잔 하자.

Lass uns vor dem Nachhause-gehen noch ein Bier trinken gehen.
라쓰 운쓰 프호어 뎀 나흐하우즈게흔 노흐 아인 비어 트흐잉큰 게흔

일 끝나면 맥주 한잔 살게.

Ich spendiere dir ein Bier nach der Arbeit.
이히 슈펜디어흐 디어 아인 비어 나흐 데어 아바잍
Ich gebe dir ein Bier nach der Arbeit aus.
이히 게브 디어 아인 비어 나흐 데어 아바잍 아우쓰

다음 주에 친구들이랑 저녁에 술 한잔 하기로 했어요.

Nächste Woche gehe ich mit meinen Freunden abends noch was trinken.
내흐스트 브오흐 게흐 이히 밑 마이는 프흐오인든 아븐트츠 노흐 브아쓰 트흐잉큰

프로젝트도 잘 끝났으니 저녁에 함께 맥주 한잔 해요.

Wir haben gute Arbeit geleistet. Lass uns das zusammen mit einem Schluck Bier feiern.
브이어 하븐 구트 아바잍 그라이스틑. 라쓰 운쓰 다쓰 쭈잠믄 밑 아이늠 슐룩 비어 프하이언

우리 대학교 때 자주 가던 술집으로 가자.

Lass uns noch in unsere alte Studentenkneipe gehen.
라쓰 운쓰 노흐 인 운저흐 알트 슈투덴튼크나이프 게흔

술 권하기

건배!

Prost!
프흐오슽!
Zum Wohl!
쭘 브올!

자 잔을 들어!
(너를 위해 건배!)

Auf dich!
아우프흐 디히!

한 잔 더 드릴까요?

Wollen Sie noch ein Glas?
브올른 지 노흐 아인 글라쓰?
Soll ich Ihnen noch ein Glas bringen?
졸 이히 이는 노흐 아인 글라쓰 브흐잉은?

뭘 위해 건배할까요?

Auf wen/was stoßen wir an?
아우프흐 브엔/브아쓰 슈토쓴 브이어 안?

FC 장크트 파울리 승리를 위하여 건배.

Auf den Sieg vom FC Sankt Pauli.
아우프흐 덴 집 프홈 에프흐체 장클 파울리

이 와인 정말 훌륭해요. 한잔 드실래요?

Dieser Wein ist fantastisch. Möchten Sie einen Schluck?
디저 브아인 이슽 프한타스티슈. 뫼히튼 지 아이는 슐룩?

고맙지만, 운전 때문에 술은 못 마셔요.

Nein danke, ich bin mit dem Auto da.
나인 당크, 이히 빈 밑 뎀 아우토 다

술 고르기

생맥주를 드릴까요 병맥주를 드릴까요?

Vom Fass oder in der Flasche?
프홈 프하쓰 오더 인 데어 프흘라슈?
Möchten Sie das Bier frisch vom Fass oder in der Flasche?
뫼히튼 지 다쓰 비어 프흐이슈 프홈 프하쓰 오더 인 데어 프흘라슈?

맥주를 더 할래요, 아니면 위스키를 드실래요?

Möchten Sie noch ein Bier oder würden Sie lieber einen Whisky trinken?
뫼히튼 지 노흐 아인 비어 오더 브위어든 지 리버 아이는 위스키 트흐잉큰?

여기 혹시 파울라너는 없나요?

Gibt es hier kein Paulaner?
깁트 에쓰 히어 카인 파울라너?

위스키를 얼음에 타 주세요.

Bitte geben Sie mir einen Whisky mit Eis.
비트 게븐 지 미어 아이는 위스키 밑 아이쓰

진토닉 한 잔 주세요.

Einen Gin Tonic bitte.
아이는 진토닉 비트

술 메뉴 좀 볼 수 있을까요?

Könnte ich die Getränkekarte haben?
쾬트 이히 디 그트흐앵크카트 하븐?

우리 지금 해피 아워라 칵테일을 4.50유로에 마실 수 있어요.

Die Cocktails kosten gerade nur 4,50 Euro, weil Happy Hour ist.
디 콕태일쓰 코스튼 그흐아드 누어 프히어 오이흐오 프휜프흐찌히, 브아일 해피 아우어 이슽

클럽

안톤은 금요일 밤마다 클럽에 가요.

Anton geht jeden Freitag in die Disco.
안톤 겔ㅌ 예든 프흐아이탁 인 디 디스코

클럽에 춤추러 가지 않을래?

Hast du Lust Tanzen zu gehen?
하슽 두 루슽 탄쯘 쭈 게흔?

밤새 클럽에서 놀았어요.

Ich habe in der Disco die Nacht durch getanzt.
이히 하브 인 데어 디스코 디 나흩 두어히 그탄쯭

독일 클럽은 금연인 곳들이 많아요.

In Deutschland ist in den meisten Clubs das Rauchen verboten.
인 도이츄란ㅌ 이슽 인 덴 마이스튼 클룹쓰 다쓰 흐아우흔 프헤어보튼

저 클럽은 12시 전에 들어가면 입장료가 무료예요.

Wenn man in diesen Club vor Mitternacht geht, ist der Eintritt frei/kostenlos.
브엔 만 인 디즌 클룹 프호어 밑터나흩 겥, 이슽 데어 아인트흐잍 프흐아이/코스튼로쓰

요즘 뜨는 클럽이 어디야?

Welcher Club ist gerade angesagt?
브엘히어 클룹 이슽 그흐아드 안그자괕?

그는 이 클럽 디제이에요.

Er ist der DJ dieses Clubs.
에어 이슽 데어 디줴이 디즈쓰 클룹쓰

내가 퀼른에 화려한 클럽을 한 곳 알아요.

Ich kenne einen schicken und exklusiven Club in Köln.
이히 켄느 아이는 슈익큰 운ㅌ 엑쓰클루지브은 클룹 인 퀼른

꼭! 짚고 가기

독일의 밤 문화

독일의 가게들은 8시면 문을 닫아 거리가 조용해져요. 하지만 밤이 되어야 살아나는 지역도 있지요. 과연 독일 사람들이 밤에 거리로 나왔다면 어디로 향하는 것일까요?
바로 술집, 칵테일바, 클럽 또는 공연장으로 가요. 클럽과 공연장은 모두 알텐데, 술집(die Kneipe 디 크나이프)과 칵테일바(die Cocktailbar 디 콕테일바)의 차이점은 무엇일까요?
가장 큰 차이점은 Kneipe에서는 보통 음료만 판다는 점이에요. 테이블에 앉을 수도 있고 바 쪽에 서서 마실 수도 있어요. 자유로운 분위기다 보니 같이 온 친구들뿐 아니라 주변의 사람들과도 자연스럽게 이야기를 나누게 돼요.
반면에 Cocktailbar에서는 약간의 먹을 것과 음료를 같이 시킬 수 있어요. 독일 사람들은 멕시코풍이나 이국적인 분위기의 칵테일바를 좋아해요. 사람마다 취향은 다르겠지만 파인애플맛이 강한 피냐콜라다가 인기가 많다고 해요. 특히 칵테일바에서는 'Happy Hour 해피 아우어'에 맞춰 가면 돈도 절약할 수 있어서 젊은 층에게 인기가 많아요. 그래서일까요? 퀼른의 경우, 주민들이 쉽게 찾아갈 수 있는 역 주변이나 번화가에 맥줏집 Biergarten 비어가튼을 포함해 Kneipe들이 많고 대학교 쪽에는 Cocktailbar들이 더 많이 자리 잡고 있어요.

Kapitel 05 어디서든 당당하게! 285

Schritt 15 파티

파티 전

\# 파티 준비는 잘 되어가니?

Wie läuft es mit der Party-Vorbereitung?
브이 로이픝 에쓰 밑 데어 파티-프호어브흐아이퉁

\# 오늘 저녁에 파티에 갈 준비를 해야겠어.

Ich sollte mich für die Party heute Abend fertig machen.
이히 졸트 미히 프휘어 디 파티 호이트 아븐ㅌ 프헤어티히 마흔

\# 파티에 누구를 초대할 거니?

Wen wirst du zur Party einladen?
브엔 브이어슽 두 쭈어 파티 아인라든?

\# 각자 음식을 준비해서 모이기로 했어요.

Jeder bringt was zu Essen mit.
예더 브흐잉ㅌ 브아쓰 쭈 에쓴 밑

\# 이번에는 안나를 위해 파티를 열 거예요.

Dieses Mal schmeiße ich eine Party für Anna.
디즈쓰 말 슈마이쓰 이히 아이느 파티 프휘어 안나

\# 파티에 뭘 입고 갈까?

Was soll ich zur Party anziehen?
브아쓰 졸 이히 쭈어 파티 안찌흔?

\# 파티 장소는 어디로 할까요?

Wo sollen wir die Party veranstalten?
브오 졸른 브이어 디 파티 프헤어안슈탈튼?

\# 작은 클럽을 빌리려고 해요.

Am besten wir mieten einen kleinen Club.
암 베스튼 브이어 미튼 아이느 클라이느 클룹

파티 초대

\# 오늘 내 집 창고에서 파티를 열 거야.

Wir machen heute eine Party bei uns im Keller.
브이어 마흔 호이트 아이느 파티 바이 운쓰 임 켈러

\# 파티에 참석할 수 있니?

Kannst du zur Party kommen?
칸슽 두 쭈어 파티 콤믄?

\# 너도 파티에 왔으면 좋겠어.

Es wäre schön, wenn du kommen könntest.
에쓰 브애어흐 슈왼, 브엔 두 콤믄 쾬트슽

\# 다른 사람과 함께 올 거면 미리 알려 줘.

Sag mir Bescheid, wenn du noch jemanden mitbringst.
잘 미어 브슈아일, 브엔 두 노흐 예만든 밑브흐잉슽

\# 잊지 마! 저녁 8시쯤부터 (우리 집으로) 와도 돼.

Nicht vergessen! Ihr könnt ab acht Uhr abends (zu uns) kommen.
니히 프헤어게쓴! 이어 퀸트 압 아흩 우어 아븐ㅌ츠 (쭈 운쓰) 콤믄

\# 이번 파티는 정말 재미있을 거야.

Die Party heute wird richtig gut.
디 파티 호이트 브이얼 흐이히티히 궅

\# 리사가 날 파티에 초대해 줬어.

Lisa hat mich zur Party eingeladen.
리자 핱 미히 쭈어 파티 아인그라든

\# 이 파티는 초대장을 받은 사람만 올 수 있어요.

Zur Party können nur Leute mit Einladung.
쭈어 파티 퀸는 누어 로이트 밑 아인라둥

파티 후

\# 잊지 못할 파티였어!

Diese Party war legendär!
디즈 파티 브아 레겐대어!

\# 파티가 끝내줬어.

Die Party war super geil.
디 파티 브아 주퍼 가일

\# 초대해 줘서 고마워요.

Danke für die Einladung.
당크 프휘어 디 아인라둥

\# 다음에 또 함께 모여요.

Lass uns demnächst nochmal treffen.
라쓰 운쓰 뎀내흐슫 노흐말 트흐에프흔

\# 이번 파티는 음식이 정말 훌륭했어요.

Das Essen auf/bei dieser Party war fantastisch.
다쓰 에쓴 아우프흐/바이 디저 파티 브아 프한타스티슈

\# 시간이 늦었네요. 전 슬슬 갈게요.

Es ist schon spät. Ich muss langsam (los).
에쓰 이슽 슈온 슈퍁. 이히 무쓰 랑잠 (로쓰)

\# 다음번에는 우리 집에서 한번 모여요.

Lass uns demnächst bei mir feiern.
라쓰 운쓰 뎀내흐슫 바이 미어 프하이언

\# 친구들이 정리를 다 도와주고 가서 힘들지 않았어.

Das Aufräumen war nicht so viel Arbeit, weil meine Freunde mir (beim Aufräumen) geholfen haben.
다쓰 아우프흐흐오이믄 브아 니힡 조 프힐 아바일, 브아일 마이느 프흐오인드 미어 (바임 아우프흐흐오이믄) 그홀프흔 하븐

다양한 파티

\# 내일 다니엘의 집 창고에서 핼러윈 파티가 있어요.

Morgen findet die Halloween-Party im Keller von Daniel statt.
모어근 프힌듵 디 할로윈-파티 임 켈러 프홈 다니엘 슈탙

\# 그는 어제 총각 파티에 갔어요.

Er ist gestern zu einem Junggesellenabschied gegangen.
에어 이슽 게스턴 쭈 아이늠 융그젤른압슈읻 그강은

\# 요한나를 위해 신부 파티를 열어 줄 거야.

Ich werde für Johanna eine Brautparty veranstalten.
이히 브에어드 프휘어 요한나 아이느 브흐아웉파티 프헤어안슈탈튼

\# 12월 31일에 라인 강에서 같이 폭죽 터트려요.

Lass uns an Silvester am Rhein ein Feuerwerk machen.
라쓰 운쓰 안 질브에스터 암 흐아인 아인 프호이어브에엌 마흔

\# 이번 주 금요일에 우리 집에서 영화의 밤을 가지려고요.

Diesen Freitag machen wir bei uns einen Filmabend.
디즌 프흐아이탁 마흔 브이어 바이 운쓰 아이는 프힐마븐트

\# 매주 금요일 우리 집 마당에서 그릴 파티를 해요.

Jeden Freitag machen wir bei uns im Garten eine Grillparty.
예든 프흐아이탁 마흔 브이어 바이 운쓰 임 가튼 아이느 그흐일파티

Kapitel 06

즐거운 학교생활!

Kapitel 06.

Schritt 1   등·하교
Schritt 2   입학 & 졸업
Schritt 3   학교생활
Schritt 4   과제
Schritt 5   시험
Schritt 6   기타
Schritt 7   대학에서

In der Schule 학교에서
인 데어 슐르

die Grundschule 디 그흐운ㅌ슐르 n. 초등학교	das Gymnasium 다쓰 굄나지움 n. 중·고등학교	die Hauptschule 디 하우픝슐르 n. 실업계 학교	die Universität 디 우니브에어지탵 n. 대학교 
der Lehrer 데어 레흐어/ die Lehrerin 디 레흐어흐인 n. 선생님	der Professor 데어 프흐오프헤쏘어/ die Professorin 디 프흐오프헤쏘어흐인 n. 교수님 	der Schüler 데어 슈윌러/ die Schülerin 디 슈윌러흐인 n. 학생 	der Student 데어 슈투덴ㅌ/ die Studentin 디 슈투덴틴 n. 대학생
in die Schule gehen 인 디 슐르 게흔 v. 학교에 가다, 등교하다 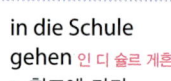	nach Hause gehen 나흐 하우즈 게흔, heimgehen 하임게흔 v. 집에 오다, 하교하다	(sich) verspäten (지히) 프헤어슈패튼, zu spät kommen 쭈 슈팰 콤믄 v. 늦다, 지각하다	vor Schulschluss gehen 프호어 슐슐루쓰 게흔 v. 조퇴하다
mitnehmen 밑네믄 v. 데려가다, 데려오다 	abholen 압홀른 v. 데리러 가다 	zurechtgewiesen werden 쭈흐에힡그브이즌 브에어든, Schimpfe bekommen 슈임프흐 브콤믄 v. 꾸중을 듣다 	vorbereiten 프호어브흐아이튼 v. 준비하다 
der Schulbus 데어 슐부쓰 v. 통학 버스 	zu Fuß gehen 쭈 프후쓰 게흔 v. 걸어가다 	laufen 라우프흔, rennen 흐엔는 v. 뛰다, 달리다 	fahren 프하흔 v. ~을 타고 가다 

In der Klasse 교실에서

인 데어 클라쓰

die Klasse 디 클라쓰 n. 교실, 수업	**der Unterricht** 데어 운터흐이힡 n. 수업, 강의	**das Fach** 다쓰 프하흐 n. 과목	**der Lehrplan** 데어 레어플란 n. 수업 계획
die Prüfung 디 프흐위프훙 n. 시험	**das Zeugnis** 다쓰 쪼읶니쓰 n. 성적표 	**die Note** 디 노트 n. 성적	**der Durchschnitt** 데어 두어히슈닡 n. 평균
die Tafel 디 타프흘 n. 칠판	**die Kreide** 디 크흐아이드 n. 분필	**der Radiergummi** 데어 흐아디어구미 n. 지우개	**der Taschenrechner** 데어 타슌에히너 n. 계산기
die Prüfung schreiben 디 프흐위프훙 슈흐아이븐 v. 시험을 보다 	**notieren** 노티어흔 v. 필기하다 	**einreichen** 아인흐아이히은 v. 제출하다 	**bewerten** 브브에어튼 v. 평가하다 
unterrichten 운터흐이히튼, **lehren** 레어흔 v. 가르치다 	**lernen** 레어는 v. 배우다, 공부하다 	**studieren** 슈투디어흔 v. (대학) 공부하다, 전공하다	**wiederholen** 브이더홀흔 v. 복습하다
das Lehrbuch 다쓰 레어부흐 n. 교과서	**das Heft** 다쓰 헤픝 n. 공책	**das Stipendium** 다쓰 슈티펜디움 n. 장학금 	**das Diplom** 다쓰 디플롬 n. 학위 

Kapitel 06 즐거운 학교생활!

Nach der Schule 방과 후
나흐 데어 슐르

MP3. Wort_K06_3

spielen 슈필른 v. 놀다	**spaßen** 슈파쓴, **scherzen** 슈에어쯘 v. 장난치다	**die Hausaufgaben machen** 디 하우쓰아우프흐가븐 마흔 v. 숙제하다	**ausruhen** 아우쓰흐우흔 v. 쉬다
das Spiel 다쓰 슈필 n. 놀이, 게임	**der Scherz** 데어 슈에어쯔, **der Witz** 데어 브잍쯔 n. 농담, 장난	**der Bericht** 데어 브흐이힡 n. 리포트, 보고서	**die Pause** 디 파우즈 n. 쉬는 시간
amüsant 아뮈잔트, **unterhaltsam** 운터할ㅌ잠 adj. 즐거운	**langweilig** 랑브아일리히 adj. 지루한	**schwer** 슈브에어, **schwierig** 슈브이흐이히 adj. 어려운	**leicht** 라이힡, **einfach** 아인프흐ㅏ흐 adj. 쉬운
der Spielplatz 데어 슈필프랕쯔 n. 놀이터	**die Sporthalle** 디 슈포얼할르, **die Turnhalle** 디 투언할르 n. 체육관	**die Bibliothek** 디 비블리오텤 n. 도서관	**der Verein** 데어 프헤어아인 n. 클럽, 협회
das Lesen 다쓰 레즌 n. 독서	**der Roman** 데어 흐오만 n. 소설	**das Gedicht** 다쓰 그디힡 n. 시	**die Karikatur** 디 카흐이카투어 n. 만화
die Zeit verbringen 디 짜잍 프헤어브흐잉은 v. 시간을 보내다	**die Zeit verschwenden** 디 짜잍 프헤어슈브엔든, **die Zeit vergeuden** 디 짜잍 프헤어고이든 v. 시간을 낭비하다	**wenig Zeit haben** 브에니히 짜잍 하븐, **die Zeit wird knapp** 디 짜잍 브이얼 크낲, **die Zeit wird eng** 디 짜잍 브이얼 엥 v. 시간이 모자라다	**keine Zeit haben** 카이느 짜잍 하븐 v. 시간이 없다

Die Ferien 방학
디 프헤어흐이은

die Osterferien 디 오스트프헤어흐이은 n. 부활절 방학, 봄 방학	**die Sommerferien** 디 좀머프헤어흐이은 n. 여름 방학	**die Weihnachtsferien** 디 브아이나흐츠프헤어흐이은 n. 크리스마스 방학	**die Winterferien** 디 브인터프헤어흐이은 n. 겨울 방학
in den Urlaub fahren 인 덴 우얼라웊 프하흔 v. 휴가를 가다	**den Festtag feiern** 덴 프헤슽탘 프하이언 v. 명절을 보내다	**Campen gehen** 캠픈 게흔 v. 캠핑을 하다	**einen Ausflug machen** 아이는 아우쓰프흘뤀 마흔 v. 소풍을 가다
die Reise 디 흐아이즈 n. 여행	**das Treffen** 다쓰 트흐에프흔 n. 모임	**das Abenteuer** 다쓰 아븐토이어 n. 모험	**die Erinnerung** 디 에어인너훙 n. 추억, 기억
reisen 흐아이즌 v. 여행하다	**sich treffen** 지히 트흐에프흔 v. 모이다, 만나다	**ein Abenteuer haben** 아인 아븐토이어 하븐 v. 모험을 하다	**erinnern** 에어인넌 v. 기억하다, 추억하다
der Strand 데어 슈트흐안ㅌ n. 해변	**das Meer** 다쓰 메어 n. 바다	**der Sand** 데어 즈안ㅌ n. 모래	**der Badeanzug** 데어 바드안쭠/ **die Badehose** 디 바드호즈 n. (여자) 수영복 / (남자) 수영 바지
der Berg 데어 베얼 n. 산	**der Wald** 데어 브알ㅌ n. 숲	**das Lagerfeuer** 다쓰 라거프호이어 n. 모닥불	**befriedigend** 브프흐이디근ㅌ, **zufriedenstellend** 쭈프흐이든슈텔른ㅌ adj. 만족스러운
einen Berg besteigen 아이는 베얼 브슈타이근 v. 등산하다	**spazieren** 슈파찌어흔 v. 산책하다	**grillen** 그흐일른 v. 바비큐하다, 통구이하다	**unvergesslich** 운프헤어게쓸리히 adj. 잊을 수 없는

Kapitel 06 즐거운 학교생활!

Schritt 1 등·하교 MP3. K06_S01

등교 ①

학교까지 걸어서 얼마나 걸려?
Wie lange läufst du zur Schule?
브이 랑으 로이프흐슽 두 쭈어 슐르?

그녀는 보통 걸어서 등교해.
Meistens läuft sie in die Schule.
마이스튼쓰 로이플 지 인 디 슐르

학교까지 걸어가기에는 너무 멀어요.
Die Schule ist zu weit zum Laufen.
디 슐르 이슽 쭈 브아잍 쭘 라우프흔

학교에 자전거 타고 가니?
Fährst du mit dem Fahrrad zur Schule?
프해어슽 두 밑 뎀 프하흐앝 쭈어 슐르?

난 매일 학교에 버스를 타고 가.
Ich fahre mit dem Bus zur/in die Schule.
이히 프하흐 밑 뎀 부쓰 쭈어/인 디 슐르

학교는 집에서 걸어서 10분 거리에 있어요.
Von zu Hause bis zur Schule dauert es zehn Minuten.
프혼 쭈 하우즈 비쓰 쭈어 슐르 다우얼 에쓰 첸 미누튼

매일 등굣길에 친구들을 만나요.
Jeden Morgen treffe ich meine Freunde auf dem Schulweg.
예든 모어근 트흐에프흐 이히 마이느 프흐오인드
아우프흐 뎀 슐브엨

등교 ②

몇 시에 등교하니?
Wann gehst du zur Schule?
브안 게슽 두 쭈어 슐르?
Um wie viel Uhr gehst du zur/in die Schule?
움 브이 프힐 우어 게슽 두 쭈어/인 디 슐르?

아침 7시 45분까지 학교에 가야 해요.
Ich muss um Viertel vor acht in der Schule sein.
이히 무쓰 움 프히어틀 프호어 아흩 인 데어 슐르 자인

전 매일 아침 제 딸을 학교에 데려다줘요.
Ich bringe meine Tochter jeden Tag zur Schule.
이히 브흐잉으 마이느 토흐터 예든 탘 쭈어 슐르
Ich fahre meine Tochter jeden Morgen in die Schule. 차로 데려다줄 때
이히 프하흐 마이느 토흐터 예든 모어근 인 디 슐르

오늘은 지각할 것 같아요.
Ich bin spät dran.
이히 빈 슈퍁 드흐안
Ich bin zu spät.
이히 빈 쭈 슈퍁
Ich komme (heute) zu spät.
이히 콤므 (호이트) 쭈 슈퍁

학교 갈 준비 다 되었니?
Hast du alles für die Schule eingepackt?
하슽 두 알르쓰 프휘어 디 슐르 아인그파클?

눈이 너무 많이 와서 오늘 학교가 문을 닫아요.
Wir haben heute Schneefrei.
브이어 하븐 호이트 슈네프흐아이
Es hat so viel geschneit, dass wir heute Schneefrei haben.
에쓰 핱 조 프힐 그슈나잍, 다쓰 브이어 호이트
슈네프흐아이 하븐

학교

\# 엄마가 학교로 데리러 왔어요.

Meine Mutter holt mich von der Schule ab.
마이느 뭍터 홀ㅌ 미히 프혼 데어 슐르 압

\# 학교 끝나고 뭐 해?

Was machst du nach der Schule?
브아쓰 마흐슽 두 나흐 데어 슐르?

\# 수업이 몇 시에 끝나니?

Wann hast du aus?
브안 하슽 두 아우쓰?

\# 독일에서는 보통 오후 1시 30분이면 학교가 끝나요.

In Deutschland geht die Schule meistens bis halb zwei.
인 도이츄란ㅌ 겥 디 슐르 마이스튼쓰 비쓰 할ㅍ 쯔브아이

\# 학교 끝나고 같이 놀자.

Lass uns nach der Schule zusammen spielen.
라쓰 운쓰 나흐 데어 슐르 쭈잠믄 슈필른

\# 학교 앞에서 필립과 만나기로 했어.

Ich habe mich mit Phillip vor der Schule verabredet.
이히 하브 미히 밑 필맆 프호어 데어 슐르 프헤어압흐에듵

\# 난 학교 끝나고 도서관에 들를 거야.

Ich gehe nach der Schule noch kurz in die Bibliothek.
이히 게흐 나흐 데어 슐르 노흐 쿠어쯔 인 디 비블리오텤

\# 학교 끝나고 우리 집에 가서 숙제 같이 하자.

Komm wir können die Hausaufgaben bei uns/mir machen.
콤 브이어 쾬는 디 하우쓰아우프흐가븐 바이 운쓰/미어 마흔

꼭! 짚고 가기

독일의 학교 시스템

독일은 연방국(자치권을 가진 여러 나라가 공통의 정치 이념 아래 연합하여 구성하는 국가 형태)이기 때문에 각 연방별로 학교 시스템을 정할 수 있어요. 하지만 기본적으로 모두 9~10년의 의무 교육을 받아야 하며 다음과 같은 시스템으로 진행돼요. 우선 독일의 초등학교(Grundschule 그흐운ㅌ슐르)는 4년제이며, 4학년 때 적성에 따라 8~9년제인 고등학교(Gymnasium 큄나지움)를 가거나 6년제인 실업학교(Realschule 흐에알슐르), 종합 학교(Gesamtschule 그잠ㅌ슐르) 또는 직업 학교(Hauptschule 하우플슐르)로 나뉘어 진학해요.
Gymnasium은 가장 수준 높은 교육 기관이며 바로 아래에는 Realschule가 있어 Gymnasium을 다니다 성적이 잘 안 나오는 학생들은 Realschule로 전학하기도 하고, 반대로 Gesamtschule 나 Realschule에서 열심히 공부해서 Gymnasium으로 전학하기도 하죠.
10학년까지의 의무 교육 기간이 끝나고 진학할 지 바로 사회에 진출할 지를 정하죠. Gymnasium을 다닌 학생들은 보통 대학교를 목표로 하기 때문에 진학을 택하는 경우가 많아요. 의무 교육 기간을 마친 후에는 Gymnasium 고학년과 전문 학교(Berufsfachschule 브흐우프흐쓰프하흐슐르), 직업 학교(Fachschule 프하흐쓰슐르)로 나누어 진학할 수 있어요. 전문 학교와 직업 학교는 대학 진학이 안 되기 때문에 완료 후 심화 과정을 밟거나 바로 취업을 하는 반면 Gymnasium Oberschule 큄나지움 오버슐르에서 공부를 마친 학생들은 대부분 대학교에 진학해요.

Schritt 2 입학 & 졸업 MP3. K06_S02

입학 ①

입학 축하해!
Herzlichen Glückwunsch zur Einschulung!
헤어쯜리히은 글뤽브운슈 쭈어 아인슐룽!

한국은 아이들이 만 6세에 학교에 가요.
In Korea gehen die Kinder mit sechs Jahren in die Schule.
인 코흐에아 게흔 디 킨더 밑 제흐쓰 야흔 인 디 슐르

우리 아이는 올 9월에 초등학교에 입학해요.
Mein Kind kommt diesen September in die Schule.
마인 킨트 콤트 디즌 젶템버 인 디 슐르

입학에 필요한 서류는 무엇인가요?
Was für Unterlagen braucht man für die Schulanmeldung?
브아쓰 프휘어 운터라근 브흐아우흩 만 프휘어 디 슐안멜둥?

저는 올 9월에 대학에 입학해요.
Ich fange im September an zu studieren.
이히 프항으 인 젶템버 안 쭈 슈투디어흔

그는 무리 없이 대학 입학시험에 합격했어요.
Er hat das Abitur locker bestanden.
에어 핱 다쓰 아비투어 록커 브슈탄든

우리 아들을 이 학교에 입학시키고 싶어요.
Ich möchte meinen Sohn in/auf diese Schule schicken.
이히 뫼히트 마이느 존 인/아우프흐 디즈 슐르 슈익큰

여기서 잠깐!
독일에서는 초등학교에 입학할 때 전통적으로 아이의 키만 한 Zuckertüte 쭈커튙트, Schultüte 슐튙트라는 군것질거리로 채운 고깔을 선물해요. 사회에 첫발을 딛는 아이들의 삶이 조금 더 달콤하고 재미있기를 바라는 마음이 담겨 있다고 해요.

입학 ②

독일에서는 대학에 입학하려면 아비투어라는 시험을 치러야 해요.
In Deutschland braucht man Abitur, um auf/in die Uni gehen zu können.
인 도이츄란트 브흐아우흐 만 아비투어, 움 아우프흐/인 디 우니 게흔 쭈 쾬는

한국은 대학 입학을 위한 경쟁이 치열해요.
Es gibt viel Konkurrenz bei der Aufnahmeprüfung für die Uni in Korea.
에쓰 깁트 프힐 콘쿠흐엔쯔 바이 데어 아우프흐나므프흐위프훙 프휘어 디 우니 인 코흐에아

한국에서는 원하는 대학에 입학하기 위해 재수를 하는 일이 아주 흔해요.
Viele Koreaner bestehen die Aufnahmeprüfung nicht beim ersten Mal und müssen es noch einmal versuchen.
프힐르 코흐에아너 브슈테흔 디 아우프흐나므프흐위프훙 니힡 바임 에어스튼 말 운트 뮈쓴 에쓰 노흐 아인말 프헤어주흔

나는 장학금을 받아 대학에 입학한 게 자랑스러워요.
Ich bin stolz auf mich, dass ich das Stipendium für die Uni bekommen habe.
이히 빈 슈톨쯔 아우프흐 미히, 다쓰 이히 다쓰 슈티펜디움 프휘어 디 우니 브콤은 하브

필기시험을 못 봤다고 낙심하지 마. 면접시험을 잘 보면 돼.
Lass dich vom Ergebnis der schriftlichen (Prüfung) nicht entmutigen, du kannst dich in der mündlichen (Prüfung) noch verbessern.
라쓰 디히 프홈 에어겦니쓰 데어 슈흐이프틀리히은 (프휘프훙) 니힡 엔트무티근, 두 칸슽 디히 인 데어 뮌틀리히은 (프휘프훙) 노흐 프헤어베쓴

진학

\# 나는 대학에 진학하면서 부모님으로부터 독립했어요.

Mit Beginn des Studiums bin ich von Zuhause ausgezogen.
밑 브긴 데쓰 슈투디움쓰 빈 이히 프혼 쭈하우즈 아우쓰그쪼근

\# 안나는 내년에 11학년에 진학해요.

Anna kommt/geht nächstes Jahr in die 11. Klasse.
안나 콤트/겔트 내흐스트쓰 야 인 디 엘프흐트 클라쓰

\# 그는 대학에 진학할지 고민하고 있어요.

Er ist noch nicht sicher, ob er auf die Uni gehen/in der Uni studieren soll.
에어 이슽 노흐 니힡 지히어, 옾 에어 아우프흐 디 우니 게흔/인 데어 우니 슈투디어흔 졸

\# 그는 독어독문학을 전공하고 철학을 복수 전공했어요.

Er hat im Hauptfach Germanistik und im Nebenfach Philosophie studiert.
에어 핱 임 하우픝프하흐 게어마니스틱 운트 임 네븐프하흐 필로조퓌 슈투디엍

\# 그는 하인리히 뵐 재단의 장학생이에요.

Er ist Stipendiat an der Heinrich-Böll-Stiftung.
에어 이슽 슈티펜디앝 안 데어 하인흐이히-뵐-슈티프흐퉁

여기서 잠깐!
하인리히 뵐(Heinrich Theodor Böll 하인흐이히 테오도어 뵐)은 독일의 전후 작가 중 중요 인물로 1972년 노벨상을 받았어요. 1997년 그의 이름을 딴 '하인리히 뵐 재단'이 세워졌고 교육과 연구를 지원하는 데 그 목적이 있어요.

꼭! 짚고 가기

독일의 Abitur

독일은 연방별로 교육 규정이 다르기 때문에 각 지역의 입시생들은 다 조금씩 다르게 Abitur 아비투어에 응시해요. 기본적으로 Gymnasium 귐나지움 고학년부터 준비를 시작해서 각자 자신이 원하는 과목을 4~5개 고를 수 있어요. 각 과목 점수의 평균은 자신의 성적이 되고요. 과목별로 필기시험과 구술시험을 골라 볼 수 있고, 적어도 한 과목은 구술시험을 봐야 해요. 학생이 스스로의 장점을 살려 시험을 볼 수 있는 것이죠.

필기시험은 Zentralabitur 쩬트흐알아비투어 라고 하여 모두 동일한 문제를 풀게 되어 있어요. 한국처럼 하루에 모든 과목을 보는 것이 아니라 하루에 1~2개의 과목을 봐요. 어떤 연방에서는 구술시험을 추가로 신청할 수 있어서 필기시험을 망친 것 같으면 구술시험을 추가로 봐서 성적을 조금 올리는 경우도 있어요.

필기시험은 역시 서술형이기 때문에 2명이 심사를 해서 성적을 주게 돼요. 같은 문제도 각 연방에서 어떤 기준으로 심사를 하는지에 따라 성적은 다르게 나올 수 있어요. 각 연방의 규정에 따라 평균 점수를 다르게 내기 때문에 모든 시험에서 같은 성적을 받았는데도 점수는 다르게 나오는 경우도 있어요.

기본적으로 자기가 직접 자신 있는 과목을 고르고, 여러 날에 걸쳐 시험을 본다는 점이 한국과 달라요. 이 Abitur 성적을 바탕으로 자신이 지원할 수 있는 대학교와 전공을 찾아 지원합니다.

신입생

신입생을 위한 환영회가 있을 거예요.
Es wird eine Erst-Semester-Party für alle Erstis geben. (대학교)
에쓰 브이얼 아이느 에어슽-제메스터-파티 프휘어 알르 에어스티쓰 게븐

강당에서 신입생 환영 파티가 열렸다.
Für die Schulanfänger wird es eine Feier in der Aula geben. (초등학교)
프휘어 디 슐안프행어 브이얼 에쓰 아이느 프하이어 인 데어 아울라 게븐

우리 학교에는 이번에 신입생들이 많이 들어왔어요.
Dieses Jahr sind viele neue Schüler in unsere Schule gekommen.
디즈쓰 야 진ㅌ 프힐르 노이으 슈윌러 인 운저흐 슐르 그콤믄

라우라는 신입생들이 대학 생활에 적응할 수 있도록 도와줬다.
Laura half den neuen Schülern sich in der neuen Schule einzuleben.
라우흐아 할프흐 덴 노이으 슈윌른 지히 인 데어 노이은 슐르 아인쭈레븐

그 대학은 신입생들만 기숙사를 사용할 수 있어요.
An dieser Uni dürfen nur die Erstsemester und neuen Studierenden in das Studentenheim einziehen.
안 디저 우니 뒤어프흔 누어 디 에어슡제메스터 운ㅌ 노이은 슈투디어든든 인 다쓰 슈투덴튼하임 아인찌흔

졸업

언제 졸업하니?
Wann machst du deinen Abschluss?
브안 마흐스ㅌ 두 다이는 압슐루쓰?

졸업이 한 학기밖에 남지 않았어요.
Ich muss nur noch ein Semester studieren.
이히 무쓰 누어 노흐 아인 제메스터 슈투디어흔

졸업 후에 뭘 할 거야?
Was möchtest du nach deinem Abschluss machen?
브아쓰 뫼히트슡 두 나흐 다이늠 압슐루쓰 마흔?

졸업한 후에 무엇을 해야 할지 모르겠어요.
Ich weiß noch nicht, was ich nach dem Abschluss machen soll.
이히 브아이쓰 노흐 니힡, 브아쓰 이히 나흐 뎀 압슐루쓰 마흔 졸

한국에서는 대체로 18세에 고등학교를 졸업해요.
In Korea macht man meistens mit 18 Jahren den Schulabschluss.
인 코흐에아 마흩 만 마이스튼쓰 밑 아흩첸 야흔 덴 슐압슐루쓰

언제 대학을 졸업했어?
Wann hast du das Studium beendet?
브안 하슡 두 다쓰 슈투디움 브엔듵?

저는 아직 대학 졸업 전이에요.
Ich gehe noch zur Uni.
이히 게흐 노흐 쭈어 우니

여기서 잠깐!
독일에서는 졸업생들이 Abitur 아비투어 후 교무실을 풍선으로 채운다든가 수업을 방해하며 Abistreich 아비슈트흐아이히라고 하는 장난을 쳐요. 이외에 함께 퀴즈나 달리기를 하는 등의 프로그램을 짜서 즐기기도 해요.

졸업 성적

수업 2개만 더 들으면 졸업이다.

Ich muss nur noch zwei Veranstaltungen belegen/besuchen, um das Studium abschließen zu können.
이히 무쓰 누어 노흐 쯔바이 프헤어안슈탈퉁은 브레근/브주흔, 움 다쓰 슈투디움 압슐리쓴 쭈 퀸느

미카엘은 우수한 성적으로 대학을 졸업했어요.

Michael hat ein ausgezeichnetes Zeugnis bekommen.
미히아엘 핱 아인 아우쓰그짜이히느트쓰 쪼읶니쓰 브콤믄

그는 나보다 1년 빨리 졸업했어요.

Er hat das Studium ein Jahr früher als ich abgeschlossen.
에어 핱 다쓰 슈투디움 아인 야 프흐위어 알쓰 이히 압그슐로쓴

그녀는 이번 학기에 논문 통과했어요.

Sie hat ihre Dissertation/Doktorarbeit dieses Semester bestanden.
지 핱 이어흐 디써타찌온/독토어아바잍 디즈쓰 제메스터 브슈탄든

올해 졸업하고 싶다면 논문을 빨리 완성해야 해.

Um abzuschließen, muss ich dieses Jahr meine Dissertation einreichen/fertig schreiben.
움 압쭈슐리쓴, 무쓰 이히 디즈쓰 야 마이느 디써타찌온 아인흐아이히은/프헤어티히 슈흐아이븐

논문 심사 결과는 언제 알 수 있죠?

Wann bekomme ich das Doktoranden-Zeugnis?
브안 브콤므 이히 다쓰 독토어흐안든-쪼읶니쓰?

기타

안토니아는 졸업 파티에 참석했어요.

Antonia ist zur Abschlussparty gegangen.
안토니아 이슽 쭈어 압슐루쓰파티 그강은

졸업 파티를 위한 드레스를 사러 가요.

Lass uns das Kleid für die Abschlussfeier kaufen gehen.
라쓰 운쓰 다쓰 클라잍 프휘어 디 압슐루쓰프하이어 카우프흔 게흔

졸업 선물로 뭐 받았어?

Was hast du zum Abschluss geschenkt bekommen?
브아쓰 하슽 두 쭘 압슐루쓰 그슈엔클 브콤믄?

전 영국으로 유학을 갈 계획이에요.

Ich plane in Großbritannien zu studieren.
이히 플라느 인 그흐오쓰브흐이타니은 쭈 슈투디어흔

온 가족이 마인츠로 이사 가면서 저희 딸은 전학을 했어요.

Meine Familie ist nach Mainz (um) gezogen. Deshalb musste meine Tochter die Schule wechseln.
마이느 프하밀리으 이슽 나흐 마인쯔 (움) 그쪼근. 데쓰할ㅍ 무쓰트 마이느 토흐터 디 슐르 브에흐쓸ㄴ

그녀는 전학한 학교에 이미 적응했어요.

Sie hat sich in der neuen Schule schon gut eingelebt.
지 핱 지히 인 데어 노이은 슐르 슈온 굳 아인그레픝

전 학교를 그만두기로 결심했어요.

Ich habe mich entschlossen das Studium abzubrechen.
이히 하브 미히 엔트슐로쓴 다쓰 슈투디움 압쭈브흐에히은

Schritt 3 학교생활

학교생활

\# 학교는 7시 45분에 시작해요.
Die Schule fängt um Viertel vor acht an.
디 슐르 프행ㅌ 움 프히어틀 프호어 아흘 안

\# 45분 수업이에요.
Der Unterricht dauert 45 Minuten.
데어 운터흐이힡 다우엍 프휜프훈ㅌ프히어찌히 미누튼
초•중•고교의 수업은 Unterricht, 대학교 수업은 Vorlesung/Seminar/Veranstaltung이라고 해요.

\# 긴 쉬는 시간은 30분 동안이에요.
Die große Pause dauert eine halbe Stunde.
디 그흐오쓰 파우즈 다우엍 아이느 할브 슈툰드

\# 수업이 끝난 후에는 승마를 배우고 있어요.
Nach der Schule habe ich Reitunterricht.
나흐 데어 슐르 하브 이히 흐아읻운터흐이힡

\# 역사가 수학보다 더 재미있어요.
Geschichte ist interessanter als Mathematik.
그슈이히트 이슽 인터흐싼터 알쓰 마트마틱

\# 선생님(여자)이 출석 체크하셨니?
Hat die Lehrerin schon meine Anwesenheit geprüft?
핱 디 레흐어흐인 슈온 마이느 안브에즌하잍 그프후위픝?

\# 넌 독일어 수업 다음에 무슨 수업을 듣니?
Was hast du nach Deutsch?
브아쓰 하슽 두 나흐 도이츄?

\# 오늘 수학 수업이 취소되었어요.
Mathe fällt heute aus.
마트 프핼ㅌ 호이트 아우쓰

수업 전후

\# 지난 시간에 어디까지 했죠?
Was haben wir in der letzten Stunde gelernt?
브아쓰 하븐 브이어 인 데어 렡쯔튼 슈툰드 그레언ㅌ?

\# 모두 57쪽을 펴세요.
Bitte alle (die) Seite 57 aufschlagen.
비트 알르 (디) 자이트 지븐운ㅌ프휜프흐찌히 아우프흐슐라근

\# 숙제는 다 해 왔나요?
Haben alle ihre Hausaufgaben gemacht?
하븐 알르 이어흐 하우쓰아우프흐가븐 그마흩?

\# 수업에 늦어서 죄송합니다.
Tut mir leid, dass ich zu spät bin/ mich verspätet habe.
퉅 미어 라잍, 다쓰 이히 쭈 슈퍁 빈/미히 프헤어슈패틑 하브

\# 이 수업에서는 모두 영어로 말해야 합니다.
Im Englischunterricht dürfen wir nur auf Englisch reden/sprechen.
임 엥글리슈운터흐이힡 뒤어프흔 브이어 누어 아우프흐 엥글리슈 흐에든/슈프흐에히은

\# 수업 중에는 떠들지 마세요.
Bitte während des Unterrichts nicht Schwätzen.
비트 브애흔ㅌ 데쓰 운터흐이힡츠 니힡 슈브앹쯘

\# 수업 참여도를 성적에 많이 반영할 거예요.
Die aktive Teilnahme am Unterricht wird auch im Zeugnis beachtet.
디 앜티브 타일나므 암 운터흐이힡 브이엍 아우흐 임 쪼잌니쓰 브아흩틑

수업 시간표

\# 오늘은 수업이 꽉 찼어.

Mein Stundenplan ist heute voll.
마인 슈툰든플란 이슷 호이트 폴

\# 이번 학기에 수업 몇 개 들어? (대학교)

Wie viele Veranstaltungen belegst/ hast du dieses Semester?
브이 필르 프헤어안슈탈퉁은 브렠슷/하슷 두 디즈쓰 제메스터?

\# 좋아하는 과목이 뭐야? → 고등학교 과정까지 '과목', 대학은 '수업'이라고 해요.

Welches Fach magst du (besonders)?
브엘히으쓰 프하흐 막슷 두 (브존더쓰)?

\# 내일 미술사 수업이 있어.

Morgen habe ich Kunstgeschichte.
모어근 하브 이히 쿤슷그슈이히트

\# 이번 학기 수업 신청 다 했어?

Hast du dich bei allen Veranstaltungen angemeldet?
하슷 두 디히 바이 알른 프헤어안슈탈퉁은 안그멜듯?

\# 그 교양 수업은 인기가 많아서 금방 마감돼요.

Diese Veranstaltung ist sehr beliebt und wird deshalb bestimmt schnell belegt sein.
디즈 프헤어안슈탈퉁 이슷 제어 브맆ㅌ 운ㅌ 브이얼ㅌ 데쓰할ㅍ 브슈팀ㅌ 슈넬 브레클ㅌ 자인

\# 그 수업은 꼭 듣고 싶어.

An dieser Veranstaltung möchte ich unbedingt teilnehmen.
안 디저 프헤어안슈탈퉁 뫼히트 이히 운브딩ㅌ 타일네믄

꼭! 짚고 가기

과목명

독일의 초등학교와 Gymnasium 귐나지움에는 어떤 수업들이 개설되어 있을까요? 기본적으로 Gymnasium을 들어갈 때(5학년) 영어와 프랑스어 중 제2외국어를 정할 수 있고, 영어를 택한 경우 7학년 때 프랑스어와 라틴어 중 제3외국어를 정하게 돼요. (학교마다 다를 수 있습니다.) 그 외에도 지리, 화학 등 다양한 수업을 선택하게 되는데 아래의 과목명을 잘 알아 두었다가 참조하도록 해요.

- das Deutsch 다쓰 도이츄 독일어
- das Französisch 다쓰 프흐안쬐지슈 프랑스어
- Englisch 엥글리슈 영어
- das Latein 다쓰 라타인 라틴어
- das Spanisch 다쓰 슈파니슈 스페인어
- die Mathematik (Mathe)
  디 마트마틱 (마트) 수학
- die Chemie 디 슈에미 화학
- die Biologie 디 비올로기 생물
- die Geschichte 디 그슈이히트 역사
- die Erdkunde 디 에얼쿤드 지리
- die Religion und Ethik
  디 흐엘리기온 운ㅌ 에틱 종교와 윤리
- die Musik 디 무짘 음악
- die Kunst 디 쿤슷 미술
- der Sport 데어 슈포얼 체육

수업 난이도

수업이 이해되지 않아요.

Ich komme im Unterricht nicht so gut mit.
이히 콤므 임 운터흐이힡 니힡 조 굳 밑

선생님, 2과 내용 다시 설명해 주실 수 있으세요?

Entschuldigen Sie, können Sie mir (bitte die) Lektion Zwei nochmal erklären?
엔ㅌ슐디근 지, 쾬는 지 미어 (비트 디) 렉찌온 쯔브아이 노흐말 에어클래어흔?

이 수업은 너무 어려워.

Dieser Unterricht ist zu schwer für mich.
디저 운터흐이힡 이슫 쭈 슈브에어 프후어 미히

독일어 선생님(남자)께서 가르쳐 주시는 건 이해가 잘 돼.

Ich komme im Deutschunterricht ganz gut mit.
이히 콤므 임 도이츄운터흐이힡 간쯔 굳 밑

철학은 이해하기 어렵지만 재미있어요.

Philosophie ist kompliziert, aber interessant.
필로조퓌 이슫 콤플리찌얻, 아버 인터흐싼ㅌ

수학 수업은 지겨워요.

Mathe ist langweilig.
마트 이슫 랑브아일리히

화학 수업 시간에 하는 실험은 참 흥미로워.

Das Experimentieren im Chemieunterricht ist interessant.
다쓰 엑쓰페흐이멘티어른 임 슈에미운터흐이힡 이슫 인터흐싼ㅌ

수업 태도

수업 중 반드시 휴대폰을 끄세요.

Im Unterricht werden bitte alle Handys ausgeschaltet.
임 운터흐이힡 브에어든 비티 알르 핸디쓰 아우쓰그슈알틑

Keine Handys im Klassenzimmer.
카이느 핸디쓰 임 클라쓴찜머

수업 때 떠드는 바람에 선생님(남자)께 혼났어요.

Der Lehrer hat mich ermahnt, nicht mehr so viel Lärm in der Klasse zu machen.
데어 레어허 핱 미히 에어만ㅌ, 니힡 메어 조 프힐 래엄 인 데어 클라쓰 쭈 마흔

수업에 왜 늦었니?

Warum bist du heute zu spät (zum Unterricht) gekommen?
브아훔 비슫 두 호이트 쭈 슈퍁 (쭘 운터흐이힡) 그콤믄?

너 또 수업 중에 졸고 있구나. 어제 몇 시에 잔 거야?

Du bist schon wieder während des Unterrichts eingeschlafen. Wann bist du (gestern) ins Bett gegangen?
두 비슫 슈온 브이더 브애흔ㄷ 데쓰 운터흐이힡츠 아인그슐라프흔, 브안 비슫 두 (게스턴) 인쓰 밷 그강은?

그는 수업 때 번번이 책을 가져오지 않아요.

Er vergisst jedes Mal sein Buch (mitzubringen).
에어 프헤어기쓷 예드쓰 말 자인 부흐 (밑쭈브흐잉은)

Jedes Mal hat er sein Buch nicht dabei.
예드쓰 말 핱 에어 자인 부흐 니힡 다바이

수업 기타

204호 강의실이 어디인가요?

Wo ist der (Klassen) Raum 204?
보오 이슽 데어 (클라쓴)흐아움 쯔브아이훈덜트히어?

가 봐야겠어. 곧 수업이 있거든.

Ich muss jetzt los. Gleich fängt die (nächste) Stunde an.
이히 무쓰 옡쯭 로쓰. 글라이히 프행ㅌ 디 (내흐스ㅌ) 슈튠드 안

보강 수업이 금요일에 있을 거예요.

Die (ausgefallene) Stunde wird am Freitag nachgeholt.
디 (아우쓰그프할르느) 슈툰드 브이엍 암 프흐아이탁 나흐그홀ㅌ

독일어 선생님(남자)이 바뀌었어요.

Wir haben einen neuen Deutschlehrer.
브이어 하븐 아이는 노이은 도이츄레어허

프랑스어 공부 잘 돼가?

Wie läuft das Französisch-Lernen bei dir?
브이 로이픝 다쓰 프흐안쬐지슈-레어는 바이 디어?

대학에서 뭘 전공했니?

Was hast du studiert?
브아쓰 하슽 두 슈투디얼ㅌ?

나는 독어독문학과 방송영상학을 전공했어.

Ich habe Germanistik und Medienwissenschaft studiert.
이히 하브 게어마니스틱 운ㅌ 메디은브이쓴슈아픝 슈투디얼

저는 한국에서 온 교환 학생(여자)입니다.

Ich bin eine Austauschstudentin aus Korea.
이히 빈 아이느 아우쓰타우슈투덴틴 아우쓰 코흐에아

꼭! 짚고 가기

독일 시간 읽는 법

기차표를 사고, 버스를 타고, 수업을 듣고 하려면 기본적으로 시간을 읽고 말할 줄 알아야 해요. 공식적인 시간을 읽는 방법은 '○○시 ○○분'을 '○○ Uhr 우어 ○○ Minuten 미누튼'이라고 해요.

- 5:27 = fünf Uhr sieben und zwanzig
  프휜프흐 우어 지븐 운ㅌ 쯔브안찌히

하지만 일상생활에서 시간을 읽는 법은 좀 복잡할 거예요. 우선 1/2은 halb 할ㅍ에요. 그래서 6시 30분은 halb sieben 할ㅍ 지븐이라고 해요. 6시 30분인데 왜 sieben(7) 지븐의 반(halb)일까요? 그건 바로 독일에서는 30분이 몇 분 후가 아닌 몇 분 전으로 표현되는 개념이기 때문이에요. 1시간을 20분 단위로 쪼개서 보면 조금 쉬워져요. 5~6시를 기준으로 예를 들어 볼게요.

- 5:05 = fünf nach fünf
  프휜프흐 나흐 프휜프흐
- 5:10 = zehn nach fünf
  첸 나흐 프휜프흐
- 5:15 = viertel nach fünf
  프히어틀 나흐 프휜프흐
  (* viertel 프히어틀: 1/4)
- 5:20 = zwanzig nach fünf
  쯔브안찌히 나흐 프휜프흐

20~40분대의 기준은 '반(30분)'이에요.

- 5:20 = zehn vor halb sechs
  첸 프호어 할ㅍ 제흐쓰
- 5:25 = fünf vor halb sechs
  프휜프흐 프호어 할ㅍ 제흐쓰
- 5:30 = halb sechs 할ㅍ 제흐쓰

40~60분대의 기준은 '다음 시각'이에요. (여기에서는 6시)

- 5:40 = zwanzig vor sechs
  쯔브안찌히 프호어 제흐쓰
- 5:45 = viertel vor sechs
  프히어틀 프호어 제흐쓰
- 6:00 = sechs Uhr 제흐쓰 우어

Schritt 4 과제

과제하기

\# 과제 끝내려면 얼마나 걸리니?

Wie lange brauchst du noch für die Hausaufgaben?
브이 랑으 브흐아우흐슽 두 노흐 프휘어 디 하우쓰아우프흐가븐?

\# 과제가 너무 많아요.

Ich habe super viel auf.
이히 하브 주퍼 프힐 아우프흐

\# 난 6시까지 과제를 끝내야 해.

Ich muss bis sechs Uhr mit den Hausaufgaben fertig sein.
이히 무쓰 비쓰 제흐쓰 우어 밑 덴 하우쓰아우프흐가븐 프헤어티히 자인

\# 어젯밤 과제하느라 늦게까지 깨어 있었어요.

Ich habe gestern bis spät abends/in den Abend Hausaufgaben gemacht.
이히 하브 게스턴 비쓰 슈퍁 아븐ㅌ츠/인 덴 아븐ㅌ 하우쓰아우프흐가븐 그마흩

\# 요즘은 과제를 메일로 제출하기도 해.

Heutzutage kann man die Hausaufgaben auch per E-Mail schicken.
호잍쭈타그 칸 만 디 하우쓰아우프흐가븐 아우흐 페어 이-메일 슈읶큰

\# 역사 선생님(남자)께서는 항상 어려운 과제를 내 주셔.

Der Lehrer in Geschichte gibt immer schwere Hausaufgaben auf.
데어 레어허 인 그슈이히트 깊ㅌ 임머 슈브에어흐 하우쓰아우프흐가븐 아우프흐

\# 거의 다 끝나 가. 잠시만 기다려 줘.

Ich bin gleich fertig. Warte noch kurz.
이히 빈 글라이히 프헤어티히. 브아트 노흐 쿠어쯔

과제 평가

\# 그는 숙제를 열심히 했어요.

Er hat seine Hausaufgaben fleißig gemacht.
에어 핱 자이느 하우쓰아우프흐가븐 프흘라이씨히 그마흩

\# 요셉은 아무래도 숙제를 안 한 것 같은데.

Ich glaube Joseph hat seine Hausaufgaben nicht gemacht.
이히 글라우브 요젶흐 핱 자이느 하우쓰아우프흐가븐 니힡 그마흩

\# 선생님은 마리아가 숙제를 잘했다고 칭찬하셨어요.

Der Lehrer hat Maria gelobt, weil sie ihre Hausaufgaben gut gemacht hat.
데어 레어허 핱 마흐이아 그롶ㅌ, 브아일 지 이어흐 하우쓰아우프흐가븐 궅 그마흩 핱

\# 네가 쓴 리포트는 훌륭해.

Dein Aufsatz ist herausragend/ausgezeichnet.
다인 아우프흐잨쯔 이슽 헤어흐아우쓰흐아근ㅌ/아우쓰그짜이히늩

\# 리포트를 수정해서 다시 제출하세요.

Bitte den Aufsatz korrigieren und mir dann nochmal geben.
비트 덴 아우프흐잨쯔 코어흐이기어흔 운ㅌ 미어 단 노흐말 게븐

\# 너 이 과제 베낀 것 같은데.

Du hast deine Hausaufgaben anscheinend bei jemandem abgeschrieben.
두 하슽 다이느 하우쓰아우프흐가븐 안슈아이는ㅌ 바이 예만듬 압그슈흐이븐

과제를 마친 후

\# 미리암은 조금 전에 과제를 끝냈다.

Miriam ist eben mit den Hausaufgaben fertig geworden.
미흐이암 이슽 에븐 밑 덴 하우쓰아우프흐가븐 프헤어티히 그브오어든

\# 어제 과제하느라 바빴어.

Ich war gestern nur damit beschäftigt Hausaufgaben zu machen.
이히 브아 게스턴 누어 다밑 브슈애프흐티클 하우쓰아우프흐가븐 쭈 마흔

\# 엄마, 숙제 끝냈어요. 니콜라스네 집에 놀러 가도 되죠?

Mama, ich bin fertig mit den Hausaufgaben. Darf ich zu Nikolas spielen gehen?
마마, 이히 빈 프헤어티히 밑 덴 하우쓰아우프흐가븐. 닾흐 이히 쭈 니콜라쓰 슈피른 게흔?

\# 생각보다 빨리 과제를 마쳤어요.

Ich bin mit meinen Hausaufgaben doch schneller fertig geworden, als ich gedacht habe.
이히 빈 밑 마이느 하우쓰아우프흐가븐 도흐 슈넬러 프헤어티히 그브오어든, 알쓰 이히 그다흩 하브

\# 과제를 마치고 곧바로 잠들었어요.

Ich bin nach dem Hausaufgaben machen gleich ins Bett gegangen.
이히 빈 나흐 뎀 하우쓰아우프흐가븐 마흔 글라이히 인쓰 뱉 그강은

\# 너 혹시 과제 끝냈으면 나 좀 도와줄래?

Wenn du mit den Hausaufgaben fertig bist, kannst du mir dann bitte helfen?
브엔 두 밑 덴 하우쓰아우프흐가븐 프헤어티히 비스트, 칸슽 두 미어 단 비트 헬프흔?

과제 기타

\# 오늘은 숙제가 하나도 없어요.

Heute habe ich nichts auf.
호이트 하브 이히 니힡쯔 아우프흐

\# 아직도 해야 할 과제가 남아 있어요.

Ich habe immer noch Hausaufgaben zu machen.
이히 하브 임머 노흐 하우쓰아우프흐가븐 쭈 마흔

\# 리포트는 몇 장이나 써야 해요?

Wie viele Seiten muss der Aufsatz haben?
브이 프힐르 자이튼 무쓰 데어 아우프흐잩쯔 하븐?

\# 독일어 숙제가 너무 어려워서 네 도움이 필요해.

Ich brauche deine Hilfe, weil die Hausaufgaben in Deutsch zu schwer sind.
이히 브흐아우흐 다이느 힐프흐, 브아일 디 하우쓰아우프흐가븐 인 도이츄 쭈 슈브에어 진트

\# 언제까지 과제를 제출해야 하죠?

Bis wann muss man die Hausaufgaben abgeben/einreichen?
비쓰 브안 무쓰 만 디 하우쓰아우프흐가븐 앞게븐/아인흐아이히은?

\# 중간고사는 과제 제출로 대신하겠어요.

Die Zwischenprüfung wird durch (die) Hausaufgaben ersetzt.
디 쯔브이슈은프흐위훙 브이얻 두어히 (디) 하우쓰아우프흐가븐 에어젵쯭

\# 숙제 때문에 네 책을 좀 빌릴 수 있을까?

Kann ich mir kurz dein Buch für meine Hausaufgaben leihen?
칸 이히 미어 쿠어쯔 다인 부흐 프휘어 마이느 하우쓰아우프흐가븐 라이흔?

Schritt 5 시험   MP3. K06_S05

시험을 앞두고

시험이 2주 후에 있어.

Die Prüfung ist in zwei Wochen.
디 프흐위프흥 이슽 인 쯔브아이 브오흔

시험 준비 잘 했어?

Bist du gut auf die Prüfung vorbereitet?
비스트 두 굳 아우프흐 디 프흐위프훙 프호어브흐아이틑?

슬슬 시험 준비를 해야겠어.

Ich muss mich langsam auf die Prüfung vorbereiten.
이히 무쓰 미히 랑잠 아우프흐 디 프흐위프훙 프호어브흐아이튼

너는 몇 과목 시험 보니?

Wie viele Prüfungen hast du?
브이 프힐르 프흐위프훙은 하슽 두?

공부를 거의 못 했는데 벌써 내일이 시험이야.

Ich habe morgen meine Prüfung und eigentlich viel zu wenig gelernt.
이히 하브 모어근 마이느 프흐위프훙 운트 아이근틀리히 프힐 쭈 브에니히 그레언트

네 시험 주제가 뭐야?

Was ist das Thema deiner Prüfung?
브아쓰 이슽 다쓰 테마 다이너 프흐위프훙?

이 시험은 좀 어려울 것 같아.

Ich glaube diese Prüfung wird richtig schwer.
이히 글라우브 디즈 프흐위프훙 브이얻 흐이히티히 슈브에어

시험 후

시험이 끝났다.

Die Prüfung ist vorbei/zu Ende.
디 프흐위프훙 이슽 프호어바이/쭈 엔드

그 시험은 아주 쉬웠어.

Die Prüfung war (eigentlich) ganz leicht.
이 프흐위프훙 브아 (아이근틀리히) 간쯔 라이힡

시험의 마지막 문제가 가장 어려웠어.

Die letzte Aufgabe war am schwersten.
디 렡쯔트 아우프흐가브 브아 암 슈브에어스튼

시험 범위 밖에서 문제가 나왔어요.

Das Thema dieser Aufgabe kam nicht im Unterricht dran.
다쓰 테마 디저 아우프흐가브 캄 니힡 임 운터흐이힡 드흐안

시험 시간이 모자랐어요.

Ich hatte zu wenig Zeit in der Prüfung.
이히 핱트 쭈 브에니히 짜잍 인 데어 프흐위프훙

시험이 끝나서 긴장이 풀렸어요.

Nach der Prüfung war ich sehr erleichtert.
나흐 데어 프흐위프훙 브아 이히 제어 에어라이히털

시험 결과는 언제 나오나요?

Wann bekomme ich das Ergebnis?
브안 브콤므 이히 다쓰 에어겦니쓰?

최선을 다했으니 결과를 기다려 봐야지.

Ich habe mein Bestes gegeben. Also lass uns das Ergebnis abwarten.
이히 하브 마인 베스트쓰 그게븐. 알조 라쓰 운쓰 다쓰 에어겦니쓰 앞브아튼

시험 결과

\# 노력한 만큼 좋은 결과가 나왔어.

Man sieht bei dem Ergebnis, dass ich viel gelernt habe.
만 짙 바이 뎀 에어겝니쓰, 다쓰 이히 필 그레언트 하브

\# 시험 합격한 거 축하해.

Glückwunsch zur bestandenen Prüfung.
글륔브운슈 쭈어 브슈탄드는 프흐위프훙

\# 파스칼은 시험 결과로 몹시 괴로워하고 있어요.

Pascal macht sich Sorgen wegen des Ergebnisses der Prüfung/ Prüfungsergebnisses.
파스칼 마흐 지히 조어근 브에근 데쓰 에어겝니쓰쓰 데어 프흐위프훙/프흐위프훙쓰에어겝니쓰쓰

\# 시험을 몽땅 망쳤어.

Ich habe jede meiner Prüfungen verhauen.
이히 하브 예드 마이너 프흐위프훙은 프헤어하우은

\# 시험 점수가 나빠서 부모님한테 혼날까 봐 걱정이야.

Ich mache mir Sorgen, dass meine Eltern mit mir schimpfen werden, weil ich eine schlechte Note bekommen habe.
이히 마흐 미어 조어근, 다쓰 마이느 엘턴 밑 미어 슈임프흔 브에어든, 브아일 이히 아이느 슐레히트 노트 브콤믄 하브

\# 내가 예상했던 것보다 더 높은 점수가 나왔어요.

Meine Note ist besser als ich gedacht habe.
마이느 노트 이슽 베써 알쓰 이히 그다흩 하브

꼭! 짚고 가기

결과보다는 과정이 중요!

독일에서는 모든 시험이 주관식 서술형으로 진행돼요. 예를 들면 초등학교 때부터 수학 시험의 경우 답만 적어서는 안 되고 모든 풀이 과정을 적어야 하죠. 중간에 계산이 틀려 답이 틀리더라도, 과정이 옳으면 부분 점수가 주어져요. 수업 시간에도 공식을 알려 주고 외우기보다는, '왜?'라는 질문을 많이 하고 그에 대한 답을 알려 주려고 노력하죠. 그러다 보니 수학의 경우 한국보다 약 2학기 정도 진도가 느려요. 초등학교 4학년 때까지도 손가락을 꼽아가며 계산하는 학생들이 많으니까요. 하지만 진도가 느린 대신 역사나 과학 등 모든 과목에서 정말 깊이 있게 배울 수 있다는 장점이 있고, 커서도 '왜?'라고 질문할 수 있는 사고력이 생겨요.

독일에서 성적을 매길 때의 특징은 거의 절대 평가라는 점이에요. 대학교에서 에세이를 평가하는 경우는 상대 평가도 적용되지만 기본적으로는 절대 평가예요. 스스로도 남들과 성적을 비교하기보다는 자신의 이전 성적과 비교하게 되죠. 이런 점 때문에 경쟁의식이 한국보다 덜한 것도 사실이에요.

이렇듯 자신과 끊임없이 싸우고 스스로에 대해 알아 가며 대학교도 자신이 가고 싶은 학과로 진학하기 때문에 자신의 전공에 대한 자부심이 커요. 그 자부심과 끊임없는 호기심 때문인지 대학을 진학한 사람들은 대부분 박사 학위까지 취득하는 경우가 많답니다.

성적표

\# 성적 나온 거 봤어?

Hast du deine Noten bekommen?
하스트 두 다이느 노튼 브콤믄?

\# 이번 학기 성적표는 이틀 후에 나온대.

Wir bekommen das Zeugnis in zwei Tagen.
브이어 브콤믄 다쓰 쪼익니쓰 인 쯔브아이 타근

\# 시험은 잘 봤지만 수업 참여도가 낮았기 때문에 전체 성적이 안 좋아요.

In der schriftlichen (Prüfung) habe ich eine gute Note bekommen, aber meine mündliche Note ist schlecht, sodass ich leider eine schlechte Gesamtnote habe.
인 데어 슈흐이프틀리흔 (프흐위프훙) 하브 이히 아이느 구트 노트 브콤믄, 아버 마이느 뮌틀리히으 노트 이슽 슐레힡, 조다쓰 이히 라이더 아이느 슐레히트 그잠트노트 하브

\# 철학 수업 시험을 망쳐서 잘해야 D일거야.

Ich habe die Philosophie-Prüfung verhauen. Ich bekomme bestenfalls noch eine 4.
이히 하브 디 필로조퓌-프흐위프훙 프헤어하우은. 이히 브콤므 베스튼프할쓰 노흐 아이느 프히어

\# 그는 수학 과목에서 낙제했어요.

Er ist in Mathe(matik) durchgefallen.
에어 이슽 인 마트(마틱) 두어히그프할른

\# 이번 학기 평균 점수는 얼마니?

Wie ist der Durchschnitt dieses Semesters?
브이 이슽 데어 두어히슈닡 디즈쓰 제메스터쓰?

\# 평균 성적이 2등급 정도 나올 거야.

Mein Durchschnitt beträgt eine 2,0.
마인 두어히슈닡 브트흐애큳 아이느 쯔브아이 콤마 눌

우수한 성적 ①

\# 산드라는 좋은 성적을 받았어요.

Sandra hat eine gute Note bekommen.
잔드흐아 핱 아이느 구트 노트 브콤믄

\# 나 최고점을 받았어요.

Ich habe eine 1 geschrieben.
이히 하브 아이느 아인쓰 그슈흐이븐

\# 이번 시험에서 그는 최고점을 얻었어요.

In dieser Prüfung hat er die beste Note bekommen.
인 디저 프흐위프훙 핱 에어 디 베스트 노트 브콤믄

\# 그녀는 지금까지 받은 성적 중 올해 최고성적을 받았어요.

Verglichen mit den anderen, hat sie dieses Mal die beste Note bekommen/gekriegt.
프헤어글리히은 밑 덴 안더흔, 핱 지 디즈쓰 말 디 베스트 노트 브콤믄/그크흐이킅

\# 그 학생(남자)은 우수한 성적으로 장학금을 받았어요.

Mit seinen guten Noten konnte der Student ein Stipendium erlangen.
밑 자이느 구튼 노튼 콘트 데어 슈투덴트 아인 슈티펜디움 에어랑은

\# 그는 좋은 성적을 얻으려고 엄청 노력했어.

Er hat sich viel Mühe gegeben, um eine gute Note zu bekommen.
에어 핱 지히 프힐 뮤흐 그게븐, 움 아이느 구트 노트 쭈 브콤믄

우수한 성적 ②

수학 성적이 제일 좋아요.

Ich war in Mathe am besten.
이히 브아 인 마트 암 베스튼
Meine beste Note habe ich in Mathe.
마이느 베스트 노트 하브 이히 인 마트
Ich habe in Mathe meine beste Note bekommen.
이히 하브 인 마트 마이느 베스트 노튼 브콤믄

내 성적은 평균 이상이야.

Meine Note liegt über dem Durchschnitt.
마이느 노트 리크트 위버 뎀 두어히슈닡

성적이 모두 1 또는 2등급이에요.

Ich habe überall Einsen(1) und Zweien(2).
이히 하브 위버알 아인즌 운트 쯔브아이은

지난 학기보다 성적이 많이 올랐어요.

Meine Note ist dieses Semester besser als letztes.
마이느 노트 이슽 디즈쓰 제메스터 베써 알쓰 렡쯔트쓰

그는 공부하는 것 같지 않은데 성적은 항상 좋아요.

Man denkt, dass er gar nicht lernt, aber er hat immer gute Noten.
만 뎅크트, 다쓰 에어 가 니힡 레언트, 아버 에어 핱 임머 구트 노튼

그녀는 자기 학년 전체에서 수석이에요.

Sie ist die Beste in ihrem Jahrgang.
지 이슽 디 베스트 인 이어흠 야강

그는 성적 때문에 고민한 적이 없어요.

Er hat sich wegen den Noten noch nie Sorgen gemacht.
에어 핱 지히 브에근 덴 노튼 노흐 니 조어근 그마흩

꼭! 짚고 가기

독일의 성적

독일은 학생들에게 주도적으로 생각하고 직접 참여하는 능력을 키워 주기 위해, 성적에 수업 참여도를 50% 정도 반영해요. 성적은 초·중·고등학교는 6등급, 대학교는 5등급으로 나누어요.

• Schulnoten 슐노튼 초·중·고교 성적

등급	성적
1	sehr gute (Leistung) 제어 구트 (라이스퉁) 아주 좋은 성과
2	gute (Leistung) 구트 (라이스퉁) 좋은 성과
3	befriedigend 브프히디근트 만족스러운, 평균적 성과
4	ausreichend 아우쓰흐아이히은트 제한적, 충분한 성과
5	mangelhaft 망을하픝 (nicht bestanden 니힡 브슈탄든) 기본 상식은 있으나 기대를 만족시키지 못함. 불충분한 성과
6	ungenügend 운그뉘근트 (nicht bestanden 니힡 브슈탄든) 기대를 전혀 만족시키지 못함. 모자란 성과 – 낙제 점수

• Uninoten 우니노튼 대학교 성적

등급	성적
1,0 – 1,3	sehr gut 제어 굳 아주 좋은
1,7 – 2,3	gut 굳 좋은
2,7 – 3,3	befriedigend 브프흐이디근트 만족스러운
3,7 – 4,0	ausreichend 아우쓰흐아이히은트 충분한
4,3 – 5,0	nicht ausreichend 니힡 아우쓰흐아이히은트 (nicht bestanden 니힡 브슈탄든) 불충분한 – F 학점

Kapitel 06 즐거운 학교생활!

나쁜 성적

예상외로 성적이 나빴다.

Die Note war schlechter als gedacht.
디 노트 브아 슐레히터 알쓰 그다흐

그는 성적 불량으로 제적당했어.

Er wurde wegen schlechter Noten exmatrikuliert.
에어 브우어드 브에근 슐레히터 노튼 엑쓰마트히쿨리얼

그의 성적이 모자라 유급됐어.

Er ist sitzen geblieben, weil er schlechte Noten hatte.
에어 이슽 짙쯘 그블리븐, 브아일 에어 슐레히트 노튼 핱트

그의 성적이 점점 떨어지고 있어요.

Seine Noten werden immer schlechter.
자이느 노튼 브에어든 임머 슐레히터

시험 성적은 나빴지만, 다행히 통과했어요.

Die Prüfung lief nicht gut, aber ich habe bestanden.
디 프흐위흥 리프흐 니흩 궅, 아버 이히 하브 브슈탄든

그녀는 자신의 나쁜 성적을 부모님께 비밀로 했어요.

Ihre schlechte Note hat sie ihren Eltern verheimlicht.
이어흐 슐레히트 노트 핱 지 이어흔 엘턴 프헤어하임믈리힡

유급 두 번이면 학교에서 잘려요.

Wenn man zweimal in der gleichen Klasse sitzen bleibt, muss man die Schule verlassen.
브엔 만 쯔브아이말 인 데어 글라이히슨 클라쓰 짙쯘 블라이픝, 무쓰 만 디 슐르 프헤어라쓴

성적 기타

성적 증명서가 필요해요.

Ich brauche mein Zeugnis.
이히 브흐아우흐 마인 쪼잌니쓰

이번 시험은 꼭 B 이상 받아야 해요.

Ich brauche in dieser Prüfung unbedingt eine 2.
이히 브흐아우흐 인 디저 프흐위프훙 운브딩ㅌ 아이느 쯔브아이

평균 성적 B+ 이상이 되어야 장학금을 받을 수 있어요.

Man braucht für dieses Stipendium mindestens eine 2,0 im Durschnitt.
만 브흐아우흩 프휘어 디즈쓰 슈티펜디움 민드스튼쓰 아이느 쯔브아이 콤마 눌 임 두어히슈닡

성적의 평가 기준은 무엇입니까?

Was wird bei der Note bewertet?
브아쓰 브이엍 바이 데어 노트 브브에어틑?

좋은 성적 받길 바란다.

Ich hoffe, dass du eine gute Note bekommst.
이히 홒흐, 다쓰 두 아이느 구트 노트 브콤슽

이번 쪽지 시험은 성적에 반영돼요.

Dieser kleine Test fließt auch in die (End)Note mit ein.
디저 클라이느 테슽 프흘맅쓷 아우흐 인 디 (엔트) 노트 밑 아인

헨리는 마리아의 성적을 시기하고 있어요.

Henry ist auf Marias Note neidisch.
헨흐이 이슽 아우프흐 마흐이아쓰 노트 나이디슈
Henry beneidet Marias Note.
헨흐이 브나이듵 마흐이아쓰 노트

Schritt 6 기타   MP3. K06_S06

방학 전

\# 기다리던 여름 방학이 다가오고 있어요.

Die Sommerferien fangen bald an.
디 좀머프헤어히은 프항은 발ㅌ 안

\# 방학이 언제 시작하죠?

Wann fangen die Ferien an?
브안 프항은 디 프헤어히은 안?

\# 어서 방학이면 좋겠어.

Es wäre schön, wenn wir bald Ferien hätten.
에쓰 브애어흐 슈왼, 브엔 브이어 발ㅌ 프헤어히은 햍튼

\# 시험이 끝나자마자 방학이야.

Direkt nach den Prüfungen sind Ferien.
디흐에클 나흐 덴 프흐위프훙은 진ㅌ 프헤어히은

\# 방학까지 한 달 남았어요.

In nur einem Monat sind Ferien.
인 누어 아이늠 모낱 진ㅌ 프헤어히은

\# 아이들은 방학만 기다리고 있어요.

Die Kinder freuen sich auf die Ferien.
디 킨더 프흐오이은 지히 아우프흐 디 프헤어히은

\# 방학 기간이 더 길었으면 좋겠어요.

Es wäre schön, wenn die Ferien länger wären.
에쓰 브애어흐 슈왼, 브엔 디 프헤어히은 랭어 브애어흔

\# 한국에는 방학 숙제가 있어요. 이번에는 많지 않았으면 좋겠어요.

In Korea gibt es Hausaufgaben in den Ferien. Ich hoffe, dieses Mal gibt es nicht viele.
인 코흐에아 깁ㅌ 에쓰 하우쓰아우프흐가븐 인 덴 프헤어히은. 이히 홒흐, 디즈쓰 말 깁ㅌ 에쓰 니힡 프힐르

방학 기대 & 계획

\# 여름 방학에 뭐 할 거야?

Was machst du in den Sommerferien?
브아쓰 마흐슽 두 인 덴 좀머프헤어히은?

\# 나는 바닷가로 가서 수영할 거야.

Ich werde ans Meer Schwimmen gehen.
이히 브에어드 안쓰 메어 슈브임믄 게흔

\# 겨울에는 항상 가족들과 오스트리아로 스키를 타러 가요.

Im Winter fährt meine Familie immer nach Österreich (zum) Skifahren.
임 브인터 프해얼 마이느 프하밀리으 임머 나흐 외스터흐아이히 (쭘) 쉬프하흔

\# 방학에 친구들과 유럽 여행을 떠날 거예요.

In den Ferien werde ich mit Freunden durch Europa reisen.
인 덴 프헤어히은 브에어드 이히 밑 프흐오인든 두어히 오이호오파 흐아이즌

\# 저는 방학 동안 아르바이트를 해서 돈을 모을 예정이에요.

In meinen Ferien werde ich arbeiten gehen (und Geld verdienen).
인 마이느 프헤어히은 브에어드 이히 아바이튼 게흔 (운ㅌ 겥ㅌ 프헤어디는)

\# 그는 방학 때 그냥 집에서 쉴 거래요.

Er will in den Ferien einfach nur (zu Hause) gammeln/chillen.
에어 브일 인 덴 프헤어히은 아인프하흐 누어 (쭈 하우즈) 감믈ㄴ/췰른

개학 후

방학은 잘 보냈어?
> Wie waren die Ferien?
> 브이 브아흔 디 프헤이흐이은?

가족과 함께한 방학은 정말 좋았어요.
> Mein Urlaub mit meiner Familie war total schön.
> 마인 우얼라웊 밑 마이너 프하밀리으 브아 토탈 슈왼

평생 기억에 남을 방학이었어요.
> An diesen Urlaub werde ich mich noch lange erinnern.
> 안 디즌 우얼라웊 브에어드 이히 미히 노흐 랑으 에어인넌

아직 방학인 것처럼 느껴져요.
> Ich bin noch im Urlaubsmodus/Ferienmodus.
> 이히 빈 노흐 임 우얼라웊쓰모두쓰/프헤어흐이은모두쓰

개학이 너무 기다려졌어요.
> Ich freue mich auf die Schule.
> 이히 프흐오이으 미히 아우프흐 디 슐르

그녀는 여름 방학 동안 피부가 까맣게 탔어요.
> Sie hat sich im Urlaub einen Sonnenbrand geholt.
> 지 핟 지히 임 우얼라웊 아이는 존는브흐안ㅌ 그홀ㅌ

저는 방학 동안 옛날 영화들을 찾아봤어요.
> Ich habe in den Ferien lauter alte Filme gesehen/geschaut.
> 이히 하브 인 덴 프헤이흐이은 라우터 알트 프힘므 그제흔/그슈아욷

저는 방학 동안 혼자 동유럽을 여행했어요.
> Ich bin in den Ferien alleine durch Osteuropa gereist.
> 이히 빈 인 덴 프헤이흐이은 알라이느 두어히 오슽오이흐오파 그흐아이슽

소풍

우리는 산으로 소풍을 갔어요.
> Wir haben einen Ausflug in den Wald gemacht.
> 브이어 하븐 아이는 아우쓰프흘룩 인 덴 브알ㅌ 그마흗
> Wir haben einen Waldausflug gemacht.
> 브이어 하븐 아이는 브알ㅌ아우쓰프흘룩 그마흗

내일 소풍을 가요.
> Morgen machen wir einen Ausflug.
> 모어근 마흔 브이어 아이는 아우쓰프흘룩

소풍 가면 재미있을 거예요.
> Der Ausflug wird toll.
> 데어 아우쓰프흘룩 브이엍 톨

내일 소풍 가는데 날씨가 좋으면 좋겠어요.
> Ich hoffe, wir haben beim morgigen Ausflug gutes Wetter.
> 이히 홒흐, 브이어 하븐 바임 모어기근 아우쓰프흘룩 구트쓰 브엩터

소풍이 끝나면 자기 쓰레기는 자신이 치워요.
> Wir lassen beim Ausflug keinen Müll zurück.
> 브이어 라쓴 바임 아우쓰프흘룩 카이는 뮐 쭈흐윜

소풍 가서 보물찾기를 했어요.
> Wir haben beim Ausflug eine Schatzsuche gemacht.
> 브이어 하븐 바임 아우쓰프흘룩 아이느 슈아쯔주흐 그마흗

소풍은 재미있었어요?
> Wie war der Ausflug?
> 브이 브아 데어 아우쓰프흘룩?

수학여행

\# 수학여행에 무엇을 챙겨 가야 할까요?

Was muss man auf die Klassenfahrt mitnehmen?
브아쓰 무쓰 만 아우프흐 디 클라쓴프핟 밑네믄?

\# 내일 프라이부르크로 수학여행을 떠나요.

Morgen fahren wir auf Klassenfahrt nach Freiburg.
모어근 프하흔 브이어 아우프흐 클라쓴프핟 나흐 프흐아이부억

\# 내일 9시까지 학교 앞으로 모여 주세요.

Wir treffen uns morgen früh um neun Uhr vor der Schule.
브이어 트흐엪흔 운쓰 모어근 프흐위 움 노인 우어 프호어 데어 슐르

\# 유스호스텔에 4인실과 6인실로 나눌 거예요.

In der Jugendherberge gibt es vierer und sechser Zimmer.
인 데어 유근ㅌ헤어베어그 깁ㅌ 에쓰 프히어허 운ㅌ 제흐써 찜머

\# 누구랑 같은 방 쓸래요?

Wer will sich mit wem ein Zimmer teilen?
브에어 브일 지히 밑 브엠 아인 찜머 타일른?

\# 오늘 저녁 다 같이 산책을 할 거예요. 손전등 챙겨서 모여요.

Heute Abend machen wir eine Nachtwanderung. Nehmt alle eure Taschenlampen mit.
호이트 아븐ㅌ 마흔 브이어 아이느 나흩브안더흐웅. 넴ㅌ 알르 오이흐 타슌람픈 밑

꼭! 짚고 가기

독일의 교육 문화

- **아프면 쉬어라!**
  독일은 아픈 몸을 이끌고 학교에 가는 것을 예의 없는 행동이라고 생각해요. 왜냐하면 다른 사람에게 병을 옮길 수 있기 때문이에요. 그래서 병원에 가면 보통 3~4일 그냥 집에서 쉬어야 한다는 진단서를 써 주죠. 이것만 학교에 제출하면 학생은 집에서 푹 쉴 수 있어요. 또한 독일 학교는 쉬는 시간에 담임선생님이 교실 문을 잠그고 학생들이 나가서 잠깐이라도 바람을 쐬고 운동을 하도록 유도해요. 쉬는 시간이 끝나면 다시 교실 문을 열어 주죠.

- **예습은 용납 안 돼!**
  독일에서는 예습을 하면 선생님의 교권을 침해한다고 생각해요. 예습을 해 가서 수업 시간에 이것저것 자신 있게 대답하면, 선생님은 불쾌해하면서 꾸짖을지도 몰라요.
  선생님들은 모든 수업 내용을 학생이 처음 접한다는 전제하에 준비해 가르치고 그 수업을 통해 학생들이 생각할 수 있는 기회를 부여하는데, 예습한 학생이 바로 답하면 다른 학생들의 생각할 기회를 침해하는 것이기 때문이에요. 독일에서는 선생님이 특별히 요청하지 않는 이상 예습은 하지 않는 것이 좋고, 했더라도 티를 내지 않는 것이 좋아요.

Schritt 7 대학에서 — 대학 공통

음악 계열 ①

\# 기숙사를 알아보고 있어요.
Ich suche ein Studentenheim.
이히 주흐 아인 슈투덴트하임

\# 기숙사는 보통 한 달에 얼마인가요?
Wie viel kostet ein Zimmer im Studentenheim im Monat?
브이 필 코스틑 아인 찜머 임 슈투덴튼하임 임 모낱?

\# 나는 4명과 집을 나눠 쓰고 있어.
(나는 5명이 나누는 집에서 살고 있어.)
Ich wohne in einer Fünfer-WG.
이히 보으느 인 아이너 프휜프어-브에게

\# 학생증은 어디서 받나요?
Wo bekomme ich den Studentenausweis?
보 브콤은 이히 덴 슈투덴튼아우쓰브아이쓰?

\# 학생증으로 모든 대중교통을 공짜로 탈 수 있어요.
Mit dem Studentenausweis kann man alle öffentlichen Verkehrsmittel kostenlos nutzen.
밑 뎀 슈투덴튼아우쓰브아이쓰 칸 만 알르 외프흔틀리히은 프헤어케어쓰밑틀 코스튼로쓰 눝쯘

\# 학생증을 만들기 위해서 일정 금액은 내야 해요.
Der Studentenausweis kostet ein bisschen was.
데어 슈투덴튼아우쓰브아이쓰 코스틑 아인 비쓰히은 브아쓰

\# 쾰른대학교는 방과 후 대학생들이 무료로 참여할 수 있는 스포츠 프로그램을 운영하고 있어요.
An der Uni Köln gibt es kostenlose Sportveranstaltungen/Sportkurse für Studenten.
안 데어 우니 쾰른 깁트 에쓰 코스튼로즈 슈포얼프헤어안슈탈퉁은/슈포얼쿠어즈 프휘어 슈투덴튼

\# 너는 어떤 악기를 전공하니?
Welches Instrument studierst du?
브엘히으쓰 인스트후멘트 슈투디어슽 두?

\# 나는 피아노를 전공해.
Ich studiere Klavier.
이히 슈투디어흐 클라브이어

\# 나는 이론 수업과 교육학 수업을 같이 듣고 있어.
Ich höre Theorie und Pädagogik.
이히 회어흐 테오히이 운트 패다고긱

\# 오늘 사전 연습이 있어.
Heute haben wir Probe.
호이트 하븐 브이어 프호브

\# 연습실 예약했니?
Hast du den Übungsraum reserviert?
하슽 두 덴 위붕쓰하움 흐에저브히엍?

\# 요즘 연습실 예약하기 너무 힘들어.
Zurzeit ist es schwer einen Übungsraum zu reservieren.
쭈어짜잍 이슽 에쓰 슈브에어 아이는 위붕쓰하움 쭈 흐에저브히어흔

\# 오늘 어떤 교수님께 레슨받니?
Bei wem hast du heute?
바이 브엠 하슽 두 호이트?

\# 쾰른대학교는 음대로 유명해요.
Die Universität Köln ist bekannt für ihr Musikwissenschaftliches Institut.
디 우니브에어지탵 쾰른 이슽 브칸트 프휘어 이어 무짘브이쓴슈아프틀리히으쓰 인스티퉅

음악 계열 ②

\# 이번 공연 나랑 듀엣으로 할래?

Sollen wir dieses Mal gemeinsam ein Duett vorspielen?
졸른 브이어 디즈쓰 말 그마인잠 아인 두엘 프흐어슈필른?

\# 우리는 대부분의 시험을 공연으로 대체해요.

Die Prüfung ist bei uns meist auch gleichzeitig eine Aufführung.
디 프흐위프홍 이슫 바이 운쓰 마이슫 아우흐 글라이히짜이티히 아이느 아우프흐프휘어홍

\# 이번 공연에 내가 솔로를 맡게 되어 기뻐요.

Ich freue mich dieses Mal ein Solo aufführen zu können.
이히 프흐오이으 미히 디즈쓰 말 아인 졸로 아우프흐프휘어흔 쭈 쾬느

\# 이번 공연에 어떤 곡을 연주할 건가요?

Was wirst du bei dieser Aufführung spielen?
브아쓰 브이어슫 두 바이 디저 아우프흐프휘어홍 슈필른?

\# 나는 모차르트의 〈마술피리〉를 연주할 거예요.

Ich werde „die Zauberflöte" von Mozart spielen.
이히 브에어드 〈디 짜우버프흘뢰트〉 프흐온 모짜트 슈필른

\# 연습을 많이 해서 곡을 전부 외웠어요.

Ich habe viel geübt und kann nun das Stück auswendig (spielen).
이히 하브 프힐 그윕트 운트 칸 눈 다쓰 슈튁 아우쓰브엔디히 (슈필른)

\# 우리는 이번에 트리오로 공연하기로 했어요.

Wir haben uns entschlossen dieses Mal als Trio aufzutreten.
브이어 하븐 운쓰 엔트슐로쓴 디즈쓰 말 알쓰 트흐이오 아우프흐쭈트흐에튼

공학 & 인문학 계열

\# 공대는 방학 동안에도 시험을 많이 봐요.

Viele Studenten der Ingenieurwissenschaft schreiben ihre Prüfungen in den Ferien.
프힐르 슈투덴튼 데어 인즈뇌어브이쓴슈아픝 슈흐아이븐 이어흐 프흐위프홍은 인 덴 프헤어흐이은

\# 아헨공대는 한국에서도 유명해요.

Die Technische Hochschule Aachen ist auch in Korea bekannt.
디 테히니슈 호흐슐르 아흔 이슫 아우흐 인 코흐에아 브칸트

\# 제 친구가 기계공학을 전공하고 있어요.

Mein Freund studiert Maschinenbau.
마인 프흐오인트 슈투디얼 마슈이는바우

\# 독일에는 칸트, 헤겔 등 유명한 철학자가 많아요.

Aus Deutschland stammen viele berühmte Philosophen wie Kant und Hegel.
아우쓰 도이츄란트 슈탐믄 프힐르 브흐윔트 필로조프흔 브이 칸트 운트 헤겔

\# 독일 문학을 전공하러 독일로 오는 사람이 많아요.

Es gibt viele Leute, die nach Deutschland kommen, um dort Germanistik zu studieren.
에쓰 깁트 프힐르 로이트, 디 나흐 도이츄란트 콤믄, 움 도얼 게어마니스틱 쭈 슈투디어흔

\# 철학 수업은 대부분 토론으로 진행돼요.

In Philosophie wird viel diskutiert.
인 필로조퓌 브이얼 프힐 디스쿠티얼

Kapitel 06 즐거운 학교생활!

Kapitel 07

조금은 즐거운 출근!

Kapitel 07.

Schritt 1   **출·퇴근**
Schritt 2   **업무**
Schritt 3   **휴가**
Schritt 4   **비즈니스**
Schritt 5   **해고 & 퇴직**
Schritt 6   **구직**

Im Büro 회사에서
임 뷔흐오

zur Arbeit gehen 쭈어 아바일 게흔 v. 출근하다 	die Arbeit 디 아바일 n. 일  das Büro 다쓰 뷔흐오 n. 사무실 	die Fahrgemeinschaft 디 프하그마인슈아프트 n. 카풀 der Beruf 데어 브흐우프흐 n. 직업 
sich verspäten 지히 프헤어슈패튼 v. 지각하다 	die Verspätung 디 프헤어슈패퉁 n. 지각 der Streik 데어 슈트흐아잌 n. 파업 der Stau 데어 슈타우 n. 교통 체증 	das Schneechaos 다쓰 슈네카오쓰 n. 눈으로 인한 혼란 Der Wecker hat nicht geklingelt! 데어 브엨커 핱 니힡 그클링을ㅌ! 알람이 울리지 않았어요! verschlafen 프헤어슐라프흔 v. 늦잠을 자다
vor Feierabend gehen 프호어 프하이어아븐ㅌ 게흔, vor Büroschluss gehen 프호어 뷔흐오슐루쓰 게흔 v. 조퇴하다	schnell 슈넬 adj. 빨리  früh 프흐위 adj. 일찍	gehen müssen 게흔 뮈쓴 v. 가야 한다 eine Stunde früher 아이느 슈툰드 프흐위허 adv. 한 시간 빨리
Feierabend machen 프하이어아븐ㅌ 마흔 v. 퇴근하다 	der Überstundenzuschlag 데어 위버슈툰든쭈슐랔 n. 야근 수당	nach der Arbeit 나흐 데어 아바일 adv. 일 끝나고
die Nachtschicht 디 나흩슈이힡, die Spätschicht 디 슈펱슈이힡 n. 야근	den Computer ausschalten 덴 컴퓨터 아우쓰슈알튼 v. 컴퓨터 전원을 끄다	den Bericht fertigstellen 덴 브헤어이힡 프헤어틱슈텔른 v. 보고서를 끝내다

die Sitzung 디 짙쭝 n. 회의	**der Bericht** 데어 브흐이힡 n. 보고서	**der Referent** 데어 흐에프흐에엔트, **der Präsentator** 데어 프흐애젠타토어 n. 발표자
	der Konferenzraum 데어 콘프허흐엔쯔흐아움 n. 회의실	**das Programm** 다쓰 프흐오그흐암, **die Tagesordnung** 디 타그쓰오어드눙 n. 안건
die Abteilung 디 압타일룽 n. 부서	**die Personalabteilung** 디 페어조날압타일룽 n. 인사부	**der Marketingbereich** 데어 마케팅브흐아이히 n. 마케팅부
	die Vertriebsabteilung 디 프헤어트흐잎쓰압타일룽 n. 영업부	**die Verwaltung(sabteilung)** 디 프헤어브알퉁(쓰압타일룽) n. 총무부
der Kunde 데어 쿤드 n. 고객	**verhandeln** 프헤어한들ㄴ v. 협의하다, 협상하다	**überzeugen** 위버쪼이근 v. 납득시키다, 확신을 주다
	überreden 위버흐에든 v. 설득하다	**verkaufen** 프헤어카우프흔 v. 팔다
der Außendienst 데어 아우쓴딘슽 n. 외근	**die Dienstreise** 디 딘슽흐아이즈, **die Geschäftsreise** 디 그슈애픹츠흐아이즈 n. 출장	**die Telearbeit** 디 텔레아바읻, **das Teleworking** 다쓰 텔레워킹 n. 재택근무
	die Marktforschung 디 마큩프호어슝 n. 시장 조사	**der Marktanteil** 데어 마큩안타일 n. 시장 점유율

Das Gehalt & die Gehaltszulage 월급 & 보수
다쓰 그할ㅌ 운ㅌ 디 그할ㅌ츠쭈라그

das (Monats)Gehalt
다쓰 (모낱츠)그할ㅌ,
der (Monats)Lohn
데어 (모낱츠)론
n. 월급

das Bruttogehalt
다쓰 브흐우토그할ㅌ,
der Bruttolohn 데어 브흐우토론
n. 총급여

der Nettolohn 데어 넽토론,
der Nettoverdienst
데어 넽토프헤어딘슽,
das Nettogehalt 다쓰 넽토그할ㅌ
n. 실수령 급여

der Mindestlohn 데어 민드슽론
n. 최저 임금

das Durchschnittsgehalt
다쓰 두어히슈닡츠그할ㅌ
n. 평균 급여

die Gehaltszulage
디 그할ㅌ츠쭈라그,
die Sondervergütung
디 존더프헤어귀퉁
n. 보수

die Prämie 디 프해미으,
der Bonus 데어 보누쓰,
die Gratifikation
디 그흐아티프히카찌온
n. 보너스

die Vergütung 디 프헤어귀퉁
n. 사례, 보상

der Lohnzuschlag 데어 론쭈슐락
n. 상여금, 추가 수당

das Kilometergeld
다쓰 킬로메터겔ㅌ
n. (출장을 위한) 주유비

Der Urlaub 휴가
데어 우얼라웊

der Urlaub 데어 우얼라웊
n. 휴가

der Mutterschaftsurlaub
데어 뭍터슈아플츠우얼라웊
n. (여성에게 주어지는) 출산 휴가

der Vaterschaftsurlaub
데어 프하터슈아플츠우얼라웊
n. (남성에게 주어지는) 출산 휴가

der Erziehungsurlaub
데어 에어찌훙쓰우얼라웊,
die Elternzeit 디 엘턴짜읱
n. 육아 휴직

der Bildungsurlaub
데어 빌둥쓰우얼라웊
n. 연수 휴가

der bezahlte Urlaub
데어 브짤트 우얼라웊
n. 유급 휴가

der Weihnachtsurlaub
데어 브아이나흘쓰우얼라웊
n. 크리스마스 휴가

Arbeitslos sein 더 이상 일하지 않다
아바일초로쓰 자인

MP3. Wort_K07_4

entlassen werden 엔트라쓴 브에어든 v. 해고되다	jemanden entlassen 예만든 엔트라쓴 v. 해고하다	die Abfindung 디 압프힌둥 n. 해고 수당
	die Entlassung 디 엔트라쑹 n. 해고	die Umstrukturierung 디 움슈트훅투어흐이어흐웅, die Umgestaltung 디 움그슈탈퉁, die Neuordnung 디 노이오어드눙 n. 구조 조정
kündigen 퀸디근 v. 사직하다	der Ruhestand 데어 흐우흐슈탄트 n. 정년퇴직	der Vorruhestand 데어 프오어흐우흐슈탄트 n. 조기 퇴직
	die Kündigung 디 퀸디궁 n. 사표	aufhören zu arbeiten 아우프흐회어흔 쭈 아바이튼 v. 일을 그만두다

Eine Arbeitsstelle suchen 일자리를 구하다
아이느 아바일츠슈텔르 주흔

MP3. Wort_K07_5

die Jobsuche 디 좁주흐, die Arbeitssuche 디 아바일츠주흐 n. 구직	das Stellenangebot 다쓰 슈텔른안그봍, die Stellenausschreibung 디 슈텔른아우쓰슈흐아이붕 n. 구직 공고	der Stellenmarkt 데어 슈텔른마클 n. 구직 시장
	der Lebenslauf 데어 레븐쓰라우프흐 n. 이력서	das Motivationsschreiben 다쓰 모티브아찌온쓰슈흐아이븐 n. 지원서, 자기소개서
das Vorstellungsgespräch 다쓰 프오어슈텔룽쓰그슈프흐애히 n. 면접	die Karriere 디 카흐이에르 n. 경력	der Posten 데어 포스튼, die Funktion 디 프훙크찌온 n. 직위
	die Ausbildung 디 아우쓰빌둥 n. 교육	bewerten 브브에어튼, evaluieren 에브알루이어흔 v. 평가하다

Schritt 1 출·퇴근 MP3. K07_S01

출근

8시까지 출근해요.
Ich muss heute um acht auf Arbeit sein.
이히 무쓰 호이트 움 아흘 아우프흐 아바잍 자인

그는 정시에 출근했어요.
Er ist pünktlich zur Arbeit erschienen/gekommen.
에어 이슽 퓐크틀리히 쭈어 아바잍 에어슈이는/그콤믄

내일은 우리가 평소보다 30분 일찍 출근하는 게 좋겠어요.
Es wäre besser, wenn wir morgen eine halbe Stunde früher zur Arbeit gehen.
에쓰 브애어흐 베써, 븐엔 브이어 모어근 아이느 할브 슈툰드 프흐위허 쭈어 아바잍 게흔

마크는 매일 일찍 출근해요.
Mark kommt immer früh zur Arbeit.
마크 콤트 임머 프흐위 쭈어 아바잍

출근하는 데 시간이 얼마나 걸리니?
Wie lange brauchst du zur Arbeit?
브이 랑으 브흐아우흐슽 두 쭈어 아바잍?

직장에 가는 데 매일 2시간 걸려요.
Ich brauche immer 2 Stunden zur Arbeit.
이히 브흐아우흐 임머 쯔브아이 슈툰든 쭈어 아바잍

출근길이에요?
Sind Sie auf dem Weg zur Arbeit?
진ㅌ 지 아우프흐 뎀 브엑 쭈어 아바잍?

어떤 교통수단을 이용해 출근하세요?
Wie kommen Sie zur Arbeit?
브이 콤믄 지 쭈어 아바잍?

정시 출근이 힘들 때

마크가 출근하면 알려 주세요.
Sagen Sie mir Bescheid sobald Mark (auch) im Büro ist.
자근 지 미어 브슈아잍 조발ㅌ 마크 (아우흐) 임 뷔흐오 이슽

왜 제시간에 출근하지 않았습니까?
Warum sind Sie zu spät?
브아흐움 진ㅌ 지 쭈 슈퍁?
Warum haben Sie sich verspätet?
브아흐움 하븐 지 지히 프헤어슈패틑?

오늘 너무 아파서 출근 못 해요.
Ich bin leider krank. Ich kann heute nicht zur Arbeit.
이히 빈 라이더 크흐앙ㅋ. 이히 칸 호이트 니힡 쭈어 아바잍

자동차 바퀴가 터져서 조금 늦을 것 같아요.
Ich komme heute etwas später, weil mein Reifen geplatzt ist.
이히 콤므 호이트 엩브아쓰 슈패터, 브아일 마인 흐아이프흔 그프랕쯭 이슽

그는 항상 아침 회의에 늦어요.
Er kommt morgens zur Sitzung immer zu spät.
에어 콤ㅌ 모어근쓰 쭈어 짙쭝 임머 쭈 슈퍁

제가 내일 한 시간 늦게 출근해도 될까요?
Kann ich morgen eine Stunde später kommen?
칸 이히 모어근 아이느 슈툰드 슈패터 콤믄?

그는 어제 술을 너무 많이 마셔서 제시간에 출근하지 못했어요.
Er ist heute etwas später zur Arbeit (gegangen), weil er gestern zu viel getrunken hat.
에어 이슽 호이트 엩브아쓰 슈패터 쭈어 아바잍 (그강은), 브아일 에어 게스턴 쭈 프힐 그트흐웅큰 핱

출근 기타

\# 오늘 전 자전거 타고 출근해요.

Ich bin heute mit meinem Fahrrad zur Arbeit gekommen/gefahren.
이히 빈 호이트 밑 마이늠 프흐흐알 쭈어 아바일 그콤믄/그프하흔

\# 직장 동료랑 카풀하고 있어요.

Ich fahre immer mit dem Auto zusammen mit meinem Kollegen zur Arbeit.
이히 프하흐 임머 밑 뎀 아우토 쭈잠믄 밑 마이늠 콜레근 쭈어 아바일

\# 나는 출근 시간마다 교통 체증에 갇혀 있어요.

Ich stecke morgens häufig im Berufsverkehr fest.
이히 슈텍크 모어근쓰 호이프히히 임 브흐우프흐쓰프헤어케어 프헤슽

\# 우리 회사는 정장 차림으로 출근해요.

In unserer Firma muss man im Büro Anzug tragen.
인 운저허 프히어마 무쓰 만 임 뷔흐오 안쭉 트흐아근

\# 취직한 거 축하해! 언제부터 출근해?

Schön, dass du den Job bekommen hast! Wann fängt dein Job an?
슈왼, 다쓰 두 덴 죱 브콤믄 하슽! 반 프행ㅌ 다인 죱 안?

\# 늦어서 죄송합니다! 출근길에 버스가 고장 났어요.

Tut mir leid, dass ich zu spät bin! Der Bus konnte aus irgendeinem Grund nicht weiterfahren.
툳 미어 라잍, 다쓰 이히 쭈 슈퍁 빈! 데어 부쓰 콘트 아우쓰 이어근ㅌ아이늠 그흐운ㅌ 니힡 브아이터프하흔

꼭! 짚고 가기

독일의 최저 시급

독일은 2014년까지 12개 직종에 한하여 각각 다른 액수의 최저 임금을 적용하여 노동자마다 다른 최저 임금을 받았어요. 노사 교섭을 통해 산업별로 임금 하한선을 합의했던 거죠. 그만큼 예전에는 노동조합에 가입한 노동자가 많았고 노사 교섭도 활발했던 거예요. 하지만 점점 노동조합에 가입한 노동자들이 줄면서 국가의 개입이 필요해졌습니다.

2015년 1월부터 모든 노동자에게 동일한 최저 시급인 시간당 8.5유로를 적용하도록 법제화했어요. 이를 'gesetzlicher Mindestlohn 그젵쭐리히어 민드슐론'이라고 해요. 독일이 유럽 연합 국가 28개국 중 최저 시급을 법률로 규제한 21번째 국가라니 다소 놀랍지 않으세요?

독일의 최저 시급은 2025년 1월 1일부터 최고치인 시간당 12.82유로로 인상되었고 2027년까지 14.60유로로 순차적으로 인상하기로 합의했다고 해요.

출처: 독일 사회복지협회

퇴근(일반)

몇 시쯤 퇴근할 것 같니?

Wann gehst du nach Hause?
브안 게슈 두 나흐 하우즈?
Wann hast du Feierabend?
브안 하슈 두 프하이어아븐ㅌ?

퇴근했어요.

Ich gehe jetzt nach Hause.
이히 게호 옐쯛 나흐 하우즈

저녁 6시가 퇴근 시간이에요.

Um sechs Uhr ist Feierabend.
움 제흐쓰 우어 이슡 프하이아븐ㅌ

난 6시에 칼퇴근이야.

Ich werde pünktlich um sechs gehen können/rauskommen.
이히 브에어드 퓐크틀리히 움 제흐쓰 게흔 쾬는/흐아우쓰콤믄

오늘은 일이 많아서 10시 넘어야 퇴근해.

Ich habe heute viel zu tun. Ich komme erst nach zehn Uhr aus dem Büro (raus).
이히 하브 호이트 프힐 쭈 툰. 이히 콤므 에어슡 나흐 첸 우어 아우쓰 뎀 뷔흐오 (흐아우쓰)

기다리지 말아요. 늦을 것 같아요.

Warten Sie nicht auf mich. Ich werde sowieso später kommen.
브아튼 지 니힡 아우프흐 미히. 이히 브에어드 조브이조 슈퍁 콤믄

오늘 야간 근무 하니?

Hast du heute Spätschicht/Spätdienst?
하슽 두 호이트 슈퍁슈이힡/슈퍁딘슽?

일이 늦게 끝나는구나!

Du musst aber lange arbeiten!
두 무쓭 아버 랑으 아바이튼!

즐거운 퇴근 시간 ①

갈 시간이에요!

Feierabend!
프하이어아븐ㅌ!

일 끝나고 바로 집에 가요.

Ich gehe nach der Arbeit gleich/direkt nach Hause.
이히 게호 나흐 데어 아바일 글라이히/디흐에클 나흐 하우즈

퇴근하고 한잔 할래?

Willst du nach der Arbeit noch mit mir was trinken gehen?
브일슡 두 나흐 데어 아바일 노흐 밑 미어 브아쓰 프흐인큰 게흔?

좋아. 퇴근 후에 보자.

Sicher. Bis später dann.
지히어. 비쓰 슈퍁어 단

퇴근하고 슈퍼마켓에 들러서 뭐 살 건데. 필요한 거 있어?

Ich gehe auf dem Nachhauseweg noch kurz in den Supermarkt. Brauchst du was?
이히 게흐 아우프흐 뎀 나흐하우즈브엑 노흐 쿠어쯔 인 덴 주퍼마클. 브흐아우흐슡 두 브아쓰?

오늘은 금요일이야. 그만 퇴근하고 즐거운 주말 보내!

Heute ist Freitag. Wir machen für heute langsam Schluss. Allen ein schönes Wochenende!
호이트 이슡 프흐아이탘. 브이어 마흔 프휘어 호이트 랑잠 슐루쓰. 알른 아인 슈외느쓰 브오흔엔드!

배고프다. 퇴근하고 간단하게 뭐 좀 먹을까?

Ich habe Hunger. Sollen wir auf dem Nachhauseweg noch was zusammen essen gehen?
이히 하브 훙어. 졸른 브이어 아우프흐 뎀 나흐하우즈브엑 노흐 브아쓰 쭈잠믄 에쓴 게흔?

즐거운 퇴근 시간 ②

오늘 업무 마쳤으면 먼저 퇴근해도 될까요?

Ich bin mit meiner Arbeit fertig für heute. Kann ich gehen?
이히 빈 밑 마이너 아바잍 프헤어티히 프휘어 호이트. 칸 이히 게흔?

퇴근하기 전에 더 할 일 있나요?

Gibt es noch was zu erledigen, bevor ich gehe?
깁트 에쓰 노흐 브아쓰 쭈 에어레디근. 브프호어 이히 게흐?

상사가 오늘 퇴근 전까지 보고서 끝내라고 했어.

Der Chef will, dass ich den Bericht noch fertig mache, bevor ich nach Hause gehe.
데어 슈에프흐 브일, 다쓰 이히 덴 브흐이힡 노흐 프헤어티히 마흐, 브프호어 이히 나흐 하우즈 게흐

퇴근 전까지 이걸 끝낼 수 있겠니?

Bekommst du das heute noch fertig?
브콤슽 두 다쓰 호이트 노흐 프헤어티히?

당신이 마지막 퇴근자이니 나가기 전에 불을 다 끄는 거 잊지 마.

Du bist der letzte im Büro. Vergiss nicht das Licht auszumachen, bevor du gehst.
두 비스트 데어 렡쯔트 임 뷔호오. 프헤어기쓰 니흩 다쓰 리힡 아우쓰쭈마흔, 브프호어 두 게슽

금요일 퇴근 전까지 업무를 확실히 마치고 가세요.

Das muss bis Freitag fertig werden.
다쓰 무쓰 비쓰 프흐아이탘 프헤어티히 브에어든

조퇴 관련

오늘 일찍 퇴근해도 괜찮을까요?

Könnte ich heute etwas früher gehen?
퀸트 이히 호이트 엩브아쓰 프흐위어 게흔?

어제 몸이 안 좋아서 조퇴했어.

Gestern ging es mir nicht gut. Deshalb bin ich früher gegangen.
게스턴 깅 에쓰 미어 니흩 굳. 데스핳ㅍ 빈 이히 프흐위허 그강은

내일부터 추석이라 오늘은 오후 4시부터 퇴근해도 돼요.

Da morgen Chuseok ist, dürfen Sie heute schon um vier (Uhr) gehen.
다 모어근 추석 이슽, 뒤어프흔 지 호이트 슈온 움 프히어 (우어) 게흔

사무실로 전화했더니 일찍 퇴근하셨다고 하더라고요.

Ich habe versucht Sie im Büro zu erreichen, aber ein Kollege von Ihnen hat mir gesagt, dass Sie schon nach Hause gegangen sind.
이히 하브 프헤어주흩 지 임 뷔호오 쭈 에어흐아이히은, 아버 아인 콜레그 프혼 이는 핱 미어 그자킅, 다쓰 지 슈온 나흐 하우즈 그강은 진트

오늘은 외근이라 업무가 끝나면 현장에서 바로 퇴근하기로 했어요.

Heute habe ich Außendienst und darf danach gleich nach Hause.
호이트 하브 이히 아우쓴딘슽 운트 닾흐 다나흐 글라이히 나흐 하우즈

제 딸이 아프다고 해서 일찍 가 봐도 될까요?

Ist es okay, wenn ich heute früher gehe? Meine Tochter ist krank.
이슽 에쓰 오케이, 브엔 이히 호이트 프흐위허 게흐? 마이느 토흐터 이슽 크흐앙ㅋ

Schritt 2 업무 — MP3. K07_S02

담당 업무 ①

당신은 무슨 일을 하나요?
  Was arbeiten Sie?
  브아쓰 아바이튼 지?
  In welchem Bereich arbeiten Sie?
  인 브엘히음 브흐아이히 아바이튼 지?

영업부에서 일을 해요.
  Ich arbeite im Vertrieb.
  이히 아바이트 임 프헤어트흐잎

전 영업 책임자입니다.
  Ich bin die Vertriebsleiterin. (여자)
  이히 빈 디 프헤어트흐잎쓰라이터흐인

저는 마이어 씨와 일을 합니다.
  Ich arbeite mit Herrn Meier (zusammen).
  이히 아바이트 밑 헤언 마이어 (쭈잠믄)

저는 대리예요.
  Ich bin Geschäftsführer/Manager.
  이히 빈 그슈애픝츠프휘어허/매내져

저는 비서입니다.
  Ich bin Sekretärin. (여자)
  이히 빈 제크흐에태흐인

저는 인사 담당자예요.
  Ich bin Personalleiter/Personaldirektor. (남자)
  이히 빈 페어조날라이터/페어조날디흐엘토어

제가 변호사입니다.
  Ich bin Rechtsanwalt. (남자)
  이히 빈 흐에힡츠안브알트

담당 업무 ②

제가 이 프로젝트를 담당하고 있습니다.
  Ich bin der Projektleiter.
  이히 빈 데어 프흐오예클라이터

편집은 제 분야가 아닙니다. 전 디자인을 담당하고 있어요.
  Ich arbeite nicht in der Redaktion. Ich bin für das Layout/Design verantwortlich.
  이히 아바이트 니힡 인 데어 흐에닥찌온. 이히 빈 프휘어 다쓰 레이아웃/디자인 프헤어안트보어틀리히

이 분야에 대해 어떠한 업무 경험을 갖고 계신가요?
  Welche beruflichen Erfahrungen haben Sie in diesem Bereich?
  브엘히으 브흐우프흘리히은 에어프하흐웅은 하븐 지 인 디즘 브흐아이히?

누가 물류 업무를 담당하고 있나요?
  Wer ist verantwortlich für den Speditionsdienst?
  브에어 이슡 프헤어안트브오어틀리히 프휘어 덴 슈페디찌온쓰딘슽?

그는 업무 능력도 뛰어나고 이 분야에서 발도 넓어요.
  Er macht seinen Job sehr gut und hat zu dem gute Beziehungen in diesem Bereich.
  에어 마흍 자이는 죺 제어 굴 운ㅌ 핱 쭈 뎀 구ㅌ 브찌훙은 인 디즘 브흐아이히

이 업무는 그의 능력 밖이에요.
  Diese Arbeit liegt ihm nicht.
  디즈 아바잍 리큳 임 니힡

너무 바쁜 업무

회사 일이 너무 많아 정신을 못 차리겠어요.

Ich habe soviel zu tun, dass ich mit der Arbeit nicht hinterher komme.
이히 하브 조피힐 쭈 툰, 다쓰 이히 밑 데어 아바일 니힡 힌터헤어 콤므

제 책상에 서류가 잔뜩 쌓여 있어요.

Mein Schreibtisch ist voll (mit Arbeit).
마인 슈흐아잎티슈 이슽 프홀 (밑 아바일)

지금도 바쁜데 새로운 프로젝트도 하라고요?

Ich habe schon genug zu tun. Wie soll ich da noch ein Projekt übernehmen?
이히 하브 슈온 그눅 쭈 툰. 브이 졸 이히 다 노흐 아인 프흐오예클 위버네믄?

할 일이 너무 많아요.

Ich habe sehr viel zu tun.
이히 하브 제어 프힐 쭈 툰

그녀는 과도한 업무로 지쳐 있어요.

Sie ist erschöpft wegen der vielen Arbeit.
지 이슽 에어슈욎흐 브에근 데어 프힐른 아바일

일손이 부족해요.

Uns fehlen Arbeitskräfte/fehlt Manpower.
운쓰 프헬른 아바일츠크흐애프트/프헬트 맨파워

주말에도 회사에 일하러 가야 해요.

Ich muss auch am Wochenende arbeiten (gehen).
이히 무쓰 아우흐 암 브오흔엔드 아바이튼 (게흔)

꼭! 짚고 가기

회사의 부서 이름

회사에는 다양한 부서가 있어요. 독일에서 취업을 꿈꾼다면 어떤 부서가 있고 왜 그 부서에 가고 싶은지 고민해 봐야 하는데요. 그렇다면 독일어로 각 부서를 어떻게 부르는지 알아야겠죠?

- Geschäftsführung 그슈애픝츠프휘어흐웅
  경영·운영 부서
- Personalabteilung 페어조날압타일룽
  인사부
- Buchhaltung 부흐할퉁,
  Rechnungswesen 흐에히눙쓰브에즌
  경리부
- Finanzen 프히난쯘
  재무부
- Rechtsabteilung 흐에힡츠압타일룽
  법무부
- Forschung & Entwicklung
  프호어슝 운트 엔트브익클룽
  연구개발부
- Fertigung 프헤어티궁,
  Produktion 프흐오두크찌온
  생산부
- Öffentlichkeitsarbeit
  외프흔틀리히카일츠아바일
  홍보부
- Marketingabteilung 마케팅압타일룽
  마케팅부
- Verkauf 프헤어카우프흐,
  Vertrieb 프헤어트흐잎
  영업부
- Kundenbetreuung 쿤든브트흐오이웅
  고객 서비스부

업무 지시 & 체크 ①

오늘 프레젠테이션 준비 다 되었나요?
Sind Sie mit der Präsentation fertig (geworden)?
진트 지 밑 데어 프흐애젠타찌온 프헤어티히 (그브오어든)?

당신의 제안(기획안)을 보여 주세요.
Zeigen Sie mir mal Ihren Vorschlag.
짜이근 지 미어 말 이어흔 프호어슐락

새 프로젝트는 어떻게 진행되고 있습니까?
Wie läuft das neue Projekt?
브이 로이픝 다쓰 노이으 프흐오예클?

이 프로젝트는 마리아가 맡아서 진행하세요.
Dieses Projekt übernimmt Maria.
디즈쓰 프흐오예클 위버님트 마흐이아

오늘 중으로 끝내서 보고하세요.
Ich brauche Ihren Bericht bis heute Abend.
이히 브흐아우흐 이어흔 브흐이힡 비쓰 호이트 아븐트

(조금 더) 집중하세요.
Konzentrieren Sie sich bitte etwas.
콘쩬트흐이어흔 지 지히 비트 엩브아쓰
Strengen Sie sich bitte etwas mehr an.
슈트흐엥은 지 지히 비트 엩브아쓰 메어 안

기한에 맞춰 끝낼 수 있나요?
Schaffen Sie das fristgerecht?
슈아프흔 지 다쓰 프흐이슽그에힡?

목요일까지 끝낼 수 있나요?
Kriegen Sie das bis Donnerstag hin?
크흐이근 지 다쓰 비쓰 돈너스탈 힌?

업무 지시 & 체크 ②

이 서류들을 파쇄해 주세요.
Dieses Dokument kommt in den Reißwolf/Papierwolf.
디즈쓰 도쿠멘트 콤트 인 덴 흐아이쓰브올프흐/파피어브올프흐

이 서류 다섯 부 복사해 줄래요?
Kopieren Sie mir dieses Dokument bitte fünfmal?
코피어흔 지 미어 디즈쓰 도쿠멘트 비트 프휜프흐말?

시장 조사 결과를 5시까지 내 책상 위에 갖다 두세요.
Legen Sie mir das Ergebnis der Marktforschung/Bedarfsermittlung bis fünf Uhr auf meinen Tisch.
레근 지 미어 다쓰 에어겝니쓰 데어 마클프흐어슝/브닾흐쓰에어밑틀룽 비쓰 프휜프흐 우어 아우프흐 마이는 티슈

곧 회의 시작하니 회의실 준비되었는지 한번 더 확인해 주세요.
Die Sitzung fängt gleich an. Bitte überprüfen Sie, ob soweit alles im Konferenzzimmer vorbereitet ist.
디 짙쭝 프행트 글라이히 안. 비트 위버프흐위프흔 지, 옾 조브아잍 알르쓰 임 콘프허흐엔쯔찜머 프흐오어브흐아이틑 이슽

결과를 메일로 보내세요.
Senden Sie das Ergebnis per Mail.
즌든 지 다쓰 에어겝니쓰 페어 메일

중요한 업무를 먼저 하도록 하세요.
Arbeiten Sie das Dringendste bitte zuerst ab.
아바이튼 지 다쓰 드흐잉은트슽 비트 쭈에어슽 압

업무 지시에 대한 대답

물론이죠.

Natürlich. / Selbstverständlich.
나튜얼리히. / 젤프슽페헤어슈탠틀리히
Sicher. / (Aber) Ja. / Auf alle Fälle.
지히어. / (아버) 야. / 아우프흐 알르 프핼르

걱정 마.

Mach dir keine Sorgen.
마흐 디어 카이느 조어근

언제까지 필요하신 건가요?

Bis wann brauchen Sie das?
비쓰 브안 브흐아우흔 지 다쓰?

바로 하겠습니다.

Mache ich sofort/gleich.
마흐 이히 조프호얼/글라이히

잘되어 가고 있습니다.

Es läuft (ganz/ziemlich) gut.
에쓰 로이픝 (간쯔/찌믈리히) 궅

최선을 다하겠습니다.

Ich gebe mein Bestes.
이히 게브 마인 베스트쓰

바로 파악해 보겠습니다.

Ich überprüfe das gleich (mal).
이히 위버프흐위프흐 다쓰 글라이히 (말)

서류를 다시 고쳐야 할까요?

Soll ich das Dokument noch mal überarbeiten?
졸 이히 다쓰 도쿠멘ㅌ 노흐 말 위버아바이튼?

저는 부장님의 결정을 기다리고 있습니다.
(부장이 아닌 다른 사람에게 말할 때)

Ich warte (noch) auf die Entscheidung meines Chefs.
이히 브아트 (노흐) 아우프흐 디 엔트슈아이둥
마이느쓰 슈에프흐쓰

외근 & 기타

그는 업무차 베를린에 가 있어요.

Er ist wegen der Arbeit in Berlin.
에어 이슽 브에근 데어 아바잍 인 베얼린

그가 출장 중이어서 제가 그의 업무를 대신하고 있습니다.

Er ist/befindet sich auf Dienstreise. Deshalb springe ich für ihn ein.
에어 이슽/브프힌듵 지히 아우프흐 딘슽흐아이즈.
데스할ㅍ 슈프흐잉으 이히 프휘어 인 아인

나중에 전화할게요. 지금 밖이에요.

Ich rufe Sie zurück. Ich bin gerade unterwegs.
이히 흐우프흐 지 쭈흐윜. 이히 빈 그흐아드
운터브엑쓰

마리아는 고객을 만나러 나갔어요.

Maria ist unterwegs zu einem Kundenbesuch.
마흐이아 이슽 운터브엑쓰 쭈 아이늠 쿤든브주흐

지금 그는 여기 없어요. 3일간 연수를 받고 돌아올 거예요.

Er ist nicht da. Er ist drei Tage lang auf Fortbildung.
에어 이슽 니힡 다. 에어 이슽 드흐아이 타그 랑
아우프흐 프호얼빌둥

오늘 회의는 외부에서 진행돼요.

Die Konferenz findet heute außerhalb statt.
디 콘프허흐엔쯔 프힌듵 호이트 아우써할ㅍ 슈탙

저는 재택근무를 해요.

Ich arbeite von zu Hause aus.
이히 아바이트 프혼 쭈 하우즈 아우쓰

근무 조건

주 5일 근무입니다.
Wir arbeiten fünf Tage die/pro Woche.
브이어 아바이튼 프휜프흐 타그 디/프흐오 브오흐

주당 근로 시간이 어떻게 되나요?
Wie viele Stunden pro Woche arbeiten Sie?
브이 프힐르 슈툰든 프흐오 브오흐 아바이튼 지?

업무 시간이 자유로워요.
Ich arbeite freiberuflich.
이히 아바이트 프흐아이브흐우프흘리히

이상적인 것은 하루에 6~7시간 일하는 것이에요.
Idealerweise arbeitet man nur sechs bis sieben Stunden pro Tag.
이데알러브아이즈 아바이틑 만 누어 제흐쓰 비쓰 지븐 슈툰든 프흐오 탈

저희는 업무 시간을 마음대로 변경할 수 없어요.
Wir können unsere Arbeitszeit leider nicht selbst bestimmen.
브이어 퀸는 운저흐 아바잍츠짜일 라이더 니힡 젤ㅍ슽 브슈팀믄

독일은 모든 곳이 주 5일제예요.
In Deutschland herrscht fast überall die 5-Tage-Woche.
인 도이츄란ㅌ 헤어흐슡 프하슽 위버알 디 프휜프흐-타그-브오흐

사무실에서는 정장을 입어야 합니다.
Im Büro müssen/sollen wir Anzug tragen.
임 뷔흐오 뮈쓴/졸른 브이어 안쭉 트흐아근

급여 ①

평균 급여가 어떻게 되나요?
Was ist der durchschnittliche Mindestlohn?
브아쓰 이슽 데어 두어히슈니틀리으 민드슬론?

급여일이 언제야?
Wann bekommst du das/dein Gehalt (überwiesen)?
브안 브콤슽 두 다쓰/다인 그할트 (위버브이즌)?

월급날은 매달 25일이에요.
Immer am 25ten.
임머 암 프휜프흐운ㅌ쯔브안찌히스튼

월급날이 다가오고 있어요.
Ich bekomme bald mein Gehalt/meinen Lohn.
이히 브콤므 발ㅌ 마인 그할ㅌ/마이느 론

독일의 최저 임금은 (시급) 8.5유로예요.
Der Mindestlohn in Deutschland liegt bei/beträgt 8,50 Euro.
데어 민드슬론 인 도이츄란ㅌ 리클 바이/브트흐애클 아흘 오이흐오 프휜프흐찌히

제안하신 급여가 너무 낮아요.
Ihr Gehaltsangebot entspricht nicht dem, was ich mir vorgestellt habe.
이어 그할ㅌ츠안그봍 엔ㅌ슈프흐이힡 니힡 뎀, 브아쓰 이히 미어 프호어그슈텔ㅌ 하브

그는 빠듯한 월급으로 생활하기 때문에 남는 돈이 없어요.
Er verdient gerade so viel, dass es zum Leben reicht.
에어 프헤어딘ㅌ 그흐아드 조 프힐, 다쓰 에쓰 쭘 레븐 흐아이힡

어제 월급을 탔어. 오늘 내가 쏠게.
Ich habe gestern meinen Lohn bekommen. Ich bezahle heute.
이히 하브 게스턴 마이느 론 브콤믄. 이히 브짤르 호이트

급여 ②

월급을 올려 달라고 하고 싶어.

Ich möchte gerne um eine Gehaltserhöhung bitten.
이히 뫼히트 게어느 움 아이느 그할트에어회어훙 비튼

그녀는 급여가 상당히 인상될 것이라고 기대하고 있어요.

Sie erwartet eine signifikante/ beträchtliche Gehaltserhöhung.
지 에어브아틑 아이느 직니프히칸트/ 브트흐애히틀리히으 그할트츠에어회어훙

독일은 2015년에 최저 임금 제도를 적용시켰어.

In Deutschland wurde 2015 der Mindestlohn eingeführt.
인 도이츄란트 브우어드 쯔브아이타우즌트프휜프흐첸 데어 민드슬론 아인그프휘헡

급여가 높은 만큼 일도 많아.

Je höher das Gehalt, desto mehr muss man arbeiten.
예 회허 다쓰 그할트, 데쓰또 메어 무쓰 만 아바이튼

규정대로 급여를 드리겠습니다.

Der Lohn richtet sich nach Tarif(gruppe).
데어 론 흐이히틑 지히 나흐 타흐이프흐(그흐윺프)

세금은 매달 월급에서 공제됩니다.

Die Steuer wird jeden Monat vom Lohn abgezogen.
디 슈토이어 브이얻 예든 모낱 프홈 론 압그쪼근

급여는 계좌 이체로 지불돼요.

Das Gehalt wird Ihnen auf Ihr Konto überwiesen.
다쓰 그할트 브이얻 이는 아우프흐 이어 콘토 위버브이즌

수당 & 상여금

일요일에 일해서 수당을 받았어요.

Ich habe einen Lohnzuschlag/eine Gehaltszulage bekommen, weil ich am Sonntag gearbeitet habe.
이히 하브 아이느 론쭈슐락/아이느 그할트츠쭈라그 브콤믄, 브아일 이히 암 존탘 그아바이틑 하브

외근에 필요한 비용은 회사에서 지불해요.

Die Kosten für die Dienstreise übernimmt die Firma.
디 코스튼 프휘어 디 딘슽흐아이즈 위버님트 디 프히어마

연말 보너스를 받았어요.

Ich habe eine Prämie zum Jahresende bekommen/erhalten.
이히 하브 아이느 프흐애미으 쭘 야흐쓰엔드 브콤믄/ 에어할튼

그의 특별 성과에 대해 상여금을 지급했어요.

Er hat eine Gehaltszulage für seine besonderen Leistungen bekommen.
에어 핱 아이느 그할트츠쭈라그 프휘어 자이느 브존더흔 라이스퉁은 브콤믄

우리 사장님은 인색해서 상여금을 절대 안 줘.

Unser Chef ist geizig und zahlt uns nie eine Prämie aus.
운저 슈에프흐 이슽 가이찌히 운트 짤트 운쓰 니 아이느 프흐애미으 아우쓰

나는 1년에 다섯 번 상여금을 받아요.

Ich habe dieses Jahr fünf Prämien erhalten.
이히 하브 디즈쓰 야 프휜프흐 프흐애미은 에어할튼

출장

다음주에 파리로 출장을 가요.
Ich bin nächste Woche auf Dienstreise/Geschäftsreise in Paris.
이히 빈 내흐스트 브오흐 아우프흐 딘슽흐아이즈/그슈애플츠흐아이즈 인 파흐이쓰

저는 해외 출장객이에요.
Ich mache eine Geschäftsreise.
이히 마흐 아이느 그슈애플츠흐아이즈

일 때문에 독일에서 한 달간 지내게 되었어요.
Ich werde beruflich einen Monat in Deutschland sein.
이히 브에어드 브흐우프흘리히 아이느 모낱 인 도이츄란ㅌ 자인

출장을 위해 비자를 취득하고 싶어요.
Ich brauche ein Visum für die Geschäftsreise.
이히 브흐아우흐 아인 브이줌 프휘어 디 그슈애플츠흐아이즈

지난주에 사장님을 수행하여 출장을 갔다 왔어요.
Ich war letzte Woche mit meinem Chef auf Geschäftsreise.
이히 브아 렡츠트 브오흐 밑 마이늠 슈에프흐 아우프흐 그슈애플츠흐아이즈

유럽 출장은 어땠어요?
Wie war die Geschäftsreise in Europa?
브이 브아 디 그슈애플츠흐아이즈 인 오이흐오파?

성공적인 출장이었기를 바랍니다.
Ich hoffe, es war eine erfolgreiche Geschäftsreise.
이히 홒흐, 에쓰 브아 아이느 에어프홀ㅋ흐아이흐 그슈애플츠흐아이즈

스트레스 & 불만

스트레스가 내 건강을 해치고 있어.
Der Stress schadet meiner Gesundheit.
데어 슈트흐에쓰 슈아듵 마이너 그준ㅌ하잍

스트레스 받아서 그래.
Es ist wegen des Stresses.
에쓰 이슽 브에근 데쓰 슈트흐에쓰쓰

스트레스는 어떻게 관리하니?
Wie gehst du mit dem Stress um?
브이 게슽 두 밑 뎀 슈트흐에쓰 움?

스트레스 풀게 오늘 소풍 갈까?
Wollen wir heute einen Ausflug machen und uns ein bisschen vom Stress erholen?
브올른 브이어 호이트 아이는 아우쓰프흘룩 마흔 운ㅌ 운쓰 아인 비쓰히은 프홈 슈트흐애쓰 에어홀른?

또 야근이에요.
Ich habe wieder Nachtdienst.
이히 하브 브이더 나흩딘슽

이런 환경에서 일할 수 없어요.
In solch einer Umgebung kann ich nicht arbeiten.
인 졸히 아이너 움게붕 칸 이히 니흩 아바이튼

더는 못 참겠어요.
Mir reicht es.
미어 흐아이힡 에쓰
Ich kann nicht mehr.
이히 칸 니흩 메어

하루에 10시간을 계속 집중할 수는 없어요.
Man kann nicht zehn Stunden am Tag konzentriert bleiben.
만 칸 니흩 첸 슈툰든 암 탘 콘쩬트흐이얼 블라이븐

회사 동료에 대해 말할 때

그와 일하는 거 어때?

Wie ist es mit ihm (zusammen) zu arbeiten?
브이 이슽 에쓰 밑 임 (쭈잠믄) 쭈 아바이튼?

그는 세심하고 성실해요.

Er ist sehr aufmerksam und gewissenhaft.
에어 이슽 제어 아우프메억잠 운ㅌ 그브이쓴하픝

그녀는 남들과 함께 일하는 것보다는 혼자 일하는 걸 더 잘해.

Sie kann besser alleine arbeiten als in einer Gruppe/im Team.
지 칸 베써 알라이느 아바이튼 알쓰 인 아이너 그흐웊프/임 팀

그녀는 일 중독자야.

Sie ist ein richtiges Arbeitstier.
지 이슽 아인 흐이히티그쓰 아바잍츠티어

그의 일처리가 그렇게 좋지는 않아요.
(나는 그의 일처리가 만족스럽지 않아요.)

Ich bin mit seiner Arbeit(sleistung) nicht zufrieden.
이히 빈 밑 자이너 아바잍(츠라이스퉁) 니힡 쭈프흐이든

저라면 더 잘할 수 있을 거예요.

Ich hätte es besser machen können.
이히 핻트 에쓰 베써 마흔 쾬느

그는 험담을 자주 해요.

Er spricht oft schlecht über andere.
에어 슈프흐이힡 오플 슐레힡 위버 안더흐

회사 동료들은 그녀를 많이 존경해요.

Die Kollegen respektieren sie.
디 콜레근 흐에스펰티어흔 지

승진

당신은 승진할 만해요.

Diese Beförderung haben Sie verdient.
디즈쓰 브프회어더흐웅 하븐 지 프헤어딘ㅌ

그녀는 사실 진작에 승진했어야 할 사람이에요.

Sie hätte schon längst befördert werden müssen.
지 핻트 슈온 랭슽 브프회어덭 브에어든 뮈쓴

그녀는 근속 연수가 4년이 되어 승진했어요.

Weil sie seit 4 Jahren gute Arbeit leistet, wird sie nun befördert/ bekommt sie nun eine Beförderung.
브아일 지 자일 프히어 야흔 구트 아바잍 라이스틑, 브이엍 지 눈 브프회어덭/브콤ㅌ 지 눈 아이느 브프회어더흐웅

제가 승진하게 될까요?

Denken Sie, dass ich befördert werden könnte?
뎅큰 지, 다쓰 이히 브프회어덭 브에어든 쾬트?

승진하면 임금도 따라 올라요.

Wenn man befördert wird, erhöht sich auch das Gehalt.
브엔 만 브프회어덭 브이엍, 에어회흩 지히 아우흐 다쓰 그할ㅌ

그는 승진하더니 잘난 척을 해요.

Nachdem er befördert wurde, ist er angeberisch/aufgeblasen geworden.
나흐뎀 에어 브프회어덭 브우어드, 이슽 에어 안게버이슈/아우프흐그블라즌 그브오어든

그는 승진을 하기 위해 상사에게 아부했어요.

Er macht sich beim Chef beliebt, um eine Beförderung zu bekommen.
에어 마흩 지히 바임 슈에프흐 브릪ㅌ, 움 아이느 브프회어더훙 쭈 브콤믄

회의 시작

회의가 화요일 8시 30분에 있어요.

Die Sitzung ist am Dienstag um halb neun.
디 짙쭝 이슽 암 딘스탁 움 할ㅍ 노인

회의의 목적이 무엇인가요?

Was ist das Thema der Sitzung?
브아쓰 이슽 다쓰 테마 데어 짙쭝?

오늘은 우리 제품에 대한 광고를 안건으로 회의를 진행하겠습니다.

Auf der heutigen Tagesordnung steht die Werbung für unser Produkt.
아우프흐 데어 호이티근 타그쓰오어드눙 슈텔 디 브에어붕 프휘어 운저 프호오두클

오늘 우리는 세 가지 주제를 다루고자 합니다.

Heute stehen drei Punkte auf der Tagesordnung.
호이트 슈테흔 드흐아이 풍크트 아우프흐 데어 타그쓰오어드눙

그가 회의에 안 왔어요.

Er ist nicht zur Sitzung gekommen.
에어 이슽 니힡 쭈어 짙쭝 그콤믄

전 항상 회의 30분 전에 모든 준비를 마무리해요.

Eine halbe Stunde vor Sitzungsbeginn bereite ich alles vor.
아이느 할브 슈툰드 프호어 짙쭝쓰브긴 브흐아이트 이히 알르쓰 프호어

오늘 회의는 화상으로 진행하겠습니다.

Die heutige Sitzung findet als Videokonferenz statt.
디 호이티그 짙쭝 프힌듵 알쓰 브이데오콘프허흐엔쯔 슈탙

회의 진행

이 안건에 대한 당신의 의견은 어떤가요?

Wie ist Ihre Meinung dazu?
브이 이슽 이어흐 마이눙 다쭈?

안건에 대한 매우 중요한 점 하나를 언급하겠습니다.

Ich möchte auf eine wichtige Sache/einen wichtigen Punkt der Tagesordnung zu sprechen kommen.
이히 뫼히트 아우프흐 아이느 브이히티그 자흐/아이느 브이히티근 풍클 데어 타그쓰오어드눙 쭈 슈프흐에히은 콤믄

동의합니다.

Dem stimme ich zu.
뎀 슈팀므 이히 쭈
Dito.
디또

그 계획은 수정이 좀 필요합니다.

Der Plan muss nochmal überarbeitet/korrigiert werden.
데어 플란 무쓰 노흐말 위버아바이튵/코어흐이기엍 브에어든

다음 프로젝트 발표자 앞으로 나오세요.

Der nächste Referent/Präsentator nach vorne bitte.
데어 내흐스트 흐에프허흐엔트/프흐애젠타토어 나흐 프호어느 비트

오전 내내 회의만 하니 지치네요.

Ich bin erschöpft von der langen Sitzung, die den ganzen Vormittag gedauert hat.
이히 빈 에어슈윞흐 프혼 데어 랑은 짙쭝, 디 덴 간쯘 프호어밑탁 그다우얼 핱

5분간 휴식을 제안합니다.

Ich schlage vor, wir machen fünf Minuten Pause.
이히 슐라그 프호어, 브이어 마흔 프휜프흐 미누튼 파우즈

회의 마무리

다음 회의 날짜를 잡읍시다.

Lass uns einen Termin für die nächste Sitzung finden.
라쓰 운쓰 아이는 테어민 퓌어 디 내흐스트 짙쭝 핀든

질문은 발표 마지막에 받겠습니다.

Fragen stellen Sie bitte am Ende der Präsentation.
프흐아근 슈텔른 지 비트 암 엔드 데어 프흐애젠타찌온

회의가 끝났습니다.

Die Sitzung ist beendet.
디 짙쭝 이슽 브엔듵

안건이 다 만족스러운 방향으로 논의되었어요.

Wir konnten alle Punkte erfolgreich besprechen/abhaken.
브이어 콘튼 알르 풍크트 에어프홀크흐아이히 브슈프흐에히은/압하큰

전 당장 회의록을 작성할게요.

Ich schreibe/mache das Protokoll.
이히 슈흐아이브/마흐 다쓰 프흐오토콜

회의록에는 특히 결정 사안에 대한 요약이 나와 있어야 해요.

Fassen Sie die einzelnen Ergebnisse der Sitzung im Protokoll zusammen.
프하쓴 지 디 아인쯜느 에어겦니쓰 데어 짙쭝 임 프흐오토콜 쭈잠믄

다음번에는 문제를 해결할 수 있는 아이디어를 좀 가지고들 오세요.

Bitte überlegen Sie sich bis zur nächsten Sitzung/Besprechung, wie wir das Problem lösen können.
비트 위버렉근 지 지히 비쓰 쭈어 내흐스튼 짙쭝/브슈프흐에히웅, 브이 브이어 다쓰 프흐오블램 뢰즌 쾬는

꼭! 짚고 가기

일과 관련된 관용어

우리는 일을 하고, 하루를 살아가며 몹시 바쁜 상황을 '눈코 뜰 사이 없다' 같은 관용어를 활용해 표현할 때가 많아요. 독일어에도 이런 다양한 표현들이 있는데요. 일과 관련된 관용어에는 어떤 것들이 있는지 알아볼게요.

▶ wie ein Pferd arbeiten
브이 아인 프헤얼 아바이튼
말처럼 일하다
: 우리는 '열심히 일하는 사람'을 '소처럼 일한다'라고 하는데, 독일에서는 말에 비유해요.

▶ tief in Arbeit stecken
티프흐 인 아바잍 슈텍큰
일에 깊이 몰두하다, 일에 파묻히다
· Stör ihn nicht!
Er steckt tief in Arbeit.
슈퇴어 인 니힡! 에어 슈텍ㅌ 티프흐 인 아바잍
방해하지 마!
그는 지금 일이 산더미처럼 쌓여있어.

▶ die Treppe hinauffallen
디 트흐엪프 힌아우프흐프할른
계단을 뛰어오르다
: 급속 승진을 했을 때 활용해요.

▶ blauen Montag machen
블라우은 몬탁 마흔
땡땡이치다, 이유 없이 일을 쉬다
: 쉬는 월요일을 blauer Montag 블라우어 몬탁이라고 불렀던 것에서 유래한 표현이에요.

▶ an die Arbeit gehen 안 디 아바잍 게흔
일을 시작하다, 작업에 임하다
· Geh an die Arbeit! 게 안 디 아바잍!
당장 작업 시작해!, 얼른 일 시작해!

Schritt 3 휴가

휴가 ①

\# 지금은 여름 휴가 시즌이에요.
Die Sommerferien haben begonnen.
디 좀머프헤어히은 하븐 브곤슨

\# 제 상사는 휴가를 떠났어요.
Mein Chef ist im Urlaub.
마인 슈에프흐 이슽 임 우얼라웊

\# 저는 이번 주 휴가예요.
Ich habe diese Woche Urlaub.
이히 하브 디즈 브오흐 우얼라웊

\# 그녀는 수요일부터 10일간 여행을 떠나요.
Ab Mittwoch hat sie zehn Tage Urlaub.
압 밑브오흐 핱 지 첸 타그 우얼라웊

\# 그는 휴가 중이라 연락이 안 돼요.
Wir können ihn momentan nicht erreichen, da er im Urlaub ist.
브이어 퀸는 인 모멘탄 니힡 에어흐아이히은, 다 에어 임 우얼라웊 이슽

\# 잘 쉬었기를 바랍니다.
Ich hoffe, Sie haben sich gut erholt.
이히 홒흐, 지 하븐 지히 궅 에어홀ㅌ

\# 휴가 동안 무엇을 할 건가요?
Was haben Sie für Ihren Urlaub geplant?
브아쓰 하븐 지 프휘어 이어흔 우얼라웊 그플란ㅌ?

\# 휴가 언제부터 시작해요?
Ab wann haben Sie Urlaub?
압 브안 하븐 지 우얼라웊?

\# 휴가 동안 연락이 안 될 거예요.
Ich bin im Urlaub nicht erreichbar.
이히 빈 임 우얼라웊 니힡 에어흐아이히바

휴가 ②

\# 미리암은 휴가를 잘 보내고 직장에 복귀했어요.
Miriam ist nach einem erholsamen Urlaub wieder zurück auf der Arbeit.
미흐이암 이슽 나흐 아이늠 에어홀자믄 우얼라웊 브이더 쭈흐윅 아우프흐 데어 아바읻

\# 죄송해요, 지금 휴가 중인 거 아는데, 문제가 생겨서요.
Entschuldigen Sie, dass ich Sie im Urlaub anrufe. Aber es ist leider ein Problem aufgetreten.
엔ㅌ슐디근 지, 다쓰 이히 지 임 우얼라웊 안흐우프흐. 아버 에쓰 이슽 라이더 아인 프흐오블렘 아우프흐그트흐에튼

\# 일이 너무 바빠 그녀는 휴가를 한 달이나 미뤄야 했어요.
Aufgrund der vielen Arbeit musste sie ihren Urlaub um einen Monat verschieben.
아우프흐그흐운ㅌ 데어 프휠른 아바읻 무쓰ㅌ 지 이어흔 우얼라웊 움 아이는 모낱 프헤어슈이븐

\# 난 휴가 때 쓰려고 돈을 좀 모아 두었어요.
Ich habe ein bisschen Geld für meinen Urlaub gespart.
이히 하브 아인 비쓰히은 겔ㅌ 프휘어 마이는 우얼라웊 그슈팥

\# 걱정 말고 푹 쉬면서 휴가 잘 보내요.
Machen Sie sich keine Sorgen und entspannen Sie sich schön im Urlaub.
마흔 지 지히 카이느 조어근 운ㅌ 엔ㅌ슈판느 지 지히 슈왼 임 우얼라웊

\# 빨리 휴가 기간이 왔으면 좋겠어요.
Ich hoffe es sind bald Sommerferien.
이히 홒흐, 에쓰 진ㅌ 발ㅌ 좀머프헤어히은

기타 휴가

오늘 병가를 냈어요.

Ich habe mich heute krank gemeldet/geschrieben.
이히 하브 미히 호이트 크흐앙ㅋ 그멜들/그슈흐이븐

그녀는 출산 휴가 중이에요. (아이를 낳고 2~6주)

Sie ist im Mutterschaftsurlaub.
지 이슽 임 묻터슈아픝츠우얼라웊

그녀는 잠시 육아 휴직을 내서 쉬고 있어요.

Sie ist in Elternzeit. (법적으로 3년까지 가능)
지 이슽 인 엘턴짜읻

독일에는 연수 휴가라는 제도가 있어요.

In Deutschland gibt es die Möglichkeit eines Bildungsurlaubes.
인 도이츄란ㅌ 깁ㅌ 에쓰 디 뫼클리히카읻 아이느쓰 빌둥쓰우얼라웊쓰

베를린에서의 연수 휴가를 통해서 독일 역사에 대한 새로운 시각을 갖게 되었어요.

Durch den Bildungsurlaub in Berlin habe ich die deutsche Geschichte aus einem neuen Blickwinkel kennen gelernt.
두어히 덴 빌둥쓰우얼라웊 인 베얼린 하브 이히 디 도이츄 그슈이히트 아우쓰 아이늠 노이은 블릭브인클 켄넌 그레언ㅌ

그들은 유급 휴가를 받을 자격이 있어요.

Sie haben Anspruch auf bezahlten Urlaub.
지 하븐 안슈프후우흐 아우프흐 브짤튼 우얼라웊

부활절은 모든 직장인이 기다리는 긴 연휴예요.

Über die Osterfeiertage können wir uns ein langes Wochenende nehmen/machen.
위버 디 오스터프하이어타그 쾬는 브이어 운쓰 아인 랑으쓰 브오흔엔드 네믄/마흔

꼭! 짚고 가기

특별한 휴가지, 프라이부르크 & 콘스탄츠

독일 남부 바덴뷔르템베르크주의 프라이부르크는 작은 도시이지만 '친환경 도시'로 불릴 만큼 특별한 매력을 가진 곳이에요. 1970년대에 탈원전을 선언하고 태양광, 지열 에너지 같은 지속 가능한 방식으로 발전해 왔어요. 지금은 대학 도시로 젊고 활기찬 분위기를 느낄 수 있답니다. 돌로 된 아기자기한 골목길과 도심을 가로지르는 작은 물길, 자전거와 도보 중심의 생활 문화 덕분에 도시 전체가 깨끗하고 신선한 느낌을 줘요.

프라이부르크에 들른다면 꼭 함께 가보면 좋은 곳이 콘스탄츠예요. 독일 최대 휴양지로, 독일·스위스·오스트리아 3국에 걸쳐 있는 보덴제(Bodensee) 호수가 있는 도시랍니다. 맑고 투명한 호수를 따라 걷는 것만으로도 마음이 편안해지고, 국경을 걸어서 넘는 특별한 경험도 할 수 있어요. 스위스 주민이 장을 보러 오고, 여행객은 스위스에 숙소를 잡고 오가기도 해요. 이런 자유로운 분위기가 콘스탄츠의 큰 매력이에요.

독일을 여행한다면 대도시뿐만 아니라, 프라이부르크의 젊은 에너지와 콘스탄츠의 여유로운 호수 풍경도 꼭 경험해 보세요.

Schritt 4 비즈니스

거래처 방문

\# 오늘 우리는 거래처 미팅이 있어요.

Wir haben heute ein Kundentreffen.
브이어 하븐 호이트 아인 쿤든트흐에프흔

\# 약속하고 오셨나요?

Haben Sie eine Verabredung?
하븐 지 아이느 프헤어압흐에둥?

\# 뮐러 씨를 만나러 왔습니다.

Ich bin hier, um Herrn Müller zu treffen.
이히 빈 히어, 움 헤언 뮐러 쭈 트흐에프흔

\# 잠시만 기다려 주세요. 뮐러 씨가 곧 오실 겁니다.

Bitte warten Sie einen Moment. Herr Müller kommt gleich/ist gleich für Sie da.
비트 브아튼 지 아이는 모멘트. 헤어 뮐러 콤트 글라이히/이슽 글라이히 프휘어 지 다

\# 들어가 보세요.

Bitte kommen Sie rein.
비트 콤믄 지 흐아인

\# 제 명함입니다.

Meine Visitenkarte.
마이느 브이지튼카트

\# 안녕하세요, ABC상사의 리사 요르단입니다.

Guten Tag, ich bin Lisa Jordan von der Firma ABC.
구튼 탁, 이히 빈 리자 요어단 프혼 데어 프히어마 아베체

\# 앉으십시오.

Bitte setzen Sie sich.
비트 젤쯘 지 지히

홍보

\# 저희 최신 브로슈어입니다.

Das ist unsere neuste Broschüre.
다쓰 이슽 운저흐 노이으스트 브흐오슈위어흐

\# 자세한 내용은 저희 회사 홈페이지를 참조하세요.

Details können Sie auf unserer Internetseite nachlesen.
데타일쓰 퀸느 지 아우프흐 운저허 인터넽자이트 나흐레즌

\# 저희 홈페이지 보신 적 있나요?

Haben Sie sich unsere Homepage schon angesehen?
하븐 지 지히 운저흐 홈페이즈 슈온 안그제흔?

\# ABC사의 성공은 마케팅 덕분이라는 말을 많이 들어요.

Man hört, dass ABC besonders durch ihr Marketing erfolgreich (geworden) ist.
만 회얼, 다쓰 아베체 브존더쓰 두어히 이어 마케팅 에어프홀ㅋ흐아이히 (그브오어든) 이슽

\# 괜찮으시면 먼저 카탈로그를 보내 드리겠습니다.

Wenn Sie nichts dagegen haben, sende ich Ihnen erstmal den Katalog zu.
브엔 지 니힡츠 다게근 하븐, 젠드 이히 이는 에어슽말 덴 카탈록 쭈

\# 광고는 사람들의 기억에 남는 문구가 중요합니다.

Ein guter Werbeslogan ist sehr wichtig.
아인 구터 브에어브슬로건 이슽 제어 브이히티히

상품 소개

신제품의 주요 기능에 대해 설명해 드리겠습니다.
Ich stelle Ihnen nun die Funktionen unseres neuesten Produktes vor.
이히 슈텔르 이는 눈 디 프훙크찌오느 운저흐쓰 노이으스튼 프흐오두크트쓰 프흐어

이것은 저희 회사의 최신 모델입니다.
Das ist das neueste Modell unserer Firma.
다쓰 이슽 다쓰 노이으스트 모델 운저허 프히어마

저희 최첨단 제품을 소개합니다.
Darf ich Ihnen unser neues Hightech-Produkt präsentieren.
닾흐 이히 이느 운저 노이으쓰 하이텍-프흐오두클 프흐애젠티어흔

이건 저희 회사에서 개발한 기술입니다.
Das ist eine von uns entwickelte Technik.
다쓰 이슽 아이느 프혼 운쓰 엔트브이클트 테히닠

문의 사항 있으면 알려 주세요.
Lassen Sie es mich wissen, wenn Sie (noch weitere) Fragen haben.
라쓴 지 에쓰 미히 브이쓴, 브엔 지 (노흐 브아이터흐) 프흐아근 하븐

세부적인 내용은 샘플로 자세히 설명해 드리겠습니다.
(Die) Details erkläre ich anhand des Prototyps/Probestücks.
(디) 데타일쓰 에어클래어흐 이히 안핟ᇀ 데쓰 프흐오토퇲쓰/프흐오브슈튘쓰

이건 독일에서 인기 있는 상품입니다.
Das ist ein Produkt, das in Deutschland sehr beliebt ist.
다쓰 이슽 아인 프흐오두클, 다쓰 인 도이츄란트 제어 브맆ᄐ 이슽

상담

가격이 얼마인가요?
Wie viel kostet das?
브이 피힐 코스틑 다쓰?

우리 시장 점유율이 어느 정도죠?
Wie groß ist unser Marktanteil?
브이 그흐오쓰 이슽 운저 마클안타일?

이 계약은 언제까지 유효합니까?
Wie lange geht der Vertrag?
브이 랑으 겥 데어 프헤어트흐앜?

이 제품의 장점이 무엇인가요?
Was ist der Vorteil dieses Produkts?
브아쓰 이슽 데어 프호어타일 디즈쓰 프흐두크트쓰?

상품을 결정하는 데 조언이 필요합니다.
Ich brauche eine Empfehlung, um mich für ein Produkt entscheiden zu können.
이히 브흐아우흐 아이느 엠프헬룽, 움 미히 프휘어 아인 프흐두클 엔트슈아이든 쭈 쾬느

이 제품은 2년간 품질 보증이 되며 그 기간 동안은 무료로 수리해 드립니다.
Dieses Produkt hat zwei Jahre Garantie und kann während dieser Zeit kostenlos repariert werden.
디즈쓰 프흐두클 핱 쯔브아이 야흐 가흐안티 운ᄐ 칸 브애흐은ᄐ 디저 짜잍 코스튼로쓰 흐에파흐이얻 브에어든

아직 보증되는 기간 내 수리하러 오셨네요.
Die Reparatur geht noch auf Garantie/fällt noch unter die Garantie.
디 흐에파흐아투어 겥 노흐 아우프흐 가흐안티/프핼ᄐ 노흐 운터 디 가흐안티

이 제품으로 결정하시겠습니까?
Haben Sie sich entschieden?
하븐 지 지히 엔트슈이든?

Kapitel 07 조금은 즐거운 출근! 339

주문

\# 제품 A로 2천 개를 주문하고 싶어요.
Ich brauche vom Produkt A 2000 Stück bitte.
이히 브흐아우흐 프홈 프흐두클 아 쯔브아이타우즌ㅌ 슈튁 비트

\# 언제까지 배송 가능한가요?
Bis wann können Sie liefern?
비쓰 브안 쿈느 지 리프헌?

\# 배송비는 별도입니다.
Die Kosten der Lieferung kommen extra dazu.
디 코스튼 데어 리프허훙 콤믄 엑쓰트흐아 다쭈

\# 주문된 제품들을 취소하고 싶습니다.
Ich möchte eine Bestellung stornieren/rückgängig machen.
이히 뫼히트 아이느 브슈텔롱 슈토니어흔/흐윌갱이히 마흔

\# 주문 내용을 변경하고 싶은데 누구와 통화해야 하나요?
An wen muss ich mich wenden, um die/meine Bestellung zu ändern?
안 브엔 무쓰 이히 미히 브엔든. 움 디/마이느 브슈텔룽 쭈 앤던?

\# 결정하면 다시 연락드리겠습니다.
Ich bespreche mich nochmal mit meinen Kollegen und rufe Sie dann zurück.
이히 브슈프흐에히어 미히 노흐말 밑 마이는 콜레근 운트 흐우프흐 지 단 쭈흐윜

\# 교환이 가능한가요?
Ist ein Umtausch möglich?
이슽 아인 움타우슈 뫼클리히?

협상

\# 더 싸게 안 되나요?
Bekomme ich einen Rabatt?
브콤므 이히 아이느 흐아밭?

\# 가격은 수량에 따라 협상 가능합니다.
Sie können einen Mengenrabatt bekommen.
지 쾬느 아이느 멩은흐아밭 브콤믄

\# 2천 개 이상 주문하시면 10% 할인해 드리겠습니다.
Wenn Sie mehr als zweitausend Stück kaufen, gebe ich Ihnen zehn Prozent Rabatt.
브엔 지 메어 알쓰 쯔브아이타우즌ㅌ 슈튁 카우프흔, 게브 이히 이는 첸 프흐오쩬ㅌ 흐아밭

\# 귀사의 최저 가격은 얼마입니까?
Was bieten Sie?
브아쓰 비튼 지?

\# 이것이 저희가 제시할 수 있는 최선의 조건입니다.
Mehr kann ich Ihnen preislich nicht entgegenkommen.
메어 칸 이히 이느 프흐아이쓸리히 니힡 엔ㅌ게근콤믄

\# 이번 주 중으로 답변드리겠습니다.
Ich gebe Ihnen noch diese Woche eine Antwort.
이히 게브 이느 노흐 디즈 브오흐 아이느 안ㅌ브오엍

\# 조만간 연락 주시길 기대하겠습니다.
Wir freuen uns auf Ihre Antwort.
브이어 프흐오이은 운쓰 아우프흐 이어흐 안ㅌ브오엍

\# 여기에 서명해 주세요.
Bitte unterschreiben Sie hier.
비트 운터슈흐아이븐 지 히어

납품 & 배송

수요일까지 납품해 주실 수 있나요?

Könnten Sie bis Mittwoch liefern?
퀸튼 지 비쓰 밑브오흐 리프헌?

주문하신 물건들은 오늘 중으로 배송될 예정입니다.

Die bestellten Waren/bestellten Produkte werden noch heute an Sie geliefert.
디 브슈텔튼 브아흔/브슈텔튼 프흐오두크트 브에어든 노흐 호이트 안 지 그리프헡

내일 정오까지는 받아 보실 수 있을 겁니다.

Sie bekommen die Ware bis morgen Mittag.
지 브콤믄 디 브아흐 비쓰 모어근 밑탁

이 제품은 13시 이전에 주문하시면 당일 배송도 가능합니다.

Wir können auch am Tag der Bestellung liefern, wenn Sie vor 13 Uhr bestellen.
브이어 퀸는 아우흐 암 탁 데어 브슈텔룽 리프헌, 브엔 지 프호어 드흐아이첸 우어 브슈텔른

영업일 기준 3일 내로 배송될 예정입니다.

Wir versenden die Ware innerhalb von drei Werktagen.
브이어 프헤어젠든 디 브아흐 인너할ㅍ 프혼 드흐아이 브에억타근

해외 배송이라 추가 금액이 있을 겁니다.

Bei einer Auslandslieferung fallen Extrakosten an.
바이 아이너 아우쓰란ㅌ츠리프허흐웅 프할른 엑쓰트흐아코스튼 안

통관 수속에 따라 배송이 지연될 수 있습니다.

Die Lieferung kann sich durch die Zollkontrolle verzögern.
디 리프허흐웅 칸 지히 두어ㅎ 디 쫄콘트흐올르 프헤어쬐건

클레임

주문한 것을 아직도 못 받았어요.

Ich habe meine Lieferung noch nicht erhalten.
이히 하브 마이느 리프허흐웅 노흐 니힡 에어할튼
Ich habe die bestellten Sachen immer noch nicht bekommen.
이히 하브 디 브슈텔튼 자흔 임머 노흐 니힡 브콤믄

배송된 상품이 파손되어 있어요.

Das gelieferte Produkt war defekt/kaputt.
다쓰 그리프허트 프흐오두클ㅌ 브아 데프헤클/카풑

제가 주문한 제품이 아닌데요.

Es wurde ein falsches Produkt geliefert.
에쓰 브우어드 아인 프할슈으쓰 프흐두클ㅌ 그리프헡

파손 상품에 대해 환불을 요청하려고 하는데요.

Für die beschädigte Ware verlange ich eine Rückzahlung/Rückerstattung.
프휘어 디 브슈애디클ㅌ 브아흐 프헤어랑으 이히 아이느 흐윜짤룽/흐윜에어슈탙퉁

책임자와 이야기를 나누고 싶습니다.

Ich möchte bitte mit dem Verantwortlichen sprechen.
이히 뫼히트 비트 밑 뎀 프헤어안ㅌ브오어틀리히은 슈프흐에히은

주문 상품을 반송하고 싶을 경우 어떻게 하면 되나요?

Wie funktioniert eine Rücksendung?
브이 프훙크찌오니얼ㅌ 아이느 흐윜젠둥

Kapitel 07 조금은 즐거운 출근! 341

Schritt 5 해고 & 퇴직   MP3. K07_S05

해고

\# 마이크가 해고됐어.

Mike wurde (fristlos) entlassen.
마이크 브우어드 (프흐이슬로쓰) 엔트라쓴
Mike wurde gekündigt.
마이크 브우어드 그퀸디클

\# 타당한 이유 없이 그들을 해고할 수 없어요.

Ohne plausiblen Grund können Sie niemanden entlassen.
오느 플라우지블른 그흐운트 쾬는 지 니만든 엔트라쓴

\# 한 번 더 실수하면 해고야.

Wenn Sie nochmal einen Fehler machen, werden Sie entlassen.
브엔 지 노흐말 아이는 프헬러 마흔, 브에어든 지 엔트라쓴

\# 그는 부당 해고 피해자입니다.

Er hat seinen Job zu Unrecht verloren.
에어 할 자이느 좁 쭈 운흐에힡 프헤어로어흔

\# 그의 공금 횡령이 드러나 해고되었어요.

Er wurde wegen Veruntreuung/Unterschlagung entlassen.
에어 브우어드 브에근 프헤어운트호오이웅/운터슐라궁 엔트라쓴

\# 경제가 점점 나빠지면 올해 그들이 해고될 것 같아요.

Ich glaube, Sie werden dieses Jahr Ihren Job verlieren. Wenn die Wirtschaft sich weiter verschlechtert/stagniert.
이히 글라우브, 지 브에어든 디즈쓰 야 이어흔 좁 프헤어리어흔. 브엔 디 브이엍슈아플 지히 브아이터 프헤어슐레히털/슈탁니얼

\# 사장이 저를 해고했어요.

Mein Chef hat mich entlassen.
마인 슈에프흐 핱 미히 엔트라쓴

퇴직

\# 정년이 가까워 와요.

Ich komme bald ins Rentenalter.
이히 콤므 발트 인쓰 흐엔튼알터

\# 우리 아버지께서 올해 정년퇴직하셨어요.

Mein Vater ging dieses Jahr in den Ruhestand/in Rente.
마인 프하터 깅 디즈쓰 야 인 덴 흐우흐슈탄트/인 흐엔트

\# 그는 적지 않은 연금을 받아요.

Er bekommt eine beträchtliche Pension/Rente.
에어 브콤트 아이느 브트흐애히틀리히으 펑지온/흐엔트

\# 그는 퇴직금을 받을 수 있나요?

Bekommt er eine einmalige Abfindung zum Ruhestand?
브콤트 에어 아이느 아인말리그 압프힌둥 쭘 흐우흐슈탄트?

\# 우리는 노후를 대비해서 저축해야 해요.

Wir müssen Geld sparen und uns um unsere Altersvorsorge kümmern.
브이어 뮈쓴 겔트 슈파흔 운트 운쓰 움 운저흐 알터쓰프호어조어그 큄먼

\# 사표를 냈어요.

Ich habe gekündigt.
이히 하브 그퀸디클

\# 몇 살이 되면 정년퇴직하게 되나요?

Mit wie viel Jahren kann man in Rente gehen?
밑 브이 피힐 야흔 칸 만 인 흐엔트 게흔?

\# 혹시 안나가 퇴직할 거라는 소식 들었어?

Hast du gehört, dass Anna in Rente geht?
하슽 두 그회얼, 다쓰 안나 인 흐엔트 겥?

기타

직업병이에요.
Das ist eine Berufskrankheit.
다쓰 이슽 아이느 브흐우프흐쓰크흐앙ㅋ하일

지금 직장이 지긋지긋해요.
Die Arbeit ist unerträglich.
디 아바잍 이슽 운에어트흐애클리히

일을 바꿔 볼 생각이 있었나요?
Möchten Sie vielleicht nicht den Beruf wechseln?
뫼히튼 지 프힐라이힡 니힡 덴 브흐우프흐 브에흐쏄느?

일을 그만두는 이유가 뭔가요?
Warum haben Sie Ihren Beruf aufgegeben?
브아흐움 하븐 지 이어흔 브흐우프흐 아우프흐그게븐?

이 회사는 비전이 보이지 않아요.
Die Firma hat keine Vision.
디 프히어마 핱 카이느 브이지온

저는 꽤 어릴 때부터 일을 했어요.
Ich habe schon immer gearbeitet.
이히 하브 슈온 임머 그아바이틑

저는 14살 때부터 일을 했어요.
Ich arbeite schon seit ich 14 bin.
이히 아바이트 슈온 자잍 이히 프히어첸 빈

꼭! 짚고 가기

독일에서 실업급여 받는 법

독일에서도 근무하다가 어떤 사정으로 퇴사했을 경우 실업급여를 받을 수 있는데요. 그 절차가 어떻게 되는지 알아볼게요. 실업급여는 신청에서 심사와 결정까지 3개월이 걸려요. 그래서 대부분 기업이 퇴사 고지 기간을 3개월로 정해 놓고 있어요. 그 3개월 동안 실업급여를 받기 위해 어떤 준비를 해야 하는지 알아볼게요.
우선 퇴사가 확정되면 노동청 홈페이지에 회원가입을 하고, 구직자 등록을 하면서 관련 서류를 첨부해요. 기본적으로 최근 6개월 급여명세서와 회사에서 써 준 경력증명서(Arbeitsbescheinigung für Arbeitsagentur 아바일츠브슈아이니궁 프휘어 아바일츠아겐투어) 등을 서류로 첨부해야 해요. 여기까지 진행하고 기다리면, 등록됐다는 알림과 우편 확인서가 와요. 퇴사일이 한 달 정도 남았을 때 노동청에서 방문 요청이 와요. 대면으로 담당자가 퇴사와 구직의사를 최종 확인해요. 퇴사 시기쯤에 우편으로 최종 결정 편지가 와요. 여기에는 최종적으로 받을 실업급여, 급여기간, 급여 도출방식이 상세히 적혀있어요. 이렇게 편지까지 받았다면 모든 절차는 끝나요. 그리고 다양한 방법으로 구직 중임을 확인해요. 먼저 급여 지급 전에 약 7장의 편지가 오는데 퇴사 사유, 내용, 내 이력 등 모든 내용을 수기로 적어 보내야 합니다. 그 내용에 근거하여 주기적으로 노동청에서 취업자리를 알선해 줘요. 노동청마다 달라서 한 달에 한 번 이상 부르기도 하고, 불시에 면접 보라고 부르기도 한대요. 또 1주 전에 편지로 1시간 정도 비워 두라는 안내 후, 전화로 현재 상황 체크와 구직 상담을 해줍니다. 이 상담은 의무로 해야 한다고 해요.

Schritt 6 구직   MP3. K07_S06

구직

그는 요즘 일자리를 알아보는 중이에요.
Er sucht gerade Arbeit/einen Job.
에어 주흐트 그흐아드 아바잍/아이는 좁

실례지만, 사람을 채용하나요?
Suchen Sie noch Mitarbeiter?
주흔 지 노흐 밑아바이터?

마케팅 담당 부서에 자리가 났어요.
Wir haben noch eine Stelle in der Marketingabteilung zu besetzen/vergeben.
브이어 하븐 노흐 아이느 슈텔르 인 데어 마케팅압타일룽 쭈 브젵쯘/프헤어게븐

웹사이트의 구인 광고를 보고 전화했어요.
Ich rufe Sie wegen des Stellenangebots auf Ihrer Homepage an.
이히 흐우프흐 지 브에근 데쓰 슈텔른안그봍츠 아우프흐 이어허 홈페이즈 안

이 자리에 지원하고 싶은데요.
Ich möchte mich für die Stelle bewerben.
이히 뫼히트 미히 프휘어 디 슈텔르 브브에어븐

그 일에는 경력이 필요합니까?
Was für Voraussetzungen sind gefordert?
브아쓰 프휘어 프호어아우쓰젵쭝은 진트 그프호어덭?

이력서랑 자기소개서를 메일로 보내 주세요.
Schicken Sie mir Ihren Lebenslauf und ein Motivationsschreiben per Mail.
슈익큰 지 미어 이어흔 레븐쓰라우프흐 운트 아인 모티브아찌온쓰슈흐아이븐 페어 메일

이력서

이력서가 많이 접수되었어요.
Wir haben eine Menge Bewerbungen erhalten.
브이어 하븐 아이느 멩으 브브에어붕은 에어할튼

이력서는 최대한 간단 명료해야 합니다.
Der Lebenslauf sollte klar gegliedert sein und einen schnellen Überblick ermöglichen.
데어 레븐쓰라우프흐 졸트 클라 그글리덭 자인 운트 아이느 슈넬른 위버블릭 에어뫼클리히은

이력서는 한 사람의 삶에서 중요한 정보들을 담아야 해요.
Der Lebenslauf sollte die wichtigsten individuellen Daten einer Person auflisten.
데어 레븐쓰라우프흐 졸트 디 브이히틱스트 인디브이두엘른 다튼 아이너 페어존 아우프흐리스튼

이력서는 자신의 인생을 한 페이지로 요약하는 거예요.
Ein Lebenslauf fasst das Leben einer Person auf einer Seite zusammen.
아인 레븐쓰라우프흐 프하쓭 다쓰 레븐 아이너 페어존 아우프흐 아이너 자이트 쭈잠믄

구사 가능한 언어를 명시하세요.
Erwähnen Sie auch Ihre Sprachkenntnisse.
에어브애는 지 아우흐 이어흐 슈프흐아흐켄트니쓰

독일어로 이력서와 지원 동기를 작성하세요.
Schreiben/Verfassen Sie den Lebenslauf und das Motivationsschreiben auf Deutsch.
슈흐아이븐/프헤어프하쓴 지 덴 레븐쓰라우프흐 운트 다쓰 모티브아찌온쓰슈흐아이븐 아우프흐 도이츄

면접 예상 질문 ①

자신에 대해 1분 내로 소개해 보세요.
Bitte erzählen Sie uns innerhalb einer Minute ein bisschen was über sich.
비트 에어짿른 지 운쓰 인너할ㅍ 아이너 미누트 아인 비쓰히은 브아쓰 위버 지히

지원 동기가 무엇입니까?
Warum haben Sie sich auf diese Stelle beworben?
브아훔 하븐 지 지히 아우프흐 디즈 슈텔르 브보어븐?

구사 가능한 외국어가 있나요?
Welche Sprachen sprechen Sie?
브엘히 슈프흐아흔 슈프흐에히은 지?

본인의 장점은 무엇이라고 생각하나요?
Was glauben Sie, sind Ihre Stärken?
브아쓰 글라우븐 지, 진ㅌ 이어흐 슈태어큰?

전 직장을 왜 그만두었습니까?
Warum haben Sie Ihren letzten Job gekündigt?
브아훔 하븐 지 이어흔 렡쯔튼 좁 그퀸디클?

우리 회사의 어느 부서에 관심이 있습니까?
Für welche Abteilung in unserer Firma interessieren Sie sich?
프휘어 브엘히 압타일룽 인 운저허 프히어마 인터흐씨어흔 지 지히?

이 직책에 대해 본인이 이해한 대로 설명해 보세요.
Was haben Sie für Erwartungen an diese Stelle/diesen Job?
브아쓰 하븐 지 프휘어 에어브아퉁은 안 디즈 슈텔르/디즈 좁?

언제부터 근무 가능하신가요?
Wann können Sie bei uns anfangen?
브안 퀸는 지 바이 운쓰 안프항은?

면접 예상 질문 ②

연봉은 어느 정도 원하십니까?
Was haben Sie für Gehaltsvorstellungen?
브아쓰 하븐 지 프휘어 그할ㅌ츠프호어슈텔룽은?

저희가 당신을 뽑아야 하는 이유 3가지를 말해 보세요.
Nennen Sie uns bitte drei Gründe, warum wir Sie einstellen sollten.
네는 지 운쓰 비트 드흐아이 그흐윈드, 브아훔 브이어 지 아인슈텔른 졸튼

5년 후 어떤 모습이 되고 싶습니까?
Wo sehen Sie sich in fünf Jahren?
브오 제흔 지 지히 인 프휜프흐 야흔?

이 직책을 얻기 위해 어떤 노력을 하셨습니까?
Wie haben Sie sich auf diesen Job/diese Stelle vorbereitet?
브이 하븐 지 지히 아우프흐 디즌 좁/디즈 슈텔르 프호어브흐아이틑?

다른 부서로 옮겨져도 되겠습니까?
Wäre es für Sie in Ordnung auch in einer anderen Abteilung zu arbeiten?
브애흐 에쓰 프휘어 지 인 오어드눙 아우흐 인 아이너 안더흔 압타일룽 쭈 아바이튼?

전공과 전혀 다른 분야로 지원하신 이유가 뭔가요?
Was ist der Grund, weshalb Sie sich beruflich neu orientieren wollen?
브아쓰 이슽 데어 그흐운ㅌ, 브에쓰할ㅍ 지 지히 브흐우프흘리히 노이 오흐이엔티어흔 브올른?

마지막으로 하고 싶은 질문 있나요?
Haben Sie noch (weitere) Fragen?
하븐 지 노흐 (브아이터흐) 프흐아근?

Kapitel 08

지금은 사랑 중!

Kapitel 08.

Schritt 1　데이트 & 연애
Schritt 2　사랑
Schritt 3　갈등 & 이별
Schritt 4　가족 & 결혼
Schritt 5　임신 & 육아

Sich verlieben 사랑에 빠지다

지히 프헤어리븐

MP3. Wort_K08_1

die Begegnung
디 브겍눙
n. 만남

begegnen 브겍는,
treffen 트흐에프흔
v. 만나다

das Blind Date 다쓰 블라인트 데이트
n. 소개팅

der Single 데어 씽글,
der Junggeselle 데어 융그젤러/
die Junggesellin 디 융그젤린
n. 독신자

der (feste) Freund
데어 (프헤스트) 프후오인트
n. (남자인) 친구, 남자 친구

die (feste) Freundin
디 (프헤스트) 프후오인딘
n. (여자인) 친구, 여자 친구

der Traummann 데어 프흐아움만/
die Traumfrau 디 프흐아움프흐아우
n. 이상형

der Charme 데어 슈암
n. 매력

der Märchenprinz
데어 매어히은프흐인쯔
n. 동화 속 왕자

die Gemeinsamkeit
디 그마인잠카잍
n. 공통점

das Date 다쓰 데이트
n. 데이트

mit jemandem ausgehen
밑 예만듬 아우쓰게흔
v. 데이트하다

gefallen 그프할른
v. 마음에 들다

guter Eindruck 구터 아인드흐욱
n. 좋은 인상

ideal 이데알
adj. 이상적인

die Beziehung 디 브찌훙
n. 관계

die Liebe 디 리브 n. 사랑 	**küssen** 퀴쓴 v. 키스하다 	**umarmen** 움아흐믄 v. 껴안다, 포옹하다 
	sich in jemanden verlieben 지히 인 예만든 프헤어리븐 v. 사랑에 빠지다	**sich in jemanden vergucken** 지히 인 예만든 프헤어쿡큰 v. 반하다 
	der Jahrestag 데어 야흐쓰탁 n. 기념일 	**feiern** 프하이언 v. 축하하다 
	zusammen 쭈잠믄 adv. 함께 	**zusammen leben** 쭈잠믄 레븐 v. 함께 살다 
	verrückt 프헤어흐위클 adj. 미친, 광적인	**die Fernbeziehung** 디 프헤언브찌훙 n. 장거리 연애
	vermissen 프헤어미쓴 v. 그리워하다 	**an jemanden denken** 안 예만든 뎅큰 v. (누구의) 생각을 하다 

Die Trennung 이별
디 트흐엔눙

der Konflikt 데어 콘프흘리클 n. 갈등 	eifersüchtig sein 아이프허쥐히티히 자인, neidisch sein 나이디슈 자인 v. 질투하다 	die Eifersucht 디 아이프허주흐, der Neid 데어 나일 n. 질투 
	betrügen 브트흐위근 v. 배신하다 	der Betrüger 데어 브트흐위거/ die Betrügerin 디 브트흐위거흐인 n. 배신자
	sich entfernen 지히 엔트프헤어느 v. 멀어지다 	lügen 뤼근 v. 거짓말하다
die Trennung 디 트흐엔눙 n. 이별	verlassen 프헤어라쓴 v. 떠나다	die Scheidung 디 슈아이둥 n. 이혼 
sich trennen 지히 트흐엔느 v. 헤어지다 	das Lebewohl 다쓰 레브보올 n. 작별 인사	die Freiheit 디 프흐아이하잍 n. 자유

Die Heirat 결혼
디 하이흐앝

die Heirat 디 하이흐앝 n. 결혼 heiraten 하이흐아튼, ehelichen 에흘리히은 v. 결혼하다 die Hochzeit 디 호흐짜잍 n. 결혼식 	der Heiratsantrag 데어 하이흐앝츠안트흐악 n. 청혼 verehren 프헤어에어흔 v. 청혼하다 	hinknien 힌크니은 v. 무릎을 꿇다
	der Ehering 데어 에흐흐잉, der Trauring 데어 트흐아우흐잉 n. 결혼 반지	das Eheversprechen 다쓰 에흐에어슈프흐에히은 n. 결혼 서약
	die Einladung(skarte) 디 아인라둥(쓰카트) n. 청첩장	die Antwort 디 안트브오얼 n. 회신

die Familie 디 프하밀리으 n. 가족 	der Ehemann 데어 에흐만, der Gatte 데어 같트 n. 남편 	die Ehefrau 디 에흐프흐아우, die Gattin 디 같틴 n. 아내 
	der Bräutigam 데어 브호이티감 n. 신랑 	die Braut 디 브흐아울 n. 신부 
die Schwiegereltern 디 슈브이거엘턴 n. 장인·장모, 시부모	der Schwiegervater 데어 슈브이거프하터 n. 장인, 시아버지 	die Schwiegermutter 디 슈브이거물터 n. 장모, 시어머니 

Ein Kind bekommen 아이를 갖다
아인 킨트 브콤믄

MP3. Wort_K08_4

das Baby 다쓰 베이비, das Kind 다쓰 킨트 n. 아기 	die Schwangerschaft 디 슈브앙어슈아플 n. 임신 	schwanger werden 슈브앙어 브에어든 v. 임신하다
	die Geburt 디 그부얼 n. 탄생, 출산	die Entbindung 디 엔트빈둥, das Gebären 다쓰 그배어흔 n. 출산 
die Muttermilch 디 물터밀히 n. 모유	stillen 슈틸른, die Brust geben 디 브흐우슽 게븐 v. 수유하다 	das Fläschchen 다쓰 프흘래슈히은, die Babyflasche 디 베이비프흘라슈, die Saugflasche 디 자웁프흘라슈 n. 젖병
die Windel 디 브인들 n. 기저귀 (ein)windeln (아인)브인들ㄴ v. 기저귀를 채우다 	der Kinderwagen 데어 킨더브아근 n. 유모차 	die Wiege 디 브이그 n. 요람, 아기 침대 

Schritt 1 데이트 & 연애   MP3. K08_S01

소개팅

\# 누구 만나는 사람 있니?

Bist du mit jemandem zusammen?
비스트 두 밑 예만둠 쭈잠믄?
Hast du eine Beziehung?
하슷 두 아이느 브찌훙?
Sind Sie liiert? (존칭)
진트 지 리이얼?
Hast du einen (festen) Freund?
(남자 친구 있어?)
하슷 두 아이는 (프헤스튼) 프흐오인트?
Hast du eine (feste) Freundin?
(여자 친구 있어?)
하슷 두 아이느 (프헤스트) 프흐오인딘?

\# 아니, 난 여자 친구 없어.

Nein, ich habe keine Freundin.
나인, 이히 하브 카이느 프흐오인딘

\# 난 혼자야.

Ich bin Single.
이히 빈 싱글

\# 알고 지내는 친구(여자)일 뿐이야.

Sie ist nur eine gute Freundin.
지 이슷 누어 아이느 구트 프흐오인딘

\# 원하는 남자 스타일이 뭐야?

Wie stellst du dir deinen Traummann vor?
브이 슈텔슷 두 디어 다이는 트흐아움만 프호어?

\# 저 여자 마음에 든다.

Sie gefällt mir.
지 그프핼트 미어

\# 그 여자 소개해 줄래?

Kannst du sie mir vorstellen?
칸슷 두 지 미어 프호슈텔른?

소개팅 후 평가

\# 그에게 완전 반했어.

Ich habe mich in ihn verliebt.
이히 하브 미히 인 인 프헤어맆트
Ich bin bis über beide Ohren in ihn verliebt.
이히 빈 비쓰 위버 바이드 오어흔 인 인 프헤어맆트

\# 그녀는 내 이상형이야.

Sie ist meine Traumfrau.
지 이슷 마이느 트흐아움프흐우아
Sie ist genau der Typ Frau auf den ich stehe/den ich mag.
지 이슷 그나우 데어 튚 프흐아우 아우프흐 덴 이히 슈테흐/덴 이히 막

\# 그는 동화 속 왕자님이야.

Er ist mein Märchenprinz.
에어 이슷 마인 매어히은프흐인쯔
Er ist mein Traumprinz.
에어 이슷 마인 트흐아움프흐인쯔

\# 우리는 통하는 게 많아.

Wir verstehen uns sehr gut.
브이어 프헤어슈테흔 운쓰 제어 굳
Wir haben viele Gemeinsamkeiten/Vieles gemeinsam.
브이어 하븐 프힐르 그마인잠카이튼/프힐르쓰 그마인잠

\# 그는 내 취향이 아니야.

Er ist nicht mein Typ.
에어 이슷 니힡 마인 튚

\# 우리는 공통 관심사가 없어.

Wir haben keine Gemeinsamkeiten.
브이어 하븐 카이느 그마인잠카이튼

\# 그와의 시간이 지루했어.

Das Date mit ihm war langweilig.
다쓰 데이트 밑 임 브아 랑브아일리히

데이트 ①

데이트 어땠어?

Wie war dein Date/Rendezvous?
브이 브아 다인 데이트/흐엉데브우?

직장에서 한 남자를 사귀고 있어.

Ich gehe mit meinem Arbeitskollegen aus.
이히 게흐 밑 마이늠 아바일츠콜레근 아우쓰

우리는 만나자마자 서로 첫눈에 반했어요.

Wir haben uns auf den ersten Blick (ineinander) verliebt.
브이어 하븐 운쓰 아우프흐 덴 에어스튼 블릭 (인아인안더) 프헤어맆트

Wir haben uns sofort ineinander verliebt.
브이어 하븐 운쓰 조프호얼 인아인안더 프헤어맆트

그녀와 더 많은 시간을 보내고 싶어요.

Ich würde gerne sehr viel mehr Zeit mit ihr verbringen.
이히 브위어드 게어느 제어 프힐 메어 짜잍 밑 이어 프헤어브흐잉은

우린 좋은 관계를 맺고 있어.

Wir führen eine gute Beziehung.
브이어 프휘어흔 아이느 구트 브찌훙

최근에 우리는 자주 만났어.

Wir haben uns in letzter Zeit häufig gesehen/getroffen.
브이어 하븐 운쓰 인 렡쯔터 짜잍 호이프히히 그제흔/그트흐오프흔

그들은 벌써 꽤 오래 만났어.

Sie sind schon ewig in einer Beziehung.
지 진트 슈온 에브히히 인 아이너 브찌훙

Wir sind schon ewig zusammen.
지 진트 슈온 에브히히 쭈잠믄

데이트 ②

그녀와의 첫 번째 데이트 약속을 잡았어요.

Wir haben uns für ein erstes Date/Treffen miteinander verabredet.
브이어 하븐 운쓰 프휘어 아인 에어스트쓰 데이트/트흐에프흔 밑아이난더 프헤어압흐에듵

이미 좋은 식당을 골라 놨어요.

Ich habe bereits ein schönes Restaurant ausgesucht.
이히 하브 브흐아잍츠 아인 슈외느쓰 흐에스토흐앙 아우쓰그주흩

Ich habe bereits einen Tisch in einem schönen Restaurant reserviert.
이히 하브 브흐아잍츠 아이느 티슈 인 아이늠 슈외느 흐에스토흐앙 흐에저브이엍

옷을 어떻게 입어야 할까요?

Was soll ich heute anziehen?
브아쓰 졸 이히 호이트 안찌흔?

Was empfiehlst du mir heute anzuziehen?
브아쓰 엠프휠슽 두 미어 호이트 안쭈지흔?

오늘은 조금 밝은 원피스를 입는 게 어떨까요?

Vielleicht ein helles Kleid?
프힐라이힡 아인 헬르쓰 클라잍?

Wie wäre es mit einem hellen Kleid?
브이 브애어흐 에쓰 밑 아이늠 헬른 클라잍?

그가 데리러 오고 있대요.

Er kommt mich abholen.
에어 콤트 미히 압홀른

그가 다시 전화하길 기다리는 중이에요.

Ich warte auf seinen Anruf.
이히 브아트 아우프흐 자이는 안흐우프흐

데이트 ③

가슴이 설레요.

Ich habe Herzklopfen.
이히 하브 헤어쯔클로프흔
Ich bin aufgeregt.
이히 빈 아우프흐그흐에클
Ich habe Schmetterlinge im Bauch.
이히 하브 슈멭털링으 임 바우흐

넌 뭘 하고 싶니?

Auf was hast du Lust?
아우프흐 브아쓰 하슽 두 루슽?
Was möchtest du gerne machen?
브아쓰 뫼히트슽 두 게어느 마흔?

어디 가고 싶은 데 있어?

Hast du einen Wunsch/eine Idee, wohin es gehen soll?
하슽 두 아이는 브운슈/아이느 이데, 브오힌 에쓰 게흔 졸?

그는 내 손을 잡았어요.

Er hat meine Hand gehalten.
에어 핱 마이느 핟ㅌ 그핥튼

우리는 손을 잡았어요.

Wir haben Händchen gehalten.
브이어 하븐 핸ㅌ히은 그핥튼

그가 제 뺨에 키스를 했어요.

Er hat mich auf meine Wange/Backe geküsst.
에어 핱 미히 아우프흐 마이느 브앙으/박크 그퀴쓸
Er hat mir einen Wangenkuss gegeben.
에어 핱 미어 아이는 브앙은쿠쓰 그게븐

자기야.

Schatz.
슈앝츠
Liebling.
리블링

연애 충고 ①

특별한 장소에 그녀를 데려가세요.

Zeig deiner Freundin doch mal einen außergewöhnlich schönen Ort.
짜잌 다이너 프흐오인딘 도흐 말 아이는 아우써그브왼리히 슈외는 오엍

절대 둘 사이의 중요한 기념일을 잊지 마세요.

Vergiss nicht, deiner Freundin zum Jahrestag (eurer Beziehung) zu gratulieren.
프헤어기쓰 니힡, 다이너 프흐오인딘 쭘 야흐쓰탘 (오이흐어 브찌훙) 쭈 그흐아툴리어흔

짝사랑은 너무 아파요.

Eine unerwiderte Liebe schmerzt.
아이느 운에어브이더트 리브 슈메어쯭

너무 집착하지 마. (좀 매달리지 마.)

Du bist mir zu anhänglich.
두 비슽 미어 쭈 안행리히
Sei nicht so anhänglich.
자이 니힡 조 안행리히
Sei nicht so eine Klette.
자이 니힡 조 아이느 클렡트

여기서 잠깐!

독일에서는 여자 친구와 남자 친구의 개념이 따로 없고 'mein Freund 마인 프흐오인ㅌ/meine Freundin 마이느 프흐오이딘'이라고 해요. 그렇다면 그냥 친구는 어떻게 말할까요? 바로 대명사 'mein 마인'으로 차이를 둬서 'ein Freund von mir 아인 프흐오인ㅌ 프흐 미어/einer meiner Freundin 아이너 마이너 프흐오인딘'이라고 해요. 가끔 절친한 친구를 가리킬 때 'mein'을 활용하기도 하는데, 이럴 땐 문맥으로 잘 파악해서 구분해야 해요.

연애 충고 ②

바람맞히지 말아요.

Versetze mich nicht nochmal!
프헤어젣쯔 미히 니힡 노흐말!
Lass mich nächstes Mal nicht wieder vergeblich warten.
라쓰 미히 내흐스트쓰 말 니힡 브이더 프헤어겦리히 브아튼
Halte nächstes Mal deine Verabredung ein.
핟트 내흐스트쓰 말 다이느 프헤어압흐에둥 아인

거짓말하지 마세요.

Man sollte seinen Partner nicht betrügen.
만 졸트 자이는 파트너 니힡 브트흐위근

바람피우지 마세요.

Man sollte seinem Partner nicht fremdgehen.
만 졸트 자이늠 파트너 니힡 프흐엠트게흔
Man sollte keinen Seitensprung haben.
만 졸트 카이는 자이튼슈프흐웅 하븐

예전 관계에 대해 말할 수는 있겠지만, 나와 비교하지는 마세요.

Du kannst mir von deiner früheren Beziehung erzählen, aber bitte vergleiche mich nicht mit deiner Exfreundin.
두 칸슽 미어 프홈 다이너 프흐위어흔 브찌훙 에어챌른, 아버 비트 프헤어글라이히으 미히 니힡 밑 다이너 엑쓰프흐오인딘

친구들과 보내는 시간과 여자 친구와 보내는 시간 사이에 균형을 잡으세요.

Versuch so viel Zeit mit deiner Freundin zu verbringen, wie du mit deinen Freunden verbringst.
프헤어주흐 조 프힐 짜잍 밑 다이너 프흐오인딘 쭈 프헤어브흐잉은, 브이 두 밑 다이는 프흐오인든 프헤어브흐잉슽

꼭! 짚고 가기

연인을 부를 때 사용하는 애칭

독일어에도 연인을 부르는 다양한 애칭이 있어요. 독일 사람들은 '-i 이/-y 윕실론'으로 끝나는 이름이나 애칭이 귀엽다고 느껴서, 이름의 일부만 따서 끝에 '-i/-y'를 붙여요. 그래서 연인에 대한 애칭 역시 '-i 이'로 끝나는 경우가 많아요.

- Elisabeth 엘리자벳 → Eli 엘리
- Antonia 안토니아 → Toni 토니
- Jennifer 췌니퍼 → Jenny 췌니

- Schatz 슈앝츠 / Schatzi 슈앝찌
  : '보물'이라는 뜻의 Schatz 슈앝츠에서 유래했어요.
- Mausi 마우지
  : '쥐'라는 뜻의 Maus 마우쓰에서 유래하여 우리에게는 작은 쥐라 하면 별로 안 좋게 들릴 수 있지만, 독일에서는 귀엽다는 의미로 많이 쓰여요.
- Liebling 리블링
  : '가장 좋아한다'는 뜻으로 'Lieblingswein 리블링쓰브아인 가장 좋아하는 와인', 'Lieblingsbuch 리블링쓰부흐 가장 좋아하는 책'과 같이 명사 앞에서 수식하는 단어예요. 내 삶에 가장 중요하고 내가 가장 좋아하는 사람이라는 뜻을 담은 애칭이죠.
- Süße 즈위쓰
  : '귀엽다'라는 의미의 süß 즈위쓰에서 유래한 것으로 남자 친구가 여자 친구에게 많이 써요.
- Engel 엥을
  : 한국이나 독일이나 애인은 '천사'로 보이나 봐요.
- Schnucki 슈누키
  : '아담한, 아늑한, 사랑스러운'의 뜻의 schnuckelig 슈누클리히에서 유래했어요.

Schritt 2 사랑   MP3. K08_S02

사랑 ①

좋아해.

Ich mag dich.
이히 막 디히
Ich habe dich lieb.
이히 하브 디히 맆

사랑해.

Ich liebe dich.
이히 리브 디히

그녀를 처음 본 순간부터 나는 그녀를 사랑했어.

Ich habe mich auf den ersten Blick in sie verliebt.
이히 하브 미히 아우프흐 덴 에어스트 블릭 인 지 프헤어맆ㅌ

그녀는 정말 예쁘다.

Sie ist umwerfend.
지 이슫 움브에어프흔ㅌ
Sie ist atemberaubend schön.
지 이슫 아틈브하우븐ㅌ 슈왼

그녀가 계속 보고 싶어.

Ich würde sie am liebsten die ganze Zeit sehen.
이히 브위어드 지 암 맆스튼 디 간쯔 짜일 제흔
Ich würde sie am liebsten ununterbrochen bei mir haben.
이히 브휘어드 지 암 맆스튼 운운터브호흔 바이 미어 하븐

너 없이 못 살아.

Ich kann ohne dich nicht leben.
이히 칸 오느 디히 니힡 레븐

그녀는 나한테 푹 빠졌어.

Sie ist total/voll in mich verliebt.
지 이슫 토탈/프홀 인 미히 프헤어맆ㅌ

사랑 ②

너를 껴안고 싶어.

Ich möchte dich umarmen.
이히 뫼히트 디히 움아믄
Ich möchte dich in meine Arme nehmen.
이히 뫼히트 디히 인 마이느 아므 네믄

내 남은 생을 너와 함께하고 싶어.

Ich möchte mein restliches Leben mit dir verbringen.
이히 뫼히트 마인 흐에스틀리히으쓰 레븐 밑 디어 프헤어브흐잉은

당신의 키스는 최고로 달콤해.

Ihre Küsse sind das Süßeste in meinem Leben.
이어흐 퀴쓰 진ㅌ 다쓰 쥐쓰스트 인 마이늠 레븐

당신에 대한 사랑이 날이 갈수록 커져요.

Meine Liebe wird von Tag zu Tag größer.
마이느 리브 브이얻 프혼 탁 쭈 탁 그흐외써
Ich liebe dich von Tag zu Tag mehr.
이히 리브 디히 프혼 탁 쭈 탁 메어

어제보다 오늘 더 사랑해.

Ich liebe dich, heute noch mehr als gestern.
이히 리브 디히, 호이트 노흐 메어 알쓰 게스턴

하루 종일 네 생각을 해.

Ich muss die ganze Zeit an dich denken.
이히 무쓰 디 간쯔 짜일 안 디히 뎅큰
Ich bekomme dich nicht aus meinem Kopf.
이히 브콤므 디히 니힡 아우쓰 마이늠 콮흐

Schritt 3 갈등 & 이별   MP3. K08_S03

질투 & 배신

그의 옛 애인이 질투 나요.

Ich bin neidisch auf seine Exfreundin.
이히 빈 나이디슈 아우프흐 자이느 엑쓰프흐오인딘

그들의 관계는 3개월이면 끝날 거야.

Ich wette (darauf), dass ihre Beziehung nicht länger als drei Monate halten wird.
이히 브엩트 (다흐아우프흐), 다쓰 이어흐 브찌훙 니힡 랭어 알쓰 드흐아이 모나트 핡튼 브이얼

그녀는 질투에 눈이 멀었어.

Sie ist sehr/extrem eifersüchtig.
지 이슽 제어/엑쓰트흐엠 아이프허쥐히티히

그는 나를 배신했어.

Er hat mich betrogen.
에어 핱 미히 브트흐오근

넌 내 마음에 상처를 입혔어.

Du hast (mir) mein Herz gebrochen.
두 하슽 (미어) 마인 헤어쯔 그브흐오흔

그는 나를 두고 다른 여자와 잤어.

Er hat mit einer Anderen geschlafen.
에어 핱 밑 아이너 안더흔 그슐라프흔

그녀는 바람을 피웠어.

Sie ging mit mehreren Männern aus.
지 깅 밑 메어허흔 맨넌 아우쓰

그녀는 나 몰래 다른 남자를 만났어.

Sie traf sich heimlich mit einem anderen Mann.
지 트흐아프흐 지히 하임리히 밑 아이늠 안더흔 만

갈등

그녀의 사랑은 시들어 버렸어요.

Sie liebt ihn nicht mehr.
지 맆ㅌ 인 니힡 메어

그를 떠나야 할 시간일까?

Denkst du ich sollte ihn verlassen?
뎅크슽 두 이히 졸트 인 프헤어라쓴?
Denkst du es ist Zeit ihn zu verlassen?
뎅크슽 두 에스 이슽 짜잍 인 쭈 프헤어라쓴?

점점 지쳐 가고 있어요.

Ich habe keine Kraft mehr für diese Beziehung.
이히 하브 카이느 크흐아픝 메어 프휘어 디즈 브찌훙
Ich halte es in dieser Beziehung nicht mehr aus.
이히 핱트 에쓰 인 디저 브찌훙 니힡 메어 아우쓰

우리 관계는 위기에 처해 있어요.

Unsere Beziehung ist an einem heiklen Punkt angelangt.
운저흐 브찌훙 이슽 안 아이늠 하이클른 풍킅 안그랑ㅌ

매번 네 거짓말을 듣는 데 질렸어.

Ich habe es satt von dir belogen zu werden.
이히 하브 에쓰 잩 프혼 디어 블로근 쭈 브에어든

결혼하는 것에 대해서는 다시 생각해 봐야 할 것 같아요.

Ich glaube, über die Heirat sollten wir noch mal nachdenken.
이히 글라우브, 위버 디 하이흐앝 졸튼 브이어 노흐 말 나흐뎅큰
Ich bin mir mit dieser Heirat nicht sicher.
이히 빈 미어 밑 디저 하이흐앝 니힡 지히어

이별 ①

그들은 2주 전에 헤어졌어.

Vor zwei Wochen haben sie sich getrennt.
포어 쯔바이 보흔 하븐 지 지히 그트흐엔트

우린 더 이상 사귀지 않아.

Wir sind nicht mehr zusammen.
브이어 진트 니힡 메어 쭈잠믄

우리는 아주 안 좋게 헤어졌어.

Wir sind nicht im Guten auseinandergegangen.
브이어 진트 니힡 임 구튼 아우쓰아인안더그강은

오늘 나 이별 통보 받았어.

Sie hat mir heute gesagt, dass sie mich verlässt.
지 핱 미어 호이트 그자클, 다쓰 지 미히 프헤어래쓸

며칠 전 그는 절 떠났어요.

Er hat mich vor ein paar Tagen verlassen.
에어 핱 미히 프호어 아인 파 타근 프헤어라쓴

이루어질 수 없는 사랑이었어요.

Die Beziehung lief ohnehin nicht mehr (gut).
디 브찌훙 리프흐 오느힌 니힡 메어 (귵)

그녀를 사랑했지만 놓아주어야 했어요.

Ich habe sie geliebt, aber musste sie loslassen/gehen lassen.
이히 하브 지 그맆트, 아버 무쓰트 지 로쓰라쓴/게흔 라쓴

그녀가 떠난 자리가 너무 허전하네요.

Seit sie weg ist, erfüllt mich ein Gefühl der Leere.
자잍 지 브엘 이슽, 에어프휠트 미히 아인 그프휠 데어 레어흐

이별 ②

시간이 해결해 줄 거야.

Zeit heilt alle Wunden.
짜일 하일트 알르 브운든
Die Zeit ist die beste Medizin.
디 짜일 이슽 디 베스트 메디찐

그는 이별을 받아들이지 않아요.

Er kann sie nicht gehen lassen.
에어 칸 지 니힡 게흔 라쓴

난 널 절대 잊지 않을 거야.

Ich werde dich nie vergessen.
이히 브에어드 디히 니 프헤어게쓴
Du wirst mir immer in Erinnerung bleiben.
두 브이어슽 미어 임머 인 에어인너훙 블라이븐

그냥 친구로 있을 걸 그랬어.

Wir hätten besser nur Freunde bleiben sollen.
브이어 핱튼 베써 누어 프흐오인드 블라이븐 졸른
Es wäre besser gewesen, Freunde zu bleiben.
에쓰 브애어흐 베써 그브에즌, 프흐오인드 쭈 블라이븐

어느 날 그가 해외로 나가 연락이 끊겼어요.

Seit er ins Ausland gegangen ist, hatten wir keinen Kontakt mehr.
자잍 에어 인쓰 아우쓰란트 그강은 이슽, 핱튼 브이어 카이는 콘탁클 메어

이별의 상처는 언제나 견디기 쉽지 않아요.

Trennungsschmerz ist nie leicht zu ertragen.
트흐엔눙쓰메어쯔 이슽 니 라이힡 쭈 에어트흐아근

우리는 사별했어요.

Ich bin verwitwet.
이히 빈 프헤어브잍블

358

기타 ①

네 전화번호 알려 줄래?

Kannst du mir deine Nummer geben?
칸스트 두 미어 다이느 눔머 게븐?
Wie ist deine Nummer?
브이 이슽 다이느 눔머?

난 지금 결혼하고 싶지 않아.

Ich bin noch nicht bereit zu heiraten.
이히 빈 노흐 니힡 브흐아읻 쭈 하이흐아튼

사실 난 아직 그녀에게 프러포즈하지 않았어.

Ich habe ihr noch keinen Heiratsantrag gemacht.
이히 하브 이어 노흐 카이는 하이흐앝츠안트흐앜 그마흩

난 그녀를 아직도 잊지 못했어요.

Ich kann sie noch immer nicht vergessen.
이히 칸 지 노흐 임머 니힡 프헤어게쓴

우리는 장거리 연애를 해서 거의 보지 못 했어요.

Wir haben eine Fernbeziehung geführt und konnten uns deshalb nicht oft sehen.
브이어 하븐 아이느 프헤언브찌훙 그프휘얼 운ㅌ 콘튼 운쓰 데쓰핥ㅍ 니힡 오픝 제흔

그는 자기 여자 친구에 대한 친구들의 의견을 듣지 않아요.

Er hört nicht auf das/darauf, was seine Freunde über seine Freundin sagen.
에어 회엍 니힡 아우프흐 다쓰/다흐아우프흐, 브아쓰 자이느 프흐오인드 위버 자이느 프흐오인딘 자근

기타 ②

난 그 사람의 관심이 부담스러워.

Er ist sehr überfürsorglich, das ist anstrengend.
에어 이슽 제어 위버프휘어조억클리히, 다쓰 이슽 안슈트헹은ㅌ

멀리 있는 누군가를 사랑한다는 것은 참 힘든 일이에요.

Eine Fernbeziehung zu führen ist sehr schwer.
아이느 프헤언브찌훙 쭈 프휘어흔 이슽 제어 슈브에어

우리는 잠시 자기만의 시간을 갖기로 했어요.

Wir haben uns entschieden, eine Beziehungspause zu machen.
브이어 하븐 운쓰 엔ㅌ슈이든, 아이느 브찌훙쓰파우즈 쭈 마흔

그는 그저 친구일 뿐이에요.

Er ist nur ein (guter) Freund von mir.
에어 이슽 누어 아인 (구터) 프흐오인ㅌ 프혼 미어

그 여자랑 만나는 건 시간 낭비야.

Es hat keinen Sinn mit ihr auszugehen.
에쓰 핱 카이는 진 밑 이어 아우쓰쭈게흔

그가 말하길, 저를 기다릴 거래요.

Er hat mir versprochen, dass er auf mich warten wird.
에어 핱 미어 프헤어슈프호오흔, 다쓰 에어 아우프흐 미히 브아튼 브이엍

첫사랑은 이루어지지 않았어요.

Die erste Liebe war eine unerfüllte Liebe.
디 에어스트 리브 브아 아이느 운에어프휠트 리브

Schritt 4 가족 & 결혼   MP3. K08_S04

가족 소개

\# 나에게는 그 무엇보다 가족이 가장 소중해요.

Meine Familie ist mir das Wichtigste.
마이느 프하밀리으 이슽 미어 다쓰 브이히틱스트

\# 저는 남동생 한 명이 있어요.

Ich habe noch einen kleinen Bruder.
이히 하브 노흐 아이는 클라이느 브흐우더

\# 너희들에게 내 가족을 소개할게.

Das ist meine Familie.
다쓰 이슽 마이느 프하밀리으

\# 우리 가족은 모두 서울에 살아요.

Meine ganze Familie lebt in Seoul.
마이느 간쯔 프하밀리으 렢ㅌ 인 서울

\# 저희 할머니께서는 작년에 돌아가셨어요.

Meine Großmutter/Oma ist letztes Jahr gestorben.
마이느 그흐오쓰뭍어/오마 이슽 렡쯔트쓰 야 그슈토어븐

\# 저는 외동딸이에요.

Ich bin die einzige Tochter.
이히 빈 디 아인찌그 토흐터

\# 저희 누나는 결혼해서 지금 임신 중이에요.

Meine Schwester ist verheiratet und gerade schwanger.
마이느 슈브에스터 이슽 프헤어하이흐앝틑 운트 그흐아드 슈브앙어

\# 저희 아버지께서는 올해 57세가 되셨어요.

Mein Vater wurde dieses Jahr 57.
마인 프하터 브우어드 디즈쓰 야 지븐운트프휜프흐찌히

청혼

\# 크리스토퍼가 나한테 청혼했어.

Christopher hat mir einen Heiratsantrag gemacht.
크흐이스토퍼 핱 미어 아이는 하이흐앝츠안트흐악 그마흩

\# 나와 결혼해 줄래?

Willst du meine Frau werden?
브일슽 두 마이느 프하우 브에어든?

\# 나는 그의 청혼을 받아들였어요.

Ich habe seinen Heiratsantrag angenommen.
이히 하브 자이느 하이흐앝츠안트흐악 안그놈믄

\# 나는 그의 청혼을 거절했어요.

Ich habe seinen Heiratsantrag abgelehnt.
이히 하브 자이느 하이트앝츠안트흐악 압그렌트

\# 나는 그와 결혼하고 싶어 죽겠어요.

Ich würde ihn sehr gerne heiraten.
이히 브위어드 인 제어 게어느 하이흐아튼

\# 그녀가 받아 준다면, 그녀와 결혼하겠어요.

Wenn sie meinen Heiratsantrag annimmt, werde ich sie heiraten.
브엔 지 마이느 하이흐앝츠안트흐악 안님트, 브에어드 이히 지 하이흐아튼

\# 5년의 연애 끝에 그가 제게 청혼했어요.

Nach fünf Jahren Beziehung haben wir uns verlobt.
나흐 프휜프흐 야흔 브찌훙 하븐 브이어 운쓰 프헤어롢트

\# 당신 딸과의 결혼을 허락해 주세요.

Ich bitte um die Hand Ihrer Tochter.
이히 비트 움 디 핟트 이어허 토흐터

결혼 준비

여성들은 완벽한 결혼을 꿈꿔요.

Frauen träumen von einer perfekten Hochzeit.
프흐아우은 트흐오이믄 프혼 아이너 페어프헥튼 호흐짜일

신혼여행은 어디로 가나요?

Wohin machen Sie Ihre Hochzeitsreise?
브오힌 마흔 지 이어흐 호흐짜잍츠흐아이즈?

신혼여행은 하와이로 가요.

Wir fliegen nach Hawaii als Hochzeitsreise.
브이어 프흘리근 나흐 하와이 알쓰 호흐짜잍츠흐아이즈

결혼 전에 준비할 게 아주 많아요.

Es gibt vieles, das man vor der Hochzeit vorbereiten muss.
에쓰 깁트 프힐르쓰, 다쓰 만 프호어 데어 호흐짜일 프호어브흐아이튼 무쓰

결혼식이 언제예요?

Wann ist die Hochzeit?
브안 이슽 디 호흐짜일?

웨딩드레스는 맞췄나요?

Haben Sie schon ein Brautkleid?
하븐 지 슈온 아인 브흐아웉클라잍?

피로연은 호텔에서 해요.

Die Hochzeitsfeier wird in einem Hotel stattfinden.
디 호흐짜잍츠프하이어 브이얼 인 아이늠 호텔 슈탙프힌든

누구를 초대할까요?

Wen sollen wir einladen?
브엔 졸른 브이어 아인라든?

꼭! 짚고 가기

독일의 결혼식

독일인들은 결혼할 때 먼 곳에서 축하해 주러 온 친척, 친구들과 함께 밥도 먹고 피로연도 하며 파티를 해요. 물론 각자의 경제적 사정에 따라 그 규모와 기간은 다르지만요.

그리고 독일은 결혼식을 두 번 한다는 이야기가 있어요. 왜냐하면 우선 시청에서 혼인신고를 할 때 한 번 결혼식을 치르고, 본인의 종교에 따라서 성당이나 각자의 집에서 한 번 더 하거든요. 한국의 결혼식과는 차이가 나는 것이, 독일에서는 시청에서 하는 혼인 신고와 파티는 모두 모여 치르는 결혼식의 개념이고, 성당에서 치르는 예식은 가족과 정말 친한 사람들과의 혼인 미사 느낌이 강해요.

가끔은 이 두 행사를 한날에 같이 하는 경우도 있죠. 보통은 시청에서 약 10분간 증인 2명과 함께 신랑 신부가 혼인 신고를 하고 그 근처 레스토랑이나 적당한 공간을 빌려 결혼 파티를 진행해요. 신랑 신부가 감사의 말을 전하고 밥을 먹으면서, 각자 준비한 선물도 주고 덕담을 나누며 춤추고 즐기는 파티를 여는 거예요.

결혼식 초대

결혼식에 꼭 참석해 주세요.

Sie sind herzlich zu meiner Hochzeit eingeladen.
지 진ㅌ 헤어쯜리히 쭈 마이너 호흐짜잍 아인그라든

이건 우리 청첩장이야.

Das ist die Einladung zu unserer Hochzeit.
다쓰 이슽 디 아인라둥 쭈 운저러 호흐짜잍

우리는 결혼식에 모든 친척과 친구들을 초대했어요.

Wir haben die ganze Familie und alle Freunde von uns zu unserer Hochzeit eingeladen.
브이어 하븐 디 간쯔 프하밀리으 운ㅌ 알러 프흐오인드 프혼 운쓰 쭈 운저러 호흐짜잍 아인그라든

우리는 친구들에게 청첩장을 보냈어요.

Wir haben unseren Freunden eine Einladung zur Hochzeit geschickt/gesendet.
브이어 하븐 운저흔 프흐오인든 아이느 아인라둥 쭈어 호흐짜잍 그슈이클/그젠들

다음주까지 참석 여부를 말해 주겠니?

Kannst du bis nächste Woche Bescheid geben, ob du Zeit hast/kommen kannst?
칸슽 두 비쓰 내흐슽 브오흐 브슈아잍 게븐, 옾 두 짜잍 하슽/콤믄 칸슽?

결혼식

신부의 얼굴은 면사포에 가려져 있어요.

Der Brautschleier verdeckt das Gesicht der Braut.
데어 브흐아웉츠슐라이어 프헤어데클 다쓰 그지힐 데어 브흐아웉

결혼반지는 부부 결합의 상징이에요.

Der Ehering/Trauring ist ein Symbol der Treue des Ehepaares.
데어 에흐링/트흐아우흐잉 이슽 아인 쥠볼 데어 트흐오이 데쓰 에흐파흐쓰

신랑은 이제 신부에게 뽀뽀를 해 주세요.

Der Bräutigam darf die Braut nun/jetzt küssen.
데어 브흐오이티감 닾흐 디 프흐아웉 눈/옐쯭 퀴쓴

그들은 결혼 서약을 하고 있어요.

Sie geben sich gerade das Eheversprechen.
지 게븐 지히 그흐아드 다쓰 에흐프헤어슈프흐에히은

결혼식에는 몇 명의 증인이 필요한가요?

Wie viele Trauzeugen braucht man?
브이 프힐르 프흐아우쪼이근 브흐아우흩 만?

부케는 누가 받아요?

Wer bekommt den Brautstrauß?
브에어 브콤ㅌ 덴 브흐아웉슈트흐아우쓰?

두 분의 결혼을 진심으로 축하합니다.

Herzlichen Glückwunsch zur Hochzeit.
헤어쯜리히은 글뤽브운슈 쭈어 호흐짜잍

두 분 행복하길 바랍니다.

Ich wünsche Ihnen beiden ein glückliches gemeinsames Leben.
이히 브윈슈 이느 바이든 아인 글뤼클리히으쓰 그마인자므쓰 레븐

결혼 생활

결혼한 지 15년이 넘었어요.

Wir sind schon über 15 Jahre verheiratet.
브이어 진ㅌ 슈온 위버 프휜프첸 야흐 프헤어하이흐아틑

결혼 생활이 행복해요?

Sind Sie glücklich mit ihrem Mann/ ihrer Frau? (남편과/부인과)
진ㅌ 지 글뤼클리히 밑 이어흠 만/이어허 프흐아우?

우리는 천생연분처럼 잘 맞아요.

Wir sind ein Herz und eine Seele.
브이어 진ㅌ 아인 헤어쯔 운ㅌ 아이느 젤르

너와 함께 산 이래로 지루해 본 적이 없어.

Seit wir uns kennen ist mein Leben nie langweilig gewesen.
자잍 브이어 운쓰 켄는 이슽 마인 레븐 니 랑브아일리히 그브에즌

일곱 살 차이가 나지만 우리는 서로 사랑해요.

Wir haben sieben Jahre Altersunterschied, aber wir lieben uns.
브이어 하븐 지븐 야흐 알터쓰운터슆, 아버 브이어 리븐 운쓰

부부로 산다는 것이 날마다 쉬운 것은 아니에요.

Die Ehe ist nicht immer leicht.
디 에흐 이슽 니힡 임머 라이힡

제 아내는 감정을 잘 드러내질 않아요.

Meine Frau zeigt ihre Gefühle nicht gerne.
마이느 프흐아우 짜이클 이어흐 그프휠르 니힡 게어느

별거 & 이혼 & 재혼

별거 중입니다.

Wir leben gerade getrennt.
브이어 레븐 그흐아드 그트흐엔ㅌ
Wir haben uns getrennt.
브이어 하븐 우쓰 그트흐엔ㅌ

우리는 계속 싸워 이미 헤어질 뻔했어요.

Wir haben uns sehr gestritten und fast getrennt.
브이어 하븐 우쓰 제어 그슈트흐잍튼 운ㅌ 프하슽 그트흐엔ㅌ

이혼하자!

Lass uns scheiden!
라쓰 운쓰 슈아이든!
Ich will die Scheidung!
이히 브일 디 슈아이둥!

그들은 결국 합의 이혼했어요.
(그들 두 사람은 모두 이혼을 원했어요.)

Sie wollten beide die Scheidung.
지 브올튼 바이드 디 슈아이둥

당신이 이혼을 받아들여야 할 것 같아요.

Sie sollten sich scheiden lassen.
지 졸튼 지히 슈아이든 라쓴

아이들을 생각해 이혼은 피하고 싶었어요.

Ich wollte eine Scheidung wegen der Kinder vermeiden.
이히 브올ㅌ 아이느 슈아이둥 브에근 데어 킨더 프헤어마이든

그는 지난달에 재혼했어요.

Er hat letzten Monat wieder geheiratet.
에어 핱 렡쯔튼 모낱 브이더 그하이흐아틑

Schritt 5 임신 & 육아　MP3. K08_S05

임신

\# 저 임신했어요.

Ich bin schwanger.
이히 빈 슈브앙어

\# 임신 5개월입니다.

Ich bin seit fünf Monaten schwanger.
이히 빈 자일 퓐프흐 모나튼 슈브앙어

Ich bin im fünften Monat schwanger.
이히 빈 임 퓐프흐튼 모낱 슈브앙어

\# 출산일이 언제예요?

Wann ist der (vorhergesagte) Termin?
브안 이슽 데어 (프호어헤어그자크트) 테어민?

\# 첫 아기 출산을 기다리고 있어요.

Ich erwarte mein erstes Kind.
이히 에어브아트 마인 에어스트쓰 킨트

\# 임신 중에는 원래 안 좋아하던 것도 먹고 싶어져요.

In der Schwangerschaft isst man auf einmal vieles, das man vorher nicht mochte.
인 데어 슈브앙어슈아플 이쓸 만 아우프흐 아인말 프힐르쓰 다쓰 만 프호어헤어 니힡 모흐트

\# 임신 중에는 체중이 늘어요.

In der Schwangerschaft nimmt man zu.
인 데어 슈브앙어슈아플 님트 만 쭈

\# 저희는 애가 둘 있고 세 번째 아이가 들어섰어요.

Ich habe zwei Kinder und erwarte mein Drittes/das Dritte.
이히 하브 쯔브아이 킨더 운트 에어브아트 마인 드흐이트쓰/다쓰 드흐이트

육아 ①

\# 아기에게 우유 먹였어?

Hast du das Kind/Baby gestillt?
하스트 두 다쓰 킨트/베이비 그슈틸트?　모유를 먹일 때

Hast du dem Kind/Baby die Brust gegeben?
하스트 두 뎀 킨트/베이비 디 브흐우슽 그게븐?

Hast du dem Kind/Baby sein Fläschchen gegeben?　분유를 먹일 때
하슽 두 뎀 킨트/베이비 자인 프흘래슈히은 그게븐?

Hast du das Kind/Baby schon gefüttert?
하슽 두 다쓰 킨트/베이비 슈온 그프휱털?

\# 젖 먹일 시간이에요.

Es ist Zeit zum Stillen.
에쓰 이슽 짜일 쭘 슈틸른

\# 아기가 5개월이 돼서 이유식을 시작해야 해요.

Das Baby ist schon fünf Monate alt. Wir müssen jetzt auch mit Babynahrung anfangen.
다쓰 베이비 이슽 슈온 퓐프흐 모나트 알ㅌ. 브이어 뮈쓴 옐쯭 아우흐 밑 베이비나흐웅 안프항은

\# 아기는 내가 돌볼게요.

Ich kümmere mich um das Baby.
이히 큄머흐 미히 운 다쓰 베이비

육아 ②

\# 아기 돌볼 사람을 찾았어요.

Ich habe jemanden gefunden, der sich um das Baby kümmern kann.
이히 하브 예만든 그프훈든, 데어 지히 움 다쓰 베이비 큄먼 칸

\# 그녀는 아기를 돌본 경험이 많아서 보모에 적임자예요.

Sie hat viel Erfahrung mit Kindern und eignet sich gut als Babysitterin.
지 핱 프힐 에어프하흐웅 밑 킨던 운ㅌ 아이그늍 지히 굳 알쓰 베이비씉터흐인

\# 기저귀 좀 갈아 줄래?

Kannst du bitte die Windeln für mich wechseln?
칸슽 두 비트 디 브인들ㄴ 프휘어 미히 브에흐즐ㄴ?

\# 아기 목욕시키는 것 좀 도와줄래?

Kannst du mir helfen das Baby zu baden?
칸슽 두 미어 헬프흔 다쓰 베이비 쭈 바든?

\# 우리 아들이 하루 종일 울어요. 아픈가 봐요.

Mein Sohn weint den ganzen Tag. Vielleicht ist er krank.
마인 존 브아인ㅌ 덴 간쯘 탁. 프힐라이힡 이슽 에어 크흐안ㅋ

\# 유모차를 가지고 와 주세요.

Bitte bring mir den Kinderwagen.
비트 브흐잉 미어 덴 킨더브아근

꼭! 짚고 가기

독일의 육아 휴가

최근 맞벌이 부부가 늘어나면서 독일연방정부 가족노인여성청소년부(BMFSFJ)의 중요한 정책 목표 중 하나는 '가정과 직장이 양립 가능한 정책 수립'이에요. 그래서 나온 독일의 대표적인 가족 친화 정책이 우리나라의 육아 휴직에 해당하는 Elternzeit 엘턴짜잍이에요.

보통 'Mutter- 뭍터-/Vaterschaftsurlaub 프하터슈아플츠우얼라웊'이 출산 전후로 최대 14주까지 휴가를 받는 거라면(보통 출산 후 2~6주를 사용) 'Elternzeit 엘턴짜잍'은 엄마와 아빠 모두 한 아이당 3년까지 쓸 수 있는 휴가 제도예요. 그래서 처음에는 Elternurlaub 엘턴우얼라웊이라고 불렸지만 기간이 너무 길고, 휴가와 달리 일을 할 수도 있어서 기간이라는 뜻의 Zeit로 바뀌었어요.

3년을 한 번에 사용할 수도 있고 나누어서 사용할 수도 있어요. 특히 출산 이후 1년을 활용한 후 원한다면, 3살부터 초등학교를 들어가기 전인 8살까지의 기간 중에 골라서 최대 2년까지 쓸 수도 있어요.

이 휴가 제도에는 탄력 근무를 할 수 있는 제도가 포함되어 있어서, 정규직은 차별 받지 않는 조건으로 시간제로 전환할 수 있으며 근무 시간 역시 유연하게 조절할 수 있어요. 일주일에 최대 32시간까지 일을 할 수 있죠.

마지막으로 이 기간 동안에는 육아 지원비 'Betreuungsgeld 브트흐오이웅쓰겔ㅌ'를 정부에서 지원해 줘요.

이렇듯 아이에게 중요한 시기에 부모가 아무 걱정 없이 아이 곁을 지킬 수 있게 도와주는 제도가 있다는 것만 봐도, 독일이 복지 선진국이라는 것을 알 수 있어요.

Kapitel 09

응급 상황
이렇게 대처하자!

Kapitel 09.

Schritt 1 응급 상황
Schritt 2 길을 잃음
Schritt 3 사건 & 사고
Schritt 4 장례

Im Krankenhaus 병원에서
임 크흐앙크하우쓰

das Krankenhaus 다쓰 크흐앙크하우쓰 n. 병원 	sich verletzen 지히 프헤어렡쯘, sich verwunden 지히 프헤어브운든 v. 상처 입다, 다치다 die Verletzung 디 프헤어렡쭝, die Wunde 디 브운드 n. 상처, 부상 	weh tun 브에 툰, schmerzen 슈메어쯘 v. 아프다 der Schmerz 데어 슈메어쯔 n. 아픔, 고통 krank 크흐앙크 adj. 아픈 
der Knochen 데어 크노흔 n. 뼈 	der Knochenbruch 데어 크노흔브흐우흐 n. 골절 sich brechen 지히 브흐에히은 v. 부러지다	die Erfrierung 디 에어프흐이어훙, die Frostbeule 디 프흐오슽보일르 n. 동상 sehr frieren 제어 프흐이어흔/ sich abfrieren 지히 압프흐이어흔 v. 몸이 얼다
schneiden 슈나이든 v. 베다 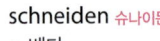	das Blut 다쓰 블롵 n. 피 bluten 블루튼 v. 피를 흘리다  die Blutung stillen 디 블루퉁 슈틸른, die Blutung stoppen 디 블루퉁 슈톱픈 v. 지혈하다	die Verbrennung 디 프헤어브흐엔눙, die Brandverletzung 디 브흐안ㅌ프헤어렡쭝 n. 화상 brennen 브흐엔는 v. 타다 sich verbrennen 지히 프헤어브흐엔는 v. 데다 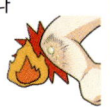
der Arzt 데어 아쯭 n. 의사 	der Patient 데어 파찌엔ㅌ n. 환자 	der Rettungswagen 데어 흐엩퉁쓰브아근, der Krankenwagen 데어 크흐앙큰브아근 n. 구급차 
der Notfall 데어 놑프할 n. 응급 상황	der Herzinfarkt 데어 헤어쯔인프하큳, der Schlaganfall 데어 슐락안프할 n. 심장 마비 	der Anfall 데어 안프할 n. 발작
	atmen 앝믄 v. 숨쉬다, 호흡하다 der Atem 데어 아틈 n. 호흡, 숨 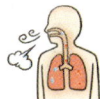	ersticken 에어슈틱큰 v. 숨이 막히다 die Erstickung 디 에어슈틱쿵 n. 질식, 숨막힘 

Auf der Straße 도로에서

아우프흐 데어 슈트흐아쓰

MP3. Wort_K09_2

das Verkehrsmittel 다쓰 프헤어케어쓰밑틀 n. 교통수단	das Auto 다쓰 아우토 n. 자동차 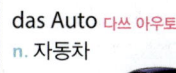	das Motorrad 다쓰 모토어흐알 n. 오토바이	das Fahrrad 다쓰 프하흐알 n. 자전거 
	der Bus 데어 부쓰 n. 버스 	die U-Bahn 디 우-반 n. 지하철	das Taxi 다쓰 탁씨 n. 택시 
die Verkehrsregel 디 프헤어케어쓰흐에글 n. 교통 규칙	der Anschnallgurt 데어 안슈날구얼, der Gurt 데어 구얼 n. 안전벨트 anschnallen 안슈날른 v. (안전벨트)를 매다	die Hupe 디 후프 n. 경적 	der Helm 데어 헬므 n. 헬멧
	die Schnelligkeit 디 슈넬리히카일 n. 속도	die Ampel 디 암플 n. 신호등	das Verkehrsschild 다쓰 프헤어케어쓰슈일트 n. 표지판
	der Führerschein 데어 프휘허슈아인 n. 운전면허증	die Autobahn 디 아우토반 n. 고속도로	die Kreuzung 디 크흐오이쭝 n. 교차로
der Verkehrsunfall 데어 프헤어케어쓰운프할, der Autounfall 데어 아우토운프할 n. 교통사고	die Geschwindigkeitsüberschreitung 디 그슈빈디히카일츠위버슈흐아이퉁 n. 속도위반		einnicken 아인닉큰 v. 졸다
	das Telefonieren beim Fahren 다쓰 텔레프호니어흔 바임 프하흐흔 n. 운전 중 통화 	Trunkenheit am Steuer 트흐웅큰하일 암 슈토이어, Alkohol am Steuer 알코홀 암 슈토이어 n. 음주 운전	Fahrerflucht begehen 프하흐어프흘루흐트 브게흔, sich davon machen 지히 다프혼 마흔 v. 뺑소니치다
der Stau 데어 슈타우 n. 교통 체증 	die Stoßzeit 디 슈토쓰짜일, die Hauptverkehrszeit 디 하우플프헤어케어쓰짜일 n. 러시아워	parken 파큰 v. 주차하다	das Parkhaus 다쓰 팍하우쓰 n. 주차장

Bei der Polizei 경찰서에서
바이 데어 폴리짜이

MP3. Wort_K09_3

die Anzeige 디 안짜이그 n. 신고 anzeigen 안짜이근 v. 신고하다 	die Polizei 디 폴리짜이 n. 경찰서 	der Polizist 데어 폴리찌슽 n. 경찰 	die Anklage 디 안클라그, die Beschuldigung 디 브슐디궁 n. 고소
	die Fundsache 디 푼ㅌ자흐 n. 분실물	der Diebstahl 데어 딮슈탈 n. 도난	der Zeuge 데어 쪼이그 n. 증인 
die Straftat 디 슈트흐아프탙, das Verbrechen 다쓰 프헤어브흐에히은 n. 범죄	der Taschendieb 데어 타슌딮 n. 소매치기 	der Dieb 데어 딮 n. 도둑 	der Einbrecher 데어 아인브흐에히어 n. 강도 
stehlen 슈텔른, klauen 클라운 v. 훔치다 	die Gewalttätigkeit 디 그브알ㅌ태티히카잍 n. 폭행	das verschwundene Kind 다쓰 프헤어슈분드느 킨ㅌ, das vermisste Kind 다쓰 프헤어미쓰ㅌ 킨ㅌ n. 미아	verlieren 프헤어리어흔 v. 잃어버리다 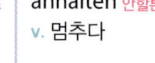
der Unfall 데어 운프할 n. 사고	der Zusammenstoß 데어 쭈잠믄슈토쓰 n. 충돌 	die Straße 디 슈트하쓰 n. 도로	anhalten 안할튼 v. 멈추다 
	Gas geben 가쓰 게븐 v. 속도를 내다	bremsen 브흐엠즌 v. 제동을 걸다, 브레이크를 잡다 	überfahren 위버프하흔, anfahren 안프하흔 v. (자동차로) 치다

Die Naturkatastrophe 자연 재해
디 나투어카타스트호오프흐

MP3. Wort_K09_4

der Brand 데어 브흐안트 n. 화재 	die Feuerwehrstation 디 프호이어브에어슈타찌온 n. 소방서 	der Feuerwehrmann 데어 프호이어브에어만 n. 소방관 	der Feueralarm 데어 프호이어알람 n. 화재 경보
	das Feuer 다쓰 프호이어 n. 불 	in Sicherheit bringen 인 지히어하일 브흐잉은 v. 대피하다	klingeln 크힝을ㄴ, läuten 로이튼 v. 울리다 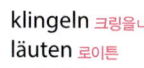
das Erdbeben 다쓰 에얼베븐 n. 지진 	beben 베븐 v. 흔들리다 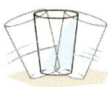	zerstören 쩨어슈퇴어흔 v. 파괴하다	stürzen 슈튀어쯘, hinfallen 힌프할른 v. 떨어지다
der Vulkan 데어 브울칸 n. 화산 	ausbrechen 아우쓰브흐에히은 v. 분화하다, 발발하다	die Tiefsee 디 티이프흐제 n. 심해	die Lava 디 라브아 n. 용암
die Schneelawine 디 슈네라브이느 n. 눈사태 	eingeschneit werden 아인그슈나일 브에어든 v. 눈 속에 갇히다 festsitzen 프헤슽짙쯘 v. 갇히다, 좌초하다	bedecken 브덱큰 v. 덮다	gefährlich 그프해얼리히 adj. 위험한 
die (Meeres) Strömung 디 (메어흐쓰) 슈트흐외뭉 n. 조류	das Ertrinken 다쓰 에어트흐잉큰 n. 익사 ertrinken 에어트흐잉큰 v. 익사하다	versinken 프헤어징큰 v. 침몰하다	das Schiff 다쓰 슈이프흐 n. 배 

Kapitel 09 응급 상황 이렇게 대처하자!

Schritt 1 응급 상황 MP3. K09_S01

응급 상황 ①

응급 상황이에요.
Wir haben hier einen Notfall!
브이어 하븐 히어 아이는 놑프할!
Es ist ein Notfall.
에쓰 이슽 아인 놑프할

도와주세요!
Hilfe!
힐프흐!

병원까지 저를 좀 데려다주시겠어요?
Können Sie mich bitte zum Krankenhaus bringen?
쾬는 지 미히 비트 쭘 크흐앙큰하우쓰 브흐잉은?
Zum/Ins Krankenhaus bitte!
쭘/인쓰 크흐앙큰아우쓰 비트!

친구가 의식 없이 길에 쓰러져 있어요.
Mein Freund liegt bewusstlos auf der Straβe.
마인 프흐오인트 리큳 브브우쓸로쓰 아우프흐 데어 슈트흐아쓰

그는 다리를 심하게 다친 것 같아요.
Er hat eine schlimme Beinverletzung.
에어 핱 아이느 슐림므 바인프헤어렡쭝
Er hat sich seine Beine furchtbar verletzt.
에어 핱 지히 자이느 바이느 프후어힡바 프헤어렡쯭

빨리 대피하세요!
Bringen Sie sich in Sicherheit!
브흐잉은 지 지히 인 지히어하잍!

응급 상황 ②

정확한 상태를 말씀해 주시겠어요?
Können Sie den genauen Zustand des Verletzten beschreiben?
쾬는 지 덴 그나우은 쭈슈탄트 데쓰 프헤어렡쯔튼 브슈흐아이븐?

교통사고가 났어요.
Es gab einen Autounfall.
에쓰 갑 아이는 아우토운프할
Hier hat es einen Autounfall gegeben.
히어 핱 에쓰 아이는 아우토운프할 그게븐
Hier ist ein Autounfall passiert.
히어 이슽 아인 아우토운프할 파씨얻

뺑소니 사고가 났어요.
Ein Autounfall mit Fahrerflucht.
아인 아우토운프할 밑 프하흐어프흘루흩
Es war Fahrerflucht.
에쓰 브아 프하흐어프흘루흩

피가 멈추지 않아요.
Es hört nicht auf zu Bluten.
에쓰 회읕 니힡 아우프흐 쭈 블루튼
Ich kann die Blutung nicht stoppen.
이히 칸 디 블루퉁 니힡 슈톺픈

응급실이 어디죠?
Wo ist die (nächste) Notaufnahme?
브오 이슽 디 (내흐슽) 놑아우프흐나므?

그의 숨이 너무 가빠요.
Er bekommt kaum Luft.
에어 브콤트 카움 루픝
Er atmet sehr schwer.
에어 앝믙 제어 슈브에어
Er ringt nach Luft.
에어 흐잉트 나흐 루픝

372

구급차 ①

응급 상황이에요! 112에 전화하세요.
Ein Notfall! Rufen Sie einen Krankenwagen/den Notruf.
아인 놋프할! 흐우프흔 지 아이는 크흐앙크브아근/덴 놋흐우프흐

구급차 좀 불러 주세요.
Rufen Sie bitte einen Rettungswagen/Krankenwagen.
흐우프흔 지 비트 아이는 흐엘통쓰브아근/크흐앙크브아근

다친 사람이 있어요. 구급차 좀 보내 주세요.
Wir haben einen Verletzten. Bitte schicken Sie einen Krankenwagen/Arzt.
브이어 하븐 아이는 프헤어렡쯔튼. 비트 슈잌큰 지 아이는 크흐앙크브아근/아쯭

구급 대원이 도착할 때까지 기다려 주세요.
Bitte warten Sie bis der Rettungsdienst kommt.
비트 브아튼 지 비쓰 데어 흐엘통쓰딘슽 콤트

구급차 불렀어요?
Haben Sie den Rettungsdienst/Notruf angerufen?
하븐 지 덴 흐엘통쓰딘슽/놋흐우프흐 안그흐우프흔?

구급차가 아직도 안 왔어요. 다시 전화해 봐요.
Der Krankenwagen ist immer noch nicht da. Probieren Sie es nochmal.
데어 크흐앙크브아근 이슽 임머 노흐 니힡 다. 프호비어흔 지 에쓰 노흐말

구급차 ②

지금 구급차가 그쪽으로 가고 있습니다.
Der Rettungswagen ist auf dem Weg.
데어 흐엘통쓰브아근 이슽 아우프흐 뎀 브엘
Der Rettungswagen kommt gleich.
데어 흐엘통쓰브아근 콤트 글라이히

진정하세요. 5분 후면 구급차가 도착할 겁니다.
Beruhigen Sie sich. Der Krankenwagen ist in fünf Minuten da.
브흐우이근 지 지히. 데어 크흐앙크브아근 이슽 인 프휜프흐 미누튼 다

구급차가 올 때까지 제가 할 수 있는 일이 뭐가 있나요?
Kann ich Ihnen irgendwie helfen?
칸 이히 이는 이어근트브이 헬프흔?
Wie kann ich Ihnen helfen?
브이 칸 이히 이는 헬프흔?

다친 사람이 안심할 수 있도록 곁에서 돌봐 주세요.
Kümmern Sie sich um den Verletzten und beruhigen Sie ihn etwas.
퀌먼 지 지히 움 덴 프헤어렡쯔튼 운트 브흐우이근 지 인 엩브아쓰

다행히 구급차가 바로 왔어요.
Zum Glück ist der Rettungswagen gleich da gewesen.
쭘 글륔 이슽 데어 흐엘통쓰브아근 글라이히 다 그브에즌

마크는 구급차의 들것에 눕혀졌어요.
Mark wurde auf die Tragbahre/Trage gelegt.
마크 브우어드 아우프흐 디 트흐앜바흐/트흐아그 그레큳

Schritt 2 길을 잃음   MP3. K09_S02

길을 잃음

\# 여기가 어디죠?

Wo bin ich?
브오 빈 이히?

\# 길을 잃은 것 같아요.

Ich glaube, ich habe mich verirrt/verlaufen.
이히 글라우브, 이히 하브 미히 프헤어이얻/프헤어라우프흔

\# 길 좀 가르쳐 주실 수 있으세요?

Können Sie mir den Weg zum Rathaus zeigen?
쾬느 지 미어 덴 브엨 쭘 흐알하우쓰 짜이근?

\# 한 시간째 같은 장소에서 헤매고 있어요.

Ich bin eine Stunde lang im Kreis gelaufen.
이히 빈 아이느 슈툰드 랑 임 크흐아이쓰 그라우프흔

\# 어느 방향으로 가야 하나요?

In welche Richtung muss ich gehen?
인 브엘히으 흐이히퉁 무쓰 이히 게흔?

\# 지금 여기가 지도상 어디죠?

Wo sind wir gerade auf dem Stadtplan?
브오 진트 브이어 그흐아드 아우프흐 뎀 슈탙플란?

\# 주변에 보이는 것을 말씀해 주세요.

Was gibt es in der Umgebung zu sehen?
브아쓰 깁트 에쓰 인 데어 움게붕 쭈 제흔?

\# 못 찾겠어요.

Ich finde es nicht.
이히 프힌드 에쓰 니힡

미아

\# 아이를 잃어버렸어요!

Hat jemand mein Kind gesehen?
핱 예만트 마인 킨트 그제흔?
Ich finde mein Kind nicht mehr!
이히 프힌드 마인 킨트 니힡 메어!

\# 잠깐 장 보는 사이에 아이가 사라졌어요.

Mein Kind ist verschwunden, als ich kurz einkaufen war.
마인 킨트 이슽 프헤어슈브운든, 알쓰 이히 쿠어쯔 아인카우프흔 브아

\# 아이 인상착의를 알려 주세요.

Wie sieht Ihr Kind aus und was hatte es an?
브이 짙 이어 킨트 아우쓰 운트 브아쓰 핱트 에쓰 안?

\# 어디서 아이를 잃어버리셨나요?

Wo haben Sie das Kind verloren?
브오 하븐 지 다쓰 킨트 프헤어로어흔?

\# 주변에 수상한 사람은 없었나요?

Ist Ihnen dort jemand Verdächtiges aufgefallen?
이슽 이느 도얼 예만트 프헤어대히티그쓰 아우프흐그프할른?

\# 저희 아이는 갈색 머리에 빨간색 재킷을 입은 6살 된 남자아이예요.

Mein Kind ist sechs Jahre alt, hat braune Haare und eine rote Jacke an und ist ein Junge.
마인 킨트 이슽 제흐쓰 야흐 알트, 핱 브흐아우느 하흐 운트 아이느 흐오트 얖크 안 운트 이슽 아인 융으

\# 미아를 찾기 위한 방송을 해 주시겠어요?

Sie müssen eine Vermisstenanzeige aufgeben.
지 뮈쓴 아이느 프헤어미쓰튼안짜이근 아우프흐게븐

Schritt 3 사건 & 사고 　 MP3. K09_S03

분실 사고 ①

\# 제 가방 못 봤어요?

Haben Sie vielleicht meine Tasche gesehen?
하븐 지 프힐라이힡 마이느 타슈 그제흔?

\# 테이블 위에 제 핸드폰을 놔두었는데 없어졌어요.

Ich habe mein Handy auf dem Tisch (liegen) gelassen und jetzt ist es weg.
이히 하브 마인 핸디 아우프흐 뎀 티슈 (리근) 그라쓴 운ㅌ 옡쯭 이슽 에쓰 브엨

\# 10분 전까지도 가방은 분명히 테이블 위에 있었어요.

Vor zehn Minuten lag die Tasche noch hier auf dem Tisch.
프호어 첸 미누튼 랔 디 타슈 노흐 히어 아우프흐 뎀 티슈

\# 화장실에 핸드폰 두고 온 거 아니에요?

Haben Sie Ihr Handy vielleicht im Bad vergessen?
하븐 지 이어 핸디 프힐라이힡 임 밭 프헤어게쓴?
Wäre es nicht möglich, dass Sie Ihr Handy auf der Toilette haben liegen lassen?
브애어흐 에쓰 니힡 뫼클리히, 다쓰 지 이어 핸디 아우프흐 더어 토이렡트 하븐 리근 라쓴?

\# 아니에요, 거기에 없었어요.

Nein, da war es nicht.
나인, 다 브아 에쓰 니힡

\# 아니에요, 이미 가 봤는데 없어요.

Nein, da habe ich schon nachgeguckt.
나인, 다 하브 이히 슈온 나흐그쿸ㅌ

분실 사고 ②

\# 전부 찾아봤는데 도저히 못 찾겠어요.

Ich habe alles durchgesucht, aber ich finde es nicht.
이히 하브 알르쓰 두어히그주흐ㅌ, 아버 이히 프힌드 에쓰 니힡

\# 분실물 보관소는 어디인가요?

Wo ist das Fundbüro?
브오 이슽 다쓰 프훈ㅌ뷔호오?

\# 신용카드를 잃어버렸어요.

Ich habe meine Kreditkarte verloren.
이히 하브 마이느 크흐에딭카트 프헤어로어흔
Ich finde meine Kreditkarte nicht.
이히 프힌드 마이느 크흐에딭카트 니힡

\# 언제 어디에서 분실했습니까?

Wo und wann haben Sie sie verloren?
브오 운ㅌ 브안 하븐 지 지 프헤어로어흔?

\# 언제 어디에서 마지막으로 사용하셨나요?

Wo und wann haben Sie sie zuletzt verwendet/benutzt?
브오 운ㅌ 브안 하븐 지 지 쭈렡쯭 프헤어브엔듵/브눁쯭?

\# 어디에서 잃어버렸는지 모르겠어요.

Ich weiβ nicht, wo ich sie verloren habe.
이히 브아이쓰 니힡, 브오 이히 지 프헤어로어흔 하브
Ich kann mich nicht erinnern, wo ich sie verloren habe.
이히 칸 미히 니힡 에어인넌, 브오 이히 지 프헤어로어흔 하브

분실 신고 & 분실물 센터

분실물은 저희가 책임질 수 없습니다.

Wir übernehmen keine Haftung.
브이어 뷔버네믄 카이느 하프퉁

분실한 짐을 돌려받으러 왔습니다.

Ich bin gekommen, um mein Gepäck abzuholen.
이히 빈 그코믄, 움 마인 그팩 압쭈홀른

잃어버린 물건이 무엇인가요?

Was haben Sie verloren?
브아쓰 하븐 지 프헤어로어흔?

분실물 신청 용지를 작성해 주세요.

Füllen Sie dieses Formular aus, um die Fundsache anzumelden.
프휠른 지 디즈쓰 프호어물라 아우쓰, 움 디 프훈ㅌ자흐 안쭈멜든

분실한 카드는 어디로 신고해야 하죠?

An wen wende ich mich wegen meiner verlorenen Kreditkarte?
안 브엔 브엔드 이히 미히 브에근 마이너 프헤어로어흐느 크흐에딭카트?

분실물 센터에 문의해 보세요.

Fragen Sie mal im Fundbüro (nach).
프흐아근 지 말 임 프훈ㅌ뷔흐오 (나흐)

분실물 센터에서는 얼마 동안 물건을 보관하나요?

Wie lange bewahren Sie die Fundsachen im Fundbüro auf?
브이 랑으 브브아흔 지 디 프훈ㅌ자흔 임 프훈ㅌ뷔흐오 아우프흐?

습득한 물건은 6개월 동안 보관해요.

Wir bewahren die Fundsachen sechs Monate auf.
브이어 브브아흔 디 프훈ㅌ자흔 제흐쓰 모나트 아우프흐

도난

도둑이야!

Ein Dieb!
아인 딮!

도둑놈 잡아라!

Haltet den Dieb!
할틑 덴 딮!

제 지갑을 도난당했어요.

Mein Portemonnaie/Geldbeutel wurde gestohlen.
마인 포얼모내이/겔ㅌ보이틀 브우어드 그슈톨른

잠시 장을 보러 간 사이에 집이 털렸어요.

Bei mir wurde eingebrochen, als ich einkaufen war.
바이 미어 브우어드 아인그브흐오흔, 알쓰 이히 아인카우프흔 브아

경비원 불러 주세요.

Bitte rufen Sie den Wachmann/Wachschutz.
비트 흐우프흔 지 덴 브아흐만/브아흐슡츠

누가 제 차를 훔쳤어요.

Mein Auto wurde gestohlen.
마인 아우토 브우어드 그슈톨른
Jemand hat mein Auto gestohlen.
예만ㅌ 핱 마인 아우토 그슈톨른

가게에 강도가 들었어요.

In dem Laden wurde eingebrochen.
인 뎀 라든 브우어드 아인그브흐오흔

도난 신고했어?

Hast du den Diebstahl angezeigt?
하슽 두 덴 딮슈탈 안그짜이클?

소매치기

소매치기당하기 쉬우니 조심하세요.

Achten Sie auf Taschendiebe.
아흐튼 지 아우프흐 타슌디브

가방을 빼앗겼어요.

Meine Tasche wurde (mir) gestohlen.
마이느 타슈 브우어드 (미어) 그슈톨른

소매치기가 제 지갑을 훔쳤어요.

Mein Geldbeutel wurde gestohlen/geklaut.
마인 겔ㅌ보이틀 브우어드 그슈톨른/그클라웉

경찰을 부르겠어요.

Ich rufe die Polizei.
이히 흐우프흐 디 폴리짜이

오늘 아침 기차역에서 소매치기를 당했어요.

Heute Morgen wurde ich (von einem Taschendieb) ausgeraubt/beklaut.
호이트 모어근 브우어드 이히 (프혼 아이늠 타슌딮) 아우쓰그아웊ㅌ/브클라웉

지갑에 뭐가 있었죠?

Was war in Ihrem Portemonnaie?
브아쓰 브아 인 이어흠 포얼모내이?

도난당한 신용카드는 빨리 정지시키세요.

Lassen Sie gleich Ihre gestohlene Kreditkarte sperren.
라쓴 지 글라이히 이어흐 그슈톨르느 크흐에딭카ㅌ 슈페어흔

사기

이 사기꾼이 나를 속였어요.

Ich wurde hereingelegt.
이히 브우어드 헤어하인그레크ㅌ

그는 사기꾼이에요.

Er ist ein Betrüger/Schwindler.
에어 이슽 아인 브트흐위거/슈브인들러

그는 사기꾼으로서의 정체를 드러냈어요.

Es hat sich herausgestellt, dass er ein Betrüger ist.
에쓰 핱 지히 헤어하우쓰그슈텔ㅌ, 다쓰 에어 아인 브트흐위거 이슽

사기 치지 마!

Nicht Schummeln!
니힡 슘믈ㄴ!
Keine falschen Tricks!
카이느 프할슌 트흐잌씨!

그건 순전히 사기야.

Das ist doch Betrug.
다쓰 이슽 도흐 브트흐욱

그는 사기죄로 체포됐어요.

Der Betrüger wurde verhaftet.
데어 브트흐위거 브우어드 프헤어하프흩틑

그는 공금 횡령죄로 체포되었어요.

Er wurde wegen Veruntreuung verhaftet.
에어 브우어드 브에근 프헤어운트흐오이웅 프헤어하프흩틑

누군가가 어머니에게 전화해서 경찰을 사칭했어요.

Jemand hat bei meiner Mutter angerufen und sich als Polizist ausgegeben.
예만ㅌ 핱 바이 마이너 뭍터 안그흐우프흔 운ㅌ 지히 알쓰 폴리찌슽 아우쓰그게븐

경찰 신고

여기서 가장 가까운 경찰서가 어디인가요?
Wo ist die nächste Polizeistation?
브오 이슽 디 내흐스트 폴리짜이슈타찌온?

신고하려고 왔습니다.
Ich möchte Anzeige erstatten.
이히 뫼히트 안짜이그 에어슈탙튼

경찰관을 여기로 보내 주세요.
Bitte schicken Sie die Polizei.
비트 슈익큰 지 디 폴리짜이
Bitte schicken Sie einen Polizisten hier her.
비트 슈익큰 지 아이는 폴리찌스튼 히어 헤어

제 딸이 납치됐어요. 도와주세요.
Meine Tochter wurde entführt. Bitte helfen Sie mir.
마이느 토흐터 브우어드 엔트휘얼. 비트 헬프흔 지 미어

가까운 경찰서에 가서 신고하는 게 좋겠어요.
Sie sollten sich besser bei der nächsten Polizeistation melden.
지 졸튼 지히 베써 바이 데어 내흐스튼 폴리짜이슈타찌온 멜든

범죄 신고는 110으로 전화하세요.
Um Straftaten zu melden rufen Sie die 110.
움 슈트흐아프흐타튼 쭈 멜든 흐우프흔 지 디 아인쓰아인쓰눌

한국 대사관에 연락해 주세요.
Verbinden Sie mich bitte mit der koreanischen Botschaft.
프헤어빈든 지 미히 비트 밑 데어 코흐에아니슌 봍슈아픝

교통사고 ①

교통사고를 신고하려고 합니다.
Ich möchte einen Autounfall anzeigen.
이히 뫼히트 아이느 아우토운프할 안짜이근

교통사고를 목격했습니다.
Ich bin Zeuge eines Autounfalls geworden.
이히 빈 쪼이그 아이느쓰 아우토운프할쓰 그브오어든

교통사고를 당했어요.
Ich hatte einen Verkehrsunfall.
이히 핱트 아이느 프헤어케어쓰운프할

그 차가 내 차를 받았어요.
Er hat mein Auto zu Schrott gefahren.
에어 핱 마인 아우토 쭈 슈흐옽 그프하흔

정면충돌이었어요.
Es war ein Frontalzusammenstoβ.
에쓰 브아 아인 프흐온탈쭈잠믄슈토쓰

그 교통사고는 언제 일어난 거죠?
Wann ist der Autounfall passiert?
브안 이슽 데어 아우토운프할 파씨얼?

이곳은 교통사고 다발 지점이에요.
Hier passieren viele Verkehrsunfälle.
히어 파씨어흔 프힐르 프헤어케어쓰운프핼르

하마터면 사고가 날 뻔했어요.
Wir hatten fast einen Unfall.
브이어 핱튼 프하슽 아이느 운프할
Wir sind beinahe in einen Unfall geraten.
브이어 진 바이나흐 인 아이느 운프할 그흐아튼

교통사고 ②

부상자가 있나요?

Gibt es Verletzte?
깁트 에쓰 프헤어렡쯔트?

Ist jemand verletzt?
이슽 예만트 프헤어렡쯭?

운전자가 많이 다쳤어요.

Der Fahrer ist schwer verletzt.
데어 프하흐어 이슽 슈브에어 프헤어렡쯭

운전면허증을 보여 주세요.

Ihren/Den Führerschein bitte.
이어흔/덴 프휘어흐어슈아인 비트

음주 측정기를 부십시오.

Sie müssen einen Alkoholtest machen. Bitte einmal (hier rein) blasen.
지 뮈쓴 아이는 알코홀테슽 마흔. 비트 아인말 (히어 흐아인) 블라즌

정지 신호에서 멈추지 않으셨습니다.

Sie sind über Rot gefahren.
지 진트 위버 호옽 그프하흔

갑자기 타이어에 펑크가 났어요.

Mein Reifen ist geplatzt.
마인 흐아이프흔 이슽 그플랕쯭

제 차가 빙판길에 미끄러졌어요.

Ich bin mit meinem Auto ins Schläudern/Schlingern gekommen.
이히 빈 밑 마이늠 아우토 인쓰 슐로이던/슈링언 그콤믄

꼭! 짚고 가기

긴급 전화

분야별로 세분화된 한국과 달리 유럽은 대부분 한두 개의 번호로 통합해 운영해요. 그래서 독일에서는 화재나 응급 상황 등 모든 긴급 전화를 112로 통합해 운영 중이에요. 이 번호는 독일뿐 아니라 유럽 연합 국가 어디에서나 사용할 수 있는 EU 공통 긴급 전화번호이니 꼭 기억해 두는 것이 좋아요. 또한 스마트 시대인 요즘, 휴대폰에서 잠금을 풀지 않고도 연결될 수 있는 번호라 빠른 대처에 유용해요. 공중전화기에서도 당연히 바로 연결되고요.
이외에도 두 가지 알아두면 유용한 긴급 연락처가 있는데 경찰을 불러야 할 때면 110으로 연락하면 되고, 나머지 민원 통합 번호는 115예요.

- 112   긴급 구조
         (의료구급대, 소방구조대)
- 110   경찰
- 115   민원통합번호

안전사고

누군가가 바다에 빠졌어요!
Da ertrinkt jemand (im Meer)!
다 에어트흐잉클 예만트 (임 메어)!

안전 요원이 물에 빠진 저를 구해 줬어요.
Ich bin beinahe im Meer ertrunken, aber die Wasserwacht/Badeaufsicht hat mich gerettet.
이히 빈 바이나흐 임 메어 에어트흐옹큰, 아버 디 브아써브아흐/바드아우프흐지힡 핟 미히 그흐엩틑

계단에서 넘어져 발목을 삐었어요.
Ich bin auf der Treppe hingefallen und habe mir den Fuß verstaucht/verrenkt.
이히 빈 아우프흐 데어 트흐엪프 힌그프할른 운트 하브 미어 덴 프후쓰 프헤어슈타우흩/프헤어흐엥클

호수 위의 얼음이 깨져 우리는 빠질 뻔했어요.
Wir sind fast in den See eingebrochen.
브이어 진트 프하슽 인 덴 제 아인그브호흔

그는 감전되었어요.
Er hat einen Stromschlag bekommen.
에어 핟 아이는 슈트흐옴슐락 브콤믄

자전거를 타다가 넘어졌어요.
Ich bin mit dem Fahrrad gestürzt.
이히 빈 밑 뎀 프하흐앝 그슈튀어쯭

할머니가 넘어져서 허리를 다치셨어요.
Meine Oma ist gefallen und hat sich am/den Rücken verletzt.
마이느 오마 이슽 그프할른 운트 핟 지히 암/덴 흐윅큰 프헤어렡쯭

화재

불이야!
Feuer!
프호이어!

화재 경보가 울려요!
Feueralarm!
프호이어알람!

소방서에 연락하세요.
Rufen Sie die Feuerwehr.
흐우프흔 지 디 프호이어브에어

어젯밤에 큰 화재가 났어요.
Gestern hat es bei den Nachbarn gebrannt.
게스턴 핟 에쓰 바이 덴 나흐반 그브흐안트

야콥은 불장난을 치다 화상을 입었어요.
Jakob hat mit dem Feuer gespielt und sich verbrannt.
야콥 핟 밑 뎀 프호이어 그슈필트 운트 지히 프헤어브흐안트

소방관들이 5분 만에 화재 현장에 도착했어요.
Die Feuerwehr war in fünf Minuten da.
디 프호이어브에어 브아 인 프휜프흐 미누튼 다

화재의 원인이 뭔가요?
Warum hat es gebrannt?
브아흐움 핟 에쓰 그브흐안트?

그 화재의 원인은 확실하지 않아요.
Die Ursache des Feuers ist noch nicht geklärt/bekannt.
디 우어자흐 데쓰 프호이어쓰 이슽 노흐 니힡 그클래얼/브칸트

자연 재해

간밤에 칠레에서 지진이 일어났어요.

Gestern Nacht gab es ein Erdbeben in Chile.
게스턴 나흘 갑 에쓰 아인 에얼베븐 인 칠레

지진으로 건물이 파괴되었어요.

Viele Gebäude wurden durch das Erdbeben zerstört.
프힐르 그보이드 브우어든 두어히 다쓰 에얼베븐 째어슈퇴얼

이번 홍수로 수백만 명의 이재민이 발생했어요.

Durch die Überschwemmung sind Millionen Menschen nun ohne Obdach.
두어히 디 위버슈브엠뭉 진ㅌ 밀리오늰 멘슌 눈 오느 옵다흐

최근에 일본에서 화산이 터졌어요.

Vor Kurzem kam es zu einem Vulkanausbruch in Japan.
프호어 쿠어쯤 캄 에쓰 쭈 아이늼
브울칸아우쓰브후흐 인 야판

우리는 눈사태 때문에 스키 여행 계획을 취소했어요.

Wir haben wegen der (Schnee-)Lawinengefahr den Skiurlaub abgesagt.
브이어 하븐 브에근 데어 (슈네-)라브이는그프하 덴 쉬우어라웁 압그자클

심한 태풍으로 나무가 쓰러졌어요.

Aufgrund des heftigen Sturms sind viele Bäume umgestürzt.
아우프흐그흐운ㅌ 데쓰 헤프흐티근 슈투엄쓰 진ㅌ 프힐르 보이므 움그슈튀어쯭

꼭! 짚고 가기

독일의 자전거 면허증

독일은 안전을 대단히 중요시하는 나라예요. 자동차 면허 취득은 매우 어렵고, 자전거 면허증도 따로 존재해요. 그 이유가 무엇일까요?
우선 독일에서는 인도에서 자전거를 타는 것이 허용되지 않아요. 자전거는 전용 도로에서 주행하거나, 자동차와 함께 차도에서 달려야 하죠. 그런데 독일의 차도에는 자동차 외에도 전차들이 달리죠. 그러다 보니 안전이 중요하고 자전거도 교통 법규를 철저히 지켜야 해요.
그래서 독일에서는 초등학교 4학년 때 학교에서 다 같이 자전거 면허증을 따는 수업을 진행하죠. 일주일에 한 번 체험장으로 이동해 이론 수업을 듣고 장내에서 실습을 하며 경찰의 지도하에 모든 과정을 배우고 마지막에 시험을 통과하면 면허증을 받을 수 있어요.
그렇기 때문에 독일 사람들이 자전거를 잘 타는 걸지도 몰라요. 이 수업에서 한 발만 페달을 밟고 다른 발로 구르다가 올라타는 법도 배우고, 손을 들어 자동차의 깜빡이를 대신해 좌회전이나 우회전 표시를 해주는 법도 배우죠. 자신의 운전 방향을 알리기 위해 손을 들어 표시를 해 주는 거예요. 주행 중 두 손을 자유자재로 놓을 수 있어야 하죠.
비록 경찰이 자전거 면허증을 자동차 면허증처럼 확인하는 것은 아니지만, 벌금을 낼 수도 있으니 법규를 잘 알고 타는 것이 좋아요.

Schritt 4 장례

장례

할아버지께서 오늘 아침에 돌아가셨어.

Mein Großvater ist heute Morgen gestorben/von uns gegangen.
마인 그흐오쓰프하터 이슽 호이트 모어근 그슈토어븐/프혼 운쓰 그강은

Mein Opa hat uns heute Morgen verlassen.
마인 오파 핱 운쓰 호이트 모어근 프헤어라쓴

장례식에서는 언제나 눈물이 난다.

Bei Beerdigungen kommen mir immer die Tränen.
바이 브에어디궁은 콤믄 미어 임머 디 트흐애는

전 장례식에 참석할 수 없을 것 같아요.

Ich kann leider nicht zur Beerdigung kommen.
이히 칸 라이더 니힡 쭈어 브에어디궁 콤믄

Ich kann leider nicht an der Begräbnisfeier teilnehmen.
이히 칸 라이더 니힡 안 데어 브그흐앱니쓰프하이어 타일네믄

그의 장례식장에는 흰 꽃이 많이 있었어요.

Auf der Beerdigung/Begräbnisfeier gab es viele weiße Blumen.
아우프흐 데어 브에어디궁/브그흐앱니쓰프하이어 갑 에쓰 프힐르 브아이쓰 블루믄

난 죽으면 화장으로 장례를 치르고 싶어요.

Ich möchte eingeäschert werden.
이히 뫼히트 아인그애슈엍 브에어든

우리는 야콥을 공동묘지에 묻었어요.

Wir haben Jakob auf einem Gemeindefriedhof begraben.
브이어 하븐 야콥 아우프흐 아이늠 그마인드프흐일호프흐 브그흐아븐

조문 인사 ①

아버님의 갑작스러운 부고에 애도를 표합니다.

Mein Beileid. Ihr Vater ist viel zu früh von uns gegangen.
마인 바이라읻. 이어 프하터 이슽 프힐 쭈 프흐위 프혼 운쓰 그강은

우리는 그녀의 죽음을 애도합니다.

Mein Beileid.
마인 바이라읻

어떻게 위로의 말을 전해야 할지 모르겠네요.

Es tut mir sehr leid zu hören, dass Ihr Vater gestorben ist.
에쓰 퉅 미어 제어 라읻 쭈 회어흔, 다쓰 이어 프하터 그슈토어븐 이슽

우리 모두 가슴 아파하고 있습니다.

Wir alle trauern mit Ihnen.
브이어 알르 트흐아우언 밑 이는

Wir alle teilen Ihre Trauer.
브이어 알르 타일른 이어흐 트흐아우어

Wir alle haben Mitgefühl mit Ihnen.
브이어 알르 하븐 밑그프휠 밑 이는

조의를 표합니다.

Herzliches Beileid.
헤어쯜리히으쓰 바이라읻

Mein aufrichtiges Beileid.
마인 아우프흐이히티그쓰 바이라읻

Mein tiefes Mitgefühl.
마인 티프흐쓰 밑그프휠

조문 인사 ②

힘든 시간이시겠어요.

Es ist bestimmt eine schwere Zeit für Sie.
에쓰 이슽 브슈팀트 아이느 슈브에어흐 짜일 프휘어 지

정말 안됐습니다.

Es tut mir sehr leid.
에쓰 퉅 미어 제어 라일

클라우스를 잊지 못할 겁니다.

Ich werde Klaus niemals vergessen.
이히 브에어드 클라우쓰 니말쓰 프헤어게쓴

클라우스를 알게 되어 영광이었습니다.

Ich bin froh Klaus gekannt zu haben.
이히 빈 프흐오 클라우쓰 그칸트 쭈 하븐

클라우스는 우리 마음 속에 영원히 살아있을 것입니다.

Klaus wird in unseren Herzen weiterleben.
클라우쓰 브이얻 인 운저흔 헤어쯘 브아이터레븐

In unseren Herzen wirst du immer bei uns bleiben.
인 운저흔 헤어쯘 브이어슫 두 임머 바이 운쓰 블라이븐

이렇게 와서 조의를 표해 주셔서 감사합니다.

Vielen Dank für Ihr Beileid.
프힐른 당ㅋ 프휘어 이어 바이라일

꼭! 짚고 가기

변화하는 장례 문화

독일의 장례 문화는 점점 상품화되고, 변화하는 중이에요. 종교적 가치에 대한 인식이 점점 바뀌면서, 종교적 이유로 치러진 기존의 장례 예식 수요가 줄어든 거죠. 예전에는 무조건 가족 공동묘지에 안치를 했어요. 그런데 이제는 가족의 개념이 변하면서 많은 청년이 부모에게서 독립하고 이사가 잦아졌어요. 그래서 고향에 있는 가족 공동묘지를 찾아뵙는 횟수가 줄어들었죠.
따라서 가족 공동묘지에 안치하는 것보다 각자의 개성과 소신을 중시하게 되고, 고인을 기념할 수 있는 축제 형태로 장례가 치러지거나 색다른 묘지에 안치하는 경우가 더 많아졌어요.
수목장은 물론이고 사람과 동물이 함께 묻힐 수 있는 공동묘지나 레즈비언 공동묘지도 생겼다고 해요.
이렇게 장례문화는 앞으로도 상업화될 것으로 전망되고 있어요. 나중에는 채식주의자 공동묘지, 엘비스 팬 공동묘지 등이 생길 수도 있다고 전망하는 것으로 보아 독일 사람들이 자신의 개성과 소신을 얼마나 중요하게 여기는지 엿볼 수 있어요.

Kapitel 09 응급 상황 이렇게 대처하자!

Kapitel 10

디지털 시대에는 필수!

Kapitel 10.

Schritt 1   **컴퓨터**
Schritt 2   **인터넷**
Schritt 3   **휴대전화**
Schritt 4   **기타 기기**

Computer installieren 컴퓨터 설치하기
컴퓨터 인스탈리어흔

MP3. Wort_K10_1

installieren 인스탈리어흔 v. 설치하다	der Computer 데어 컴퓨터 n. 컴퓨터	der Bildschirm 데어 빌ㅌ슈이엄 n. 모니터, 화면	die Tastatur 디 타스타투어 n. 키보드
	die Maus 디 마우쓰 n. 마우스	der Drucker 데어 드흐욱커 n. 프린터	der Scanner 데어 스캐너 n. 스캐너
	die Festplatte 디 프헤슽플랕트, die Harddisk 디 하드드슼 n. 하드 디스크	die Software 디 소픝웨어 n. 소프트웨어	das Programm 다쓰 프흐오그흐암 n. 프로그램
	drahtlos 드흐알로쓰 adj. 무선의	die Webcam 디 웹캠 n. 웹캠	der Arbeitsspeicher 데어 아바일츠슈파이히어 n. 램(RAM)
verbinden 프헤어빈든, anschließen 안슐리쓴 v. 접속하다	das Internet 다쓰 인터넽 n. 인터넷	das Netzwerk 다쓰 넽쯔브에엌, das Netz 다쓰 넽쯔 n. 네트워크	das WLAN 다쓰 브에란, das drahtlose LAN 다쓰 드흐알로즈 란 n. 와이파이, 무선인터넷
die Verbindung 디 프헤어빈둥, der Anschluss 데어 안슐루쓰 n. 접속, 연결	klicken 클릭큰 v. 클릭하다	tippen 팁픈, auf einer Tastatur schreiben 아우프흐 아이너 타스타투어 슈흐아이븐 v. (키보드를) 치다, 입력하다	der Hacker 데어 핵커 n. 해커 hacken 핵큰 v. 해킹하다

Online 온라인에서

온라인

MP3. Wort_K10_2

im Web 임 웹, online 온라인 온라인에서	surfen 써프흔 v. 서핑하다	die Datei 디 다타이 n. 파일	die E-Mail 디 이메일 n. 이메일
	das Computerspiel 다쓰 컴퓨터슈필 n. 컴퓨터 게임	der Onlineshop 데어 온라인숖 n. 온라인샵 der Online-Einkauf 데어 온라인–아인카우프흐, das Onlineshopping 다쓰 온라인숖핑 n. 온라인 쇼핑	das Online-Banking 다쓰 온라인–뱅킹 n. 인터넷 뱅킹
	die Sicherheit 디 지히어하일 n. 보안	das soziale Netzwerk 다쓰 조찌알르 넽쯔브에엌 n. 소셜 네트워크	der Messenger 데어 메쎈거 n. 메신저
	das Blog 다쓰 블롴 n. 블로그	der Spam 데어 스팸/ die Spam 디 스팸/ das Spam 다쓰 스팸 n. 스팸 메일	das Konto 다쓰 콘토 n. 계정
	registrieren 흐에기슬흐이어흔, anmelden 안멜든 v. 등록하다, 회원 가입하다	runterladen 흐운터라든 v. 다운로드하다 hochladen 호흐라든 v. 업로드하다	blockieren 블롴키어흔, sperren 슈페어흔 v. 차단하다

Das Handy benutzen 휴대전화 사용하기

다쓰 핸디 브눌쯘

das Handy 다쓰 핸디 n. 휴대전화	**der Anruf** 데어 안흐우프흐 n. 통화, 호출	**anrufen** 안흐우프흔, **telefonieren** 텔레프호니어흔 v. 통화하다, 전화를 걸다	**auflegen** 아우프흐레근 v. 전화를 끊다
das Smartphone 다쓰 스맡프흔 n. 스마트폰	**die SMS** 디 에쓰엠에쓰, **die Nachricht** 디 나흐이힡 n. 문자 메시지	**löschen** 뢰슌 v. 지우다	**speichern** 슈파이히언 v. 저장하다
aufladen 아우프흐라든 v. 충전하다	**schicken** 슈익큰, **senden** 젠든 v. 보내다, 전송하다	**Nachricht hinterlassen** 나흐이힡 힌터라쓴 v. 메모를 남기다	**der Schreibfehler** 데어 슈흐아읲프헬러 n. 오타
der Akku 데어 악쿠 n. 배터리	**die Telefonnummer** 디 텔레프혼눔머 n. 전화번호	**der Klingelton** 데어 클링을톤 n. 벨 소리	**stumm** 슈툼 adj. 무음의

388

Die Digitalkamera benutzen 디지털카메라 사용하기

디 디기탈카메흐아 브놀쯘

die Digitalkamera 디 디기탈카메흐아 n. 디지털카메라 	**der Blitz** 데어 블맅쯔 n. 플래시	**die Bildstabilisierungsfunktion** 디 빌ㅌ슈타빌리지어흐웅쓰프훙ㅋ찌온 n. 손떨림 방지 기능 **fokussieren** 프호쿠씨어흔, **scharf stellen** 슈아프흐 슈텔른 v. 초점을 맞추다	
die Videokamera 디 브이데오카메흐아 n. 비디오카메라 	**das Video** 다쓰 브이데오, **der Videoclip** 데어 브이데오클맆 n. 동영상 	**filmen** 프힐믄, **drehen** 드흐에흔 v. (영상을) 촬영하다 **aufnehmen** 아우프흐네믄 v. (사진을) 촬영하다 	**einen Film schneiden** 아이는 프힐ㅁ 슈나이든 v. 영상을 편집하다
das Notebook 다쓰 노트북, **der Laptop** 데어 랲톺 n. 노트북 	**das Gewicht** 다쓰 그브이힡 n. 무게	**leicht** 라이힡 ↔ **schwer** 슈브에어 adj. 가벼운 ↔ 무거운 	**geeignet** 그아이그늩, **nützlich** 뉱쯜리히 adj. 편리한, 실용적인
das Tablet 다쓰 타블랱, **der Tablet-PC** 데어 타블랱-페체 n. 태블릿 PC	**die Breite** 디 브흐아이트 n. 두께	**dünn** 뒨, **schmal** 슈말 adj. 얇은	**praktisch** 프흐앜티슈 adj. 유용한

Kapitel 10 디지털 시대에는 필수!

Schritt 1 컴퓨터 MP3. K10_S01

컴퓨터 ①

\# 컴퓨터를 사용할 줄 아니?

Können Sie gut mit Computern umgehen?
쾬는 지 굳 밑 컴퓨턴 움게흔?

Haben Sie Computerkenntnisse?
하븐 지 컴퓨터켄트니쓰?

\# (내가) 네 컴퓨터 다 설치했어.

Ich habe dir den Computer/PC fertig eingerichtet.
이히 하브 디어 덴 컴퓨터/페체 프헤어티히 아인그흐이히틑

\# 저는 컴맹이에요.

Ich habe keine Ahnung von Computern.
이히 하브 카이느 아눙 프혼 컴퓨턴

\# 저는 데스크톱보다 노트북이 쓰기 편해요.

Ich finde einen Laptop/ein Notebook praktischer als einen Desktop-PC.
이히 프힌드 아이느 랲톺/아인 노트붘 프흐앜티슈어 알쓰 아이느 데스크톺-페체

\# 컴퓨터 이제 그만 좀 꺼라.

Mach bitte den Computer/PC aus.
마흐 비트 덴 컴퓨터/페체 아우쓰

\# 요즘은 숙제를 모두 컴퓨터로 해요.

Zurzeit machen wir unsere Hausaufgaben alle am Computer.
쭈어짜잍 마흔 브이어 운저흐 하우쓰아우프흐가븐 알르 암 컴퓨터

\# 컴퓨터가 느려서 파일이 안 열려.

Der Computer reagiert nicht und die Datei lässt sich deshalb nicht öffnen.
데어 컴퓨터 흐에아기엍 니힡 운트 디 다타이 래쓷 지 데쓰핤프 니힡 외프흔슨

컴퓨터 ②

\# 그는 타자가 느려요.

Er tippt sehr langsam.
에어 티픁 제어 랑잠

\# 설치를 계속하려면 컴퓨터를 다시 시작해야 합니다.

Um die Installation fortzuführen, starten Sie den Computer neu.
움 디 인스탈라찌온 프호엍쭈프휘흔, 슈타튼 지 덴 컴퓨터 노이

\# Alt, Ctrl, delete 버튼을 눌러요.

Drücken Sie die Tasten Alt, Strg und Entf.
드흐윜큰 지 디 타스튼 알ㅌ, 슈토이어흐웅 운ㅌ 엔ㅌ프헤어흔

\# 바이러스 치료 프로그램을 실행시키세요.

Lassen Sie das Antivirusprogramm laufen.
라쓴 지 다쓰 안티브이흐우쓰프흐오그흐암 라우프흔

\# 그녀는 컴퓨터를 사용하고 있다.

Sie arbeitet am Computer.
지 아바이틑 암 컴퓨터

\# 이번 주말에 새 컴퓨터 설치하는 것 좀 도와줄래?

Kannst du mir dieses Wochenende helfen meinen neuen Computer einzurichten?
칸슽 두 미어 디즈쓰 브오흔엔드 헬프흔 마이는 노이는 컴퓨터 아인쭈흐이히튼?

여기서 잠깐!

독일어 키보드는 z 쩯와 y 윕실론의 위치가 다르며 ä 애, ö 외, ü 위, ß 에쓰쩰 등의 글자가 추가돼 있어요. Ctrl도 독일어 Steuerung 슈토이어흐웅의 Strg로, Delete도 Entfernen 엔ㅌ프헤어는의 Entf라고 적혀 있답니다.

모니터

모니터가 내내 켜져 있었어요.

Der Bildschirm war die ganze Zeit an.
데어 빌ㅌ슈이엄 브아 디 간쯔 짜일 안

모니터가 꺼져 있었어요.

Der Bildschirm war aus.
데어 빌ㅌ슈이엄 브아 아우쓰

모니터 화면이 다 깨져 보여요.

Der Bildschirm hat einen Sprung.
데어 빌ㅌ슈이엄 핱 아이느 슈프흐웅

모니터를 수리하려고 해요.

Ich möchte den Bildschirm reparieren.
이히 뫼히트 덴 빌ㅌ슈이엄 흐에파흐이어흔

LCD 모니터를 새로 샀어요.

Ich habe einen neuen LCD-Bildschirm gekauft.
이히 하브 아이느 노이은 엘체데-빌ㅌ슈이엄 그카우픝

제 컴퓨터는 모니터 화면이 넓어서 영화 보기 좋아요.

Mein Bildschirm ist sehr breit/groß, deshalb kann ich darauf gut Filme sehen.
마인 빌ㅌ슈이엄 이슡 제어 브흐아잍/그흐오쓰, 데쓰할ㅍ 칸 이히 다흐아우프흐 굳 프힐므 제흔

화면이 흔들려요.

Das Bild ist unscharf/pixelig.
다쓰 빌ㅌ 이슡 운슈아프흐/픽쓸리히

블루스크린이 뜨면 어떻게 해야 해요?

Was muss man tun, wenn nur noch ein Bluescreen angezeigt wird?
브아쓰 무쓰 만 툰, 브엔 누어 노흐 아인 브루스크린 안그짜이클 브이얼?

키보드 & 마우스

그는 키보드로 입력하고 있어요.

Er ist gerade am tippen.
에어 이슡 그흐아드 암 팊픈
Er tippt gerade.
에어 팊픝 그흐아드
Er schreibt gerade auf der Tastatur.
에어 슈흐아이픝 그흐아드 아우프흐 데어 타스타투어

키보드 두드리는 소리가 신경 쓰여요.

Das Tastaturgeräusch nervt.
다쓰 타스타투어그흐오이슈 네어프흩
Das Tippen nervt.
다쓰 팊픈 네어프흩

키보드의 스페이스바가 눌리지 않아요.

Die Leertaste funktioniert nicht.
디 레어타스ㅌ 프훙ㅋ찌오니얼 니힡

키보드가 작동을 안 하네요.

Die Tastatur funktioniert nicht.
디 타스타투어 프훙ㅋ찌오니얼 니힡

마우스로 아래쪽 화살표 버튼을 클릭하세요.

Drücken Sie mit der linken Maustaste auf den Pfeil unten.
드흐윜큰 지 밑 데어 링큰 마우쓰타스ㅌ 아우프흐 덴 프하일 운튼

무선 마우스가 있으면 좋겠는데.

Ich hätte gerne eine Funkmaus/drahtlose Maus.
이히 핼트 게어느 아이느 프훙ㅋ마우쓰/드흐알로즈 마우쓰

그 아이콘에 대고 마우스의 오른쪽 버튼을 클릭하세요.

Klicken Sie mit der rechten Maustaste auf das Symbol.
클릭큰 지 밑 데어 흐에히튼 마우쓰타스ㅌ 아우프흐 다쓰 쥠볼

프린터 & 복사기

테스트 페이지를 프린트하고 있어요.

Es druckt gerade eine Testseite.
에쓰 드훅클 그흐아드 아이느 테슽자이트

프린터에 토너가 떨어졌네요.

Der Toner ist leer.
데어 토너 이슽 레어

지금은 흑백 인쇄만 가능해요.

Der Drucker kann gerade nur (in) schwarz-weiß drucken.
데어 드훅커 칸 그흐아드 누어 (인) 슈바아쯔– 브아이쓰 드훅큰

레이저 프린터라 인쇄가 더 빨라요.

Ein Laserdrucker druckt schneller.
아인 래이저드흐욱커 드흐욱클 슈넬러

프린터에 종이가 걸렸어요.

Der Drucker hat einen Papierstau.
데어 드훅커 핱 아이넨 파피어슈타우

프린터에 걸린 종이 빼는 것 좀 도와줄래요?

Kannst du mir helfen, das hängen gebliebene Papier rauszuziehen?
칸슽 두 미어 헬프흔, 다쓰 행은 그블리브느 파피어 흐아우쓰쭈찌흔?

새 복사기 사용법 좀 가르쳐 줄래요?

Können Sie mir erklären, wie man den neuen Kopierer benutzt?
쾬느 지 미어 에어클래어흔, 브이 만 덴 노이은 코피어허 브눝쯭?

복사기에 용지가 다 떨어졌어요.

Der Kopierer hat kein Papier mehr.
데어 코피어허 핱 카인 파피어 메어
Das Papier (beim/vom Kopierer) ist leer.
다쓰 파피어 (바임/프홈 코피어허) 이슽 레어

컴퓨터 사양

컴퓨터 사양이 낮아서 이 게임을 설치할 수 없어요.

Der Computer ist zu alt für (die Installation) dieses Spiels.
데어 컴퓨터 이슽 쭈 알ㅌ 프휘어 (디 인스탈라찌온) 디즈쓰 슈필쓰

어떤 OS를 쓰고 있어요?

Was für ein/Welches Betriebssystem benutzen Sie?
브아쓰 프휘어 아인/브엘히으쓰 브트흐입쓰쥐스템 브눝쯘 지?

제 오래된 컴퓨터는 더 이상 제대로 작동하지 않아요.

Mein alter Computer funktioniert nicht mehr richtig.
마인 알터 컴퓨터 프훙ㅋ찌오니얼 니힡 메어 흐이히티히

이 컴퓨터는 윈도우 최신 버전으로 업그레이드 되어 있어요.

Dieser Computer wurde auf die neueste Version von Windows geupdated/aktualisiert.
디저 컴퓨터 브우어드 아우프흐 디 노이으스트 브에아지온 프혼 윈도우쓰 그업데이틑/악투알리지엍

이 컴퓨터는 가격에 비해 사양이 좋아요.

Im Vergleich zu seinem Preis, hat dieser Computer eine gute Qualität.
임 프헤어글라이히 쭈 자이늠 프흐아이쓰, 핱 디저 컴퓨터 아이느 구트 크브알리탵

그 컴퓨터를 고치느니 차라리 하나 사는 게 나아요.

Es lohnt sich eher einen neuen Computer zu kaufen, als den alten zu reparieren.
에쓰 론ㅌ 지히 에어 아이는 노이은 컴퓨터 쭈 카우프흔, 알쓰 덴 알튼 쭈 흐에파흐이어흔

문서 작업

저는 주로 워드를 사용해요.
Ich benutze meistens Word.
이히 브눌쯔 마이스튼쓰 워드

엑셀 프로그램을 잘 다루니?
Kennst du dich mit Excel aus?
켄슽 두 디히 밑 엑셀 아우쓰?

엑셀 프로그램 덕분에 자료를 쉽게 정리할 수 있었어.
Mit Excel kann man sehr leicht sämtliche Daten ordnen.
밑 엑셀 칸 만 제어 라이힡 쟴틀리히어 다튼 오은는

글씨체를 바꿔 봐.
Wechsel/Ändere mal die Schriftart.
브에흐쓸/앤드흐 말 디 슈흐이픁앝

제목을 굵게 표시하는 게 낫지 않을까?
Wäre es nicht besser den Titel in Fett/fettgedruckt zu schreiben?
브애흐 에쓰 니힡 베써 덴 티틀 인 프헽/프헽그드흐욱틑 쭈 슈흐아이븐?

발표를 할 때는 파워포인트를 사용하는 게 효과적이야.
Powerpoint ist praktisch um Präsentationen zu machen.
파워포인트 이슽 프흐앜티슈 움 프흐애젠타찌오은 쭈 마흔

이 문서를 txt 형식으로 저장해 줄래요?
Können Sie die Datei in txt-Form speichern?
쿈는 지 디 다타이 인 테엑쓰테-프홈 슈파이히언?

문서에 페이지 번호를 표시해 주세요.
Fügen Sie bitte noch Seitenzahlen/eine Seitennummerierung ein.
프휘근 지 비트 노흐 자이튼짤흔/아이느 자이튼눔흐이어흐웅 아인

파일 저장 & 관리

실수로 파일을 지웠어요.
Ich habe ausversehen die Datei gelöscht.
이히 하브 아우쓰프헤어제흔 디 다타이 그뢰슡

원본 파일 갖고 있지?
Hast du den Urtext noch?
하슽 두 덴 우어텍슽 노흐?
Hast du noch die Originaldatei?
하슽 두 노흐 디 오흐기날다타이?

그 파일은 어디에 저장했어?
Wo hast du es abgespeichert?
브오 하슽 두 에쓰 압그슈파이히엍?

바탕화면에 있는 폴더에 저장했어.
Ich habe es im Ordner auf dem Desktop abgespeichert.
이히 하브 에쓰 임 오얻너 아우프흐 뎀 데스크톺 압그슈파이히엍

손상된 파일을 복구할 수 있나요?
Kann man die defekten Dateien wiederherstellen?
칸 만 디 데프헼튼 다타이은 브이더헤어슈텔른?

10분마다 자동 저장되도록 설정했어요.
Ich habe es so eingestellt, dass die Datei sich jede/alle 10 Minuten automatisch speichert.
이히 하브 에쓰 조 아인그슈텔트, 다쓰 디 다타이 지히 예드/알르 첸 미누튼 아우토마티슈 슈파이히엍

파일이 너무 많네요. 폴더를 만들어 정리하세요.
Das sind noch zu viele (einzelne) Dateien. Leg nochmal einen neuen Ordner an.
다쓰 진ㅌ 노흐 쭈 프힐르 (아인쯜느) 다타이은. 렠 노흐말 아이느 노이은 오얻너 안

Schritt 2 인터넷

인터넷 ①

인터넷 서핑하면서 시간을 때우고 있어.

Ich vertreibe meine Zeit mit Surfen.
이히 프헤어트흐아이브 마이느 짜일 밑 써프흔

인터넷 하다 보면 시간 가는 줄 모르겠어.

Die Zeit verfliegt, wenn man im Internet surft.
디 짜일 프헤어프흘리클, 브엔 만 임 인터넽 써플

인터넷이 안 되는데요.

Das Internet geht/funktioniert nicht.
다쓰 인터넽 겥/프훙ㅋ찌오니얼 니힡

인터넷 연결이 되어 있니?

Hast du eine Internetverbindung?
하슽 두 아이느 인터넽프헤어빈둥

네트워크 문제로 지금은 인터넷을 쓸 수 없어요.

Ich habe kein Internet wegen irgendwelcher Netzwerkprobleme.
이히 하브 카인 인터넽 브에근 이어근ㅌ브엘히어 넽쯔브에얶프흐오블레므

인터넷으로 기사를 검색해 보았어요.

Ich lese meine Zeitung immer online/im Internet.
이히 레즈 마이느 짜이퉁 임머 온라인/임 인터넽

인터넷은 정보를 찾는 데 유용하지만, 불확실한 정보도 많으니 조심하세요.

Mit dem Internet kann man schnell viele Informationen finden, aber man sollte aufpassen, dass die Infos nicht aus unzuverlässigen Quellen stammen.
밑 뎀 인터넽 칸 만 슈넬 프힐르 인프호어마찌오느 프힌든, 아버 만 졸트 아우프흐파쓴, 다쓰 디 인프호쓰 니힡 아우쓰 운쭈프헤래씨근 크브엘른 슈탐믄

인터넷 ②

검색창에 키워드를 입력해 보세요.

Geben Sie mal dieses Stichwort in die Suchmaschine ein.
게븐 지 말 디즈쓰 슈티히브오얼 인 디 주흐마슈이느 아인

저희 웹사이트를 즐겨찾기에 추가해 주세요.

Speichern Sie sich diese Seite als Lesezeichen.
슈파이히언 지 지히 디즈 자이트 알쓰 레즈짜이히은

인터넷으로 그 회사 정보를 알아봤어요.

Ich habe die Informationen über diese Firma aus dem Internet.
이히 하브 디 인프호어마찌오느 위버 디즈 프히어마 아우쓰 뎀 인터넽

여기 무선 인터넷 사용할 수 있나요?

Kann man hier WLAN benutzen?
칸 만 히어 브에란 브눝쯘?

인터넷 뱅킹은 정말 편리해요.

(Das) Online-Banking ist sehr praktisch.
(다쓰) 온라인-뱅킹 이슽 제어 프흐앜티슈

인터넷으로 영어 공부를 하고 있어요.

Ich lerne online Englisch.
이히 레어느 온라인 엥글리슈

숙제 때문에 인터넷에서 검색할 것이 있어요.

Ich brauche das Internet um meine Hausaufgaben machen zu können.
이히 브흐아우흐 다쓰 인터넽 움 마이느 아우쓰아우프흐가븐 마흔 쭈 쾬느

휴대폰으로도 인터넷 접속이 가능해요.

Man kann auch mit dem Handy ins Internet.
만 칸 아우흐 밑 뎀 핸디 인쓰 인터넽

이메일

이메일 보냈어요.
Ich habe eine E-Mail geschickt/gesendet.
이히 하브 아이느 이메일 그슈익클/그젠들

이메일 주소가 뭐예요?
Wie lautet Ihre E-Mail-Adresse?
브이 라우틑 이어흐 이메일-앋흐에쓰?

이메일이 반송되네요.
Die E-Mail ist zurückgekommen.
디 이메일 이슽 쭈흐윜그콤믄

이메일이 안 들어왔어요.
Deine Mail ist nicht angekommen.
다이느 메일 이슽 니힡 안그콤믄

스팸 메일이 자꾸 와서 짜증 나요.
Die Junkmails/Spammails nerven mich.
디 젱ㅋ메일쓰/스팸메일쓰 네어프흔 미히

제 메일에 답장 주세요.
Bitte antworten Sie auf meine Mail.
비트 안트브오어튼 지 아우프흐 마이느 메일

로비나의 메일을 전달해 줄게.
Ich leite dir die Mail von Robina weiter.
이히 라이트 디어 디 메일 프혼 호오비나 브아이터

네 이메일에 첨부파일이 없어.
In deiner Mail hat der Anhang gefehlt.
인 다이너 메일 핱 데어 안항 그프헬ㅌ

첨부파일이 열리지 않아.
Der Anhang lässt sich nicht öffnen.
데어 안항 래씉 지히 니힡 외프흐느

SNS & 블로그

페이스북 하니?
Hast du Facebook?
하스트 두 페이스북?

페이스북에 친구 추가해 줄래?
Kannst du mich auf Facebook als Freund hinzufügen/adden?
칸슽 두 미히 아우프흐 페이스북 알쓰 프흐오인ㅌ 힌쭈프휘근/엗든?

내 트윗에 누가 답글을 달았어.
Jemand hat auf meinen Tweet geantwortet.
예만ㅌ 핱 아우프흐 마이는 트윗 그안트브오어틑

너 인스타그램에 올린 사진 봤어?
Hast du das Foto auf Instagram gesehen?
하슽 두 다쓰 프호토 아우프흐 인스타그람 그제흔?

근데 페이스북은 너무 사생활 보호가 안 돼.
Aber auf Facebook sind deine persönlichen Daten nicht gut geschützt.
아버 아우프흐 페이스북 진ㅌ 다이느 페어죈리히은 다튼 니힡 굳 그슈읱쯭

내가 유튜브에 올린 영상을 벌써 천 명도 넘게 봤어.
Das Video, das ich auf Youtube hochgeladen habe, wurde schon von mehr als 1.000 Menschen gesehen.
다쓰 브이데오, 다쓰 이히 아우프흐 유튜브 호흐그라든 하브, 브우어드 슈온 프혼 메어 알쓰 타우즌ㅌ 멘슌 그제흔

내 블로그에 저번 여행 사진 올렸어.
Ich habe die Fotos der letzten Reise auf meinen Blog gestellt.
이히 하브 디 프호토쓰 데어 렡쯔튼 흐아이즈 아우프흐 마이느 블록 그슈텔ㅌ

Schritt 3 휴대전화 — MP3. K10_S03

휴대전화

\# 휴대전화 번호 좀 알려 주세요.

Können Sie mir Ihre Handynummer geben?
쾬는 지 미어 이어흐 핸디눔머 게븐?

\# 내 번호를 저장해 둬.

Ich gebe dir mal meine Handynummer.
이히 게브 디어 말 마이느 핸디눔머

\# 제 휴대전화 번호가 바뀌었어요.

Ich habe eine neue Nummer.
이히 하브 아이느 노이으 눔머

\# 이거 최신 모델이지?

Das ist doch das neueste Modell, nicht wahr/oder?
다스 이슽 도흐 다쓰 노이으스트 모델, 니힡 브아/오더?

\# 요즘은 스마트폰이 대세야.

Zurzeit sind Smartphones in Mode/ besonders beliebt.
쭈어짜잍 진ㅌ 스맡프혼쓰 인 모드/브존더쓰 브맆ㅌ

\# 부재중 전화가 두 통이나 왔네.

Ich habe zwei Anrufe verpasst.
이히 하브 쯔브아이 안흐우프흐 프헤어파슽

\# 휴대폰 액정이 점점 커지고 있어.

Die Handy-Bildschirme werden immer größer.
디 핸디–빌ㅌ슈이어므 브에어든 임머 그흐외써

\# 운전 중에는 휴대전화를 사용하면 안 돼요.

Kein Handy am Steuer.
카인 핸디 암 슈토이어

휴대전화 문제

\# 배터리가 얼마 없어.

Mein Akku ist gleich leer/alle.
마인 악쿠 이슽 글라이히 레어/알르

\# 휴대전화 충전기 가져왔어?

Hast du dein Ladegerät dabei?
하슽 두 다인 라드그흐앹 다바이?

\# 아니, 어젯밤에 충전을 해 놨어야 했는데.

Nein, ich hätte es gestern Abend aufladen müssen.
나인, 이히 핻트 에쓰 게스턴 아븐ㅌ 아우프흐라든 뮈쓴

\# 지하에서는 휴대전화가 잘 안 터져요.

Im Untergrund ist die Verbindung schlecht.
임 운터그흐운ㅌ 이슽 디 프헤어빈둥 슐레힡
Unter der Erde hat man oft kein Netz.
운터 데어 에어드 핱 만 오픝 카인 넬쯔

\# 휴대전화를 변기에 빠뜨렸어.

Mir ist das Handy ins Klo gefallen.
미어 이슽 다쓰 핸디 인쓰 클로 그프할른

\# 휴대전화 액정이 깨졌어.

Der Bildschirm ist kaputt.
데어 빌ㅌ슈이엄 이슽 카풑

\# 내 스마트폰에서 무선 네트워크 연결이 잘 안되네.

Mein Smartphone hat eine schlechte WLAN-Verbindung.
마인 스맡프혼 핱 아이느 슐레히트
브에란–프헤어빈둥

휴대전화 기능

휴대폰으로 아침 6시 모닝콜을 맞춰 놨어.

Ich habe meinen Handy-Wecker auf sechs Uhr morgens gestellt.
이히 하브 마이느 핸디-브엑커 아우프흐 제흐쓰 우어 모어근쓰 그슈텔트

그녀는 휴대폰으로 사진 찍기를 좋아해.

Sie fotografiert gerne mit dem Handy.
지 프호토그흐아프히얼 게어느 밑 뎀 핸디

나는 휴대폰을 MP3 플레이어로 사용해.

Ich benutze mein Handy auch als MP3-Player.
이히 브눝쯔 마인 핸디 아우흐 알쓰 엠페드흐아이-플래이어

요즘은 스마트폰으로 결제도 돼요.

Man kann nun auch immer häufiger mit dem Smartphone bezahlen.
만 칸 눈 아우흐 임머 호이프히거 밑 뎀 스맡프혼 브짤른

지금 바로 폰뱅킹으로 돈 보내 줄게.

Ich überweise dir das Geld sofort mit dem Handy.
이히 위버브아이즈 디어 다쓰 겔트 조프호얼 밑 뎀 핸디

나는 집에 가는 길에 휴대폰으로 게임을 해.

Auf dem Weg nach Hause spiele ich Spiele mit/auf dem Handy.
아우프흐 뎀 브엑 나흐 하우즈 슈필르 이히 슈필르 밑/아우프흐 뎀 핸디

해외 가기 전에 로밍 서비스 하는 거 잊지 마.

Vergiss die Roaming-Gebühren bei der Auslandsreise nicht.
프헤어기쓰 디 흐오밍-그뷔어흔 바이 데어 아우쓰란츠흐아이즈 니힡

꼭! 짚고 가기

독일에서 휴대전화 개통하기

독일에서도 사용 가능한 휴대폰이 있다면 휴대폰 개통 과정은 매우 쉬워요. 통신사를 찾아가서 상황에 맞게 상품에 가입하는데, 오랜 기간 독일에 머물 거라면 다양한 상품을 비교해 자신에게 맞는 상품을 계약하면 되고, 잠시 활용하기 위해서라면 프리페이드로 많이 가입해요.

프리페이드는 말 그대로 계약금 없이 미리 지불한 금액 내에서 통화와 문자 등을 활용하는 거예요. 그래서 한번 통화를 하면 기본 통화료로 측정하여 충전된 금액에서 결제되죠. 충전 금액을 다 쓰면 재충전해서 사용하면 돼요.

그렇다면 독일에서 휴대전화를 개통하는데 필요한 준비물들은 무엇일까요? 우선 외국인은 여권과 계좌가 있어야 해요. 물론 프리페이드로 하면 계좌는 필요 없어요. 그리고 거주지에 대한 정보가 필요하니 여권과 거주지 정보를 꼭 챙기세요.

마지막으로 독일에서는 휴대폰의 전원을 켤 때 PIN 핀이라는 비밀번호를 입력해야 해요. 이건 전화번호와 함께 유심칩이 담긴 박스에 있으니 반드시 메모해서 갖고 다녀야 해요. 그렇지 않으면 배터리가 방전되어 폰이 꺼졌을 때 다시 켤 수가 없어요. 그리고 이 PIN을 3번 이상 틀리면 풀기 위해 PUK 푹이라는 걸 해야 하는데 이 번호 또한 유심칩 박스에 있으므로 가능하면 한국으로 돌아올 때까지 그 박스는 버리지 않는 것이 좋아요.

마지막으로 호환되지 않는 휴대폰을 통신사에서 사면 약정이 붙으니 Saturn 자투언이라는 독일 대표 전자 제품 매장을 찾아가세요. 그곳에서 좀 더 싼 가격으로 기계를 구매한 후 통신사에서는 개통만 하면 효율적이에요.

문자 메시지

문자 메시지로 보내 주실래요?
  지금 회의 중이거든요.

  **Kannst du mir eine SMS schicken?
  Ich bin gerade in einer Sitzung.**
  칸슽 두 미어 아이느 에쓰엠에쓰 슈익큰?
  이히 빈 그흐아드 인 아이너 짙쭝.

당신의 전화번호를 문자 메시지로 남겨
  주세요.

  **Schicken Sie mir ihre
  Handynummer per SMS.**
  슈익큰 지 미어 이어흐 핸디눔머 페어 에쓰엠에쓰.

문자 메시지 왔어요.

  Sie haben eine SMS bekommen.
  지 하븐 아이느 에쓰엠에쓰 브콤믄

네 문자 메시지 못 받았는데.

  **Ich habe deine SMS nicht
  bekommen.**
  이히 하브 다이느 에쓰엠에쓰 니힡 브콤믄
  Deine SMS ist nicht angekommen.
  다이느 에쓰엠에쓰 이슽 니힡 안그콤믄

그가 보내는 문자 메시지에는 오타가
  많아요.

  **In seiner SMS sind viele
  Schreibfehler.**
  인 자이너 에쓰엠에쓰 진트 프힐르 슈흐아잎프헬러

문자 메시지를 실수로 잘못 보냈어요.

  **Ich habe die SMS an die falsche
  Person geschickt.**
  이히 하브 디 에쓰엠에쓰 안 디 프할슈 페어존 그슈익클

여기서 잠깐!
독일에서는 주로 Whatsapp 웟츠앺이라는 앱으로 연락을 주고받아요. 카카오톡과 동일한 기능이 있어 편하게 자료를 주고받고 대화를 나눌 수 있어요.

벨 소리

그 벨 소리 좋은데.

  Mir gefällt dein Klingelton.
  미어 그프핼트 다인 클링을톤

인터넷에서 벨 소리를 다운로드했어.

  **Ich habe den Klingelton im Internet
  runtergeladen.**
  이히 하브 덴 클링을톤 임 인터넽 흐운터그라든

회의 전에 휴대전화를 무음으로 설정해
  주세요.

  **Vor der Sitzung das Handy bitte
  lautlos stellen.**
  프호어 데어 짙쭝 다쓰 핸디 비트 라욷로쓰 슈텔른

도서관에서 누군가의 휴대전화 벨 소리가
  울렸어요.

  **In der Bibliothek hat ein Handy
  geklingelt.**
  인 데어 비블리오텤 핱 아인 핸디 그클링을트

벨 소리 바꿨어?

  **Hast du einen neuen/anderen
  Klingelton?**
  하슽 두 아이느 노이은/안더흔 클링을톤?

영화를 볼 때는 벨 소리가 관객들에게
  방해됩니다.

  **Handys im Kino können andere
  stören.**
  핸디쓰 임 키노 쾬는 안더흐 슈퇴어흔

여기 울리는 휴대전화 누구 거야?

  **Wem gehört das Handy, das (hier)
  klingelt?**
  브엠 그회읕 다쓰 핸디, 다쓰 (히어) 클링을트?

계속 벨 소리가 울려요. 전화 좀 받아요!

  **Das Handy klingelt die ganze Zeit.
  Nimm ab!/Geh ran!**
  다쓰 핸디 클링을트 디 간쯔 짜읻. 님 앞!/게 흐안!

Schritt 4 기타 기기

디지털카메라

플래시 터뜨리지 마.

Bitte ohne Blitz fotografieren.
비트 오느 블릳쯔 프로토그흐아프히흔
Schalte den Blitz aus.
슈알트 덴 블맅쯔 아우쓰

몇만 화소 디지털카메라야?

Wie viel Megapixel hat die Digitalkamera?
브이 프힐 메가픽쎌 핱 디 디기탈카메흐아?

카메라 충전하는 걸 깜박했어.

Ich habe vergessen den (Kamera-)Akku aufzuladen.
이히 하브 프헤어게쓴 덴 (카메흐아-) 알쿠 아우프흐쭈라든

이 디지털카메라에 손떨림 방지 기능이 있어요.

Diese Digitalkamera hat eine automatische Bildstabilisierungsfunktion.
디즈 디기탈카메흐아 핱 아이느 아우토마티슈 빌ㅌ슈타빌리지어흐웅쓰프홍ㅋ찌온

메모리가 꽉 차서 더 이상 찍을 수 없어.

Ich kann keine Fotos mehr aufnehmen/machen, weil der Speicherplatz voll ist.
이히 칸 카이느 프호토쓰 메어 아우프흐네믄/마흔, 브아일 데어 슈파이히어플랕츠 프홀 이슽

줌을 하려면 어떻게 하지?

Wie kann man (heran)zoomen?
브이 칸 만 (헤어흐안)줌믄?

사진 찍기

사진 좀 찍어 주실 수 있으세요?

Können/Würden Sie ein Foto von uns machen?
쾬느/브위어든 지 아인 프호토 프혼 운쓰 마흔?

이 셔터를 눌러서 사진을 찍어 주세요.

Sie müssen auf diesen Knopf drücken.
지 뮈쓴 아우프흐 디즌 크노프흐 드흐윜큰

저 성당을 배경으로 찍어 주세요.

Bitte so, dass die Kirche noch im Hintergrund zu sehen ist.
비트 조, 다쓰 디 키어히으 노흐 임 힌터그흐운ㅌ 쭈 제흔 이슽

카메라 보고 웃으세요!

Lächeln bitte!
래히을ㄴ 비트!
Käse!
캐즈!

사진이 역광이야.

Du stehst im Gegenlicht.
두 슈테슽 임 게근리힡

너 눈 감았어. 다시 찍을게.

Du hattest deine Augen zu. Noch einmal.
두 핱트슽 다이느 아우근 쭈. 노흐 아인말

사진이 흔들렸어요.

Das Bild ist verschwommen/unscharf.
다쓰 빌ㅌ 이슽 프헤어슈브옴믄/운슈아프흐

MP3

\# 볼륨 좀 줄여.

Kannst du etwas leiser machen bitte?
칸슽 두 엘브아쓰 라이저 마흔 비트?

\# 다음 곡 듣자.

Lass uns das nächste Stück/Lied anhören.
라쓰 운쓰 다쓰 내흐스트 슈튁/맅 안회어흔

\# 랜덤으로 재생되게 했어.

Ich habe auf Shuffle(-Modus) gestellt.
이히 하브 아우프흐 셔플(–모두쓰) 그슈텔트

\# MP3 플레이어 저장 공간이 얼마나 되니?

Wie viel Speicherplatz hat der MP3-Player?
브이 프힐 슈파이히어플랕츠 핱 데어 엠페드흐아이–플래이어?

\# 곡을 어떻게 바꾸지?

Wie kann ich das nächste Stück/Lied abspielen?
브이 칸 이히 다쓰 내흐스트 슈튁/맅 압슈필른?

기타 전자 제품

\# 최근에는 내비게이션이 운전자에게 필수품이야.

Heutzutage haben fast alle Fahrzeuge ein GPS-Gerät/Navi.
호잍쭈타그 하븐 프하슽 알르 프하쪼이그 아인 게페에쓰–그흐앹/나브이

\# 이 내비게이션은 간단한 스크린 터치로 교통 상황을 보여 줘.

Man kann sich auf dem Navi über die aktuelle Verkehrslage informieren.
만 칸 지히 아우프흐 뎀 나브이 위버 디 앜투엘르 프헤어케어쓰라그 인프호어미어흔

\# 노트북보다는 아이패드가 가벼워.

Ein iPad ist meist leichter als ein Notebook.
아인 아이패드 이슽 마이슽 라이히터 알쓰 아인 노트붘

\# 태블릿 PC 성능이 점점 발전하고 있어.

Es werden ständig modernere Tablets/Tablet-PCs entwickelt.
에쓰 브에어든 슈탠디히 모데어너흐 타블랱츠/타블랱–페체쓰 엔트브잌클트

\# 출장을 자주 다니는 사람에게는 태블릿 PC가 유용해요.

Für Leute, die oft auf Dienstreise müssen, ist ein Tablet sehr nützlich.
프휘어 로이트, 디 오픝 아우프흐 딘스트흐아이즈 뮈쓴, 이슽 아인 타블랱 제어 뉱쯜리히

\# 태블릿 PC를 살 때는 여러 제품을 비교해 보세요.

Bevor man sich ein neues Tablet kauft, sollte man erst ein paar Angebote vergleichen.
브프호어 만 지히 아인 노이으쓰 타블랱 카우픝, 졸트 만 에어슽 아인 파 안그보트 프헤어글라이히은